本书是国家社会科学基金项目：
我国非现金收入的测度及效应研究（项目批准号：16BTJ002）的成果

我国非现金收入分配的统计测度及效应研究

张晓芳 著

STATISTICAL MEASURES AND EFFECTS OF
NON-CASH INCOME
DISTRIBUTION IN CHINA

·北京·

图书在版编目（CIP）数据

我国非现金收入分配的统计测度及效应研究／张晓芳著．—北京：中国经济出版社，2023.6
ISBN 978-7-5136-7278-8

Ⅰ．①我… Ⅱ．①张… Ⅲ．①国民收入分配-研究-中国 Ⅳ．①F126.2

中国国家版本馆 CIP 数据核字（2023）第 059122 号

责任编辑	牛慧珍
责任印制	马小宾
封面设计	任燕飞

出版发行	中国经济出版社
印 刷 者	北京富泰印刷有限责任公司
经 销 者	各地新华书店
开　　本	710mm×1000mm　1/16
印　　张	21
字　　数	350 千字
版　　次	2023 年 6 月第 1 版
印　　次	2023 年 6 月第 1 次
定　　价	98.00 元

广告经营许可证　京西工商广字第 8179 号

中国经济出版社　网址　www.economyph.com　社址　北京市东城区安定门外大街 58 号　邮编 100011
本版图书如存在印装质量问题，请与本社销售中心联系调换（联系电话：010-57512564）

版权所有　盗版必究（举报电话：010-57512600）
国家版权局反盗版举报中心（举报电话：12390）　　服务热线：010-57512564

前　言

　　收入分配是关系国计民生的重大问题，收入差距问题更是专家、学者们关注的焦点。对收入差距以及收入分配问题的研究，从微观角度来看，常用的测度指标是居民的可支配现金收入，但随着国家财政对民生项目支持力度的加大、对居民转移支出幅度的提高，居民的生活福利仅用现金收入来衡量显然是不合理的，也是不准确的。国家向居民提供的福利性转移支出如公共教育支出、公共卫生支出、公共住房保障支出等，大多是以某种特定形式（实物形式）转移的，符合条件的居民显然是免费享受了这些福利，实际上在某些方面也提高了这些居民的生活福利水平，也可以理解为相应地提高了部分居民的收入水平，那么这部分实物福利就可视为居民的非现金收入，非现金收入在一定程度上也改变了居民的生活状态。因此，在测度居民的生活福利水平时，就不能仅用现金收入来衡量，而应该扩大其研究范围，使其包含居民的非现金收入，这样更能反映居民实际的生活福利水平。

　　对非现金收入的测度研究，国际上虽然也出现了不少研究成果，但由于其涉及的微观数据难以准确地搜集、缺乏完善的数据库、可靠的研究方法也有待进一步研究等问题，导致依然存在较多的困难，而我国相应的研究更是缺乏。本书以我国已有的相关数据为研究基础，在完善、扩展收入概念的基础上提出非现金收入的概念，参考国际上已有的相关研究方法与成果，对我国主要的几种非现金收入进行测度分析，并在此基础上进一步分析其对经济的影响。本书一方面试图为我国深入研究非现金收入问题提供方法参考，另一方面也为我国政府制定调节收入分配的相关政策提供参考依据。

　　本书利用中国家庭追踪调查数据（CFPS）、中国家庭金融调查数据（CHFS）等微观数据库以及《中国统计年鉴》《中国教育年鉴》《中国卫生年鉴》等宏观数据，参考国际上已有的相关模型、方法，结合我国的实际情况，对我国居民的非现金收入进行了初步的测度研究，概括起来主要包括以下五个部分：

第一，概括分析了非现金收入的相关概念、理论分析依据、测度思路及存在问题，以及具体的非现金收入调节家庭福利及经济增长的影响机制等。

第二，从宏观角度分析我国居民非现金收入的区域差异以及动态演进情况，具体包括我国31个省（自治区、直辖市）的人均公共教育、人均公共卫生、人均住房保障等非现金收入的总体以及区域差异的动态演进情况。总体来说，我国居民的公共教育、卫生、住房保障等非现金收入呈增长趋势，区域差异虽然较为明显，但呈缩小趋势。

第三，从微观视角出发，根据不同类型非现金收入的特点，运用不同的方法结合相关的微观、宏观数据，分别测度了公共教育、公共卫生和住房的非现金收入，进一步将不同类型的非现金收入数据与家庭收入或消费等的福利数据相结合，测度分析不同非现金收入对家庭福利的影响。结论显示：教育非现金收入明显地提高了低收入阶层的总收入，且提高比例远大于高收入阶层；公共卫生非现金收入提高了各阶层家庭的消费水平，其中低消费阶层的初始消费提高比例较大，同时也有效地减少了家庭的消费不平等；住房非现金收入提高了所有家庭的收入水平，使高收入家庭的收入提高较多，扩大了居民的收入差距。

第四，从宏观视角出发，主要运用面板数据回归模型，分析我国居民的公共教育、卫生和住房保障等非现金收入以及非现金总收入对居民收入差距的影响。结论显示：我国公共财政转移给居民的非现金收入对缩小城乡收入差距的作用不显著，但在调节区域收入差距方面有一定的效果。

第五，分析公共教育、卫生、教育卫生、教育卫生住房非现金收入对经济增长的影响。结论显示：不管是单独考察教育、卫生非现金收入还是综合考察教育卫生或教育卫生住房非现金收入，其对经济增长的作用都是比较显著的，可见提高居民的教育和卫生非现金收入水平比较有效地促进了经济的增长，这也进一步证明了我们的理论分析基础——非现金收入的提高有助于促进经济增长。

由于时间的限制以及作者自身水平的局限，本书的研究难免存在不足与疏漏，敬请各位专家和同人批评指正。

目 录

第一章 导 论 / 001

一、研究背景与意义 / 001

二、非现金收入的研究现状 / 003

三、研究内容与框架 / 011

四、研究思路与方法 / 013

五、创新之处 / 014

── 非现金收入的相关概念及理论分析 ──

第二章 非现金收入的相关概念及理论评述 / 017

一、收入分配的相关概念 / 017

二、公共支出的基本概念 / 019

三、非现金收入的相关概念 / 023

四、非现金收入调节收入分配的相关理论依据 / 024

五、非现金收入调节家庭福利及经济发展的作用机理分析 / 027

六、本章小结 / 031

第三章 非现金收入：概念框架与测度思路 / 032

一、本书非现金收入的定义 / 032

二、非现金收入和收入的概念对比分析 / 033

三、非现金收入的测度思路 / 036

四、非现金收入测度存在的问题 / 039

五、本章小结 / 041

第四章　家庭福利分析中等价尺度的测度及影响分析 / 042

　　一、引言 / 042

　　二、等价尺度的相关概念及文献综述 / 044

　　三、等价尺度的定义及使用数据说明 / 047

　　四、基于恩格尔方法的等价尺度的测度 / 049

　　五、基于近似理想的需求系统（AIDS）模型的等价尺度的测度 / 053

　　六、等价尺度对贫困和不平等的测度影响 / 058

　　七、本章小结 / 064

非现金收入的区域差异及动态演进分析

第五章　教育非现金收入的区域差异及动态演进分析 / 069

　　一、数据来源及研究方法 / 069

　　二、教育非现金收入的现状分析 / 072

　　三、教育非现金收入的区域差异分析 / 076

　　四、教育非现金收入的动态演进分析 / 079

　　五、本章小结 / 083

第六章　卫生非现金收入的区域差异及动态演进分析 / 085

　　一、数据来源与研究方法 / 085

　　二、卫生非现金收入的发展变化情况 / 087

　　三、卫生非现金收入的区域差异分析 / 091

　　四、卫生非现金收入的动态演进分析 / 092

　　五、卫生非现金收入与人口的匹配情况分析 / 095

　　六、本章小结 / 098

第七章　住房非现金收入的区域差异及动态演进分析 / 100

　　一、数据来源说明 / 100

　　二、住房非现金收入的发展现状 / 101

　　三、住房非现金收入的区域差异分析 / 103

　　四、住房非现金收入的动态演进分析 / 105

　　五、本章小结 / 107

第八章　非现金总收入的区域差异及动态演进分析 / 109

一、数据来源及方法说明 / 109

二、非现金总收入的发展变化分析 / 109

三、非现金总收入的区域差异分析 / 111

四、非现金总收入的动态演进分析 / 113

五、本章小结 / 115

--- 非现金收入对家庭福利的影响研究 ---

第九章　公共教育非现金收入对家庭收入的影响 / 119

一、引言 / 119

二、我国的教育体系以及公共教育转移支出分析 / 120

三、数据来源与研究方法 / 122

四、公共教育非现金收入对不同家庭收入的影响 / 126

五、不同收入居民的学历及学生分布情况 / 141

六、本章小结 / 143

第十章　公共卫生非现金收入对家庭消费的影响 / 145

一、引言 / 145

二、数据来源与研究方法 / 146

三、公共卫生非现金收入对不同家庭消费的影响 / 151

四、实际使用的公共卫生非现金收入分析 / 160

五、本章小结 / 162

第十一章　住房非现金收入对家庭收入及贫困的影响 / 164

一、引言 / 164

二、住房消费、住房福利与可支配收入的关系 / 166

三、我国家庭住房状况分析 / 167

四、数据来源及研究方法 / 174

五、住房非现金收入对家庭收入分布的影响 / 178

六、住房非现金收入对家庭收入不平等的影响 / 180

七、住房非现金收入对家庭贫困的影响 / 184

八、本章小结 / 187

第十二章 非现金总收入对家庭收入的影响 / 190

一、数据来源说明 / 190

二、非现金总收入对家庭收入分布的影响 / 191

三、非现金总收入对全部家庭收入的影响 / 193

四、非现金总收入对不同类型家庭收入的影响 / 195

五、非现金总收入对城乡不同家庭收入的影响 / 197

六、本章小结 / 198

──── 非现金收入对收入差距的影响 ────

第十三章 公共教育非现金收入对收入差距的影响 / 203

一、引言 / 203

二、本章实证模型构建 / 205

三、变量的选取、数据描述与检验 / 210

四、教育非现金收入对收入不平等的线性或非线性关系检验 / 216

五、教育非现金收入对城乡收入差距的面板门限作用检验 / 224

六、教育非现金收入对区域收入差距的门限作用分析 / 234

七、不同门限区制下各省份的具体分布情况 / 244

八、本章小结 / 248

第十四章 公共卫生和住房非现金收入对收入差距的影响 / 250

一、引言 / 250

二、模型、变量与数据说明 / 251

三、卫生非现金收入对收入差距的影响 / 252

四、公共住房非现金收入对收入差距的影响 / 265

五、本章小结 / 269

第十五章 非现金总收入对收入差距的影响 / 271

一、模型、变量与数据说明 / 271

二、教育卫生非现金总收入对收入差距的影响 / 272

三、教育卫生住房非现金财政总收入对收入差距的影响 / 276

四、本章小结 / 280

非现金收入对经济增长的影响

第十六章　非现金收入对经济增长的影响 / 283

　　一、模型、变量与数据说明 / 283

　　二、教育非现金收入对经济增长的影响 / 284

　　三、卫生非现金收入对经济增长的影响 / 287

　　四、教育卫生非现金总收入对经济增长的影响 / 290

　　五、教育卫生住房非现金总收入对经济增长的影响 / 293

　　六、本章小结 / 296

第十七章　结论、建议及展望 / 298

　　一、研究结论 / 298

　　二、政策建议 / 304

　　三、研究展望 / 305

参考文献 / 307

第一章

导 论

一、研究背景与意义

（一）研究背景

改革开放以来，随着经济的快速发展，我国社会发展也逐渐显现出许多问题，仅从民生角度来看，我国居民存在的收入差距问题早已引起了社会各界人士以及世界相关研究人员的重视。根据国家统计局公布的衡量居民收入差距的基尼系数，我国早在2000年就已经超过了国际警戒线0.4的标准，近年来虽有所减小，但2019年的基尼系数仍然不低，为0.465，这说明我国的收入分配差距问题依然非常严重。诸多研究也表明，居民的收入分配差距在一定合理的范围内是可以促进经济增长的，但若差距过大，则会引发一系列的社会问题，不仅不能促进社会的稳定发展，反而会成为社会发展的一个桎梏，极容易导致社会的动乱与不稳定。

如何缩小居民的收入差距，减少居民的贫困问题？我国政府也在尝试用各种方法进行解决，2006年党的十六届中央委员会第六次全体会议上通过了《中共中央关于构建社会主义和谐社会若干重大问题的决定》，在这个决定中，中共中央提出了"完善公共财政制度，逐步实现基本公共服务均等化"的问题，并指出现阶段我国仍然存在区域发展不平衡以及教育、医疗和社会保障等发展不均衡的突出矛盾，强调要构建和谐社会，要坚持"以人为本"，逐步实现改革成果由人民共享的基本原则，推动不同区域间包括公共医疗卫生、公共教育以及社会保障的公共事业的发展，从制度上确保我国社会的公平。之后，党的十七大报告进一步明确指出"缩小区域发展差距，必须重视实现基本公共服务均等化"，并要加强政府的服务性功能，提出逐步实现包括公共教育、公共医疗和社会保障等项目的开展。党的十八大报告进一步强调了政府公共服务均等化的实现目标。党的十九大报告再次提出增加低收入者收入，调节过高收入，促进收入分配更合理、更有序，加快公共服务均等化，缩小收入分配差距等问题。

从以上党的文件中可以看出，我国政府和党中央已经深刻认识到政府通过公共服务调节收入差距的职能以及我国区域发展公共服务存在的问题，那么政府公共服务职能的实现，主要渠道就是通过政府的公共财政支出来协调不同区域各类公共服务领域的发展。因此，党和政府应采取更加精准的措施，更加合理有效地支配其财政收支，以确保能进一步缩小居民收入差距以及减少贫困人口的发生，这也是构建和谐社会、减少社会不安定因素以及促进社会平稳发展的必要条件。

从宏观视角研究政府公共支出的成果已经比较丰富，但从微观上来看，政府对民生的公共服务转移支出实际上转化为了居民的非现金收入，如政府的公共教育服务、公共医疗卫生服务、社会保障服务等。居民的这些非现金收入直接增加了居民的经济福利，在一定程度上发挥了对居民收入再分配的调节作用。鉴于长期以来，政府公共服务支出存在供给与需求的不对称性，深入研究居民非现金收入的大小和分布及其再分配效应，对以缩小居民收入差距为目标的公共服务合理配置具有重要现实意义。其也具有基于福利经济学理论推动财政支出核算理论方法研究的重要学术价值。

（二）研究意义

在构建和谐社会以及我国深入改革的背景下，协调居民之间的收入分配以及减少贫困人口，提高居民的生活水平，是我国政府目前的最大任务，在这样的环境下，研究、测度我国居民非现金收入的大小、分布及其产生的经济社会效应，具有重要的理论意义与现实意义。

1. 理论意义

（1）居民收入呈现多样化趋势，传统收入概念亟须更新，本书通过对非现金收入概念的研究，进一步完善收入的定义。

（2）已有公共服务的统计测度方法还不完善，研究更加合理的统计测度方法尤为必要，既可为相关研究提供方法论支持，其测度结果也可为地区或国别比较增加典型样本。

（3）以SNA2016等核算准则为基准，对已有微观调查数据进行修正处理，测算我国居民的非现金收入及其效应，不仅为准确测度公共服务提供数据依据，还可为后续研究提供参考。

2. 现实意义

（1）通过对我国政府提供给居民的几种主要非现金收入的区域差异以及动态演进情况的分析，我们进一步认识到政府在公共服务支出方面存在的问题，进一步为后续的公共服务支出政策调整提供参考依据。

（2）通过构造新的统计测度方法对居民非现金收入进行测度，我们不仅对居民的收入有了新的认识，还可在此基础上重新审视我国的收入不平等问题，对缩小收入差距、构建和谐社会更具现实意义。

（3）科学分析评测我国居民非现金收入分配的效用，可以直接为缩小居民收入差距的公共财政政策改革的路径选择和政策设计提供参考依据。

二、非现金收入的研究现状

（一）国外研究现状

按照希克斯（1962）对收入的定义，"收入是一个人在一星期当中所能消耗的最高价值，并且预期他在周末的处境会和周初一样好"，可以看出其实收入的概念并不仅仅是指现金收入，还包括实物收入。Smeeding 等（1993）指出实物非现金收入之所以长久以来都被大家忽视，有一定的原因：一方面是政府公共转移服务的福利价值没有得到重视；另一方面是基于微观数据对个人或家庭的非现金收入进行计量、估算还存在较大的问题，不仅估算方法有问题，合适的数据资料更难以准确收集。

20 世纪 80 年代，在收入分配研究领域，国外学者逐渐认识到居民非现金收入的重要性，开始将居民得到的经济福利也纳入收入范围的相关研究。90 年代以来，随着西欧、美国等发达国家和地区微观数据库的完善，居民非现金收入的相关实证研究逐渐丰富起来。

20 世纪 80 年代以来，关于经济福利的测度比较研究已经取得了相当大的进展，主要得益于计算方法的改进、完善以及数据提供方面的进步，使对家庭经济援助的分析更易于转化为对个人经济福利状况的分析。较早的研究始于 1983 年的卢森堡收入研究（LIS）项目，该项目致力于研究国家微观数据库的构建以及据此进行国际收入不平等、非现金收入、家庭贫困、福利等问题的研究，在非现金收入测度方面做出了较大的贡献。莫纳什大学政策研究中心（1989）使用来源于 ABS 的数据，基于几种不同家庭类型的生命周期的综合人口统计资料，分析了生命周期对政府保健、住房和教育支出发生率的影响。Freebairn 等（1989）提出了对非现金健康和住房福利的价值和发生率的最新估计，研究了如何扩展收入的定义，使其包括这些福利，从而改变收入分配估计；进一步借鉴了最新的国家卫生和住房管理模型，对政府保健和住房支出的影响进行了分析，从规模和具体影响等方面讨论了非现金收入在西方国家的重要性。

澳大利亚于1993年成立了国家社会和经济模型中心（NATSEM），主要是利用微观数据开发供政府部门和其他社区使用的微观模拟模型，此研究中心基于1988—1989年的家庭支出调查数据（HES），估计了澳大利亚的非现金医疗和住房福利的发生率及对不同群体收入水平的影响。Wilson（1993）进一步对政府在保健和住房方面的财政支出进行了详细的分析。Raskall 和 Urquhart（1994）利用1980年澳大利亚的统计数据，分析了教育和卫生支出等政府福利和税收对家庭福利的影响情况。Whiteford 和 Kennedy（1995）运用 Smeeding 等（1993）使用的方法和卢森堡收入研究（LIS）项目保存的1986年 ABS 收入调查数据集，研究了澳大利亚居民的非现金收入情况。

以上是早期国际上几个主要机构对于非现金收入的研究，在这些研究机构相关项目的资助下，非现金收入的研究取得了较大的进展，目前在这方面的研究成果仍然陆续出现。主要集中在以下几个方面：

1. 对非现金收入组成及其分布的研究

美国人口普查局（Bureau of the Census）和英国中央统计局（Central Statistics Office）都发布了一系列关于福利和税收对家庭收入影响的报告。虽然有一些测量上的差异，但评价方法是相似的。在1986年英国的调查中，他们估算出了最大的两项实物福利，即保健和教育服务。另外，还包括学校伙食和牛奶、住房和旅行补贴。综合来看，这些福利的绝对值与非退休家庭的收入没有明显的关系。1986年美国调查涵盖的福利包括食品券、学校午餐、医疗补助、医疗保险、租金补贴、能源援助以及雇主提供的医疗保险和养老金计划。联邦医疗保险（Medicare，针对老年人的医疗保健）的加入，通过提高收入最低的两个五分之一群体在总收入中所占的份额，略微减少了收入不平等。对医疗补助（穷人医疗保健）、食品券、学校午餐和租金补贴的收入分配产生的影响是，收入最低的两个五分之一家庭所获得的总收入份额将从4.2%提高到4.7%。

Hagenaars等（1994）根据欧洲各国20世纪80年代的微观数据，分析住房和公共医疗服务等非现金收入的支付形式、统计测度指标及其贫穷统计的推进和相关统计体系匹配问题。van de Walle和Nead（1995）讨论了东欧与俄罗斯现金和非现金转移（食品消费、教育、医疗卫生、公共服务的支出等）的测量方法以及对居民收入分配的影响。另外，Atkinson等（1995）、Canberra Group（2001）、Atkinson等（2002）也对非现金收入的组成以及计算做出了努力。

Paulus等（2009）测算了5个欧洲国家（比利时、德国、意大利等）三种重要的实物转移，即住房、教育和保健公共服务的规模与发生率的估计数，分析它们的短期分配影响，得出这三种公共服务的价值为家庭可支配收入的17.5%~26.7%。在所有国家，相应的实物转让似乎大大减少了家庭收入的不平等和（相对）贫穷，这种影响在有孩子的家庭中更为明显。

2. 提出更多非现金收入类型及其统计测度方法，进一步完善收入定义

Smeeding等（1993）提出主要包括住房福利、公共教育服务、公共卫生服务等居民非现金收入统计测算方法，并分析其对居民收入不平等的影响。Harding等（2006）、Garfinkel等（2006）分别研究实物转移、间接税等对居民福利分配的作用。Nolan和Russell（2001）研究了爱尔兰的一系列非现金福利，包括"免费计划"，如免费旅行、免费电力等。他们发现，医疗卡计划强烈地集中在分配的底部，61%的医疗卡支出流向收入分配最低的30%人口。Tsakloglou（2009）讨论了房屋生产和附带福利，如公司提供的汽车、雇主为雇员提供的私人健康保险计划等对家庭收入的影响，并利用德国、意大利和希腊的数据得出结论，附带福利的规模较小，对自己生产商品的消费规模也可能相对较小，不平等正在加剧。

3. 选择特定非现金收入进行测度，研究其对收入分配的影响

Smeeding等（1993）利用20世纪80年代初的LIS数据，总结了非现金收入（健康、教育和住房）对7个国家收入分配和贫困的影响（挪威不包括在内）。结果显示，非现金收入对平均收入水平的影响在有孩子和老人的中年家庭中最大；在大多数国家，相对而言，最大的输家是没有孩子的年轻家庭、无子女中年夫妇和接近退休年龄的人；在所有国家，有孩子家庭的相对收益

都大于老年人。住房福利的增加只是略微改变了这一状况。此外，教育和卫生领域的非现金福利对收入总体分配的影响在很大程度上是平等的。德国受影响最大，其次是欧洲、英国和加拿大。美国受影响最小，瑞典甚至有轻微的不平等。在德国，住房福利的增加减少了卫生和教育在分配平等方面的收益。相比之下，在荷兰、瑞典和加拿大，住房福利的增加显然更加平等。

Herigstad 在 1986 年做了一项关于家庭收入、现金转移支付和公共服务使用之间相关性的研究。非现金福利包括医疗、教育和儿童保育服务等。卫生保健服务似乎对收入分配几乎没有影响。非现金教育收入增加了有子女家庭和单亲家庭的相对收入地位。Herigstad 发现儿童看护服务的使用与有幼儿的高收入家庭之间存在正相关关系。这种正相关关系在教育和文化服务方面也存在。政府转移支付的总体结果似乎是收入不平等的轻微缩小。

Nolan（2001）探讨了非现金福利是否显著影响估计贫困率的问题，通过详细讨论非现金收入的测度问题，得出当非现金福利被估价并列入估计程序时，总体贫穷水平的变化相对不大。但是，由于这些福利主要针对老年人而不是其他福利领取者群体，因此在确定不同群体的相对贫穷状况时，纳入这些福利确实很重要。

Sefton（2002）利用 1996 年和 1997 年以及 2000 年和 2001 年的数据估计了英国的"社会工资"，并将其与 1979 年数据进行了比较。结果显示，较贫穷的家庭比富裕的家庭获得更多的非现金福利，而且"亲穷人的偏见"随着时间的推移有所增加。然而，这并没有成功地减少不平等。

Callan T 和 Coleman K（2007）、Tsakloglou 和 Antoninis（1999）等测度了公共教育及其对居民收入差异的作用。D'Ambrosio 和 Gigliarano（2007）、Frick 和 Grabka（2003）、Verbist 和 Lefebure（2007）等分别提出住房租金福利、医疗卫生保健福利与效应测度及其产生的居民收入差异。Tsakloglou（2009）等则提出消费自产自用物品和其他额外收入的福利测度与效应分析等。

Ramanjini（2019）通过印度国家抽样调查办公室（NSSO）进行的家庭调查，揭示了不同收入群体的高等教育支出发生率的模式。基于分析的调查结果表明，最富有的收入群体获得的利益远高于最贫穷的收入阶层。在收入不平等的基础上，再加上其他因素，如性别、地理位置等，使得面临多重不平等的群体在获得公共教育的好处方面变得脆弱。通过对不同层次教育的受益发生率的比较，我们需要更多关注，以促进有针对性的高等教育补贴。虽然公立高等教育的扩张已经使部分穷人受益，但非常缓慢。

4. 非现金福利测度过程中等价量表的运用

在家庭福利测度过程中，常采用等值量表使不同规模和构成的家庭收入具有可比性，影响比较大的是修改后的经合组织（Hagenaars et al.，1994）提出的等价量表，以一个单身成年人的家庭为参照，并将其权重赋值为1，家庭中每增加一个成年人会增加0.5个权重，每增加一个14岁以下的儿童会增加0.3个权重。例如，一个由两个成年人和两个孩子组成的家庭的权重是2.1。将家庭收入除以这样一个权重会得到家庭的等效收入（或等价收入），这个收入被认为在所有家庭中具有直接可比性。

Brigitte等（1988）利用LIS数据库检验各种收入不平等和贫困测度对等值量表选择的敏感性。结果表明，等值尺度的选择有时会系统地影响贫困的绝对水平和相对水平、不平等以及国家（或国家内的人口子群体）排名。由于这些敏感性，人们必须仔细考虑跨国比较贫穷或不平等所产生的简要说明和政策影响。另外，Donaldson等（2004）、Koulovatianos等（2005）也都证明了等价尺度的敏感性问题。

Radner（2010）指出当非现金收入被包括在收入的定义中时，很少有人注意到收入的规模和用于衡量经济福利的等价比额表之间一致性的重要性。作者还指出，当某些类型的非现金收入被包括在收入的定义中时，收入和需求方面的不一致性可能是比较重要的，但很多人在研究时并没有注意到这一点。

Dudel等（2015）探讨了收入独立量表和收入依赖量表结果的一致性。研究表明，在相当普遍的条件下，两种规模不可避免地导致对贫穷和不平等的不同评估，并用德国的微观数据进行了检验。

（二）国内研究现状

非现金收入的概念目前还没有真正引起国内学者的注意，这方面的研究相对较少，非现金收入中由于政府的教育、卫生等公共服务实物转移占较大比例，主要研究视角还是以公共服务转移为主，实际上政府的这部分服务转移福利也是对应于居民所获得的非现金收入，主要集中在以下几个方面：

（1）对公共服务基本内涵的界定。安体富和任强（2007）、陈昌盛（2008）、曾红颖（2012）等从不同角度对公共服务的基本内涵进行了阐释，并指出公共服务主要包括公共教育服务、公共医疗卫生服务、社会保障服务和基础设施服务等与民生相关的纯公共服务。

（2）对公共服务的测度。目前国内学者主要采用四种方法进行测度：

①采用实物资本来衡量地区的公共服务水平。通过对各地区交通状况、信息化水平、教育条件、医疗条件、就业环境或者生态环境等实物指标进行归一化处理、加权平均等方法进行核算，最后加总各个指标的得分作为本地区的公共服务水平。邵挺和袁志刚（2010）通过土地供给量的变化来反映地方公共服务供给的变化，进而分析其对房价的影响，发现地方公共服务供给水平的高低对住宅价格有显著的影响，说明我国的地方公共品供给已经出现了资本化的现象。蒋萍（2001）分析了用投入替代法核算政府部分服务产出存在的有关问题。罗良清、王秀华（2001）提出了非市场服务产出核算的几个原则：价值指标与国民经济核算保持一致性原则；服务宏观经济管理的原则；满足各类经济主体分析需要的原则；操作的可行性与核算方法的正确性原则。李祥等（2012）认为政府提供的主要公共物品，住宅所享有的公共服务水平会影响居民的消费意愿；利用南京市江南八区的调查数据，构建特征价格模型，考察公共服务水平对住宅销售与租赁价格的影响，结果表明：公共服务对住宅销售价格与租赁价格的影响大致相同，四类公共服务中，教育公共服务对住宅销售价格与租赁价格的影响最大；政府对城市核心地带公共服务的过多投入并不会导致当地房价租金比提高，相反，对城市边缘地带公共服务投入不足则将使当地房价租金比提高。

②采用货币支出来衡量地区的公共服务水平（踪家峰等，2010；邓宗兵等，2014）。这种测量方法大多使用政府在公共基础设施、公共教育、基本医疗等各方面的财政投入总量、平均量或者财政支出强度（在这些领域的财政支出占财政总支出的比重）对地区公共服务进行测度。王志章等（2015）根据社会发展现状中农业人口市民化中存在的问题，从随迁子女教育、养老保险、医疗保障、保障性住房、其他社会保障、城市公共成本等六个方面，计算出将农业转移人口纳入城市公共服务体系所需增加的人均支出额约为3.2万元，并在市民化公共服务成本的分摊机制现状的基础上，从农业转移人口、企业和政府"三位一体"的成本分摊机制入手，提出了创新成本分摊机制的政策建议。

③采用产出指标法测算公共服务水平（金钰，2002；蒋萍、金钰等，2005）。这种方法是在指出传统测度公共服务所用投入替代法缺点的同时，提出采用产出指标法测度非市场服务的新的测度方法，其基本思路是先根据具体的服务产出类型来确定产出指标，以某一年为基期计算物量指数，反映非市场服务产出的数量变动，然后用基年的产出价值推算报告期的不变价产出。

罗良清（2003）分析了教育服务产出核算的特点，如教育服务只是一个过程，没有静态的"产品"；教育服务的生产过程与消费过程不可分割；教育服务具有产出多元化特征；教育服务的质量难以确定等，并进一步分析了以往以"状态"的变化作为教育成果的计量基础的核算方法，在理论上存在缺陷，在实践中可能会导致产出核算数据失真。胡学锋（2010）指出由于教育服务属于非市场部门，缺少相应的市场价格，故教育部门服务产出的质量差异不能通过市场价格反映出来，这是在对教育服务产出进行核算综合时面临的困难，并进一步从教育服务质量调整的角度提出了对中国高等教育服务质量调整的一些建议和看法。姜文昱（2019）全面分析了英国非市场教育服务产出的统计内容与方法，包括英国非市场教育服务产出核算定义、核算范围、产出核算具体方法以及产出质量调整方法等，在总结核算经验与局限性的基础上，进一步提出我国应高度重视非市场教育服务产出统计的核算方法改革研究，并结合我国的九年义务制教育体系、公立教育类型和考试制度等具体国情，从直接产出统计角度对我国非市场教育服务产出的统计指标进行积极探索和实践。

④把居民对住宅区公共服务水平的主观感受作为对住宅区公共服务水平的度量。这种测量方法须事先设计好包含公共服务问项的调查问卷，然后通过对居民的调查访问了解其对住宅区附近公共服务水平的评价值，以此作为对公共服务的衡量。周京奎（2008）利用特征价格模型和2006年天津市内六区的调查数据，分析了公共资本品规模对住宅价格的影响效应。汪利锬（2011）采用一般均衡研究方法，通过构建一个参与式公共服务供给模型，从反面证明了我国目前公共服务供给模式低效的基本事实，而且在迁移成本很小或可忽略不计的假设下，居民会通过"用脚投票"自行配置公共服务资源。罗万纯（2014）基于农户的视角对农村生活环境公共服务供给效果及其影响因素进行了分析，结果表明：虽然通过不断加大投入，农村生活环境逐渐得到改善，但仍存在不少问题，如农村饮用水水质有待改善，厕所无害化程度有待提高，清洁可再生能源的使用有待增加，生活垃圾和污水处理有待形成体系等。农村生活环境公共服务供给效果主要受农村居民环保意识和环保知识、家庭需求和"公共地悲剧"的影响。

（3）对公共服务与居民收入差距的研究。刘乐山、何炼成（2005）认为公共产品供给的差异是城乡居民收入差异的一个原因。刘穷志（2007）利用公共服务归宿评测模型解释了公共支出惠及富人与穷人的公共品非均等化情况，并利用中国省际面板数据进行检验，发现：富人的公共安全服务相对不足；文教科卫和社会救济近年来更多地惠及了贫困人口，但社会保障则供应不足；贫困人口较多地得到了见效快的经济服务，但着眼于长远利益的经济服务相对较少；补贴给了富人，专项服务和支援更多地给了贫困人口。刘渝琳和陈玲（2012）分析了社会保障对收入分配的作用机制。徐俊武（2011）、邱伟华（2009）分析了公共教育支出与收入分配的关系及作用机制。王志平（2017）指出对未发生直接货币流动的经济活动应做虚拟处理的统计测算，在考虑虚拟处理因素之后，我国居民的收入和消费水平与未考虑虚拟处理相比，会有显著提高。同时，居民的恩格尔系数则会出现一定程度的下降。

（4）福利测度过程中家庭等价规模的测算。解垣等（2005）介绍了等价规模的概念并借鉴国外的方法，测算了中国的家庭贫困线。赵锐（2016）认为在比较家庭的生活水平时，为了更精确评估贫困和不平等程度，应用家户等价规模来进行调整，并进一步使用中国健康与养老追踪调查 2013 年数据，基于主观福利评价的思路，估计了不同规模和年龄结构组成家户的等价成人规模：在仅考虑家户人口规模时，城镇家户的规模经济系数为 0.751，农村家户为 0.647；在加入家庭成员年龄结构的影响后，成年人计算等价成人规模的折算系数为 0.389，未成年人为 0.521。刘娜等（2020）重点分析了等价尺度在育儿成本测度、收入不平等及贫困等方面的应用研究问题。

（三）研究现状述评

（1）国外文献从公共财政理论视角展开的居民非现金收入统计测度及影响研究起步较早，主要从非现金收入的类型、各种不同非现金收入的测度方法、家庭等价福利的调整等方面做出了较大的贡献，基本思路都是在测度不同非现金收入价值的基础上将其加入家庭初始收入中，分析非现金收入对家庭收入及贫困的影响，积累了一定的经验，可为本书提供相应借鉴。但其文献研究主体主要集中在西欧、澳大利亚、英国、美国等发达国家，缺乏发展中国家的研究，而且相关测度方法存在较大差异，没有形成统一的认知，仍然需要进一步完善。

（2）国内相关研究仍处于起步阶段。关于公共服务供给的测度，大多文献依据宏观数据，从公共产品投入量角度进行核算分析。而对公共服务产出进行核算的相关文献，也大多集中在基于政府支出宏观数据的核算理论方法探讨。缺乏从居民收入分配视角，结合微观数据，开展公共服务供给与配置的测度研究。这方面是本书力图推进的，相关成果具有重要的现实意义和一定的理论学术价值。

三、研究内容与框架

（一）研究内容

本书的主要研究对象是我国居民的非现金收入测度问题及其效应，拟在国内外相关文献基础上，围绕居民的几种主要非现金收入展开研究。首先，通过对居民非现金收入概念的梳理、阐释，进一步完善居民收入的定义。其次，研究居民主要的非现金收入分配统计测度的理论方法，一方面基于居民福利视角，构造更有效的公共服务收入分配效应统计测度方法；另一方面通过深入分析非现金收入对居民收入差距的贡献，评价我国公共财政政策对缩小收入差距的影响效果，为公共财政政策改革提供相应政策建议。其内容可分为五大部分：第一部分，对本书研究的相关概念、理论依据、测度问题进行分析；第二部分，分析我国居民非现金收入的区域差异以及动态演进情况；第三部分，从微观视角对我国居民主要的非现金收入进行测度，并在此基础上分析其对家庭福利的影响；第四部分，从宏观视角分析居民的主要非现金收入对居民收入差距的影响；第五部分，进一步从宏观视角分析居民的非现金收入对经济增长的影响。具体内容如下：

第一章，导论，介绍本书的研究背景与意义、研究现状、研究内容与框架、研究思路与方法以及创新之处。

第二章、第三章和第四章属于本书第一部分的内容。首先，介绍了非现金收入的相关概念及理论依据，并提出了本研究的理论分析基础；其次，分析了本书非现金收入与收入的概念以及其包含的内容，进一步概括总结了非现金收入的测度思路，并指出了在具体测度过程中存在的问题；最后，介绍了在福利测度过程中，家庭等价尺度的测度及其选择对研究结论产生的影响。

第五章、第六章、第七章和第八章属于本书第二部分的内容，主要从宏观角度，运用基尼系数、泰尔指数、核密度估计等方法分别研究了公共教育、公共卫生和公共住房非现金收入以及公共教育、卫生、住房非现金总收入的总体以及区域差异情况，并进一步分析了总体与区域之间差异的动态演进情况。

第九章、第十章、第十一章和第十二章属于本书第三部分的内容，主要从微观角度进行分析，分别测度了家庭的公共教育、公共卫生和住房非现金收入，并进一步以家庭为单位，分析了这些非现金收入单独和汇总后对不同类型家庭的福利产生的影响。

第十三章、第十四章和第十五章属于本书第四部分的内容，从宏观角度，运用面板数据回归的方法，分别分析了我国居民的教育非现金收入、公共卫生和住房非现金收入以及总非现金收入对居民收入差距的影响。

第十六章属于本书第五部分的内容，从宏观角度，运用回归的方法分析居民的教育、卫生、教育卫生和教育卫生住房非现金收入对经济增长的影响。

第十七章是本书的结论、建议及对进一步相关研究的展望。

（二）研究框架

本书的研究框架如图 1-1：

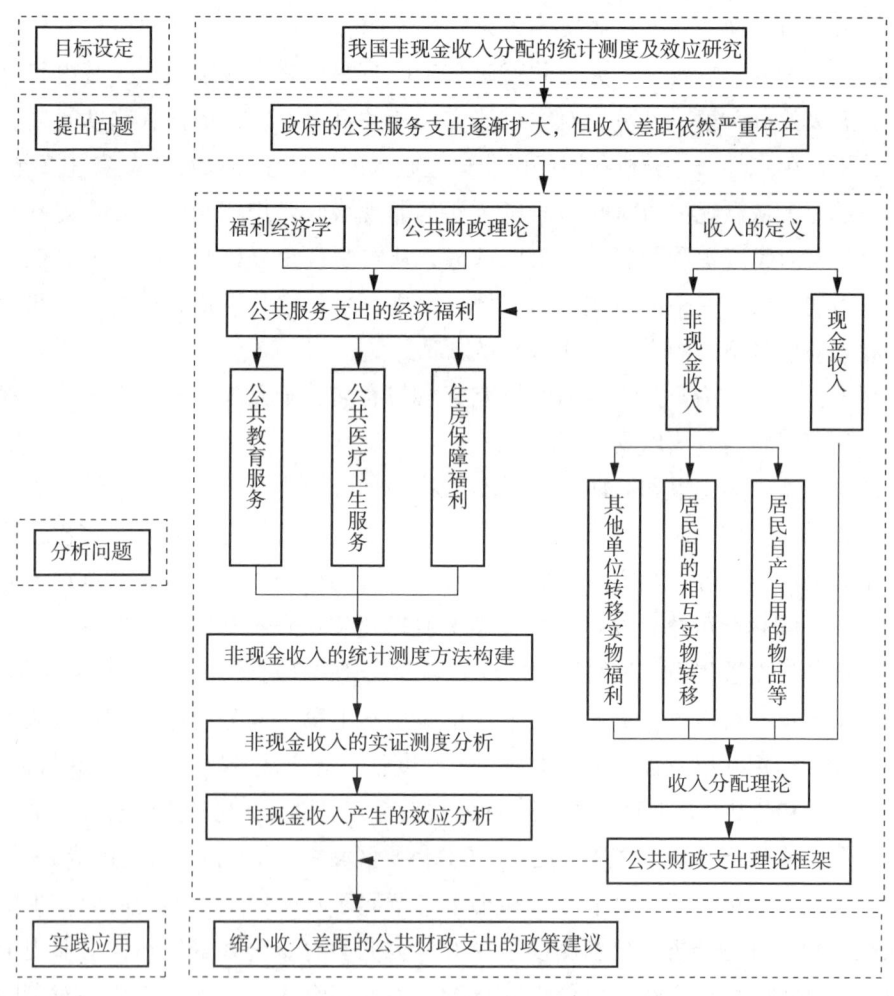

图 1-1　本书的研究框架

四、研究思路与方法

(一) 研究思路

基于我国公共福利对居民收入的影响作用，本书对收入的概念进行重新定义，对其中包含的非现金收入进行统计测度，并分析其对居民的收入效应以及其对经济增长的效用等，研究促进收入公平的公共财政政策，以"理论基础—方法构建—统计测度—定量分析—政策建议"为主线展开研究。首先，在福利经济学框架下，分析与公共福利支出对应的非现金收入对居民收入的影响，重新定义居民收入的概念。其次，根据公共教育、公共医疗卫生和住房福利等的特点，构造不同的居民非现金收入测度方法。再次，利用我国已有的微观调查数据库，如中国家庭金融调查数据（CHFS）、中国家庭追踪调查数据（CFPS）等，结合《中国统计年鉴》《中国财政年鉴》《中国教育年鉴》《中国卫生年鉴》等的相关数据，测度我国居民的非现金收入，并实证分析其公共支出的再分配效应以及对经济增长的作用等。最后，在得到分析的结果后，提出促进居民收入的有针对性的政策建议。

(二) 研究方法

（1）文献研究法。在研究过程中，查阅了国内外的大量相关文献资料，通过对已有研究的梳理，了解相关的研究现状以及优缺点，以便在本书的研究中借鉴并吸收现有的研究成果。

（2）国民经济核算方法。利用相关的统计年鉴和家庭调查数据，对居民的非现金收入进行总量与分量的计算。

（3）等价尺度法。用不同的方法测算我国家庭居民的等价尺度，为了使计算出来的非现金收入更加真实可靠，具有可比性，在计算家庭非现金收入时，采用等价尺度进行计算。

（4）平均成本法。非现金收入的计算离不开公共财政支出成本，鉴于群体内公共财政的福利支出比较平均，对这类的非现金收入可用平均成本法计算。

（5）计量分析方法。住房的福利性非现金收入可以用回归的方法估计，住房的租金作为被解释变量，房屋的特征、位置、房客的特征等可以作为解释变量进行估计。另外,在计算非现金收入对收入差距以及经济增长的影响时,均采用回归等计量经济分析方法进行分析。

(6)统计分析方法。在对政府转移的居民非现金收入区域不平等进行测度分析时,运用不同的统计方法。在测度公共医疗卫生服务的非现金收入时,可采用基于实际消费的方法、自我健康评估的保险价值的方法等。在测度住房福利时,可采用机会成本的方法、资本市场的方法、自我评估房屋价值的方法等。

五、创新之处

(1)本书力图在统计理论方法方面有所创新。国内已有公共服务测度大多采用投入价值替代法进行计算,虽已有学者提出产出法(如产出指标法),但大多基于政府支出宏观数据的核算理论方法进行探讨。尚没有从居民收入分配视角,结合微观数据,开展公共服务供给与配置的测度研究。本书通过对居民非现金收入的统计测度研究,不仅力图基于宏观数据和微观数据的结合提出新的测度方法,推进公共产品基于投入价值测度的理论方法研究,而且利用实证结论对其新测度方法进行了检验。

(2)本书力图推进公共财政再分配机制的理论研究。现行公共财政理论框架仅是从公共资源供给的视角进行构建的,并没有考虑居民需求的视角,导致公共资源供给与需求的不对称分布,造成资源浪费。本书通过居民非现金收入分配的实证研究,分析我国公共资源再分配的不均衡状况。基于福利经济学效率最大化原则,从供给与需求相均衡视角,构建了公共财政对再分配作用机制的理论框架。

非现金收入的相关概念及理论分析

本部分内容首先以收入分配和公共支出的相关概念为基础，提出了非现金收入的相关概念，进一步分析了非现金收入调节收入分配的几个主要理论依据，如公共支出理论、财政货币政策理论、福利经济学理论以及发展经济学理论等，并在此基础上分析了非现金收入与收入分配、家庭消费和经济发展之间的理论影响机制。这是本书研究的理论基础。在后面的实证分析中，主要以此理论为基础展开研究。其次提出了本书所引用非现金收入的定义、概念框架、测度思路以及测度中存在的问题等。最后根据家庭福利测算过程中常用的等价尺度对问题进行分析，不仅利用我国的数据进行了实证测算，也进一步对比分析了不同等价尺度的选择在对贫困和不平等问题分析时所存在的敏感性问题以及对测度结果的影响。

第二章
非现金收入的相关概念及理论评述

本章首先介绍了收入分配、公共支出以及非现金收入的相关概念,接着介绍了非现金收入调节收入分配的相关理论依据,最后根据这些相关理论进一步分析了非现金收入与收入分配、家庭消费以及经济发展的影响机理。

一、收入分配的相关概念

马源平在其《收入分配论》中,指出收入分配是指社会在一定时期内创造出来的产品或价值按一定标准分配给消费者的活动过程。在马洪和尚青的《经济与管理大辞典》一书中,收入分配是指国民收入在各生产要素之间的分配,或是指国民收入在居民之间的分配。综合起来,收入分配是指将社会生产成果按照生产要素在生产过程中所做贡献的大小在生产要素之间,以及要素所有者拥有要素的多少在生产要素所有者之间进行分配的一种活动。常见的收入分配主要有以下三种分类方法:

(一)功能性收入分配和规模性收入分配

纵观收入分配的研究历程,可以寻找出两条主要的研究路线。一条是起源于斯密、李嘉图等古典经济学家的按要素的收入分配,称为功能性收入分配(Functional Distribution of Income);另一条是源于帕累托的主要研究家庭、个人等微观领域的收入分配,称为规模性收入分配(Size Distribution of Income)。

功能性收入分配也称为要素收入分配,主要研究各种生产要素与其所得收入之间的关系,是从收入来源的角度来研究一个国家中资本、劳动力、土地等生产要素所有者按投入要素数量和贡献获得相应的收入份额的问题。重点讨论要素价格的形成,诸如工资、利润率和地租等,以及国民收入中不同生产要素所获得的收入份额的确定问题。功能性收入分配侧重研究不同的生产要素所获得的收入份额的确定问题,故一般用于研究经济效率相关的问题。

规模性收入分配也称为个人(家庭)收入分配,主要运用统计规律,根据不同社会特征的个人或家庭社会平均收入偏移的状况,分析个人或家庭的相对收入差异,研究的是个人或家庭与其所得收入总额的关系,是从收入所得者的规模与所得收入的规模关系的角度研究收入分配。规模性收入分配侧重研究居民家庭(个人)的收入分配问题,故多用于研究收入不平等、收入差距等的问题。

(二) 初次收入分配和收入再分配

初次收入分配(Initial Distribution of Income)和收入再分配(Redistribution of Income)是按照分配的层次来划分的。国民收入由初始状态向个人可支配收入转化的过程就是收入的初次分配与再分配过程。

初次收入分配是指生产过程中所创造的增加值在参与生产过程各要素之间进行的分配和因生产而向政府做出的支付,生产要素包括劳动力、土地、资本等。它是与国民收入的来源或创造相联系的分配层次,承受者是收入的生产者或创造者,主要有税收、企业利润及工资等几种形式。

收入再分配是指在收入初次分配的基础上通过现金或实物转移而实现的收入分配,也是政府对要素收入进行再次调节的过程。再分配主要形式有:个人所得税、财产税、赠与税、社会福利、转移支付、捐赠、救济、罚款等。再分配的主要实施者是政府,另外企业、社会团体、个人等也可以劳务付费或实物转移等方式进行。再分配是对初次分配的重要补充,它具有灵活性等特点,在调节收入分配方面发挥着重要作用。本书所研究的非现金收入就是居民在再分配过程中得到的实物收入份额,主要研究政府对居民的公共福利转移。

(三) 宏观收入分配和微观收入分配

宏观收入分配是指国民收入总量的分配,表示在一定时期和一定的社会经济体制下,社会各经济主体(如政府、企业和个人)对国民收入的分配关系,它与主体收入分配相对应。宏观收入分配格局反映的是各经济主体所得收入在国民收入总额中所占比重的一种结构关系,经济发展直接决定经济主体的收入总量,而宏观收入分配格局将对一国经济能否健康稳定发展产生重要影响。

微观收入分配是各经济单位（单个企业或单个人）的收入分配，主要是个人收入分配，它表示在一定时期和一定的社会经济体制下，社会各类成员收入水平与各自实际投入或贡献之间的关系，以及社会成员之间的收入比例关系。微观收入分配格局反映的是各类社会成员的个人所得在个人收入总额中所占比重的一种结构关系。研究微观收入分配格局侧重分析居民个人收入分配差距是否合理。

二、公共支出的基本概念

（一）公共财政支出的内涵

公共财政支出也被称为公共支出或财政支出。所谓公共财政支出就是指政府为履行职能，以财政收入为主要资金来源而发生的支出。它是以国家为主体，以财政的事权为依据进行的一种财政资金分配活动，集中反映了国家的职能活动范围以及所发生的耗费。另外，我国国家统计局给出的定义是，公共财政支出就是国家财政将筹集起来的资金进行分配使用，以满足经济建设和各项事业的需要。虽然表述有所不同，但实际上，它们的本质是没有什么不同的，公共财政支出一般是由财政部门按照预算计划，向国家有关部门和方面支付财政资金的活动，通常是按财政年度计算。

在市场经济社会中，公共财政支出一般是政府为了满足实现其职能、取得所需商品和劳务的需要，对一定的社会产品进行有计划的再分配活动。也就是说，公共财政支出在根本上是为了满足社会共同事务需要而形成的社会集中化分配活动，主要表现在政府对其所掌握的财政资金的安排、供应、使用和管理的全过程，它反映了财政资金的结构、规模、流向和用途。因此，从本质上来看，公共财政支出就是政府职能行为的成本和政府政策选择的具体反映。

公共财政支出是市场经济条件下政府对经济进行宏观调控的重要手段。政府通过对公共财政支出规模的调整来影响社会总需求，从而对经济总量产生相应的影响；通过对公共财政支出结构的控制，直接或间接地影响社会经济结构的各个方面，包括社会总供需结构、产业结构、社会事业各方面构成以及未来社会总供给能力结构等。公共财政支出是政府公共财政的重要组成部分，公共财政主要通过税收收入和财政支出来影响经济。因此，在较大程度上，公共财政支出的数量和范围不仅反映着政府介入经济、社会生活的规模和深度，也反映了公共财政在社会、经济发展中的地位和作用，对实现政府职能和国家宏观调控目标都起着至关重要的作用。

（二）公共财政支出的分类

公共财政支出的科学分类，是对公共支出结构和规模进行分析的基础，可以更加全面地、可靠地和科学地掌握公共支出的变化规律。公共财政支出根据不同的研究需要和划分标准有多种分类方法，我国目前公共财政支出的分类方法也不统一，具体的财政支出分类有以下几种：

1. 按经济性质分类

按照公共财政支出的经济性质可以将公共财政支出划分为购买性支出和转移性支出两大类型。

购买性支出又称为消耗性支出，直接表现为政府购买商品和服务的活动，包括购买进行日常政务活动所需的或用于国家投资所需的商品和服务的支出，如政府部门的行政管理支出、事业经费支出等。其特点是有财政支付、履行国家的各项职能，并获得了商品和劳务。它体现了政府的市场性再分配活动。

转移性支出则直接表现为资金的单方面、无偿转移，这类支出主要包括补助支出、捐赠支出、债务利息支出、养老保险支出等。主要特点是财政支付了资金，却没有所得，只是社会资源的重新分配。它反映了政府的非市场性再分配活动，对公平性分配有着重要的影响和作用。这部分转移支出又分为两类：一部分是现金转移支出，如债务利息支出、养老保险支出等；另一部分是非现金性的实物转移支出，如公共教育、公共医疗卫生、公共住房保障等。这些都从不同方面体现了国家财政对居民收入的再分配性质，对居民获得的福利水平产生了一定的影响。

从这种分类方法可以看出，政府的财政支出中，购买性支出比例越大，财政政策对生产和就业的影响就越大；反之，若转移性支出比例越大，财政政策对收入分配的影响就越大。

2. 按支出产生效益的时间分类

按照支出产生效益的时间可分为经常性支出和资本性支出。

经常性支出是指维持公共部门正常运转或保障人们基本生活所必需的支出，主要包括公共费用支出、社会保障支出、人员经费支出等。这种分类支出的特点主要是它的消费能使社会直接或当期受益。

资本性支出是指由于购买或生产使用年限在一年以上的耐用品所需要的支出，它的特点是其消耗的结果将形成供一年以上的长期使用的固定资产。

3. 按政府职能分类

根据国际货币基金组织列举的市场经济国家的公共财政支出的概念，政府的公共财政支出主要包括：教育事务与服务，社会保险福利事务与服务，一般公共服务，社会治安事务与服务，国防与服务，卫生保健事务与服务，住房和社区设备事务与服务，燃料和能源事务与服务，林业、农业、渔业和狩猎业事务与服务，娱乐文化和宗教事务与服务，除燃料以外的采矿和矿山资源事务与服务，运输和通信事务与服务，建筑业事务与服务，制造业事务与服务以及其他经济事务与服务等。

按政府的职能分类时，我国政府的公共财政支出一般分为行政管理支出、社会文教支出、国防支出、经济建设支出和其他支出五大类。行政管理支出包括政府用于行政管理、外交事务、公安司法等方面的支出；国防支出包括政府用于军防和民防事务、军事科研、对外军援等方面的支出；经济建设支出包括政府以经费拨款、补贴、贷款、投资等形式用于经济建设方面的支出；社会文教支出包括政府在教育、社会保障、社区发展、卫生保健、社会福利、住房、文化娱乐等方面的支出。

4. 按财政支出的具体用途分类

按财政支出的具体用途进行分类，是迄今为止我国财政支出的主要分类方法。我国的财政支出按具体用途进行分类时，主要包括的内容为：基本建设支出、流动资金支出、企业挖潜改造资金和科技三项费用支出、地质勘探费支出、农业支出、国防支出、外交外事支出、抚恤和社会福利救济支出、社会保障补助支出、武装警察部队支出、政策性补贴支出、公检法司支出、行政管理费城市维护费支出、各项事业费支出、对外援助支出、债务利息支出、支援不发达地区支出、行政事业单位离退休支出、总预备费支出、专项支出、其他支出等。

5. 我国政府收支分类改革

2007 年我国政府正式实施了收支分类的改革，采用了国际上通用的做法，也就是同时使用支出功能分类和支出经济分类两大类分类方法对财政支出进行分类。这不仅涵盖了原政府预算收支科目中的一般预算、债务预算收支和基金预算等内容，而且还进一步纳入了社会保险基金收支和财政专户管理的预算外收支，目前形成了较为完整的政府收支体系。

（三）公共财政支出调节收入分配的路径分析

政府的公共财政支出对居民收入分配的影响有两种作用，包括直接作用和间接作用。直接作用是通过直接调节居民的收入分配来改善居民收入，通过减少居民之间收入差距促进收入公平，进一步减少贫困人口，这种作用主要是通过公共财政的公共教育支出、公共医疗支出、社会保障支出等实现。而间接作用则是通过政府财政的支出来促进经济增长，使经济增长的成果惠及广大居民进而改善居民的收入分配，减少贫困人口，这方面的财政支出主要包括公共安全支出、科学与技术支出、环境保护支出、交通运输支出、农林水事务支出等，这些财政支出改善了经济增长的环境，促进了经济增长。另外，政府对公共教育、医疗等的支出也在一定程度上提高了居民自身的人力资本水平，也间接地促进了经济的增长，这些公共财政支出通过促进经济的增长也可使居民获得较多的收入，改善居民的收入分配。公共财政支出调节居民收入分配的作用机理如图2-1所示。本书主要分析的是政府公共财政支出通过直接作用减少居民收入差距以及其对经济增长的促进作用。

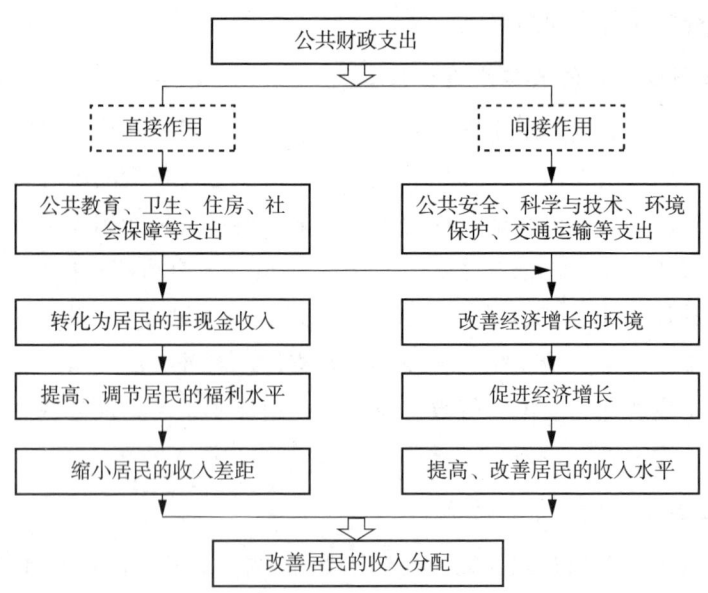

图2-1 公共财政支出调节居民收入分配的作用机理

三、非现金收入的相关概念

非现金收入的定义主要是基于 Hicksian 收入的概念而引申出来的，Hicksian 把收入定义为一个人在一星期当中所能消费的最高价值，并且在预期他在周末的处境会和周初一样好。随着经济的发展以及对收入概念的进一步认识，学者认识到需要在财政支出研究中引入更广泛的收入概念，因此，在可支配收入衡量中增加了间接非现金收益的价值，得出一个由私人收入加上政府现金和非现金福利减去税收组成的最终收入指标，这种最终收入的衡量标准比现行标准的现金收入衡量标准能更准确地反映家庭所能获得的资源或家庭所达到的生活水平。尽管人们一致认为需要更广泛的收入衡量标准，但关于哪些福利应包括在最终的收入定义中，关于如何衡量它们的价值，以及它们的发生率，仍存在争议。非现金收入没有统一的定义标准，不同研究者根据自身的研究目的，对非现金收入的定义也有所差异，主要有以下几种：

（1）澳大利亚社会政策研究中心的 Saunders 等（1992）在卢森堡收入研究项目中认为家庭的经济福利是由其资源相对于其可衡量的经济需要所决定的。经济资源包括现金收入和非现金收入，虽然税后现金收入是最广泛用于衡量家庭经济福祉的指标，但它可能排除以非现金形式获得的相当数量的资源。非现金收入主要包括：一方面是政府提供的医疗、住房、教育、食品和其他补贴；另一方面是农民和其他主要生活在农村、小城镇的个人自用生产以及收到的实物转让。

（2）Steckmest（1996）的研究用可支配收入的概念衡量非现金福利，指出非现金福利主要是居民获得的非现金收入的价值，若站在政府财政支出的视角，实际上就是政府对居民的实物转移支出，虽然种类较多，但限于数据可获得性以及国家间的可比性，在分析时主要选择了医疗保健服务和教育服务两个方面。

（3）欧盟认为非现金收入优势可能来自私人或公共提供或转让的资源，也可能与卫生、教育或住房部门提供的货物和服务有关，完善这些问题的统计覆盖范围被认为是福利比较框架和各自国家社会包容行动计划的关键，故在基于精准收入的公共政策评估项目中将非现金收入部分分别纳入教育、卫生、住房、家庭生产和附加福利等领域，展开了其对个人和综合分配影响的研究。

总的来看，非现金收入的来源可以由政府、私人第三方（如雇主）、慈善组织或家庭本身提供给私人家庭，如政府提供的教育、卫生等非现金福利转移，雇主提供的午餐、乘车福利等，私人提供的实物转移，家庭生产的自产自用的物品或业主自住住房的隐性租金等；非现金收入的种类繁多，其中政府对个人提供的非现金福利是最多的。但并非所有的这些非现金收入都是可以衡量、估算和归算入家庭的，因此，在研究时多选择医疗卫生、教育和住房等规模较大，且较为容易计算的非现金收入进行分析。

四、非现金收入调节收入分配的相关理论依据

市场经济条件下的收入分配，主要是由市场机制调节的，而由市场决定的个人收入分配，必然会在不同地区、不同阶层、不同行业之间存在差距，有失社会分配的公平性原则，容易引起社会的动乱与经济社会的不协调发展。因此，需要政府利用各种可支配的资源进行再分配，纠正市场分配的不合理性。故收入分配公平是政府进行宏观调控的主要目标之一，其调节收入分配的主要途径有税收、教育、医疗、社会保障、转移支付等多种财政政策。由于非现金收入的概念提出时间较短，目前还没有形成专门的理论研究体系，本部分就从其他相关理论分析中寻找关于非现金收入调节收入分配及经济发展的理论依据。

（一）公共支出理论

政府的公共支出主要有购买性支出和转移性支出，购买性支出主要包括两部分：一是购买各级政府进行日常行政事务活动所需的产品和劳务的支出，二是各级政府用于公共投资的支出。而转移性支出是指公共部门无偿地将一部分资金的所有权转移给他人所形成的支出。如一些养老金补贴、失业救济金等的支出，转移性支出主要是政府从某些主体获得资源后再转移给另外的主体，这是资源之间的重新分配，并不占用政府的公共资源，因此，这里我们不做过多分析，我们主要研究政府的财政性公共支出，即政府的购买性支出。

公共支出有两个非常重要的理论，一个是瓦格纳法则，另一个是"发展型"增长理论。瓦格纳法则是德国财政学家阿道夫·瓦格纳提出来的，深入探讨了政府公共部门的规模问题，他认为，公共支出的增长是政治因素和经

济因素共同作用的结果。随着居民收入的提高，政府对这些公共服务的公共支出也相应会提高。而"发展型"增长理论则是由马斯格雷夫和罗斯托从经济发展的角度提出来的，在经济增长的初期阶段，公共部门的投资在整个国家经济总投资中占有很高的比重，为社会提供了诸如治安、道路、交通、教育和卫生等必不可少的公共产品。进入经济和社会发展的中期阶段后，公共部门投资已经开始成为日益增长的私人部门投资的补充。经济发展进入成熟阶段，公共支出的主要目的将会由提供社会基础设施转向教育、卫生和福利服务的支出。

根据以上两个理论分析可知，不管在经济增长的初期阶段还是在经济和社会发展的中后期阶段，公共支出对于教育、卫生和福利服务等方面的支出都是逐步增加的，而这部分支出实际上就是本书所讨论的家庭的非现金收入。随着经济社会的发展，政府应该更加注重居民的生活质量、收入不平等及福利获得问题。因此，政府的公共支出更应该注重其再分配功能的实施，更加注重居民收入分配的公平性问题以及居民福利的改善问题。

（二）财政货币政策理论

财政货币政策是为促进就业水平提高、减轻社会经济波动、防止通货膨胀、实现稳定增长等目的而对政府支出、税收和借债水平进行的权衡选择。当经济出现总需求不足即出现经济衰退时，政府应扩大政府支出、减少税收；相反，当总需求过热即出现通货膨胀时，政府应削减财政支出、增加税收。财政政策工具包括变动政府购买支出、改变政府转移支付、变动税收和公债等。货币政策：中央银行通过控制货币供给量，进而调节利率，以便影响投资和整个经济，达到经济目标的行为。主要有变动法定准备金率、变更再贴现率和公开市场业务三大手段，以及道义劝告、放宽信贷条件、放松抵押贷款数量和信贷配额等辅助性手段。根据政府公共财政的货币政策理论，公共支出的主要作用也是调节社会经济发展以及发展成果的合理公平分配。

（三）公共财政理论

公共财政指的是国家或者政府通过为市场提供公共产品或服务，以满足社会公共需要的一种活动或经济行为。亚当·斯密早在《国富论》中，就开始了对国家公共财政的论述，他认为市场在一只"看不见的手"的管理下，可以有效地配置资源；他主张市场的自由竞争，反对国家干预，政府在这个时期只承担"夜警"的角色，也就是说在这个时期，政府的财政支出规模很小，仅具有简单的收入和配置职能。之后，在资本主义经济由自由竞争向垄断阶段发展的过程中，德国社会学派更多地强调政府的职能，瓦格纳则在1882年提出了瓦格纳法则，指出随着经济的增长，国家职能的范围应该进一步扩大，市场失灵、外部性问题、保健、教育、文化等都需要政府的支持。20世纪30年代，随着世界经济危机的到来，凯恩斯则在《就业、利息和货币通论》中运用资本边际报酬率递减、边际消费倾向递减、流动性偏好等解释有效需求不足的问题，提出了政府应该扩大其职能范围，来调节社会的总需求，同时也提出了"相机决策"以及财政政策与货币政策的搭配来调节总需求。之后，政府公共财政的作用被世界上大多数国家在实际过程中运用。

从公共财政理论的角度来看，政府公共支出是提供公共物品满足公共需要的重要手段，同时也是调整收入差距，减少贫困的重要措施。政府公共支出在调节收入分配以及减贫工作中发挥以下作用：第一，调节收入分配。居民的收入差距是一个永恒存在的问题，而贫困问题则更反映出社会上存在的收入分配不公平现象，政府通过向高收入者征税，同时通过公共教育、公共医疗、社会保障支出等向低收入者给予补贴和救助，缩小收入差距，帮助其脱离贫困，改善其生活水平，并且建立覆盖城乡的社会保障制度，实现城乡公共服务均等化，使低收入者享受到平等的公共服务。第二，合理配置资源。政府通过公共支出向低收入群体或贫困地区提供公共产品和服务，实现贫困地区资源的合理配置和优化，从而达到调节收入分配以及减贫的目的。第三，实现地区间均衡发展和社会稳定。收入差距是造成不同区域间不均衡发展的主要因素之一，也是导致社会不稳定发展的潜在因素之一，政府扩大对贫困地区的公共支出，加强贫困地区建设，不仅促进了贫困地区经济发展，缩小了地区间的贫富差距，还有利于实现地区间的均衡发展和社会稳定。

（四）福利经济学理论

从福利经济学的角度来看，收入差距的产生意味着没有实现社会福利最大化，而社会福利最大化应该表现为资源配置最优化和收入分配均等化。政府通过税收、转移支付、社会救济、社会保障等措施，都可以在不使国民收入总量增加的情况下，改进社会福利。由于存在边际效应递减，将富人的一部分收入转移给穷人，富人减少的效用远不及穷人增加的效用，因此通过税收、社会救济等方式，可以实现帕累托改进，使社会福利最大化，并能有效地缓解贫困。阿马蒂亚·森对福利经济学进行了扩展，提出能力贫困理论，他认为造成贫困的原因在于获得收入的可行能力的缺失和机会的丧失，而通过基础教育、医疗卫生等方式能够提高贫困人口获得收入的可行能力，从而提高社会的福利水平。政府要加大对贫困地区教育、医疗等社会事业的投入，促进公共服务均等化，让贫困人口享受到平等的待遇，加快脱贫步伐。

（五）发展经济学理论

从发展经济学的角度来看，缪尔达尔的循环累积因果论认为经济发展过程中的各种因素是相互作用的，并呈现一种轮换累积的变化态势，发展中国家的低收入水平造成居民营养不良、卫生健康状况恶化、教育文化落后，从而引发人口质量下降，进而使得劳动生产率下降，劳动生产率下降又会引起低产出，低产出又会引起低收入，低收入又进一步使经济恶化，于是发展中国家总是陷入低产出和贫困的积累性循环困境中。他进一步指出，产生低收入的重要原因是资本形成不足和收入分配的不平等。政府应该通过政策的转变使收入趋于平等，以增加广大贫困群众的消费，从而提高投资引诱并增加储蓄以促进资本形成，使生产率和产出水平提高以带动人均收入水平的提高。这样发展中国家将从低收入和贫困的积累性循环困境中解脱出来，进入一个正常的、良性的循环积累因果运动。政府通过加大对贫困地区的公共支出，能够推动和拉动地方经济，带动消费，促进资本形成，从而使贫困地区从贫困中解脱出来进入一个良性循环。

无论是从哪一个理论视角来考察收入差距与贫困问题，政府在调节收入分配过程中都扮演着积极的角色，都需要针对贫困地区运用财政手段，加大在教育、医疗、社会保障等方面的支出，从而帮助更多的贫困人口摆脱贫困。

五、非现金收入调节家庭福利及经济发展的作用机理分析

结合前面的理论分析与实际观察，非现金收入主要可以从以下三个方面分析其对家庭福利及经济发展产生的影响：一是直接对家庭初始收入的再分配作用，二是对家庭消费产生了较大的影响，三是间接对经济发展产生重要的作用。

（一）非现金收入与家庭初始收入

我国由于长期二元经济的存在导致城乡经济发展差异较大，城乡收入差距也一直居高不下。另外，我国不同区域的经济发展也存在较大差异，不同区域居民的收入差异也是居民收入不平等的一个重要原因。按照国家统计局公布的基尼系数，我国居民收入的基尼系数早在2000年就已经超过了国际警戒线0.4的标准，近年来虽有调整，但仍然居高不下，2020年为0.468。我国居民收入差距的计算一直都是以现金可支配收入为主进行计算，根据居民收入的定义，实际上，居民还会有以非现金实物形式存在的收入，这部分收入在一定程度上也改善了居民的收入水平。按照非现金收入的来源，可以由政府、私人第三方（如雇主）、慈善组织或家庭本身提供给私人家庭，如政府提供的教育、卫生等非现金福利转移，雇主提供的午餐、乘车福利等，私人之间提供的实物转移，家庭生产的自产自用的物品或业主自住住房的隐性租金等，这些非现金形式的隐性收入在一定程度上也调节了居民的生活水平。

在非现金收入众多的种类中，并不是每一种类型都可以进行测度和分析的，一些金额较小的特殊的非现金福利也难以统一进行量化，如个别家庭少量的自产自用物品等。根据我国的实际情况，农村居民的这部分非现金收入可能会较多，如自产自用的粮食、蔬菜等，但这部分数据目前还无法获得，在具体分析时暂不考虑，但这也有可能是造成城乡居民收入差距过大的一个主要原因。在非现金收入类别中，其中以政府对个人提供的非现金福利是最多的，按照公共财政支出理论，这也是政府对居民再分配进行调节的主要途径，我国公共财政支出中的教育、医疗、住房保障等也都一直呈递增趋势，规模较大，受益覆盖人群众多，但不同类型的公共财政支出的受益群体也不一样。一般人认为，公共教育服务的受益群体大多是有上学孩子的年轻家庭，而医疗卫生服务的受益群体多是年龄较大身体状况较差的老年人家庭。另外，对于住房补贴的受用者则多数为城市里的低收入群体。从中可以看出，虽然不同的非现金收入对不同的家庭会产生一定的影响，但其影响目的都是调节社会中不同群体的收入福利。从整体来看，这些不同类型的非现金收入可能会对全体居民的总收入有一个调节作用，因此，多数人认为将这部分非现金收入计算归入家庭的最终收入，可能会改变家庭收入的分布形态，对收入差距也会有一定的调节作用。

实际上，非现金收入的规模不仅重要，而且其具体在不同家庭中的分配类型也是非常重要的，对居民获得的公共福利会产生较大的影响，通过公共福利的再分配形式，也会发现不同类型家庭的收益将会有不同程度的改变。在衡量家庭收入时，使用收入的定义越全面，福利的衡量就越准确，因此，将非现金收入纳入家庭收入福利的研究就比只用家庭可支配收入进行研究的结果更完善、更可靠、更准确。

（二）非现金收入与家庭消费

非现金收入是以实物形式转移给居民的福利形态，整体上其目标是改善不同群体的消费水平，提高其福利获得程度，促进全体居民福利的改善。不同的非现金收入在不同方面影响了居民的消费水平，如公共教育服务使更多的群体可以有机会进入学校接受教育，提高受教育水平；公共医疗卫生服务则使更多的人群接受较好的医疗服务，改善身体健康状况。这些对居民来说都是其福利改善的表现。若没有这些公共服务的话，居民想要享受这些服务可能要花更多的现金收入，那么就会降低居民在其他方面的消费水平。

但以实物形态提供的非现金收入的消费品是固定的，故居民也只能以某种特定的形式接受，不能用于其他途径，比如，政府提供的公共教育服务是以教育形式提供给居民的，只有正在接受教育的人群才能享受这部分福利，虽然其获益群体可扩展到家庭范围，但一般来说没有上学个体的家庭是无法享受这部分福利的。另外，公共医疗卫生服务也存在这样的特点，只有有病住院的人群才能享受国家财政的医疗卫生补贴，同样其受益群体也只能是这部分人群，身体健康的人是享受不到的。因此，非现金收入的这种福利形态在调节居民收入差距方面有一定的局限性，产生的作用有可能与其净价值不相符合，有些家庭可能会过度消费，而有些家庭可能会无法得到，比如，一些偏远贫穷地区的孩子受条件所限可能无法享受教育服务，而城市居民的孩子则享受着较高的公共教育服务。另外，一些家庭贫困的居民即便可以享受医疗卫生服务补贴，但是去看病时还要自己支付一部分医疗费用，有时这部分自费的医疗费用也是比较高的，由于贫困以及其他条件限制，这些贫困的居民也可能无法正常享受公共医疗卫生服务，而另外一些家庭较为富裕的患者则有可能享受更好更多的医疗卫生资源，并产生一定的过度消费。这样的话，公共实物福利的受益者有可能会偏向高收入群体，而低收入者获得的则更少。此外，还有一些不符合条件的家庭也无法享受非现金福利。因此，在实际消费使用中，不同家庭之间的消费差异还是存在的。

综上，非现金收入在一定程度上调节了居民的消费水平，但由于其实物分配的特有属性，可能会造成一定的资源浪费，也有可能也会拉大居民之间的收入（消费）差距。因此，选择更合理、更公平的非现金分配形式以达到调节居民消费水平的目的是非常重要的。

（三）非现金收入与经济发展

非现金收入绝大部分来源于政府的公共财政支出，根据公共财政支出理论，政府对居民转移的非现金收入的主要目的：一是调节居民的收入再分配，尤其是贫困问题更是反映了社会分配的不公平，政府通过财政政策的再分配手段，一方面向高收入者征税减少其收入，另一方面通过公共教育、卫生、社会保障等形式向低收入者给予补贴，提高其获得福利的水平，缩小高低收入之间的差距。二是可以实现资源的合理配置，使公共资源更多地向贫困落后地区倾斜，实现社会资源的合理配置和优化。非现金收入调节后的资源更均衡的配置和使用，还可以实现区域的均衡发展以及社会的稳定和谐，这正是我们目前所追求的理想社会发展方向。

从福利经济学的角度来看，通过非现金收入调节的收入差距的缩小意味着社会福利的进一步优化，政府通过税收、转移支付等形式调节社会福利，由于社会福利存在的边际递减效应，可将富人的一部分收入转移给穷人，实现社会的帕累托改进，可使社会福利最大化。根据阿马蒂亚·森提出的能力福利经济学理论，穷人通过获得更多的基础教育、医疗卫生等资源能够提高贫困人口获得收入的能力，从而提高社会的福利水平，促进经济社会的发展。

从发展经济学的角度来看，缪尔达尔的循环累积因果论讲得非常清楚，低收入居民由于长期营养不良、卫生健康状况恶化、教育文化落后，会引发人口质量下降，进而使得劳动生产率下降，劳动生产率下降会引起低产出，低产出会引起低收入，低收入又进一步使经济恶化，陷入贫困的积累性循环困境中。而公共财政提供给居民的教育、卫生等非现金收入，可在一定程度上提高居民尤其是低收入居民的人力资本和健康资本水平，提高其就业水平，进而提高其收入水平，有可能使低收入群体从低收入和贫困的积累性循环困境中解脱出来，而进入一个正常的、良性的循环积累因果运动。这样就有可能从根源上改善经济落后区域的经济发展水平以及低收入群体的整体福利水平。

区域发展差异以及收入不均衡问题，也导致我国目前出现了不少的社会性问题，如最大的问题就是农民工流动问题。农民工的流动是经济发展的必然产物，在一定程度上促进了经济的发展，但是也产生了较多的社会负面影响，如家庭夫妻长期分离问题、留守儿童问题、老年人的养老问题、农村土地荒芜问题、城市的高房价问题等，长此以往，引发的社会性问题可能会更严重、更多。因此，对于如何调节居民的收入差距、均衡福利分配问题不仅仅是一个收入的问题，而是一个大的系统性的社会性发展问题，而非现金收入的再分配作为调节福利分配的一种重要手段，在社会发展方面也将起着重要的作用，若处理得好则会有利于促进社会的发展；否则，将会引起社会发展的种种矛盾，甚至使社会动荡不安。

因此，不论从哪个角度来看，政府提供的非现金收入都对经济的发展、社会的发展有着重要的意义。首先，通过非现金收入调节了居民的收入差距，改善了居民的福利状况。其次，通过提高低收入群体的公共教育、卫生等福利水平，从根源上改善低收入群体的人力资本发展水平，提高其劳动生产率，一方面可以提高其初始收入，另一方面可促进经济的发展。最后，通过收入分配的合理化、公平分配，促进社会的和谐稳定发展。

六、本章小结

本章首先介绍了收入分配的相关概念，公共财政支出的内涵、分类以及其对收入分配的影响路径等，进而在此基础上提出了非现金收入的概念，可以看出非现金收入很大一部分是由政府转移支付给居民的福利，其本质是调节居民收入的再分配，促进经济社会的公平、和谐、健康发展。目前已有不少理论分别从不同的角度论述公共财政支出调节居民收入分配的作用，如公共支出理论、财政货币政策理论、公共财政理论、福利经济学理论、发展经济学理论等，这些理论为分析非现金收入的影响机制提供了理论依据。在此理论基础上，进一步分析了非现金收入与收入分配、家庭消费以及经济社会发展之间的作用机理，为本书的深入分析提供了理论依据。本书按下来的分析将主要以此影响机理为基础进行实证检验分析。

第三章

非现金收入：概念框架与测度思路

现金可支配收入是长期以来衡量居民经济福利的最常用指标，但是随着政府、社会等对居民实物转移福利份额的增加，仅用可支配收入来衡量居民的福利状况显然是不准确的。如果将可支配收入视为可随意支配的现金收入，那么以实物形式获得的福利可以称为具有特定用途的非现金收入。很显然，居民的经济福祉不仅受现金收入的影响，也受到非现金收入的显著影响（Travers and Richardson, 1993）。目前，国际上大多数国家非现金转移支出占比超过财政支出的一半，我国政府对居民的公共教育、医疗、住房保障等非现金实物转移支出规模也在逐年增加。居民非现金收入的大小不仅重要，其分布也同样起到重要作用，这些非现金福利的价值可能与现金收入不成比例地转移给家庭居民，因此，不同类型的家庭在接受非现金收入后，其家庭福利可能会有不同程度的损失或收益，进而会影响其在社会排序中的经济福利地位。加入非现金福利可以更准确地衡量家庭的生活福利水平，故通过对非现金收入的讨论、测度，探究实物再分配的分布及其影响具有重要的实际意义。一方面可以更准确地衡量居民的生活福利状况，进一步与国际上其他福利国家进行比较；另一方面也可为政府对居民的公共转移福利政策提供一定的参考。本章试图从回顾非现金收入的研究过程中，从概念上厘清非现金收入与收入的关系，进一步提出非现金收入的测算思路以及测算过程中存在的问题，为进一步更深入研究非现金收入问题提供一定的参考。

一、本书非现金收入的定义

根据国际上多数学者的研究，非现金收入的研究主要包括以补贴为基础向个人和家庭提供的教育、卫生和住房福利的净值，这些福利可能由政府、雇主或（在估算业主自住住房租金收入的情况下）由住户自身提供。而本书由于数据获得的限制性，在参考国际上非现金收入研究的基础上，主要选择以我国公共财政提供的公共服务转移给居民的非现金收入为基础进行研究，也主要是因为政府提供的非现金福利在居民的非现金收入中占的比例较大且较容易统计测度。即以政府提供的公共服务为主进行研究，主要包括公共教育服务、公共卫生服务、公共住房保障等，这几类公共服务可以实物非现金的形式转化为居民的收入，直接增加居民的经济福利，在一定程度上发挥居民收入再分配的调节作用。因此，本部分主要研究居民从政府财政支出中获得的公共教育、公共卫生和公共住房保障等非现金收入。当然，居民的非现金收入还包括企事业单位对其职工提供的住房补贴、交通补贴、午餐补贴等以及居民之间相互转移的非现金收入，但这部分一方面因其数额较小，对居民收入产生的影响不太明显，另一方面其准确数据不容易统计，缺乏相应完善的数据库，因此，本书不做重点研究。

二、非现金收入和收入的概念对比分析

（一）实物与非实物的概念界定

根据国民经济核算体系（2016）中对劳动者报酬的定义，即从居民收入的角度来看，劳动者报酬收入有两种形式，即货币形式的报酬和实物形式的报酬，这里可以理解为货币形式是与实物形式相对的一种报酬收入，也可以视其为非实物形式的报酬收入。实际上，这里的非实物形式收入指的就是现金收入，现金收入可以随意支配，可用于任何如消费、储蓄、投资等；而实物形式的报酬收入指的则是非现金收入，这种收入只能是以某种特定可以消费的实物或服务形态存在，具有特定的用途，不能随意更换，如居民从企业得到的免费乘坐汽车服务、午餐等。

另外，从宏观核算的角度，考虑到政府对居民的转移支出实际上也主要分为实物形式和非实物形式两种类型，实物形式的转移支出主要是以实物社会转移形式向居民提供消费性货物和服务支出，如教育、医疗等，而非实物形式的转移支出则主要是向居民提供现金转移支出，如对贫困居民、农村60岁以上老年人、独生子女家庭等的现金转移等。

（二）非现金收入的定义

非现金收入是在财政发生率的研究中产生的一个相对于现金收入的新的收入概念，EPAC（1987）认为非现金收入广义来讲就是指居民所获得的服务的价值，否则这些服务必须用私人收入购买或放弃。因此，非现金收入可定义为居民以实物或服务形式获得的某种特定形式的福利，包括政府、社会或个人对居民的实物或服务转移，如政府和社会机构提供的教育、医疗卫生、道路、社会保障服务等实物转移支出；企业提供的汽车、住房、家用电器等；居民个人向其他居民提供的食物、衣服、住房等，居民生产供自己消费的蔬菜、粮食、水果等生活用品及其他物品。居民的这些非现金收入（实物转移收入）都有一定的特殊用途，不能任意改换其作用，是与非实物现金收入相对应的收入形式。

非现金收入的准确测度由于涉及较多的微观企业和个人以及非现金收入的种类繁多，难度非常大，因此本书也主要分析政府对居民提供的覆盖范围较大的实物转移福利。在国民经济核算方面，我国目前也做了较大改进，我国公布的2016年的国民经济核算体系也与国际SNA（2008）接轨，明确提出了实际最终消费概念，并增加了与实际最终消费相关的"实物社会转移""调整后的可支配收入"等核算指标。在此基础上，政府对居民提供的非现金转移收入实际上表现为政府的最终消费支出与实际最终消费支出之间的差额，据此可以测算出我国政府对居民提供的总的非现金收入数据。

（三）收入的定义

经济理论中收入的定义通常是住户或者其他单位在不减少实际净资产的条件下可能实现的最大消费数额。若将资本转移、实际持有损益和由于诸如自然灾害之类事件所导致的资产物量的其他变化都从可支配收入中排除的话，则可以狭义地理解收入的定义为核算期内，住户或其他单位不必通过减少现金、处置其他金融资产或非金融资产或增加负债等方式为自己的支出筹措资金，即能最大限度地负担得起的货物或服务消费，可以看出狭义的收入定义既是SNA中收入的定义，也与经济理论中定义的收入概念相一致。

（四）收入的来源

参考联合国、欧盟委员会、经济合作与发展组织等发布的国民经济核算体系—2008（SNA2008）和我国国家统计局发布的中国国民经济核算体系—2016（SNA2016），从国民经济核算即宏观视角考察了住户部门的收入来源；另外，也从微观经济福利的视角，分析了居民的收入来源问题（见表3-1）。表3-1左侧是从宏观视角列出的收入来源，右侧是从微观视角列出的收入来源。下面我们详细分析从这两个视角所观察到的收入。

表3-1 统计核算与经济福利视角收入的定义

从宏观统计核算视角			从微观经济福利视角		
初次分配收入	劳动者报酬	+	现金收入	工资性现金收入	+
	工资性现金收入			经营净收入	+
	工资性实物收入			财产净收入	+
	单位社会保险付款			利息、红利、地租等	
	财产性收入	+		转移性收入	+
	利息、红利、地租等			养老金或退休金	
再次分配收入	转移性收入	+		社会救济和补助	
	社会保险缴费			政策性生产补贴	
	社会保险支出			政策性生活补贴	
	社会保障补助			救灾款、经常性捐助和赔偿	
	其他经常转移			住户之间的赡养收入	
	转移性支出	−		转移性支出	−
	所得税、财产税等经常税			税款、社会保障、赡养等支出	
实物社会转移收入	政府或非营利机构提供的非市场产出（教育、医疗等）		非现金收入	工资性实物收入	+
				公共教育服务	+
				公共医疗服务	+
	政府或非营利机构提供的消费性货物和服务（药品等）			住房的估算租金净收入	+
				自产自用货物和服务	+
调整后的可支配总收入			现金和非现金总收入		

从宏观统计核算视角分析的收入被分为初次分配收入和再次分配收入，这两者之和是可支配总收入。另外，根据现有的实际情况，可支配总收入中又增加了实物社会转移收入，最终被称为调整后的可支配总收入。这里与我国SNA2016以前的概念不同之处就是在可支配收入中增加了实物社会转移一项。根据SNA2016定义，实物社会转移是指政府和为住户服务的非营利机构免费或以没有显著经济意义的价格向居民提供消费性货物和服务的支出。它

包括两个部分：一是政府或为住户服务的非营利机构免费或以没有显著经济意义的价格提供给居民的非市场产出，如政府提供的公共教育、医疗服务、交通、住房等；二是政府或为住户服务的非营利机构从市场购买然后再免费或以没有显著经济意义的价格提供给居民的消费性货物和服务，如政府通过社会保险计划采购药品提供给居民等。

而以微观经济福利视角分析的收入分为现金收入和非现金收入，这里的现金收入大部分都与 SNA 中定义的可支配收入一致，非现金收入与 SNA 中的实物社会转移收入相对应，但又有所区别，包含的内容比 SNA 中的更多，除去与 SNA 定义收入中相一致的部分，如政府或非营利机构对居民提供的公共教育、医疗等服务，还包括居民的工资性实物收入（工作单位以实物形式发给员工以抵消现金工资）、居民自产自用的货物和服务（自产自用物品、自有住房服务、付酬家政人员为住户提供的服务等）及家庭住房的估算租金净收入等，这些也都是居民以实物形式获得的收入。当然 SNA 中实物社会转移的范围更为广泛，但考虑到其对居民生活的重要性以及估算价值的困难性，在实际测算时仅选择部分类别进行测度，相应地，在非现金收入中也只是列出了较为重要的几类，并没有完全列出来。

总的来看，从统计核算视角定义的收入概念与从经济福利定义的收入概念虽有区别，但本质上区别不大，只是根据研究目的从不同的视角划分不同的类别对收入进行核算，基本上也都反映了居民的实际收入状况。

三、非现金收入的测度思路

基于微观数据对个体家庭的非现金收入进行计量和估算是比较困难的，国际上完成这项任务的也并不多，即便是有一些相关的研究成果，也仅是对其中的某一部分非现金收入进行了核算。如较早的始于 1983 年的卢森堡收入研究（LIS）项目，之后欧盟国家、澳大利亚等也在此方面进行了有益的尝试，尤其是近年来在数据获取和计算方法、模型等方面都有了较大的改善，对于非现金收入等经济福利的测度也有了较大的进展。非现金收入作为总收入的一部分，最简单的测算思路就是将其价值添加到可支配收入中，得出最终的总收入衡量标准，即包括个人的现金收入和非现金收入，这种包含非现金收入的总收入比仅包含现金收入的总收入能更准确地衡量家庭可获得的资源或者是家庭所达到的生活水平，更具有参考价值。

对于非现金收入的估算问题，尤其是公共服务非现金收入的估算方法较多的都是采用政府提供的成本进行估算，即假定服务产出的价值等于服务生产的支出，将实物转账视为与现金转账类似（Evandrou et al.，1992；Ruggeri et al.，1994）。另外，在非现金收入的估算过程中，仍有以下几个方面需要注意：

（一）非现金收入范围的选择

尽管非现金收入目前已被普遍认为是影响居民福利的重要组成部分，但其测度仍然是一个较大的难题，对于哪些非现金收入应该被测度，衡量其价值以及其发生率，仍然存在较大的争议。非现金收入可以是由政府、社会非营利机构（企业、雇主、其他家庭或个人）和家庭本身等提供给家庭的实物福利，如政府提供的公共教育、公共医疗卫生、住房福利，企业提供的交通用车、午餐福利、健身福利等，亲戚、朋友等以实物、衣服或住房形式提供的实物转移、自产自销的实物等。到目前为止，政府提供的非现金福利是最多的，如公共教育、医疗卫生等，虽然并非所有这些因素都可以被衡量、评估和估算到家庭，但以医疗、教育和住房等形式出现的大部分公共非现金收入转移都可以这样估算，至少在原则上是这样。

（二）非现金收入的估计原则

在描述了非现金收入的范围之后，接下来要估计非现金收入。非现金收入的估计需要考虑以下三个方面：

（1）非现金收入又可视为居民扩展的收入，将其包含到居民的总收入中可以在一定程度上提高居民的福利水平。而非现金收入都是以实物形式存在的，因此，必须考虑非现金实物的成本和收益，只有将非现金收入的净收益计算到家庭总收入中，才可以更准确地衡量家庭福利问题。

（2）非现金收入不存在外部性，非现金收入只是提高了接受者家庭当期的福利水平，并不考虑其外部性，如教育非现金收入除了提高有学生家庭的生活水平外，还可能会通过提高受教育者的人力资本水平，获得更大的收益；医疗卫生非现金收入也有可能通过提高其自身的健康水平，获得更高的收益，但是这部分收益在实际中太难估算，因此，我们将其忽略掉，在本书中不考虑类似这样的外部性问题。

（3）非现金收入是以实物形式转移给居民的福利，居民只能接受政府或非营利机构或其他居民提供的某一特定形式的实物福利,这些福利或许并不是居民特别需求的,尤其是对于低收入家庭;若以同等的现金收入转移给居民,他们可能会选择其他的消费类型。因此,根据政府或非营利机构提供的成本估算的非现金收入,有可能会高估其实际价值。

(三) 非现金收入的测度单位

非现金收入需要计入家庭或个人的总收入中,才能准确衡量居民的实际收入福利状况,但以个人为单位来衡量居民的收入福利水平时,存在的最大问题就是没有考虑家庭成员之间的规模经济,如最典型的住房非现金福利。虽然不同类型非现金收入的获益对象是不同的,比如公共教育非现金收入的直接受益群体是在校学生,公共医疗卫生非现金收入的直接受益群体是病人,但不论是学生还是病人的消费支出,都可以看作家庭的消费支出,他们的获益也可以视为家庭所有成员的获益。另外,住房非现金收入自然是家庭全体成员共享。因此,对于非现金福利的分析对象应该选择家庭较为合适。家庭根据其结构的不同以及非现金福利的使用情况可以分为以下几类:

1. 有孩子家庭(孩子年龄在18岁以下)

(1) 单身父母带孩子家庭。

(2) 一对夫妇带孩子家庭。

(3) 其他带孩子家庭。

2. 无孩子家庭(户主年龄小于60岁)

(1) 1个成年人家庭。

(2) 1对夫妇(无孩子)。

(3) 其他无孩家庭。

3. 老年人家庭(户主年龄大于60岁)

(1) 含有一个老年人家庭(有一个60岁以上老年人)。

(2) 两个及以上老年人家庭(有两个及以上大于60岁的老年人)。

(四) 非现金收入测度单位的调整

以家庭为单位进行分析同样存在问题,忽视了家庭成员因年龄结构、成员个数等差异而产生的实际收入差异,因此按照家庭平均收入来计算与实际情况可能更接近。但是以往的研究较多的是使用家庭总收入除以家庭总人口来计算家庭平均收入，这样其实是忽略了家庭人口的需求差异，家庭不同成员的福利需求或者消费需求是不一样的，如大人与小孩、老人的消费存在很大差异，实际分享的收入也是不同的。Edbert（1997）指出对福利水平测度要求家庭人口具有同质性，否则需要通过构建一个家庭虚拟人口来实现，虚拟人口可通过人口等价尺度调整计算。等价尺度是家庭不同人口相对于基本等价尺度（设定的具有一定生活水平的参考家庭）的平减指数，等价尺度提供了一种衡量"生活水平"的方法，通过用家庭总收入除以家庭等价人口计算出家庭等价人均收入，来衡量家庭人均的实际收入福利水平，进而使不同家庭之间具有可比性。不仅现金收入可以通过这种形式计算家庭人均值，非现金收入也可以这样计算家庭人均值，那么家庭人均总收入就是家庭等价人均现金收入和非现金收入之和。

等价尺度的大小直接影响着居民福利状况的比较以及贫困状态的确定，目前对于等价尺度的测度方法较多，主要有根据专家判断确定的等价尺度、基于恩格尔方法的等价尺度、基于需求系统的等价尺度和基于主观判断的等价尺度等。不同的计算方法得到的结果也不尽相同，但到底哪种结果最可靠，目前并未达成共识。常用的等价尺度如 Hagenaars 等（1994）提出采用 OECD 国家调整后的等价尺度，户主的权重设定为 1，13 岁以下小孩的权重为 0.3，其他家庭成年人员的权重为 0.5。这样一对夫妇含有一个孩子的三人家庭的家庭等价人口是 1.8。

四、非现金收入测度存在的问题

对非现金收入的研究目前虽然有了较大的进展，这方面的成果相对也不少，但是仍然存在较多的问题，主要有以下几个方面：

（一）基于平均成本方法的非现金收入估算问题

受惠者对实物福利的价值与对现金福利的价值认同可能大不相同，故提供社会工资服务的效率程度也可能不同，这将会影响到成本，进而会影响估算价值。如目前估算非现金收入采用的基于平均成本的方法，就存在这样的问题。Smeeding 等（1993）指出估算非现金收入时采用提供的平均成本方法可能会夸大非现金利益的价值，因为如果受惠者有相应的现金数额，他们可能更愿意将其中的一部分花在其他商品和服务上。O'Higgins（1981）说明了

"人均费用"方法的进一步困难,例如,如果教育福利以提供的成本为基础来衡量,那么教师工资的增加将导致对个人服务价值的更高估计,但是,在这种情况下,该服务的"产出"可以保持不变。因此,尽管按照"人均费用"办法来衡量,收益有所增加,但受益方不会有实际收益。另外,规模经济可能意味着国家"大量"购买的服务比个人在市场上购买的服务要便宜,在这种情况下的价值可能比提供非现金费用办法下的价值大。

(二)家庭等价尺度的估算差异问题

对非现金收入的测算,常用提供非现金服务的投入来衡量其服务产出情况,被解释为家庭获得的经济福利,这在一定程度上衡量了家庭或者个人的非现金福利使用情况。但是,一些学者尤其是早期的一些研究者没有考虑需求的差异,实际上非现金福利的提供与家庭或个人的需求是有一定差异的。虽然目前已经可以通过采用家庭等价尺度来协调非现金福利的供给与需求差异,但等价尺度的估算并没有统一的标准,计算结果差异较大。

(三)等价尺度的应用问题

用相同的等价尺度来测度增加的非现金收入是有问题的,如公共教育和公共医疗卫生等服务存在"有条件"的免费,且具有强烈的生命周期特征,若在总收入中增加此类非现金收入,就相当于把此类商品看作家庭必须花钱才能获得的私人商品,家庭等价量表就需要做相应的修改,这是相当困难的一件事(Pollak and Wales, 1979; Blundell and Lewbel, 1991)。比如,教育和卫生保健对于个人来说是必需的,且不具有家庭层面的规模经济,因此其消费可能因个人或年龄等特征而异,即运用等价尺度计算非现金收入和家庭总收入时应考虑此差异,但这相当困难,因此,计算过程中常用统一的家庭等价尺度进行测度。

(四)非现金收入成分的忽略问题

现实中非现金收入种类繁多,尤其是微观层面的不易统计或数据缺失,因此,一些微不足道的非现金收入成分常常被故意忽略,采用不太准确但完全可比较的非现金收入测量方法进行计算。如高等教育补贴、学生的一些特殊教育补贴、贫困学生的特殊补贴、儿童的个别特殊保健补贴、贫困居民的实物补贴等。这些非现金收入测度的缺失也可能会造成计算结果的微小偏差。

五、本章小结

非现金收入作为家庭收入的重要组成部分,长期以来一直被人们忽视,但是随着国家公共财政支出的持续增加以及侧重调节居民福利水平政策的实施,居民非现金收入福利的测度与评估则显得尤为重要,尤其是在研究国家间居民福利的比较方面更为重要。本章首先介绍了国际上对非现金收入的相关研究概况,对收入和非现金收入的概念从宏观与微观视角进行了对比分析,进一步提出了部分主要非现金收入的测算思路。但由于非现金收入的种类繁多且琐碎,其数据的准确统计非常困难,国际上也只是对一些主要的非现金收入进行测度分析,其中仍然存在较多的问题。首先就是数据的获得与准确性问题,非现金收入需要家庭的微观调查数据,这部分数据的获得本身就非常困难,因此,需要建立专门的数据库进行专业调查,以进一步完善相关研究数据;其次是测度方法问题,由于家庭数据差异性较大,用同一模型方法计算出的结果在较大程度上忽略了个体之间的差异,可能会存在误差,如何改进测度方法使之更接近实际情况是进一步需要研究的问题。总的来看,非现金收入对调节居民福利的作用还是比较大的,在我国目前提倡和谐发展的背景下,进一步深入研究此问题具有重要的现实意义。

第四章
家庭福利分析中等价尺度的测度及影响分析

一、引言

目前我国的收入分配问题虽已经得到较大的改善，但仍存在较多的问题，仅就收入分配的测度来说，就与国际上较为先进的测度理念与方法存在一定的差距。目前我国对收入分配问题的研究大多还停留在利用家庭收入或是家庭人口平均收入进行分析上，若以家庭为单位进行分析，就只考虑了家庭可支配收入，而没有考虑家庭规模；若以家庭人均收入（通过家庭人口进行调整的平均收入）进行分析，就会忽略家庭的规模经济和个体需求之间的差异以及其他家庭特征如地区、人口年龄等。Ebert（1997）指出，对福利水平或贫困进行测度要求家庭人口具有同质性，否则需要通过构建一个虚拟人口的收入分配来实现，这种收入分配可以通过家庭等价尺度的调整实现。等价尺度是家庭不同人口相对于基本等价尺度（设定的具有一定生活水平的参考家庭）的平减指数，等价尺度提供了一种衡量"生活水平"的方法，通过等价尺度调整的家庭等价收入，使家庭具有相同生活水平所需的收入分配，进而使不同家庭之间具有可比性。等价尺度考虑了家庭成员的需求差异和规模经济，是将异质家庭的收入（或总支出）转换为可比较的福利措施的工具。显然，用等价尺度调整家庭收入，进而根据等价收入进行家庭之间的收入、福利或贫困等问题的分析，更具合理性，这对准确计算家庭福利、精确识别贫困家庭、实施社会保障政策、进行精准扶贫等都具有重要的实际研究意义；另外，对评估税收政策对不同家庭福利的影响以及抚养儿童成本的估算等也具有实际的参考意义。但对于等价尺度的测算至今没有统一的标准，也未达成共识，我国在这方面的研究更是稀缺，故本章内容就根据我国的家庭调查数据采用国际上较为通用的方法，测算我国居民的等价尺度，进一步分析不同等价尺度对我国收入不平等和贫困问题的影响。

国际上对收入不平等和贫困问题的研究，较早地引入了等价尺度的概念，从20世纪70年代开始到目前为止也出现了较多的研究成果，如欧盟成员国、英国、美国等对收入分配或福利进行测度时，都运用了等价尺度。实际上对于等价尺度在贫困问题上的研究，也有不同的结论：一些研究显示等价尺度的使用对贫困率的计算不敏感，如Burkhauser等（1996）通过对美国和德国经济福利的研究，发现不同等价尺度对其影响不显著；Streak等（2009）发现儿童贫困人口的估计对等价尺度相对不敏感，但一些省级贫困率的估计对等价尺度比较敏感；而Short等（1999）、Haughton等（2009）认为，虽然等价尺度的使用对贫困率的研究有影响，但由于没有令人满意的计算等价尺度的方法，因此并不提倡使用。也有研究发现：等价尺度的选择对贫困率的研究有较大的影响，如Buhmann等（1988）通过比较分析10个高收入国家和34个等价尺度的作用，认为等价尺度的选择影响了贫困人口比率。Coulter等（1992）也得出了类似的结论。Deaton（2003）认为等价尺度对研究的结果可能会产生较大的影响，但关键是等价尺度定义方式的选择。Lancaster等（1999）认为贫困率对等价尺度的敏感性因国家而异，发展中国家更应考虑使用。Meenakshi等（2002）指出等价尺度的使用影响了印度不同地区的贫困估计；Hunter等（2004）通过对澳大利亚的收入数据研究发现，土著家庭比非土著家庭有更多的家庭成员和更多的孩子，在使用等价量表时，土著家庭的贫困人口比例自动增加。Regier等（2015）指出加纳北部的总体贫困指标对等价尺度的使用高度敏感，主要是由该地区相对年轻的人口和较大的家庭规模驱动的，导致儿童和老年人以及城市和农村地区的贫穷措施也对使用等价尺度较为敏感。

但是目前国内使用等价尺度对家庭福利以及贫困问题的研究还较少：解垣等（2005）介绍了等价规模的概念并借鉴国外的方法，测算了中国的家庭贫困线；万相昱（2015）在对等价规模相关理论方法分析的基础上，测算了我国居民收入的等价规模；韩秀兰和张楠（2019）依据CFPS数据运用AIDS模型计算分析了我国的家庭等价规模以及其对收入贫困的识别问题；刘娜等（2020）简述了等价尺度的概念以及测度模型的演进历史，并介绍了几种等价尺度的理论模型，进一步梳理了等价尺度在有关领域上的应用。鉴于家庭等价尺度在贫困分析中的重要作用，本章基于2018年的中国家庭追踪调查数据，运用不同的方法测度、设定我国居民的家庭等价尺度，并进一步分析家庭等价尺度的选择对我国贫困和收入差距的影响。

二、等价尺度的相关概念及文献综述

若要对家庭收入进行精确的对比分析，需要用等价尺度调整家庭规模，进而根据家庭等价规模计算出可比的家庭等价收入。解垣和莫旋（2005）指出家庭等价规模就是把每个家庭转换成一定数量的"等价成人"或"等价参照家庭"。

（一）等价尺度

对于等价尺度的定义，目前已经有不少这方面的研究，Muellbauer（1977）认为等价尺度是根据家庭类型调整家庭收入，计算两种不同类型的家庭为了达到相同的生活水平所需要的相对金额；Lewbel 等（2008）指出，一般经济文献中定义等价尺度是衡量当家庭获得相同效用水平或生活标准，并考虑家庭规模和人口结构时，一个家庭的生活成本相对于参考家庭的生活成本，参考家庭通常是一个单身的成年人或一对没有孩子的夫妇。实际上可以简单概括为等价尺度衡量的是在不同家庭组成下达到相同效用水平的成本的比率。另外，也可以这样定义：一般等价尺度 m 可以定义为在给定价格水平 p 下，家庭 h 有 z^h 个孩子和参考家庭 R 有 z^R 个孩子获得参考效用水平（相同生活效用水平）的成本之比。等价尺度就是通过将不同组成的家庭转换为同等的个体，使家庭间的福利比较成为可能的一种工具，例如，通过等价尺度可以将家庭的所有成员转换为同等的成年人，即等价尺度可以使我们了解一个有两个成年人和三个孩子的家庭需要多少收入才能达到与有两个成年人和一个孩子的家庭相同的福利水平。

等价尺度是一个经济指标，主要是根据家庭的人口统计学特征对家庭总消费（或收入）进行等效计算，早期等价尺度只是为了统计目的而制定的，即为了统计低于或高于给定生活标准的人，如经济合作与发展组织或欧洲共同体用来统计低收入人口的量表，目前，较多地用于衡量社会福利分配方面。目前对此问题的研究已有不少成果，较多数学者也认为这是一种非常必要的分析工具，但是对此问题仍有不同的观点，主要有以下四种：

1. 根据专家判断确定的等价尺度

这种方法主要是专家根据家庭的不同结构特征而确定的最低消费水平或一篮子商品所直接制定的，主要基于从业人员的观察，最早由 Buhmann 等（1988）提出。主要用于两方面：一类是专为统计目标所构建的等价尺度，如计算高于或低于贫困线的人口，即贫困率的测度；另一类是通过分析调查数据得到，分析家庭收入与特定参考家庭收入或特征相关效用的等价尺度。如 OECD 的等价尺度，将家庭中第一个成年人设置为基本等价尺度，其值为 1，家庭中的其他成年人的等价尺度设置为 0.7，14 岁以下小孩的等价尺度设置为 0.5。Hagenaars 等（1994）提出了修正的 OECD 的等价尺度，同样也是将家庭中的第一个成年人设置为基本等价尺度 1，但将其他成年人设置为 0.5，小孩设置为 0.3。英国的家庭社会福利表中将家庭第一个成年人的等价尺度设置为 1，其他的成人是 0.6，而不同年龄小孩的等价尺度在 0.33~0.5。

2. 基于恩格尔方法的等价尺度

基于恩格尔方法的等价尺度是经济文献中使用较广泛的方法，根据家庭人口结构和支出数据通过模型计算得到。Engel（1895）提出家庭生活水平与食品支出的比例成反比，基于此通过比较家庭规模和组成不同但食品预算份额相同的家庭支出，得到等价尺度，称为基于恩格尔方法的模型；后被 Prais 等（1955）推广，提出广义的恩格尔模型；Watts（1977）进一步拓展，将"必需品"的支出份额也包括在内；van Ginneken（1982）提出了可计算家庭规模经济的对数函数模型；Deaton 等（1986）则在食物支出是总支出对数函数模型的基础上提出了一个包含人口效应的改进的模型来估算家庭等价尺度。恩格尔方法对等价尺度的研究侧重以生理学和营养学理论为基础，Hamilton（1975）指出这些需求可能会随区域、时间的不同而不同，在大多数贫穷的群体中，妇女和儿童可能会有更高的工作负担，营养需求也有较大差异；Sukhatme（1978）和 Dandekar（1982）认为专家们对营养需求的标准也很难达成一致的意见。另外，更多的观点认为这是一个社会概念而不是生理概念，因此，对等价尺度的测度后来又有了更多的改进。

3. 基于需求系统的等价尺度

这种方法考虑在一个封闭的需求系统中，依托不同家庭类型的实际支出而估计的等价尺度，这是比恩格尔方法更通用的方法，最早是由 Barten（1964）将等价尺度引入需求系统中进行分析，提出了在效用一致的框架内引入家庭人口特征并利用价格信息估算等价尺度的方法。常见的方法有两种：一种是将人口统计特征的变量引入 Lluch（1973）提出的扩展的线性支出系统（ELES）模型，ELES 模型主要是以效用最大化为基本原理，在预算约束的条件之下求解需求函数，如 Phipps 等（1994）、Ulman 等（2012）；另一种是将人口统计特征引入 Deaton 等（1980）提出的近乎理想的需求系统（AIDS）模型，AIDS 模型利用价格变量提出消费支出与消费结构之间的关系，分析在给定效用水平下使支出最小化。Ray（1983）使用与效用理论一致的框架，将人口统计量引入近乎完美的需求系统（AIDS）模型中估算等价尺度，其提出的这种方法不仅可以方便地计算基本的"尺度"参数，还可以计算它如何随价格和参考效用而变化；AIDS 模型由于其良好的理论基础及实用性，得到了广泛的使用，并在此基础上发展出了许多新的模型，如 Banks 等（1997）引入价格缩放、人口统计的近乎理想的需求系统（PS-QAIDS）模型，Blacklow 等（2006）基于 Cooper 等（1992）修正的 AIDS 模型（MAIDS）引入人口统计变量的 MPIGLOG 模型等；Banks 等（1997）、Balli 等（2010）运用 CAIDS 模型对意大利的等价尺度进行了测度。

4. 基于主观判断的等价尺度

这种方法假设一个人的效用（生活满意度）取决于家庭收入、家庭规模和其他个人特征，并将他们回答的对生活的满意程度作为幸福的近似值，构造模型估算等价尺度。该方法最早是由莱顿学院提出的，具体代表如 Kapteyn 等（1976）、Praag 等（2003）；之后出现了较多的相关文献，如 Bellemate（2002）基于提出的关于收入满意度与家庭收入关系的半参数模型进行估算；Charlier（2002）、Schwarze（2003）、Bollinger 等（2012）使用面板数据运用 Logit 模型、Probit 模型等从收入满意度数据中估算等价尺度；De Ree 等（2013）提出了将单位需求系统的评估与收入满意度的主观数据相结合的方法；Martin 等（2017）提出了根据收入满意度数据直接计算等价尺度的非参数方法。

（二）参考等价尺度

在等价尺度计算的过程中，参考等价尺度的选择也至关重要，但是关于这方面的研究相对较少。总的来看，参考等价尺度的选择有两类：一类是以单个成年人为基本等价尺度。Prais（1953）以一个成年男子的消费水平为参照等价尺度，在考虑家庭成员的性别、年龄等不同特征以及对各类商品的消费结构情况下，计算家庭新增个体所对应的等价规模；Ravallion（2015）认为家庭规模分布中的任何一个极端都不适宜作为参考，在设置参考等价尺度时，可以考虑相关地区的平均人口统计数据，故他认为选择单一成年人作为基本等价尺度也不太合理。另一类是以家庭为基本等价尺度。恩格尔是以家庭为基本参照等价尺度，分析家庭为维持相同的食物支出份额而得到的家庭等价尺度；Allen（1942）研究发现儿童较多地影响了家庭消费，在构造等价尺度时，应选择成年夫妇为参照等价尺度，样本应较多地考虑有父母和孩子的家庭；Muellbauer（1975）等也认为以家庭为基本等价尺度进行分析较为理想；Citro 等（1995）选择两个成年人和两个孩子的家庭类型为研究美国问题的基本参照等价尺度，他们认为这类家庭在美国占的比例最大，更适宜作为基本等价尺度；Deaton 等（2002）、Deaton（2003）指出在对等价尺度进行敏感性分析时，应选择模态家庭类型作为参考。

虽然对基本等价尺度的选择各有不同的观点，但世界银行作为衡量世界贫困的国际组织，其选择把含有一个成年人的家庭作为基本等价尺度，这也使大多数研究者在选择时主动参考了世界银行的标准。本书的研究既选择以单个成年人为基本等价尺度的实证结果，也选择以包含夫妇二人的家庭为基本等价尺度的测度。

三、等价尺度的定义及使用数据说明

（一）本书等价尺度的定义

本书参考 Creedy（2004）的定义，假定 y_i 是第 i 个家庭的收入，$i=1$, $2, \cdots, n$，第 i 个家庭的人口个数用 n_i 表示，人口结构用 d_i 表示，人口结构可以包含人口的年龄、性别等特征。根据此定义，可以将 i 家庭的等价尺度表示为

$$m_i = m(n_i, d_i) \tag{4-1}$$

若我们将只含有一个成年人的家庭定义为基本家庭，并将其定义为基本参照等价尺度，其数值为 1，即 $m(n=1, d=成人)=1$，则将任意其他家

庭收入调整为与基本家庭具有相同生活水平的可比等价收入 Z，其计算公式为

$$z_i = y_i / m_i^e \qquad (4-2)$$

式（4-2）也可以理解为有一个收入为 y 的成年人组成的家庭，其生活水平与收入为 $y \cdot m(n, d)$ 且有 n 个成年人组成的家庭相同。其中，e 表示规模经济的参数，$e \sim [0, 1]$，e 的值越接近 1 规模经济越小；反之，接近 0 则规模经济越大。当 $e = 0$ 时，存在绝对完美的规模经济，一个两口之家，或者包含任何人口的家庭，在不增加额外可支配收入的情况下，都可以达到只有一个人口的家庭的生活水平；而当 $e = 1$ 时，表示不存在规模经济，两口之家需要两倍于一人之家的可支配收入才能达到同等的生活水平。

在计算家庭规模的过程中，关键是要确定最基本的分析单位，即一个基本参照等价尺度，多数研究者将家庭作为基本研究单位，这样就无法准确反映家庭内部由于人口特征差异而产生的影响。Ebert（1997）使用了成人等价尺度，假定家庭 i 中的人口相当于 m_i 个成人等价尺度，即家庭等价规模为 m_i，可计算出其等效收入为 z_i，收入的概念与家庭规模相一致，使家庭中每个人对贫穷和不平等的贡献与其家庭的人口结构相一致。比如，一个家庭中的一个主要成年人作为一个参照等价尺度，其值设为 1，而其他成年人的值肯定小于 1，另外小孩的值也小于 1。因此，我们借鉴 Ebert（1997）的方法，进一步根据家庭的人口结构不同，将人口主要按照年龄区分为大人（$n_{a,i}$）和小孩（$n_{c,i}$），当家庭中存在多个人口时，将家庭中存在的一个主要成年人定义为基本参照等价尺度 1，家庭中其他成年人与小孩的等价比例尺在 0 至 1 之间取值，故家庭等价规模的计算公式如下：

$$m_i = 1 + \lambda(n_{a,i} - 1) + \theta n_{c,i} \qquad (4-3)$$

式（4-3）中，λ 表示家庭中除第一个主要成年人外的其他成年人相对于基本参照等价尺度 1 的大小，θ 表示家庭中小孩相对于基本参照等价尺度的大小。

（二）使用数据说明

本书主要是对家庭人口的等价尺度进行测度，因此，我们选择 CFPS 数据进行分析，此调查数据是一项全国性的、综合性的社会调查数据，重点关注中国居民的经济与非经济福利，相关数据较为全面。CFPS 从 2010 年开始进

行正式的基线调查,每隔两年调查一次,涵盖了全国 25 个省、自治区、直辖市共 162 个县的家庭和样本家庭户中的所有成员的个人调查数据,目标样本规模包括 16000 户家庭,调查对象覆盖样本户的全部家庭成员。本书使用的主要是 CFPS 2018 的最新调查数据,包括家庭的人口(大人和小孩)、收入、所在地区、受教育情况等数据。

四、基于恩格尔方法的等价尺度的测度

(一) 恩格尔方法的等价尺度

根据我国目前还处于发展中国家的实际情况,即食物支出在大部分家庭消费中的比例还是比较高的,这里我们选取基于恩格尔方法的模型(食物比例法),参考 van Ginneken(1982)提出的双对数食物支出模型:

$$\ln F_i = c + a\ln X_i + b\ln N_i + e_i \quad (4-4)$$

模型(4-4)中,F 表示家庭的食物支出,X 表示家庭的总消费支出,N 表示家庭规模(家庭总人数),a,b,c 是相应的参数,根据恩格尔(1895)提出的一个家庭生活水平的高低与其食物支出占总支出的比例(F/X)成反比,可以推导出家庭的规模经济指数 e,即当 $d(F/X) = 0$ 时:

$$e = \log X / \log N = b/(1-a) \quad (4-5)$$

为了区分成人、不同年龄段儿童的单独影响,Deaton 等(1986)在常用的食物支出是总支出对数函数模型的基础上提出了一个包含人口效应的改进的模型来估计恩格尔曲线:

$$W_f = a + \beta \ln \frac{X}{N} + \sum_{j=1}^{J} \gamma_j N_j + \varepsilon \quad (4-6)$$

模型(4-6)中,W_f 是家庭消费中食物消费的份额,X 是总消费支出,N 是家庭总人口,N_j 是指不同年龄段分组中的人数,下标 j 是指将居民按照年龄的不同分为 j 个分组,a,β,γ 是相应的参数。

为了进一步考察各区域成人、不同年龄段儿童的单独影响,在模型(4-6)的基础上加入表示区域的虚拟变量:

$$W_f = a + \beta \ln \frac{X}{N} + \sum_{j=1}^{J} \gamma_j N_j + \sum_{j=1}^{J} \gamma_i M_i + \varepsilon \quad (4-7)$$

模型（4-7）中，M_i 是指不同的区域，下标 i 是指划分的不同的省、自治区、直辖市区域，共划分为 i 个。

为了进一步计算各区域的等价尺度，我们以模型（4-8）的形式引入虚拟变量，D_1 表示东部，D_2 表示中部，N_1 表示成人，N_2 表示小孩，具体模型如下：

$$W_f = \alpha + \beta\ln\frac{X}{N} + \gamma_1 N_1 + \gamma_2 N_2 + \beta_2 D_1 \ln\frac{X}{N} + \beta_3 D_2 \ln\frac{X}{N} + \gamma_3 D_1 N_1 + \gamma_4 D_1 N_2 + \gamma_5 D_2 N_1 + \gamma_6 D_2 N_2 + \varepsilon \tag{4-8}$$

进一步参考 Deaton 等（1986）提出的将恩格尔曲线转换为等价比例的方法，在模型（4-4）、模型（4-6）和模型（4-7）计算结果的基础上，进一步测算了不同家庭中增加不同年龄居民的成本：

$$E_E^h = \left(\frac{n^h}{n^0}\right) \exp\left[\sum_1^J \left(\frac{\gamma_j}{\beta}\right)(n_j^h - n_j^0)\right] \tag{4-9}$$

模型（4-9）中，E_E^h 表示家庭 h 相对于参考家庭的等价尺度，n^0 指参考家庭（作为一般参考等价尺度家庭）的人口。

（二）根据恩格尔方法得到的等价尺度

本部分根据 2018 年的 CFPS 进行分析，删除家庭食物消费为 0 以及缺值的样本，共有家庭样本 13832 个。

首先根据最简单的模型（4-4）计算得到如下结果，即恩格尔曲线：

$\ln F = 0.5272 + 0.8496\ln X - 0.0886\ln N$

T   （133.93） （-8.5339）

P   （0.0000） （0.0000）

$R^2 = 0.5793$

根据计算的结果发现，我国居民的食物支出随家庭消费支出的增加而增加，随家庭人口个数的增加而减少，说明在家庭中存在一定的规模经济效应，结合模型（4-5）计算家庭的规模指数 $e = \log X / \log N = b/(1-a) = -0.5891$，说明我国家庭消费存在的规模经济还是很明显的，规模经济参数为 0.5891。

根据模型（4-6），将人口分为两个群体：14 岁及以下（N_2）的小孩群体和 14 岁以上（N_1）的成年人群体进行计算，结果见表 4-1 中的第（1）列，不含区域因素。为了比较区域的情况[(见模型(4-7)], 将我国31个省份按照国家统计局的划分标准(表4-2)划分为东、中和西部三个区域, 在模型中分别用虚拟变量东部(D_1)和中部(D_2)来表示, 结果见表4-1中的第(2)列, 包含了区分东、中、西部不同区域的情况; 为了考察城乡区域的不同, 在模型(4-6)中又加入表示城乡的虚拟变量(D_3), 结果见表4-1中的第(3)列, 包含了城乡区域因素; 为了进一步考察区分东、中、西部区域和城乡区域的情况, 在模型(4-6)中同时加入表示东、中、西部和城乡的虚拟变量, 结果见表4-1中的第(4)列, 包含了东、中、西部区域以及城乡的因素, 计算的结果显示, 包含$\ln(X/N)$的二次项的模型拟合效果更好, 因此, 在表4-1中仅显示含有二次项的计算结果。

表4-1 回归模型估计结果

解释变量	被解释变量为食物比率(W_f)			
	(1)	(2)	(3)	(4)
常数项	-1.3203*** (-11.96)	-1.2995*** (-11.77)	-1.3250*** (-12.00)	-1.3043*** (-11.81)
$\ln(X/N)$	0.4112*** (17.73)	0.4028*** (17.30)	0.4112*** (17.73)	04034*** (17.33)
$[\ln(X/N)]^2$	-0.0235*** (-19.35)	-0.0230*** (-18.77)	-0.0235*** (-19.34)	-0.0230*** (-18.80)
N_1	-0.0209*** (-21.59)	-0.0204*** (-20.74)	-0.0208*** (-21.54)	-0.0204*** (-20.75)
N_2	-0.0184*** (-7.60)	-0.0181*** (-7.43)	-0.0184*** (-7.57)	-0.0180*** (-7.42)
D_1		0.0058 (1.45)		0.0043 (1.06)
D_2		0.0185*** (4.29)		0.0176*** (4.05)
D_3			0.0068** (2.20)	0.0062** (1.99)
R^2	0.0738	0.0752	0.0741	0.0754

注: ***、**分别表示显著性水平为1%、5%。

表 4-2 我国区域划分标准

区域	包含具体省份
东部地区（11个）	北京、天津、河北、辽宁、上海、江苏、浙江、福建、山东、广东、海南
中部地区（8个）	吉林、黑龙江、山西、安徽、江西、河南、湖北、湖南
西部地区（12个）	内蒙古、广西、重庆、四川、贵州、云南、西藏、陕西、甘肃、青海、宁夏、新疆

为了计算各区域的等价尺度，根据模型（4-8）进行测算，同样选取了拟合度比较高的含有 $\ln(X/N)$ 二次项的模型，计算结果如下：

$$W_f = -1.1919 + 0.3837\ln(X/N) - 0.0220[\ln(X/N)]^2 - 0.0244N_1 - 0.0181N_2 - 0.0026D_1 \times \ln(X/N) + 0.0006D_2 \times \ln(X/N) + 0.0077D_1 \times N_1 + 0.0009D_1 \times N_2 + 0.0032D_2 \times N_1 - 0.0017D_2 \times N_2$$

在表 4-2 和模型（4-8）计算结果的基础上，选择以一对夫妇为基本参照单位家庭，根据模型（4-9）计算一般家庭中增加一个成人或一个小孩的等价尺度，如表 4-3 所示。总体上来看，模型中包含区域因素或不包含区域因素计算的成人与小孩的等价尺度变化不大，不分区域的成人等价尺度最大为 0.5782，区分东、中、西部区域的小孩的等价尺度最大为 0.5689，就全国范围来看，成人的等价尺度可以近似视为 0.578，小孩的等价尺度可以近似视为 0.569。成人的等价尺度比小孩的等价尺度大了 0.009，可见在我国家庭中增加一个小孩的成本与一个成人的成本相差不大。这说明在我国家庭中抚养一个小孩的成本还是比较高的，这大概也是目前我国人口出生率难以大幅增长的主要原因，尽管"二孩"政策已经实施了一段时间，但没有出现我们预想的大幅度提高人口出生率的现象。另外，一个家庭里增加第二个成人或者小孩的成本比第一个等价尺度近似要小 0.17，这进一步验证了家庭规模经济的存在。

表 4-3 根据恩格尔方法估计的等价尺度

参考家庭	不分区域		区分城乡		区分东、中、西部区域		区分东、中、西部区域和城乡	
仅含有一对夫妇	增加成人	增加小孩	增加成人	增加小孩	增加成人	增加小孩	增加成人	增加小孩
1	0.5782	0.5686	0.5778	0.5686	0.5779	0.5689	0.5778	0.5684
2	0.4029	0.3944	0.4025	0.3944	0.4026	0.3946	0.4025	0.3942

续表

参考家庭	西部地区		中部地区		东部地区	
仅含有一对夫妇	增加成人	增加小孩	增加成人	增加小孩	增加成人	增加小孩
1	0.5672	0.5692	0.5851	0.5793	0.5984	0.5725
2	0.3931	0.3949	0.4090	0.4038	0.4209	0.3977

从表 4-3 最后两行计算得到的东、中、西部地区的等价尺度来看，家庭中增加第一个成人的等价尺度，东部地区最高（0.5984），西部地区最低（0.5672），增加第一个小孩的等价尺度，中部最高（0.5793），西部最低（0.5692）；增加第二个成人或小孩的等价尺度排序与第一个时的类似。从中可以看出，经济较为落后的西部地区，家庭中增加成员的成本是相对较低的。而经济比较发达的东部地区家庭中增加成人的成本是比较高的，为 0.5984，西部地区的成人成本是 0.5672，两者之间相差大约为 0.03，说明东西部地区之间家庭中增加成人的成本有明显的不同；中部地区抚养小孩的成本是最高的，为 0.5793，西部地区是最低的（0.5692），两者相差大约 0.01，说明各区域之间家庭对小孩的抚养成本比较接近，相对都比较高。另外，同样一个家庭里增加第二个成人或者小孩的成本要比第一个等价尺度近似要小 0.17，说明家庭存在规模经济，人口越多，规模经济越大，如共同使用的住房、家庭公用品等，这些都表明家庭内部是存在规模经济的。

五、基于近似理想的需求系统（AIDS）模型的等价尺度的测度

（一）AIDS 模型简介

AIDS 模型是目前研究消费结构的主要需求系统模型之一，最早由 Deaton 等（1980）提出，此模型假设消费者行为满足 PIGLOG（Price Independent Generalized Log）偏好，在给定价格体系和一定的效用水平下，求解消费者如何以最小的支出达到给定的效用水平。此模型代表了理性消费者的决策结果，满足市场需求，其基本形式如下：

$$W_i = \alpha_i + \sum \gamma_{ij} \log p_j + \beta_j \log(X/P) \tag{4-10}$$

模型（4-10）中，$W_i(W_i = p_i q_i / X)$ 是第 i 类消费品的实际支出份额，p_j 是第 j 种消费品的价格，X 表示所有消费品（商品和服务）的支出$(X = p_i q_i)$，P 表示综合

的消费品价格指数，可表示为 $\log P = \alpha_0 + \sum_{k=1}^{n} \alpha_k \log P_k + \frac{1}{2} \sum_{k=1}^{n} \sum_{l=1}^{n} \alpha_{kl} \log P_k \log P_l$。由于这个式子较难求解，在具体计算时一般采用 Stone 近似价格指数的形式：$\log P = \sum_{i=1}^{n} W_i \log P_i$。这样就可以把 AIDS 模型简化为线性形式求解，但模型中各参数需满足下列限制条件：

(1) 收支总和约束条件：$\sum_{k=1}^{n} \alpha_k = 1$，$\sum_{k=1}^{n} \beta_k = 0$，$\sum_{j=1}^{n} \alpha_{kj} = 0$；

(2) 齐次性约束条件：$\sum_{k=1}^{n} \alpha_{kj} = 0$；

(3) 对称性约束条件：$\alpha_{ij} = \alpha_{ji}$。

在 AIDS 模型的基础上，参考 Ray（1983）引入家庭人口统计变量的方法，将模型扩展为如下形式：

$$W_i = \alpha_i \sum \gamma_{ij} \log p_j + \beta_i \log(X/m(z)p) \qquad (4\text{-}11)$$

在模型（4-11）中，$m(z)$ 是一个人口统计指标，表示家庭人口的等价规模，其含义来源于一般等价尺度，是指在给定价格水平 p 下，有 z 个孩子的家庭 h 和参考家庭 R（没有孩子的成年夫妇）获得参考效用水平 u 的成本之比。具体形式如下：

$$m(z) = 1 + \sum_{i=1}^{n} \rho_i z_i \qquad (4\text{-}12)$$

在模型（4-12）中，z_i 表示家庭中不同年龄段的人数，其中当 $n=5$ 时，按照年龄分为以下几个群组：0~5 岁，6~14 岁，15~17 岁，18~64 岁，65 岁及以上；当 $n=3$ 时，分为以下几个群组：0~17 岁，18~64 岁，65 岁及以上；当 $n=2$ 时，分为以下几个群组：0~17 岁，18 岁及以上。ρ 为参数。

（二）AIDS 模型的估计结果分析

为了计算 AIDS 模型，将家庭调查数据的居民消费商品类型分为以下几个类别：①家庭设备及日用品；②衣着鞋帽；③文教娱乐；④食品支出；⑤居住支出；⑥医疗保健支出；⑦交通通信支出；⑧其他消费支出。另外，我们把人口按照年龄分别分为 5 组、3 组和 2 组来估计家庭不同人口等价尺度，结果见表 4-4、表 4-5、表 4-6。

表 4-4　AIDS 的估计结果（5 分组）

	类别 1	类别 2	类别 3	类别 4	类别 5	类别 6	类别 7	类别 8
α_i	0.0625*** (13.23)	0.0523*** (26.74)	0.0595*** (13.65)	0.4106*** (62.69)	0.1579*** (31.47)	0.1180*** (25.54)	0.0115*** (8.08)	0.1278*** (55.11)
β_i	0.0318*** (13.01)	-0.0054*** (-5.76)	0.0088*** (3.51)	-0.0140*** (-3.98)	0.0039 (1.47)	-0.0056** (-2.01)	0.0060*** (9.03)	-0.0255*** (-19.37)
γ_{1i}	0.4722* (1.92)	0.1388 (1.44)	0.1367 (1.07)	-0.4261*** (-3.16)	-0.1969 (-1.50)	-0.1985*** (-3.48)	0.1111 (1.61)	-0.0373 (-0.67)
γ_{2i}	0.1388 (1.44)	-0.0117 (-0.12)	-0.1739*** (-2.59)	-0.2070*** (-3.46)	0.1188** (2.08)	0.0748*** (3.12)	0.0496 (0.82)	0.0106 (0.42)
γ_{3i}	0.1367 (1.07)	-0.1739*** (-2.59)	-0.5919*** (-4.41)	0.1125 (1.07)	0.3225*** (3.04)	0.2727*** (4.79)	-0.1475*** (-3.25)	0.0689 (1.47)
γ_{4i}	-0.4261*** (-3.16)	-0.2070*** (-3.46)	0.1125 (1.07)	0.6390*** (3.86)	-0.4108*** (-3.55)	-0.0907 (-1.26)	0.0138 (0.29)	0.3693*** (7.06)
γ_{5i}	-0.1969 (-1.50)	0.1188** (2.08)	0.3225*** (3.04)	-0.4108*** (-3.55)	0.1917 (1.23)	-0.0069 (-0.11)	0.1154*** (2.80)	-0.1338*** (-2.58)
γ_{6i}	-0.1985*** (-3.48)	0.0748*** (3.12)	0.2727*** (4.79)	-0.0907 (-1.26)	-0.0069 (-0.11)	0.0403 (0.6)	0.0245 (1.44)	-0.1162*** (-3.92)
γ_{7i}	0.1111 (1.61)	0.0496 (0.82)	-0.1475*** (-3.25)	0.0138 (0.29)	0.1154*** (2.80)	0.0245 (1.44)	-0.1370** (-2.25)	-0.0299* (-1.66)
γ_{8i}	-0.0373 (-0.67)	0.0106 (0.42)	0.0689 (1.47)	0.3693*** (7.06)	-0.1338*** (-2.58)	-0.1162*** (-3.92)	-0.0299* (-1.66)	-0.1316*** (-3.97)
	$\hat{\rho}_1 = 0.3275$*** (4.95)		$\hat{\rho}_2 = 0.0024$ (0.07)			$\hat{\rho}_3 = -0.2773$*** (-5.77)	$\hat{\rho}_4 = 0.0186$ (0.95)	
	$\hat{\rho}_5 = -0.3171$*** (-36.48)							

注：***、**、* 分别表示显著性水平为 1%、5%、10%。

表 4-5 AIDS 的估计结果（3 分组）

	类别 1	类别 2	类别 3	类别 4	类别 5	类别 6	类别 7	类别 8
α_i	0.0091 (1.43)	0.0608*** (25.05)	0.0582*** (10.18)	0.4397*** (51.85)	0.1510*** (23.62)	0.1228*** (20.28)	0.0059*** (3.37)	0.1526*** (48.09)
β_i	0.0311*** (20.00)	-0.0041*** (-7.20)	0.0023 (1.53)	-0.0159*** (-7.53)	0.0054*** (3.38)	-0.0072*** (-4.37)	0.0038*** (9.68)	-0.0155*** (-18.53)
γ_{1i}	0.4501* (1.82)							
γ_{2i}	0.1519 (1.57)	-0.0090 (-0.09)						
γ_{3i}	0.1293 (1.00)	-0.1760*** (-2.61)	-0.5617*** (-4.13)					
γ_{4i}	-0.4539*** (-3.35)	-0.1998*** (-3.34)	0.2070* (1.95)	0.6103*** (3.68)				
γ_{5i}	-0.1703 (-1.29)	0.1072* (1.87)	0.2203** (2.06)	-0.4271*** (-3.68)	0.2702* (1.74)			
γ_{6i}	-0.2162*** (-3.78)	0.0782*** (3.26)	0.2884*** (5.02)	-0.1152 (-1.61)	0.0116 (0.19)	0.0326 (0.49)		
γ_{7i}	0.1284* (1.86)	0.0394 (0.65)	-0.1540*** (-3.39)	0.0115 (0.24)	0.1315*** (3.19)	0.0257 (1.51)	-0.1481** (-2.43)	
γ_{8i}	-0.0194 (-0.35)	0.0080 (0.32)	0.0466 (0.99)	0.3671*** (7.02)	-0.1433*** (-2.77)	-0.1050*** (-3.57)	-0.0344* (-1.92)	-0.1197*** (-3.62)
	$\hat{\rho}_1 = 0.6037^{***}$ (3.71)			$\hat{\rho}_2 = 0.6477^{***}$ (6.54)			$\hat{\rho}_3 = 0.2101^{***}$ (2.01)	

注：***、**、* 分别表示显著性水平为 1%、5%、10%。

表 4-6 AIDS 的估计结果（2 分组）

	类别 1	类别 2	类别 3	类别 4	类别 5	类别 6	类别 7	类别 8
α_i	0.0054 (0.85)	0.0552*** (22.94)	0.0434*** (7.49)	0.4471*** (52.57)	0.1543*** (24.29)	0.1448*** (23.23)	0.0052*** (2.97)	0.1447*** (46.85)
β_i	0.0301*** (18.24)	−0.0043*** (−7.64)	0.0054*** (3.41)	−0.0167*** (−7.64)	0.0044*** (2.70)	−0.0063*** (−3.56)	0.0039*** (9.66)	−0.0164*** (−20.18)
γ_{1i}	0.4332* (1.75)	−0.0009 (−0.01)						
γ_{2i}	0.1128 (1.16)							
γ_{3i}	0.1440 (1.11)	−0.1650** (−2.44)	−0.5453*** (−4.01)					
γ_{4i}	−0.4565*** (−3.35)	−0.2156*** (−3.58)	0.1541 (1.45)	0.6749*** (4.05)				
γ_{5i}	−0.1175 (−0.89)	0.1242** (2.15)	0.2375** (2.22)	−0.4379*** (−3.76)	0.2107 (1.35)			
γ_{6i}	−0.2079*** (−3.61)	0.0785*** (3.24)	0.2729*** (4.72)	−0.0804 (−1.11)	−0.0164 (−0.26)	0.0333 (0.48)		
γ_{7i}	0.1236* (1.79)	0.0575 (0.94)	−0.1550*** (−3.42)	0.0059 (0.12)	0.1286*** (3.12)	0.0234 (1.37)	−0.1508** (−2.48)	
γ_{8i}	−0.0317 (−0.56)	0.0086 (0.34)	0.0568 (1.20)	0.3555*** (6.74)	0.1292** (−2.48)	−0.1034*** (−3.45)	−0.0331* (−1.85)	−0.1236*** (−3.70)
	$\hat{\rho}_1 = 0.5054^{***}$ (3.09)			$\hat{\rho}_2 = 0.4534^{***}$ (4.11)				

注：***、**、* 分别表示显著性水平为 1%、5%、10%。

根据表 4-4、表 4-5 和表 4-6 中 AIDS 模型的估计结果，确定家庭中不同人口的等价尺度，这里以家庭中的主要成年人为基本参考等价尺度，测度家庭中其他人口的等价尺度。具体结果如表 4-7 所示。在家庭人口按照年龄的 5 分组中，由于 6~14 岁和 18~64 岁的等价尺度不显著，我们参考其前后年龄段的等价尺度确定；根据家庭年龄 3 分组计算的等价尺度，0~17 岁小孩的等价尺度（0.60）要远大于 65 岁及以上老年人的等价尺度（0.21），小孩的等价尺度与大人的等价尺度（0.65）也比较接近，这说明抚养小孩的成本是比较高的，老年人在家庭中的消费相对比较少。根据家庭人口按照年龄的 2 分组计算的等价尺度，发现小孩的等价尺度 0.51 要大于成年人的等价尺度 0.45，这主要是因为成年人里面包含了 65 岁及以上的老年人，这些老年人的消费较低，整体上拉低了成年人的等价尺度，显得小孩的消费成本大于成年人的消费成本，这更说明在我国家庭养育一个孩子的成本是相对比较高的。测度的结果说明我国家庭普遍比较重视小孩的整体消费水平，小孩的抚养成本较高，而过度忽视老年人的生活水平，其等价尺度也较低，这也与现实情况相符，实际上这种对孩子过度关注的现象是我国的一种特殊情况，这也有可能会引起过多的社会问题，也是值得深入讨论和亟须解决的问题。

表 4-7　根据 AIDS 模型的计算结果设定家庭人口等价尺度

家庭人口按照年龄分为 5 类		家庭人口按照年龄分为 3 类		家庭人口按照年龄分为 2 类	
家庭人口类型	等价比例	家庭人口类型	等价比例	家庭人口类型	等价比例
第 1 个 18~64 岁	1	第 1 个 18~64 岁	1	第 1 个 18~64 岁	1
增加 0~5 岁	0.33	增加 0~17 岁	0.60	增加 0~17 岁	0.51
增加 6~14 岁	0.30	增加 18~64 岁	0.65	增加 18 岁及以上	0.45
增加 15~17 岁	0.28	增加 65 岁及以上	0.21		
增加 18~64 岁	0.40				
增加 65 岁及以上	0.32				

六、等价尺度对贫困和不平等的测度影响

等价尺度的选择对贫困和不平等的影响也是非常明显的，选用不同的等价尺度计算得到的结果是有差异的，本部分根据 CFPS 2018 以不同的家庭等

价尺度调整家庭的等价规模，计算出家庭的等价收入，据此计算各不同等价尺度对我国家庭贫困和不平等测度的影响。本部分的等价尺度主要采用以下五种：

（1）恩格尔方法计算的等价尺度，成人和小孩都为 0.6；

（2）OECD 修改的等价尺度，成人为 0.5，小孩为 0.3；

（3）AIDS 模型方法计算的等价尺度，大人为 0.45，小孩为 0.5；

（4）家庭平均支出等价尺度为 1；

（5）无等价尺度，按照家庭总支出或总收入进行计算。

下面根据选择的等价尺度对我国的贫困和收入差距情况进行测度。

（一）等价尺度对贫困发生率的影响

贫困发生率是指收入低于贫困线的人口占全部人口的比例，故贫困发生率的计算需要确定贫困线，这里参考我国中央扶贫办确定的扶贫标准，即以 2011 年人均收入为 2300 元不变价作为基准，计算出 2017 年的贫困标准为人均 3335 元，以此贫困线计算我国 2017 年的家庭贫困发生率。

表 4-8 列出了在不同等价尺度下，计算的不同家庭人口规模的家庭贫困发生率的情况，其中一个人组成的家庭，没有计算其等价尺度，我们认为因其本人就是这个家庭的主要成员，其等价尺度都视为成人 1，故在各种等价尺度情况下计算的贫困发生率都一样。另外，调查数据中家庭人口超过 6 个人的，所占比例较小，没有一一列出，而是放在一起测算其贫困发生率。从得出的结果来看，首先，采用人均数据计算的贫困发生率是最高的，这种方法夸大了老年人和小孩的消费水平，拉低了家庭整体的等价收入，有可能高估了居民的贫困状况；其次，根据恩格尔方法计算的贫困率也较高，这种方法在计算过程中只考虑了食物消费支出的情况，没有考虑其他消费支出，有可能扩大食物支出在总消费中的作用，因此，计算结果也有可能会偏高。根据 AIDS 模型计算的等价尺度，一方面 AIDS 模型对需求系统考虑的较为全面，另一方面也与 OECD 采用的等价尺度计算的贫困率比较接近，说明采用 AIDS 模型计算的贫困率可能更为可信。这说明用 AIDS 模型计算的等价尺度不仅真实反映了我国家庭人口的等价尺度，也与国际上较通用的 OECD 的等价尺度比较接近。

表 4-8 不同等价尺度的贫困发生率估算

家庭人口	等价尺度			
	人均（%）	OECD（修改）（%）	AIDS 模型（%）	恩格尔方法（%）
1 人	3.625	3.625	3.625	3.625
2 人	5.11	2.47	2.24	2.77
3 人	3.77	1.35	1.29	1.59
4 人	5.05	1.54	1.58	2.18
5 人	7.70	1.72	1.88	2.53
6 人及以上	12.52	3.32	3.00	5.42
总人口	7.54	2.26	2.16	3.24

（二）等价尺度对贫困的影响

1. 贫困指标的选取

这里我们选用常用的基尼（GINI）系数、FGT 指数和 SEN 指数，来测度我国居民的贫困状况。其中，GINI 系数是衡量收入分配的一个通用指标，最早是由 Gorrado Gini（1912）提出，计算公式为：$G = \sum_{i=1}^{n} w_i y_i + 2\sum_{i=1}^{n-1} w_i(1-v_i) - 1$。$w_i$ 是按照收入分组后，各组的人口数占总人口数的比重，y_i 是各组人口的收入占总收入的比重，v_i 是 y 从 y_1 到 y_i 的累计数，其值在 0～1，值越大说明收入越不平等，值越小说明收入越平等。FGT 指数是目前运用的比较广泛的一种衡量贫困的方法，可以在已经确定的贫困线下计算居民内部收入差距的深度和广度，由 Foster 等（1984）提出，其具体的计算公式为

$$p_\alpha = \int_0^z \left(\frac{z-x}{z}\right)^\alpha f(x)\,dx \tag{4-13}$$

式（4-13）中，x 为家庭的消费支出或收入，$f(x)$ 代表消费或收入的分布密度，z 表示贫困线，α 表示对贫困深度或强度的敏感程度，α 在取 1、2、3 等不同的值时，分别表示贫困发生率指数 H、贫困距指数 PG 和平方贫困距指数 SPG。贫困发生率指数 H 测算贫困人口占总人口的比重，可用公式 $H = q/n$ 计算，q 表示贫困人数，n 表示总人口个数，度量贫困的广度；贫困距指数 PG 又称为贫困缺口率，可用公式 $PG = \sum_{i=1}^{q}(z-y_i)/qz$ 计算，其中 q 是贫困人数，z 作为贫困线，y_i 表示贫困人口的收入，PG 值越大，说明贫困越严重，测度贫困者收入与贫困线的差额，衡量贫困的深度；平方贫困距指数 SPG 的计算公式

为：$SPG = \sum_{i=1}^{q} [(z - y_i)/z]^2/q$，衡量了贫困人口之间的收入不平等状况。

SEN 指数实际上是由 Amartya Sen（1998）提出来的，计算公式为：$P = H \times [1+(I-1) \times G]$，$P$ 是贫困 SEN 指数，H 表示贫困人口的比例，G 是贫困人口的基尼系数，I 是贫困人口收入差距的总和，SEN 指数综合了多个指标，较为全面地反映了居民的贫困程度。

2. 等价尺度对家庭贫困测度的影响分析

本部分主要利用 2018 年 CFPS 数据中的家庭纯收入数据进行计算，贫困线的选取采用了较常用的两个相对指标，一个是家庭中位数收入的 50%，另一个是家庭中位数收入的 65%。分别采用恩格尔方法、AIDS 模型等计算的五种等价尺度，通过计算 FGT 指数和 SEN 指数对我国家庭收入的贫困情况进行测度，具体结果如表 4-9 所示。贫困线越高，贫困人口也就越多，同时计算的贫困指数也就越大，参考表 4-9 中的以家庭中位数收入的 50% 和 65% 为贫困线计算的结果是不一样的。还发现在同一贫困线下，利用家庭平均收入计算的贫困指数最大，家庭平均收入扩大了老年人或小孩的实际等效收入，同时也减小了成年人的收入效用，故这种方法高估了居民的贫困程度。相反利用无等价尺度的方法计算的结果是最小的，这种方法将一个家庭视为一个单位进行计算，忽略了家庭成员的个数与收入差异，这种方法可能会低估家庭的贫困。由于恩格尔方法计算的等价尺度仅考虑了食物支出的情况，会扩大食物支出在家庭效应中的作用，故也可能会有偏差，但基于恩格尔方法计算的贫困指数处于所考察的这几种方法计算结果的中间状态，说明这个结果还具有一定的可参考性。另外，由于 AIDS 模型计算的等价尺度考虑了较多的因素，与实际情况较为接近，这个结果也与根据 OECD 修订的等价尺度计算的结果比较接近，说明用 AIDS 模型计算的等价尺度是比较合理、可靠的。

表 4-9 用不同的等价尺度计算的家庭贫困状况

贫困线	等价尺度	H	PG	SPG	SEN	GINI of the poor
中位数的 50%	恩格尔	0.2408	0.0861	0.0430	0.0649	0.2007
	OECD 修改后	0.2342	0.0840	0.0422	0.0630	0.2019
	AIDS 模型	0.2311	0.0816	0.0406	0.0612	0.1993
	家庭平均收入	0.2632	0.0957	0.0486	0.0742	0.2058
	无等价尺度	0.2288	0.0905	0.0492	0.0686	0.2300

续表

贫困线	等价尺度	H	PG	SPG	SEN	GINI of the poor
中位数的65%	恩格尔	0.3484	0.1343	0.0708	0.1128	0.2187
	OECD修改后	0.3369	0.1305	0.0690	0.1084	0.2198
	AIDS模型	0.3342	0.1277	0.0671	0.1060	0.2173
	家庭平均收入	0.3744	0.1475	0.0788	0.1264	0.2230
	无等价尺度	0.3178	0.1328	0.0750	0.1098	0.2452

（三）等价尺度对家庭收入不平等测度的影响分析

1. 不平等指标的选取

本部分对家庭收入不平等进行测度，同样也选国际上通用的指标基尼系数（GINI）、泰尔指数（Theil）、分位数比值法（本部分采用S90/S10、S80/S20、P90/P10和P75/P25）。基尼系数的概念如前文所述，这里不再赘述。

泰尔指数主要是用来衡量个人之间或者是地区之间收入不平等的指标，用得比较广泛，最早由泰尔（Theil, 1967）利用信息理论中的熵概念提出，其计算公式为：$T = \frac{1}{n} \sum_{i=1}^{n} \frac{y_i}{\bar{y}} \log\left(\frac{y_i}{\bar{y}}\right)$。其中，$T$表示收入不平等的泰尔指数，$y_i$和$\bar{y}$分别表示第$i$个个体的收入和所有个体的平均收入，$n$表示样本个数。

分位数比值法是指一组数据从小到大排列后，不同分位点上数相比较的结果。比较直观地反映了分位数之间收入的差异情况。本书选取的P90/P10和P75/P25，其中P90/P10表示第9等分点的上界除以第1等分点的上界，P75/P25含义类似；另外，S90/S10是指10%最富有人群与10%最穷人群的平均收入之比，S80/S20的含义也类似。

2. 等价尺度对家庭收入不平等测度的影响

本部分同样也主要利用2018年CFPS数据中的家庭消费支出数据和家庭纯收入数据进行计算，采用了恩格尔方法、AIDS模型等计算的不同的等价尺度，采用GINI系数、泰尔指数、分位数比值法等对我国居民的收入不平等进行测度，具体结果见表4-10。通过对各个指标的测算发现，用家庭消费数据测度的不平等指数要小于相应的用家庭纯收入数据测度的不平等指数。家庭消费数据反映了家庭的实际生活支出，更能反映家庭的生活状况，因此根据家庭消费数据计算的不平等指数可能更能反映居民所享受的生活福利水平，更能反映居民的生活水平差距，要比用收入测算的不平等指数更可靠一些。但不管是用收入数据还是用消费数据进行测算不平等，都会发现根据家庭平均数据计算的不平等指数是最高的，而用无等价尺度的家庭数据计算的平等指数都是最低的。另外，用 AIDS 模型计算的也与 OECD 等价尺度计算的最为接近，比较可靠，其原因不再赘述。

表 4-10　不同等价尺度测算的不平等指数

变量	等价尺度	GINI	S80/S20	S90/S10	Theil	P75/P25	P90/P10
消费支出	恩格尔	0.4714	12.1245	23.0626	0.4121	3.195	9.136
	OECD 修改后	0.4671	12.0099	22.8892	0.4026	3.161	9.155
	AIDS 模型	0.4662	11.8716	22.5194	0.4020	3.167	8.999
	家庭平均收入	0.4834	12.8424	24.6521	0.4381	3.245	9.537
	无等价尺度	0.4687	13.1860	26.6930	0.4021	3.223	10.044
纯收入	恩格尔	0.5301	17.5676	40.3276	0.6433	3.443	11.390
	OECD 修改后	0.5249	17.3594	40.4169	0.6307	3.382	11.475
	AIDS 模型	0.5252	17.3749	40.4643	0.6304	3.411	11.373
	家庭平均收入	0.5408	18.2587	41.3766	0.6718	3.556	12.188
	无等价尺度	0.5255	20.0063	55.284	0.6237	3.333	14.860

（四）等价尺度对区域不平等的影响

本部分同样以 2018 年的 CFPS 数据为基础，用平均等价尺度、恩格尔方法等价尺度和 AIDS 模型等价尺度根据家庭纯收入数据计算了我国 31 个省、自治区、直辖市的基尼系数。具体结果见图 4-1，其中，海南、内蒙古、西藏、青海、宁夏等这几个省份的样本量较少，有可能结果不太准确。从各省份的基尼系数来看，发现依然是根据平均等价尺度计算的收入不平等指数是最高的，根据 AIDS 模型等价尺度计算的不平等指数最低，根据恩格尔等价尺度计算的不平等指数居中。另外，还发现并不是经济发达地区的收入差距就小，如北京、上海、江苏、广东等经济发达地区，基尼系数仍然比较高，收入差距状况依然很严重；而经济不发达的地区，如吉林、安徽、贵州等地区的收入差距也很大。所以，收入差距依然是我国各地区居民所面临的重要问题，如何调整居民的收入，促进收入公平，提高居民的公共福利享用水平，进而提升居民的幸福感是值得进一步探讨的关键问题。

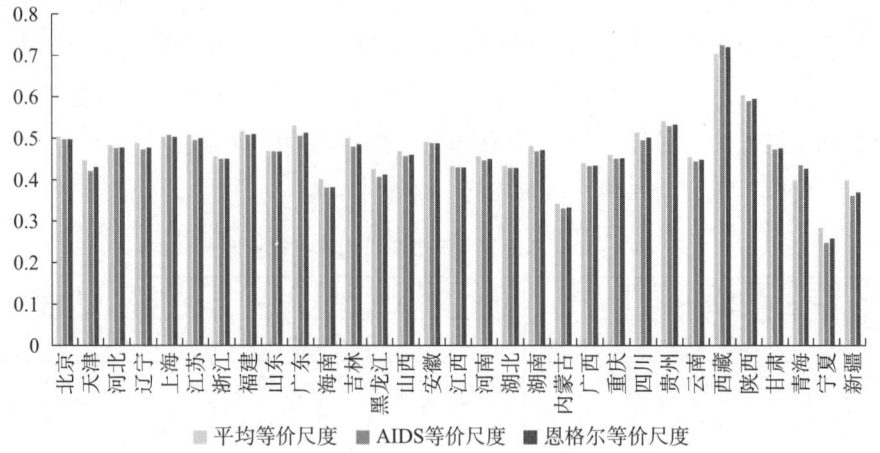

图 4-1　根据不同等价尺度测算的各省份的基尼系数

七、本章小结

本章内容主要根据恩格尔方法和 AIDS 模型，利用 2018 年 CFPS 数据设定并测度了我国家庭居民的等价尺度，并在不同的等价尺度下测算了我国的贫困发生率，进一步根据不同的等价尺度计算了等价尺度的选择对家庭贫困和不平等测度的影响。具体得出以下结论：

（1）根据恩格尔方法计算的等价尺度，成人是 0.578，小孩是 0.569，成人与小孩的成本仅相差 0.009，说明家庭中增加一个小孩与一个成人的成本是比较接近的，也进一步证实了我国抚养小孩的成本是非常高的，这也是我国"二孩"政策失效的一个重要原因。另外，从区域等价尺度来看，东部发达地区的等价尺度较高，而西部较落后地区的等价尺度较低。东部地区比西部地区的成人或小孩的等价尺度均约大 0.03。

（2）根据 AIDS 模型计算的我国居民的等价尺度，按照年龄 3 分组的等价尺度来看，小孩的等价尺度为 0.60，成人（不含老年人）的等价尺度为 0.65，65 岁及以上老年人的等价尺度为 0.21，可以看出小孩与成年人的等价尺度也是比较接近的，但老年人的等价尺度比较小，说明老年人的扶养成本明显比较低，进一步提高老年人的生活成本，提升老年人的生活质量，应是改善全体居民生活状况的一个重要目标。从按照年龄 2 分组的等价尺度来看，小孩的是 0.51，成年人的是 0.45，小孩的等价尺度超过了成年人的等价尺度，进一步说明我国抚养孩子的成本是非常高的，在孩子身上的过度消费挤压了成年人的生活成本尤其是老年人的生活成本，这是我国的一种特有情况。过分重视孩子而忽视了成年人尤其是老年人的生活状况，值得我们从深层次反思，逐步调整改善。

（3）根据用不同等价尺度对我国贫困发生率、贫困和不平等发生率的测度结果来看，都是按照平均等价尺度测度的指数最高，按照 AIDS 模型计算的各个指数与国际上较为通用的 OECD 等价尺度计算的数值最为接近，说明用 AIDS 模型测度的等价尺度相比其他等价尺度具有更高的可信度。

（4）从等价尺度对我国各区域家庭收入不平等测度的结果来看，发现不仅经济落后地区收入差距较大，经济发达地区收入差距也比较大，这说明收入差距是我国普遍存在的问题，经济水平的发展并没有改善居民收入差距，故收入差距的改善还需另外采取特殊的手段或措施进行调整改善。

综上所述，等价尺度的选择对家庭贫困和收入差距的测度有着重要的影响作用。不同的等价尺度，测出的结果也各有不同，这对家庭福利水平的准确测度，贫困人口的确定，扶贫政策的实施，收入差距的测度以及缩小收入差距的相关措施的制定等都有着重要的影响，需进一步深入研究，此问题也应引起更多专家学者以及相关扶贫政策实施者的关注。

非现金收入的区域差异及动态演进分析

本部分主要选取居民非现金收入中的公共教育、卫生和住房三类非现金收入的区域差异及动态演进情况进行分析，主要是因这三部分在居民非现金收入中所占的比重较大，对居民收入及生活水平的改善等都有较大的影响，另外这三部分非现金收入的数据从宏观上也比较容易获得。最后，将居民的公共教育、卫生和住房三类非现金收入加总作为居民非现金总收入的代理指标，进一步分析居民非现金总收入的分布及动态演进情况。

第五章

教育非现金收入的区域差异及动态演进分析

我国的教育经费主要来自国家财政性教育经费、民办学校的举办人投入经费、社会捐赠经费、事业收入（包含学杂费）以及其他教育经费等，这其中除了学杂费是学生自己交的以外，其他的都可以看作学生的非现金教育费用，这部分费用实际上相当于是国家财政或其他单位转移给家庭的教育福利，这部分费用支出对教育事业的发展起了重要的作用，在很大程度上影响了居民文化水平以及整体素质的提高。虽然我国的教育费用支出逐年增长，但是其区域分布不平衡情况依然存在，目前我国各区域的教育费用规模以及结构都有着较大的差异，进而也影响了各区域人力资本的发展，这对促进区域人口和经济的共同发展是极其不利的。因此，深入分析我国教育非现金收入的分布及演进情况，对我国优化教育资源配置、促进区域协调发展具有重要的现实意义。本部分基于我国总体以及各区域的教育非现金收入数据，从宏观上分析我国教育非现金收入的区域差异以及动态演进情况。

一、数据来源及研究方法

（一）数据来源

本部分用教育费用减去学杂费后的数据作为衡量我国居民获得的教育非现金收入指标。具体分析时为了体现公平性，采用人均教育非现金收入进行分析。主要采用我国31个省份（不包括港、澳、台）的数据进行分析，数据来源于历年的《中国统计年鉴》《中国教育年鉴》《全国教育经费执行情况统计公告》等，限于目前公布的最新数据截至2018年，故本书的数据范围为2000—2018年，并将2000年全国居民价格消费指数调整为定基可比数据。为了更准确地分析不同区域的教育非现金收入差异，按照国家统计局2003年的划分标准,将我国划分为东、中、西部三大地区。

(二) 研究方法

1. Dagum 基尼系数及其分解方法

本部分采用 Dagum 基尼系数及其按子群分解的方法分析我国人均教育非现金收入的地区差异 (Dagum, 1997)。相比于传统的基尼系数而言,Dagum 基尼系数能够将其分解为地区内差距、地区间差距以及超变密度,不仅能够准确描述地区差异的大小和来源,而且还可以有效解决样本间的交叉重叠问题。Dagum 基尼系数的计算公式为

$$G = \frac{\sum_{j=1}^{k}\sum_{h=1}^{k}\sum_{i=1}^{k}\sum_{r=1}^{k}|y_{ji}-y_{hr}|}{2n^2\mu} \quad (5-1)$$

式 (5-1) 中,G 表示总体基尼系数,n 表示考察省份的总个数,μ 表示 31 个省份教育非现金收入的平均值,k 表示划分的区域数量,$n_j(n_h)$ 表示 $j(h)$ 地区内包含的省份的个数,$y_{ji}(y_{hr})$ 表示 $j(h)$ 地区内每个省份的人均教育非现金收入水平。此外,在计算基尼系数之前,需要对各地区人均教育非现金收入进行排序。

$$\bar{y}_1 \leqslant \bar{y}_h \leqslant \cdots \leqslant \bar{y}_j \leqslant \cdots \bar{y}_k$$

根据 Dagum 基尼系数及其子群分解方法,$G = G_w + G_{nb} + G_t$。基尼系数可以分解为如下三个部分:地区内差距的贡献度 G_w,即 $j(h)$ 地区内人均教育非现金收入的分布差异;地区间差距的贡献度 G_{nb},即 j 和 h 地区间人均教育非现金收入的分布差异;超变密度的贡献度 G_t,即地区间人均教育非现金收入交叉影响的剩余项。为了计算 G_{nb} 和 G_w,还需测算 j 地区和 h 地区之间的基尼系数 G_{hj} 和 j 地区基尼系数 G_j,具体计算公式如下所示:

$$G_w = \sum_{j=1}^{k} G_{jj} p_j s_j G_{hj} \quad (5-2)$$

$$G_{jj} = \frac{\sum_{i=1}^{n_j}\sum_{r=1}^{n_h}|y_{ji}-y_{hr}|}{2\bar{Y}_j n_j^2} \quad (5-3)$$

$$G_{nb} = \sum_{j=2}^{k}\sum_{h=1}^{j-1} G_{jh}(p_j s_h + p_h s_j) D_{jh} \quad (5-4)$$

$$G_{jh} = \frac{\sum_{i=1}^{n_j}\sum_{r=1}^{n_h}|y_{ji}-y_{hr}|}{n_j n_h(\bar{y}_j+\bar{y}_h)} \qquad (5-5)$$

$$G_t = \sum_{j=2}^{k}\sum_{h=1}^{j-1} G_{jh}(p_j s_h + p_h s_j)(1-D_{jh}) \qquad (5-6)$$

式（5-6）中，$p_j=\dfrac{n_j}{n}$，$s_j=\dfrac{n_j \bar{y}_j}{n\bar{y}}$，$j=1,2,3,\cdots,k$，$D_{jh}$ 表示 j、h 两地之间人均教育非现金收入的相对影响，定义式如下：

$$D_{jh} = \frac{d_{jh}-p_{jh}}{d_{jh}+p_{jh}} \qquad (5-7)$$

式（5-7）中，d_{jh} 表示 j、h 两地区人均教育非现金收入贡献率的差值，即 j、h 地区中所有 $y_{ji}-y_{hr}>0$ 的样本值加总的加权平均；p_{jh} 表示超变一阶矩，即 $y_{hr}-y_{ji}>0$ 的样本值加总的加权平均。

$$d_{jh} = \int_0^{\infty} dF_j(y) \int_0^y (y-x) dF_h(x) \qquad (5-8)$$

$$p_{jh} = \int_0^{\infty} dF_h(y) \int_0^y (y-x) dF_j(x) \qquad (5-9)$$

2. 核（Kernel）密度估计

为了更加直观地刻画我国教育非现金收入随时间变化的分布形态，本书采用核密度估计方法来考察样本动态演变趋势。其基本原理如下：

假定随机变量独立同分布，$f(x)$ 是随机变量的密度函数，如下所示：

$$f(x) = \frac{1}{N_h}\sum_{i=1}^{N} K\left(\frac{X_i-x}{h}\right) \qquad (5-10)$$

式（5-10）中，N 为考察期内样本数量，X_i 表示独立同分布的样本值，x 为均值，h 为带宽，$K(\cdot)$ 为 Kernel 函数，且 $K(X) \geq 0$，$K(x)=K(-x)$，$\int_{-\infty}^{+\infty} K(x)dx = 1$，$\sup K(x) < +\infty$，$\int_{-\infty}^{+\infty} K^2(x)dx < +\infty$。

本书选择高斯核函数来对我国教育非现金收入的分布动态演进进行分析，其 Kernel 函数形式表示如下：

$$f(x) = \frac{1}{\sqrt{2\pi}} \exp\left(-\frac{x^2}{2}\right) \qquad (5-11)$$

二、教育非现金收入的现状分析

(一) 我国教育非现金收入的总体发展情况

表 5-1 列出了 1991—2018 年我国教育非现金收入的总体发展情况。总的来看,我国教育非现金收入在考察期内是逐年增长的,增长的幅度波动较大,但在 1998 年到 2012 年增长速度比较快,增长率都在 10% 以上,最高的是 2012 年增长率达到 19.27%,这期间我国教育事业得到较大的发展。高等教育在 1998 年之后开始扩招,教育非现金收入增加比较多,中小学教育在 2005 年之后逐步实现义务免费教育,这方面的非现金收入也较多,以及逐渐提倡兴起的职业技术教育等,在这期间都得到了较大的发展。2012 年之后,各级教育基本保持较为稳定的发展状态,教育非现金收入增长速度变慢。另外,从国家财政转移支付的教育非现金收入(可称为教育非现金财政收入)来看,也一直呈增长趋势,其增长幅度的发展趋势同教育非现金总收入的趋势基本一致,在 1999 年到 2012 年增长得比较高,近年由于教育发展比较稳定,其增长率也有所降低。另外,教育非现金财政收入在教育非现金总收入中的占比最低是 75.17%,最高的达到 92.04%,说明国家财政对教育的转移支付是教育非现金收入的主要来源。另外,在 1998 年到 2006 年教育快速扩张的这段时期,教育非现金财政收入占比相对较少,说明这个阶段吸收的教育非现金社会收入较多,而在 2011 年之后,教育非现金财政收入占比又呈现波动上升的趋势,但教育非现金财政收入一直都是居民教育非现金收入的主要来源。故教育非现金财政收入主导着居民教育非现金收入的高低,国家对区域教育事业的政策与资金支持是决定区域教育发展的主要力量,是从教育方面调节居民收入和生活福利的主要来源。

表 5-1 我国教育非现金收入的总体情况[①]

年份	教育非现金总收入 (万元)	增长率 (%)	教育非现金财政收入 (万元)	增长率 (%)	教育非现金财政 收入占比(%)
1991	6991552		6178286		88.37
1992	8231172	10.66	7287506	10.87	88.54

① 此表中的收入数据是以当年价格记录的数据,增长率是以 2000 年为基期 100 的消费者价格指数调整后的数据计算得到的。

续表

年份	教育非现金总收入（万元）	增长率（%）	教育非现金财政收入（万元）	增长率（%）	教育非现金财政收入占比（%）
1993	9727897	3.04	8677618	3.81	89.20
1994	13418585	11.12	11747396	9.06	87.55
1995	16767078	6.73	14115233	2.63	84.18
1996	20013033	10.20	16717046	9.34	83.53
1997	22056534	7.22	18625416	8.39	84.44
1998	25793118	17.87	20324526	9.99	78.80
1999	28854308	13.47	22871756	14.15	79.27
2000	32542502	12.31	25626056	11.58	78.75
2001	38920612	18.78	30570100	18.47	78.54
2002	45572486	18.04	34914048	15.13	76.61
2003	50867668	10.30	38506237	8.98	75.70
2004	58960472	11.56	44658575	11.63	75.74
2005	68657846	14.39	51610759	13.53	75.17
2006	82629786	18.56	63483648	21.18	76.83
2007	100171581	15.68	82802142	24.46	82.66
2008	121514391	14.55	104496296	19.17	85.99
2009	139871082	15.93	122310935	17.88	87.45
2010	165462878	14.52	146700670	16.12	88.66
2011	205523194	17.86	185867009	20.22	90.44
2012	251504751	19.27	231475698	21.38	92.04
2013	266270313	3.18	244882177	3.11	91.97
2014	287534216	5.87	264205820	5.77	91.89
2015	318118316	9.11	292214511	9.07	91.86
2016	341174511	5.15	313962519	5.34	92.02
2017	372687254	7.52	342077546	7.25	91.79
2018	402471657	5.77	369958000	5.92	91.92

注：教育非现金总收入用教育费用减去学杂费后得到，教育财政非现金收入来源于公共财政的教育费用支出，基本资料来源于《中国统计年鉴》和《中国教育年鉴》。

（二）我国教育非现金收入的地区分布情况

我国教育非现金收入在全国各地区的分布情况也存在较大差异，下面我们将全国分为东、中、西部地区进行分析，为了剔除不同区域因人口数量不同而产生的差异，运用教育非现金收入的人均分配数额进行分析。表 5-2 中列出了全国、东部、中部、西部地区的人均教育非现金收入情况，数据均以各区域 2000 年的消费价格指数为基期进行调整，计算方法是分别用全国和各区域的教育非现金收入除以其常住人口。

表 5-2　全国和各地区人均教育非现金收入情况

年份	人均教育非现金收入（元）				人均教育非现金收入的增长率（%）			
	全国	东部地区	中部地区	西部地区	全国	东部地区	中部地区	西部地区
2000	229.58	302.16	175.65	176.65				
2001	255.10	339.77	188.14	199.05	11.12	12.45	7.11	12.68
2002	304.06	397.68	224.97	249.18	19.19	17.04	19.58	25.18
2003	350.54	459.78	256.07	289.00	15.28	15.62	13.83	15.98
2004	375.48	497.15	269.21	307.09	7.11	8.13	5.13	6.26
2005	429.66	564.75	312.40	348.68	14.43	13.60	16.04	13.54
2006	489.28	636.85	360.37	399.16	13.88	12.68	15.35	14.48
2007	492.60	627.93	369.54	413.06	0.68	-1.33	2.55	3.48
2008	566.32	691.34	450.66	493.65	14.97	10.10	21.95	19.51
2009	684.54	803.84	550.58	649.11	20.88	16.27	22.17	31.49
2010	756.86	855.45	609.99	780.73	10.56	6.42	10.79	20.28
2011	842.05	956.67	681.22	853.34	11.26	11.83	11.68	9.30
2012	1031.33	1158.57	862.58	1027.80	22.48	21.10	26.62	20.44
2013	1221.92	1368.89	1039.90	1197.17	18.48	18.15	20.56	16.48
2014	1285.59	1420.56	1088.51	1307.63	5.21	3.77	4.67	9.23
2015	1330.86	1484.71	1104.51	1357.83	3.52	4.52	1.47	3.84
2016	1435.66	1568.52	1205.75	1510.20	7.87	5.65	9.17	11.22
2017	1510.90	1642.17	1270.10	1603.92	5.24	4.69	5.34	6.21
2018	1608.71	1748.39	1338.19	1729.12	6.47	6.47	5.36	7.81
平均值	800.05	922.36	650.44	783.81	10.98	9.85	11.55	13.02

注：资料来源同表 5-1。

根据表 5-2 显示的结果，从具体数值大小来看，东、中、西部地区的人均教育非现金收入每年基本上都是东部地区最高，其次是西部地区，最少的是中部地区；东部地区人均教育非现金收入大于全国、中部和西部地区的水平，中部地区的低于全国、东部和西部地区，说明东部地区的教育投入较多，发展水平相对较高，其较高的教育发展水平也会带动经济社会等其他方面的高速发展，使其在各方面的发展水平都远高于其他地区。中部地区由于人口众多，教育发展相对比较落后，从人均数值来看更是落后于全国其他地区。近年来国家提出的西部大开发战略以及政策上的倾斜，也使西部地区教育发展水平得到进一步提高，其人均教育非现金收入在考察期内超过了中部地区，在2010年之后基本高于全国的平均水平。

东部地区与全国、中部和西部地区人均教育非现金收入平均差额在2000年分别为72.58元、126.51元、125.51元，到2018年东部地区与全国和中部地区人均教育非现金收入的差额则扩大到了139.68元、410.2元，可见东部地区还是远高于全国和中部地区水平的，与西部地区的差额减小到19.27元，说明与西部地区的差额近年来有较大程度的缩小，但是这并不意味着西部地区的教育发展就达到了东部地区的水平。西部地区人均教育非现金收入提高的原因，一方面是国家财政的大力支持，另一方面也有可能是常住人口的减少，从实际发展水平来看，西部地区与东部地区的教育差距还是很大的。总的来看，中部地区与东部地区人均教育非现金收入差额呈现出更加明显的扩大趋势，但东西部地区的教育非现金收入逐渐缩小。从考察期内的平均值来看，依旧是东部地区最高（922.36元），西部地区次之（783.81元），最少的就是中部地区（650.44元）。

从增长情况来看，各区域教育非现金收入在2013年之前（除2004年、2007年等极个别年份外）基本上呈现递增趋势，且增长速度都比较高，增长率基本在10%以上，这主要是与我国当时的教育扩张政策以及免费义务教育、职业教育的快速发展有关。但2014年增长率突然出现断崖式下降，下降得比较多，基本都在10%以下，之后增速一直较慢，说明这段时期我国的教育处于相对平稳的发展时期。另外，在考察期内，平均增长率最高的是西部区域（13.02%），中部地区次之（11.55%），最少的是东部地区（9.85%），说明国家越来越重视中西部地区的教育，逐渐加大对中西部地区的教育支出，推进中西部地区的教育发展，进一步促进全国各区域的均衡发展。另外，尽管中部地区年均增长率仅次于西部地区，但是由于其基数较低，人均教育非现金收入均值的增长仍然小于东部和西部地区。此外，东部地区的起点较高且保持持续增长，致使其与中部地区之间的教育非现金收入差距不断扩大。

三、教育非现金收入的区域差异分析

由以上分析可知,我国教育非现金收入的区域差异还是比较大的,本部分采用 Dagum 基尼系数及其分解来进一步分析教育非现金收入的区域差异情况,计算了 2000—2018 年我国人均教育非现金收入的区域基尼系数及其贡献率。

(一)教育非现金收入的总体差异

图 5-1 显示了我国人均教育非现金收入的总体基尼系数,我国教育非现金收入的总体基尼系数呈现下降的趋势,说明我国教育非现金收入的区域差异正在逐步减小。其中 2000—2005 年,我国教育非现金收入的总体差异比较大,基尼系数基本在 0.32 以上,下降趋势比较平稳。2006 年之后下降趋势较为明显,尤其是 2006 年下降得比较多,原因可能与当年的中小学义务教育政策实施有关,非现金收入较多地转移到了较为贫困落后区域的居民手中,使其较大程度上缩小了区域差异。2007 年之后就一直呈现较为平稳的下降趋势,2016 年达到最小值 0.1804,近两年有稍微增加的趋势。但从总体来看,我国教育非现金收入的区域差异缩小幅度明显,其中 2018 年(0.1947)比 2000 年(0.3476)的基尼系数下降幅度达 43.99%。

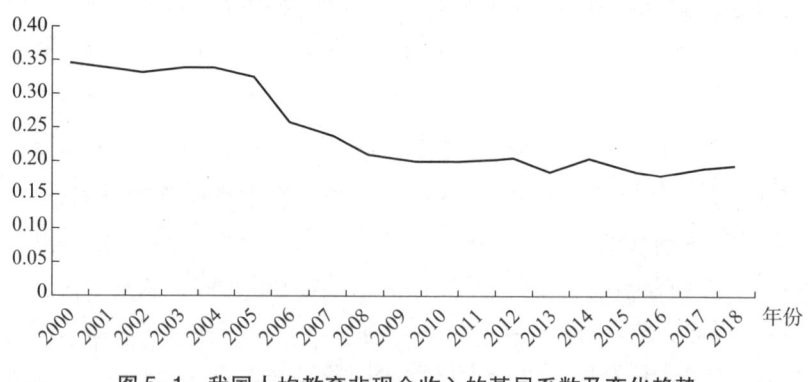

图 5-1 我国人均教育非现金收入的基尼系数及变化趋势

(二)教育非现金收入的区域内差异分析

图 5-2 描绘了我国教育非现金收入的区域内差异及其变化趋势。可以看出,相对来说东部区域内差异最大,但 2006 年之后下降速度比较明显,西部

区域内差异最小也呈现下降趋势,但中部区域内差异有轻微的上升趋势,这是值得大家关注的。具体来看,东部的基尼系数均值为 0.2586,由 2000 年的 0.3738 下降到 2019 年的 0.1785,下降了 52.23%,说明教育非现金收入的区域内差异明显减小。中部的基尼系数均值为 0.1703,整体上从 2000 年的 0.1379 增长到 2018 年的 0.1999,增长了 44.97%,说明区域内差异是扩大的。相比其他两个区域,西部的基尼系数的均值最小为 0.0700,并呈现进一步缩小的趋势,基尼系数从 2000 年的最大值 0.1081 下降至 2018 年的 0.0489,2018 年与 2000 年相比降低了 54.74%,下降幅度还是比较大的。总体上看,教育非现金收入的西部区域内差异最小,且下降幅度最大,东部的区域内差异最大,下降幅度居中,而中部的区域内差异虽然居中,但是却呈扩大趋势,说明教育非现金收入在中部的分布有进一步恶化的趋势,这是值得政府及相关专家关注的,也是为改善中部教育不平等迫切需要解决的问题。

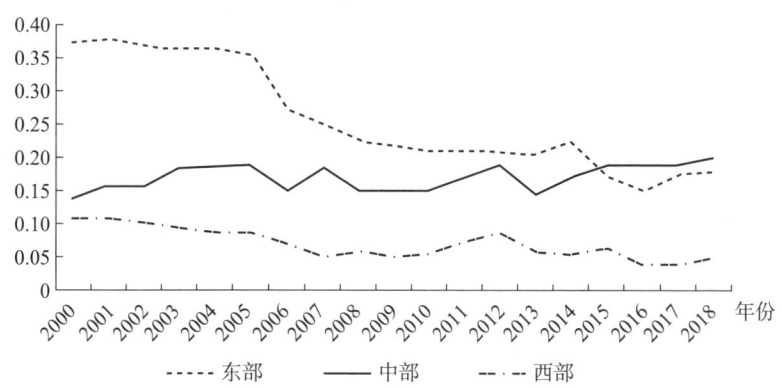

图 5-2 教育非现金收入的区域内差异及其变化趋势

(三) 教育非现金收入的区域间差异分析

图 5-3 显示了我国东、中、西部区域间的基尼系数,反映了区域间的差异情况。发现东—西部的区域间差异最大,中—西部的区域间差异最小。东—西部的区域间差异大于东—中部的区域间差异,但两者的变化趋势基本一致,总体呈现下降趋势,在 2006 年和 2007 年下降幅度非常明显,2008 年之后下降趋势比较平稳,近几年的区域间差异有逐渐趋同的趋势。从 2000 年到 2018 年,东—中部和东—西部区域间的基尼系数分别从 0.3958、0.4666 下降到了 0.1982 和 0.2125,分别下降了 49.91% 和 54.47%。中—西部的区域间

差异有扩大的趋势，基尼系数从 2000 年的 0.1584 扩大到了 2018 年的 0.2086，扩大了 31.67%，这主要是因为中部地区的非现金收入在下降而西部地区的则呈上升趋势，导致中西部区域间的差异扩大。

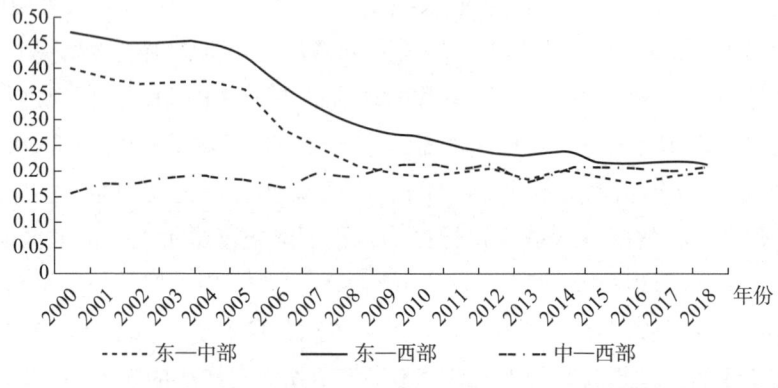

图 5-3　教育非现金收入的区域间差异及其变化趋势

（四）教育非现金收入区域差异的贡献率分析

图 5-4 展示了我国教育非现金收入区域差异的来源及其贡献率，从对我国人均教育非现金收入总体差异的贡献程度大小来看，地区间差异贡献率最大，但呈现下降趋势，从 2000 年的 63.34% 降低到 2006 年的 58.52%，下降的幅度较小，2007 年下降得非常明显，之后发展较为平稳，但从 2012 之后又呈轻微的上升趋势，上升幅度不大，对区域差异的平均贡献率为 46.18%，占比较高，说明地区间差异成为我国教育非现金收入差异的主要来源。地区内差异对总体区域差异的贡献率相对较低，变化趋势不明显，发展比较平稳，平均贡献率为 34.03%。与此同时，超变密度逐年上升，从图形上来看，地区间差异贡献率和超变密度贡献率具有明显的对称性，前者上升的时候后者往往对应着下降的趋势，超变密度的贡献率从 2000 年的 3.56% 增加至 2006 年的 8.85%，这期间涨幅相对较小；2007 年之后涨幅比较大，从 16.21% 上升到 2018 年的 32.48%，增长幅度翻倍，考察期内平均贡献率为 19.78%。从平均贡献率来看，地区间差异的贡献最大，地区内差异贡献次之，超变密度贡献率最小。可见地区间差异是导致我国教育非现金收入差异的主要原因。

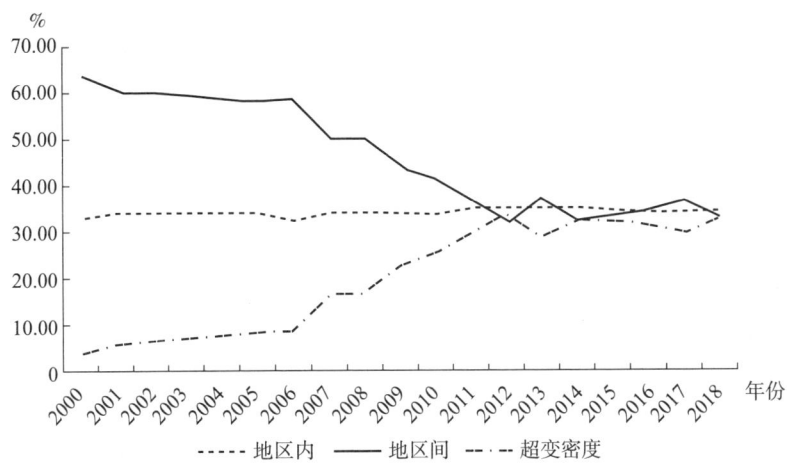

图 5-4　教育非现金收入区域差异的来源及其贡献率

四、教育非现金收入的动态演进分析

前文利用 Dagum 分解基尼系数的方法测算了 2000—2018 年我国人均教育非现金收入的地区差异情况，本节进一步分析我国教育非现金收入的动态演变情况，利用核密度这一非参数估计方法对全国以及各地区人均教育非现金收入的动态演进情况进行分析。

（一）全国人均教育非现金收入的核密度估计

图 5-5 显示了根据 2000 年、2006 年、2012 年和 2018 年的数据，利用核密度估计方法，得到全国教育非现金收入的分布情况，并得出如下结论：

（1）考察期内人均教育非现金收入的核密度分布曲线呈现出向右移动的趋势，说明各曲线的波峰对应的人均教育非现金收入不断提高。特别是 2012 年和 2018 年的核密度曲线移动幅度较大，说明我国人均教育非现金收入总体提高了。

（2）从分布延展性上来看，全国各地人均教育非现金收入分布密度函数右尾移动距离远大于左尾，说明全国人均教育非现金收入低水平区域的比重逐渐下降，而中等水平区域的比重在提高，高低水平地区之间差距呈现缩小趋势。

（3）核密度曲线在 2000 年、2006 年均出现了多峰状，且侧峰峰值均低于主峰,表明在此期间我国人均教育非现金收入出现多极分化现象,但在2012年这种状况消失,而且随着时间的推进,峰值不断下降,右拖尾的面积逐渐增大,说明人均教育非现金收入低水平区域的数量依然多于高水平区域,高水平区域逐渐减少,中等区域增加。

通过以上分析也可看出,地区之间的人均教育非现金收入总体是提高的,区域间差异也在缩小,演变趋势是非线性的。

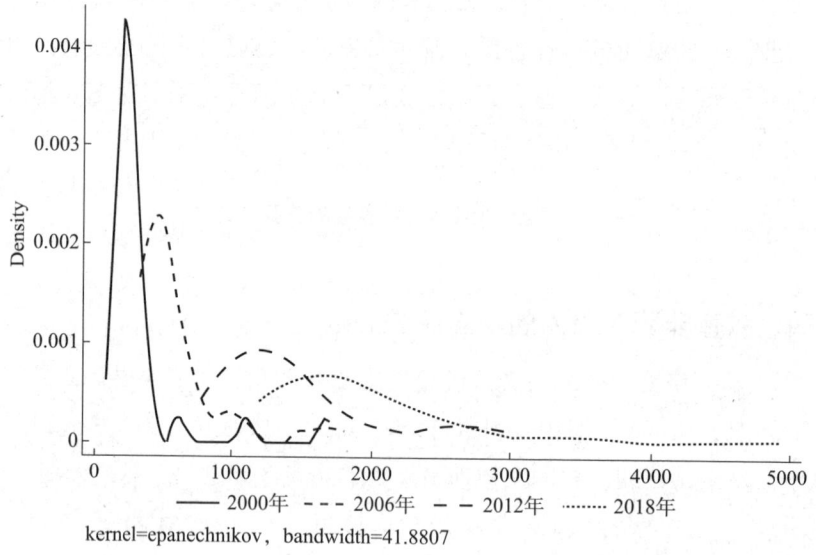

图 5-5 全国人均教育非现金收入的核密度分布

(二)各地区人均教育非现金收入的核密度估计

1. 东部地区人均教育非现金收入的核密度估计

图 5-6 显示了 2000 年、2006 年、2012 年和 2018 年东部地区人均教育非现金收入的核密度估计的分布演变情况。首先,从总体来看,东部地区的核密度分布曲线呈现出向右移动的趋势,说明各曲线的波峰对应的人均教育非现金收入不断提高。从演变过程来看,相较于 2000 年和 2006 年,2012 年和 2018 年的核密度曲线向右移动的趋势明显,说明东部地区的人均教育非现金收入水平提升较多,主峰峰值降低明显、宽度增加,表明东部地区的高水平区域有所降低,中等区域增加;2000 年和 2006 年的波尾呈现多峰状态,说明这期间呈现多极化趋势,但是 2012 年之后波峰数量由多峰最终形成单峰状

态，分化趋势逐渐减弱。其次，从延展性来看，东部地区的人均教育非现金收入右拖尾显著，总体呈现出拓宽的趋势，表明人均教育非现金收入高的地区（如北京、上海等）发展较快，中间地区增多，而人均教育非现金收入水平低的地区（河北、辽宁等）发展较慢，高低水平之间的差距有缩小的趋势。

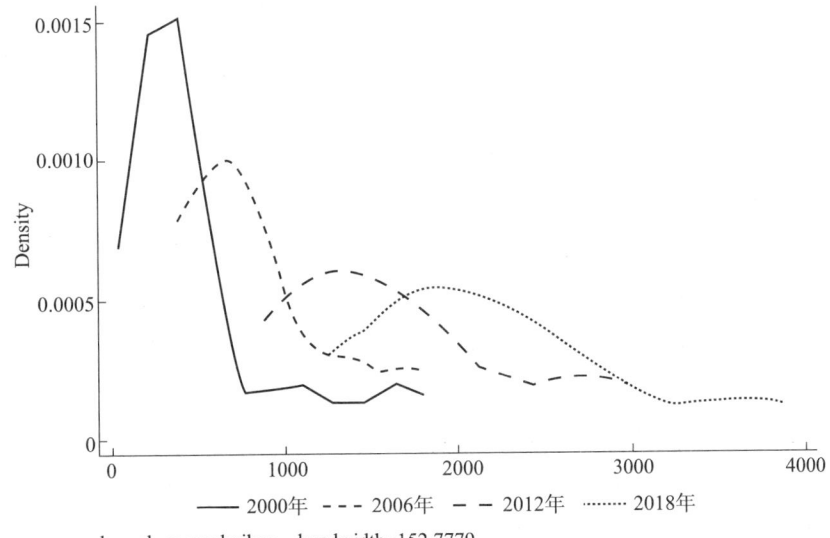

图 5-6　东部地区人均教育非现金收入的核密度分布

2. 中部地区人均教育非现金收入的核密度估计

图 5-7 描述了中部地区 2000 年、2006 年、2012 年和 2018 年人均教育非现金收入的核密度估计的分布动态演变趋势。总的来看，核密度函数曲线中心的移动轨迹发生明显变化，一直表现为向右移动的态势，并且时段特征明显，2012 年和 2018 年向右移动的幅度较大，波峰对应的人均教育非现金收入在考察期内不断增加，并且随着时间的推进，波峰高度下降速度加快，相比 2000 年、2006 年的核密度曲线波峰高度明显下降，宽度基本不变，波尾拖尾较长，说明 2012 年之后，中部地区人均教育非现金收入的高水平区域减少，中等区域增加，高低区域间的差距扩大。从形态上来看，表现为明显的单峰状，没有区域极化现象，意味着中部地区人均教育非现金收入的整体水平在不断上升，绝对差异在不断缩小。

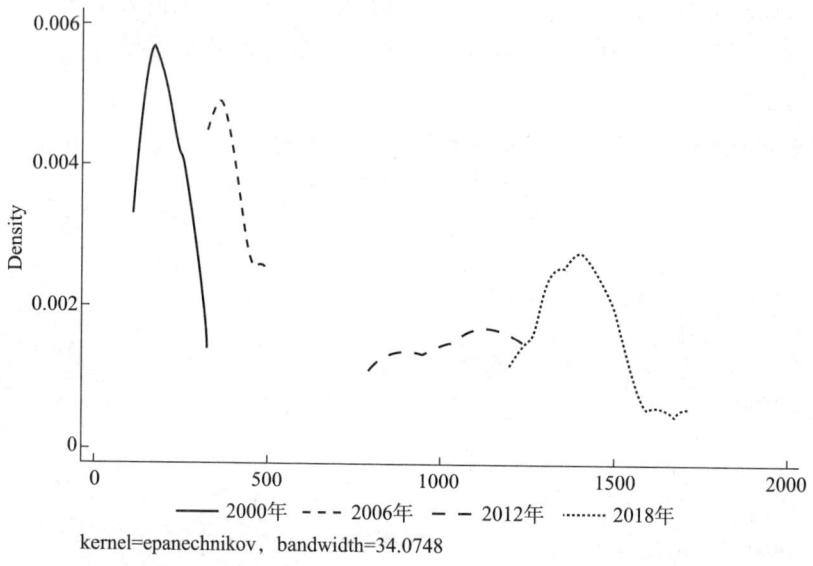

图 5-7　中部地区人均教育非现金收入的核密度分布

3. 西部地区人均教育非现金收入的核密度估计

图 5-8 描述了西部地区 2000 年、2006 年、2012 年和 2018 年人均教育非现金收入的核密度估计的分布动态演变趋势。从总体来看，西部地区的核密度分布曲线呈现出向右移动的趋势，说明各曲线的波峰对应的人均教育非现金收入不断提高。具体来说，相较于 2000 年和 2006 年，2012 年和 2018 年核密度曲线向右移动的趋势明显，说明这些年西部地区的人均教育非现金收入水平提高得较多。2006 年的核密度曲线高度降低、宽度有所增加，表明非现金收入高水平区域减少，中等区域增加；随着时间的推移，2012 年和 2018 年波峰宽度明显增大，波峰数量较 2000 年有所减少最终呈单峰状态，区域极化现象逐渐减弱。2018 年西部地区的人均教育非现金收入右拖尾显著，总体呈现出拓宽的趋势，只存在一个主峰，且波峰降低，说明西部地区人均教育非现金收入高水平区域减少，中等水平区域增加，低等区域也依然存在，表明西部区域人均教育非现金收入整体上在提高的同时地区差距有缩小趋势。

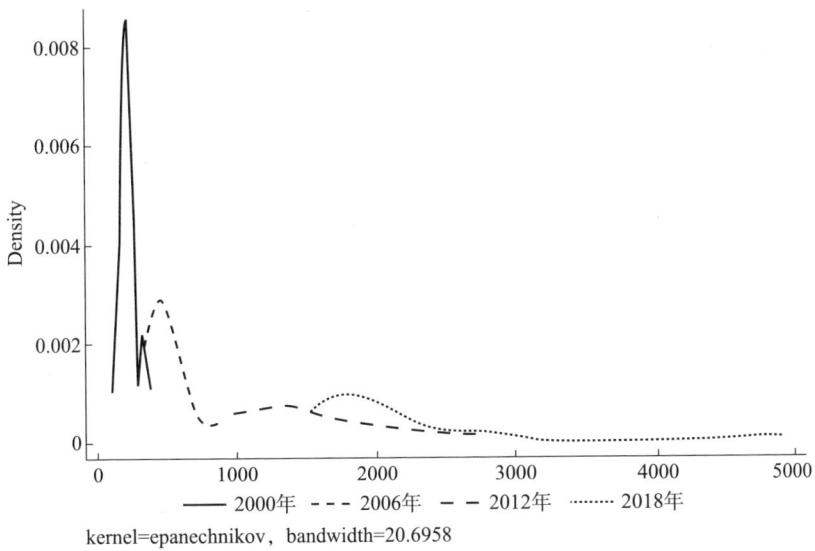

图 5-8 西部地区人均教育非现金收入的核密度分布

五、本章小结

本章根据 2000—2018 年我国人均教育非现金收入的数据,利用基尼系数及其分解和核密度估计函数分析了我国教育非现金收入的总体及各区域的分布差异以及动态演进情况,得出以下结论。

从教育非现金收入的区域差异来看,我国教育非现金收入不论是从总体还是从各区间来看都呈现增长趋势,其中财政转移的教育非现金收入也呈增长趋势。另外,教育非现金财政收入在教育非现金总收入中的占比最低达到 75% 以上,占有主要地位,是教育非现金收入的主要来源。从区域差异来看,教育非现金收入的总体差异呈现缩小趋势,基尼系数从 2000 年的 0.3476 下降到 2018 年的 0.1947,下降幅度比较大。东部地区的区域内差异最大,西部地区差异最小,东部和西部的区域内差异呈缩小趋势,中部地区的区域内差异有扩大的趋势。从区域间差异来看,东—西部地区的区域间差异最大,东—中部地区次之,中—西部地区最小,但东—中部地区和东—西部地区的区域间差异呈现明显的降低趋势,而中—西部地区之间的差异有扩大的趋势,主要是中部教育非现金收入增长得较慢,而西部地区增长得较快导致的。从其对总体差异的贡献率来看,地区间差异的贡献最大但呈缩小趋势,地区内差异贡献次之较为稳定，超变密度的贡献率最小但呈增长趋势。

从教育非现金收入的动态演变情况来看。总体上，地区之间的人均教育非现金收入是逐步提高的，区域间差异变化明显。从各区域的动态演变来看，东、中、西部地区的人均教育非现金收入都呈现增长趋势，高水平区域相对减少，中等水平区域扩大，低水平区域依然存在，高低水平区域之间的差异呈现缩小趋势。

扩大教育非现金收入并促进区域间的发展公平是提高我国人力资本水平的最基本保障，是促进经济社会协调发展的重要途径，故缩小教育非现金收入差异，促进其平衡发展对提高居民的总体福利以及经济全面发展都具有重要的意义。鉴于教育财政非现金收入在居民教育非现金总收入中的主导地位，我国政府应更多考虑在公共政策实施方面如何提高低水平地区的公共教育支出，以促进公共教育非现金收入的区域公平，为进一步实现我国的全面协调发展铺路。

第六章
卫生非现金收入的区域差异及动态演进分析

居民的卫生费用支出直接影响着居民的生活水平及身体健康，居民的卫生费用支出主要包括个人支出和国家以及社会机构等的医疗保险、医疗救助等支出，而国家和社会机构等对居民的医疗卫生转移支出相当于是居民未支付现金而享受到的医疗服务，实际上可以视为居民的卫生非现金收入，这在一定程度上改善了居民的健康及生活水平，提高了居民的福利获得。我国区域辽阔，不同地方的卫生非现金收入差异较大，近年来虽然卫生非现金收入提升幅度较大，但是区域分布差异仍然存在，因此，深入分析我国卫生非现金收入的分布及其不平衡问题，对于我国政府优化公共卫生资源配置、促进区域居民健康发展具有极其重要的意义。本章主要分析我国居民卫生非现金收入的分布、区域差异以及动态演进情况。

一、数据来源与研究方法

（一）数据来源

本章选用卫生总费用减去个人卫生支出后的数据作为居民卫生非现金收入的代理指标，选取全国总数据以及31个省、自治区、直辖市的区域数据（不包括台湾、香港和澳门地区），及人口、GDP、财政支出等数据进行分析，在具体测算时，将总费用除以各区域常住人口总数，计算出人均卫生非现金收入的数据，以人均卫生非现金收入进行分析更能体现出居民的福利水平。为了剔除通货膨胀等因素的影响，将2000年为基期的消费者价格指数进行调整为可比数据分析。数据主要来源于2010—2020年的《中国统计年鉴》《中国卫生年鉴》和国家统计局网站等。

(二) 研究方法

1. 泰尔指数

泰尔指数（Theil index）是泰尔（Theil，1967）利用信息理论中的熵概念来计算收入不平等的。在这里，我们用泰尔指数来计算卫生非现金收入的不平等，具体公式如下：

$$T = \frac{1}{n} \sum_{i=1}^{n} \frac{y_i}{\bar{y}} \log\left(\frac{y_i}{\bar{y}}\right) \tag{6-1}$$

式（6-1）中，T 表示泰尔指数，n 表示省份的总数，i 表示具体的省份，y_i 表示 i 省份的卫生非现金收入，$\bar{y}$ 表示总区域的平均卫生非现金收入。泰尔指数 T 越大，则表明区域卫生非现金收入差异越大。

泰尔指数可以分解为衡量组内差距与组间差距对总差距的贡献，假设 n 个样本被分为 K 个群组，每组分别为 g_k，第 k 组 g_k 中的个体数目为 n_k，则有 $\sum_{k=1}^{K} n_k = n$，y_i 与 y_k 分别表示某省份 i 的卫生非现金收入份额与某组 k 的卫生非现金收入总额，记 T_b 与 T_w 分别为群组间差距和群组内差距，则可将泰尔指数分解如下：

$$T = T_b + T_w = \sum_{k=1}^{K} y_k \log \frac{y_k}{n_k/n} + \sum_{k=1}^{K} y_k \left(\sum_{i=g_k} \frac{y_i}{y_k} \log \frac{y_i/y_k}{1/n_k} \right) \tag{6-2}$$

式（6-2）中，群组间的差距 T_b 和群组内的差距 T_w 分别有如下表达式：

$$T_b = \sum_{k=1}^{K} y_k \log \frac{y_k}{n_k/n} \tag{6-3}$$

$$T_w = \sum_{k=1}^{K} y_k \left(\sum_{i=g_k} \frac{y_i}{y_k} \log \frac{y_i/y_k}{1/n_k} \right) \tag{6-4}$$

根据泰尔指数的分解还可以计算区域间贡献率和区域内贡献率，区域间贡献率（W_b）为区域间差异对总差异的贡献程度；区域内贡献率（W_w）为区域内差异对总差异的贡献程度，其计算公式分别为

$$W_b = \frac{T_b}{T} \tag{6-5}$$

$$W_w = \frac{T_w}{T} \tag{6-6}$$

2. 不匹配指数——R 指数

区域卫生非现金收入的分配差距从单个地区来理解就是该地区的人均卫生非现金收入偏离总体人均卫生非现金收入的程度。如果使用地区人均 NCI (Non-Cash Income) 与总体人均 NCI 之比表示这种偏离，则这种偏离就等于该地区非现金收入（NCI）份额与人口（POP）份额之比。为更清楚地理解这种关系，我们以数学表达式来反映地区间卫生福利水平差距，将地区不匹配记为 R_i，E_P^i 为人口份额，E_Y^i 为卫生非现金收入所占份额。则可以将 R_i 表示为

$$R_i = \frac{\text{区域人均}\ NCI_i}{\text{总体人均}\ NCI} = \frac{\dfrac{NCI_i}{POP_i}}{\dfrac{NCI}{POP}} = \frac{E_Y^i}{E_P^i} \tag{6-7}$$

从式（6-7）可知，R_i 指数可以描述 i 地区人口和卫生非现金收入分布的偏离程度，R 的取值范围为 [0，∞)。当 $R<1$ 时，表明该地区人口的相对规模（占全国的份额）超过其卫生非现金收入的相对规模，此时该区域人均非现金收入低于总体的平均水平；当 $R=1$ 时，人口与卫生非现金收入规模相匹配，表示区域人均非现金收入等于总体水平；当 $R>1$ 时，卫生非现金收入规模超过了人口规模，表示人均非现金收入也高于总体平均水平。$R=1$ 是一个标准的状态，越接近于1，表明卫生的规模与人口数量越匹配。

二、卫生非现金收入的发展变化情况

（一）卫生非现金总收入的发展情况

表 6-1 显示了 1990—2019 年我国卫生非现金收入的金额及其增长情况，增长率数据是按照以 2000 年为基期 100 的消费者价格指数进行调整后的数据计算得到的。从表 6-1 中可以看出，卫生非现金总收入总体上呈增长趋势，从 1990 年的 480.38 亿元增长到 2019 年的 47167.52 亿元。从增长率来看，各年之间的增长率波动幅度较大，最低的是 1994 年和 1995 年，增长率为负值，分别为 -0.19% 和 -0.06%；最高的是 2009 年，增长率为 27.59%。

卫生非现金总收入中有一部分是财政转移给居民的非现金收入，可以称之为居民的卫生非现金财政收入。从表 6-1 中的数据来看，卫生非现金财政

收入呈增长趋势，其增长率在 1995 年之前比较低，在 1995 年甚至有负增长，1996 年到 2009 年基本呈现增长趋势，增长率最高为 2007 年的 38.48%，2009 年之后增长率有降低趋势。我国的医疗卫生改革虽然一直在进行，财政对医疗卫生的转移支持也一直呈增长趋势，但是到 2007 年我国的医疗卫生改革进入最后的冲刺阶段，基本上完成了建立覆盖城乡居民的基本医疗卫生制度，财政在医疗卫生方面转移支付得较多，居民的卫生非现金财政收入也就增长得较多。但从 2013 年之后，增长率呈下降趋势，说明国家在医疗卫生方面对居民提供的福利相对减少了。

表 6-1 卫生非现金收入及增长率

年份	卫生非现金总收入（亿元）	卫生非现金总收入增长率（%）	卫生非现金财政收入（亿元）	卫生非现金财政收入增长率（%）
1990	480.38	—	187.28	—
1991	558.46	12.41	204.05	5.35
1992	660.16	11.11	228.61	5.31
1993	796.81	5.23	272.06	3.75
1994	987.19	-0.19	342.28	1.35
1995	1155.15	-0.06	387.34	-3.34
1996	1337.27	6.88	461.61	10.03
1997	1507.62	9.68	523.56	10.34
1998	1661.09	11.06	590.06	13.60
1999	1786.95	9.12	640.96	10.18
2000	1881.46	4.85	709.52	10.24
2001	2012.05	6.21	800.61	12.06
2002	2447.89	22.64	908.51	14.39
2003	2905.43	17.28	1116.94	21.48
2004	3518.94	16.57	1293.58	11.47
2005	4138.93	15.54	1552.53	17.90
2006	4989.78	18.77	1778.86	12.88
2007	6475.31	23.83	2581.58	38.48

续表

年份	卫生非现金总收入（亿元）	卫生非现金总收入增长率（%）	卫生非现金财政收入（亿元）	卫生非现金财政收入增长率（%）
2008	8659.54	26.29	3593.94	31.46
2009	10970.76	27.59	4816.26	34.97
2010	12929.10	14.09	5732.49	15.23
2011	15880.63	16.55	7464.18	23.55
2012	18462.68	13.31	8431.98	10.10
2013	20939.61	10.54	9545.81	10.34
2014	24016.99	12.45	10579.23	8.65
2015	28981.99	19.01	12475.28	16.29
2016	33006.98	11.66	13910.31	9.32
2017	37464.68	11.72	15205.87	7.60
2018	42209.92	10.35	16399.13	5.63
2019	47167.52	8.59	18016.95	6.77

资料来源：《中国统计年鉴》《中国卫生年鉴》等。

图6-1显示了居民从国家财政中得到的卫生非现金财政收入分别在卫生非现金总收入、财政支出和国内生产总值中的占比情况。从卫生非现金财政收入在卫生非现金总收入中的占比来看，波动范围在33.53%~47.00%，平均为39.03%，可以看出，卫生非现金财政收入在卫生非现金总收入中的比重较低。卫生非现金财政收入在卫生非现金总收入中的比例整体上在1990—2011年呈增长趋势，从1990年的38.99%增长到2011年的47.00%，2011年之后呈下降趋势，下降到2019年的38.20%。卫生非现金财政收入在财政支出中的占比从1990年的6.07%下降到2006年的4.40%，2006年之后所占比重逐步提高，增长到2018年的7.54%。卫生非现金财政收入在国内生产总值中所占的比例，在1990—2007年占比较小，在0.63%~1%，总体上先下降后上升，2008年之后在GDP中的比例达到了1%以上，之后一直呈增长趋势，2018年的占比达到1.82%。总的来看，卫生非现金财政收入在公共财政支出和国内生产总值中的比重都呈上升趋势，2006年后上升比例提高得较多，最近几年所占比例虽呈增长趋势，但幅度不大较为平稳。

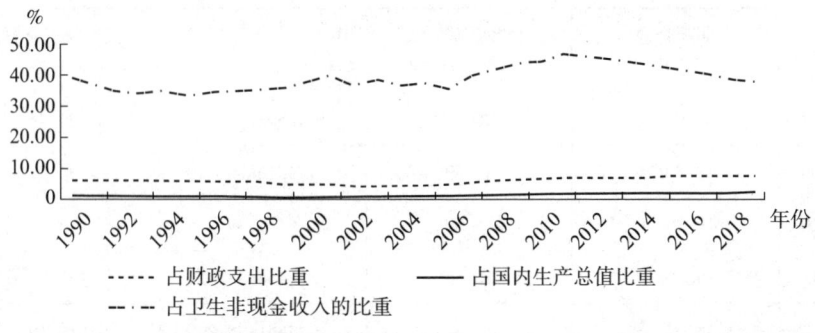

图 6-1 我国卫生非现金财政收入的占比情况

（二）区域卫生非现金收入的发展情况

我国卫生非现金收入的区域分布也有较大的差异，下面以 2009—2018 年我国各省、自治区、直辖市的人均卫生非现金收入数据为基础，分析我国东、中、西部地区三个区域人均卫生非现金总收入的分布情况，具体见表 6-2。

表 6-2　全国及各区域人均卫生非现金总收入

年份	人均卫生非现金总收入（元）				人均卫生非现金总收入增长率（%）			
	全国	东部地区	中部地区	西部地区	全国	东部地区	中部地区	西部地区
2009	658.22	811.41	519.92	591.65	—	—	—	—
2010	747.81	905.10	586.62	696.81	13.61	11.55	12.83	17.77
2011	883.74	1061.97	688.15	839.84	18.18	17.33	17.31	20.53
2012	1014.01	1229.72	796.00	938.01	14.74	15.80	15.67	11.69
2013	1146.78	1389.57	908.60	1052.01	13.09	13.00	14.15	12.15
2014	1289.84	1585.20	999.12	1174.19	12.48	14.08	9.96	11.61
2015	1488.82	1802.17	1179.31	1366.96	15.43	13.69	18.03	16.42
2016	1694.46	2064.93	1323.73	1554.63	13.81	14.58	12.25	13.73
2017	1846.15	2204.66	1458.14	1742.77	8.95	6.77	10.15	12.10
2018	2015.46	2422.65	1586.02	1885.21	9.17	9.89	8.77	8.17
平均	1347.45	1629.55	1058.41	1250.05	13.27	12.96	13.24	13.80

资料来源：《中国统计年鉴》《中国卫生年鉴》等。

从表 6-2 中的数值上来看，各区域的卫生非现金收入都呈递增趋势，考察期内东部地区的人均卫生非现金收入历年都是最高的，从 2009 年的 811.41 元年增长到 2018 年的 2422.65 元，均高出全国的平均水平，年平均值为 1629.55 元；东部地区卫生非现金收入的增长率在 2010—2016 年较高，均在 10% 以上，2017 年之后增长率下降较多，2018 年为 9.89%。中部地区历年的人均卫生非现金收入都是最低的，数值上虽呈增长趋势，从 2009 年的 519.92 元增长到 2018 年的 1586.02 元，平均值为 1058.41 元，但均低于全国、东部地区、西部地区的平均水平；从增长率上看无明显趋势，但其平均增长率却高于东部地区，为 13.24%。西部地区的人均卫生非现金收入高于中部地区，但低于全国的平均水平，从 2009 年的 591.65 元增长到 2018 年的 1885.21 元，平均值为 1250.05 元；西部地区卫生非现金收入的平均增长率为 13.80%。总的来看，各区域的卫生非现金收入都呈增长趋势，东部地区的卫生非现金收入最高，其平均增长率最低，西部地区的卫生非现金收入增长率最高，中部地区卫生非现金收入最低，其平均增长率居中。

三、卫生非现金收入的区域差异分析

（一）卫生非现金收入的泰尔指数分析

图 6-2 显示了我国卫生非现金收入的不平等情况，这里用泰尔指数及其分解方法进行衡量。图 6-2 显示，在考察期内，我国卫生非现金收入的总泰尔指数和区域内泰尔指数的变化趋势基本一致，整体上呈现下降趋势，总指

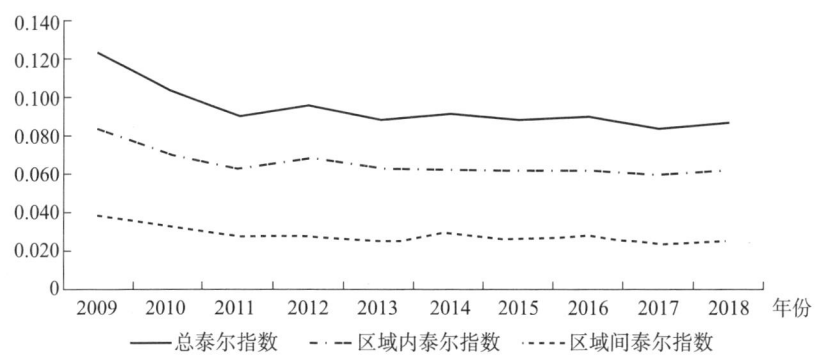

图 6-2　卫生非现金收入的泰尔指数及其分解

数和区域内指数在 2009 年到 2011 年下降得较多，分别从 0.123、0.085 下降到 0.091 和 0.063，之后下降趋势比较平缓，2018 年分别为 0.087 和 0.062。区域间泰尔指数也呈现先下降趋势，但整体上变化幅度较小，从 2009 年的 0.039 下降到 2018 年的 0.025。根据泰尔指数的变化趋势，可以看出总体上我国卫生非现金收入是区域不平等的，区域差异呈现缩小趋势。

（二）卫生非现金收入差异的区域贡献率分析

图 6-3 显示了卫生非现金收入的区域间差异和区域内差异对总体差异的贡献情况。可以看出，区域间差异对总体差异的贡献率较低且整体上呈现轻微下降趋势，贡献率最高的是 2014 年的 31.90%，最低的是 2018 年为 28.56%，总体波动不大；区域内差异对总体差异的贡献率较高且呈现轻微的增长趋势，从 2009 年的 68.60% 增长到 2013 年的 71.31%，之后有所降低，2016 年为 69.63%，后上升到 2018 年的 71.44%。总的来看，卫生非现金收入的区域内差异是导致总体差异的主要因素，因此，应采取更多的措施调整区域内的差异。

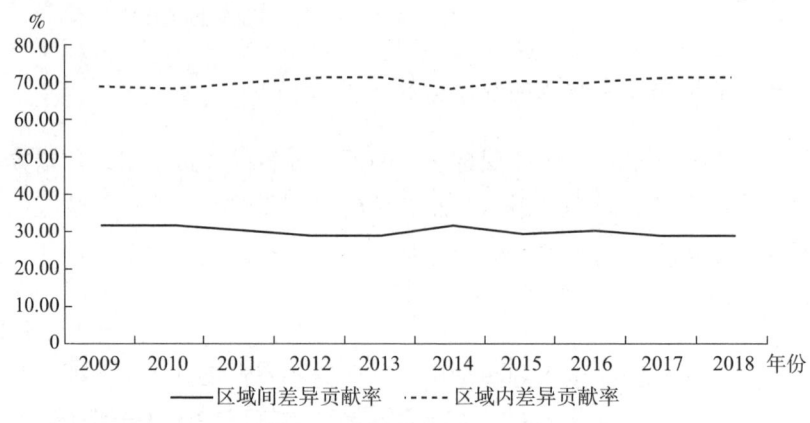

图 6-3 非现金收入区域差异对总体差异的贡献率分析

四、卫生非现金收入的动态演进分析

本部分选用 2009 年、2012 年、2015 年和 2018 年的数据，采用高斯核密度估计的方法，分析我国卫生非现金收入的动态演进情况。下面我们分全国、东部、中部和西部区域分别进行分析。

(一)全国人均卫生非现金收入的动态演进分析

图 6-4 显示了全国 31 个省、自治区、直辖市人均卫生非现金收入的核密度估计分布情况。从波峰来看,2009 年到 2018 年,波峰逐渐向右移动说明人均卫生非现金收入逐年增加,波峰降低说明人均卫生非现金收入的高水平区域省份相对减少,波峰覆盖的范围扩大说明中间区域省份相对增多,波尾拖尾逐年增长说明人均卫生非现金收入较低水平区域的个数变化有增大的趋势,波尾由多极逐渐演变为单极趋势明显。

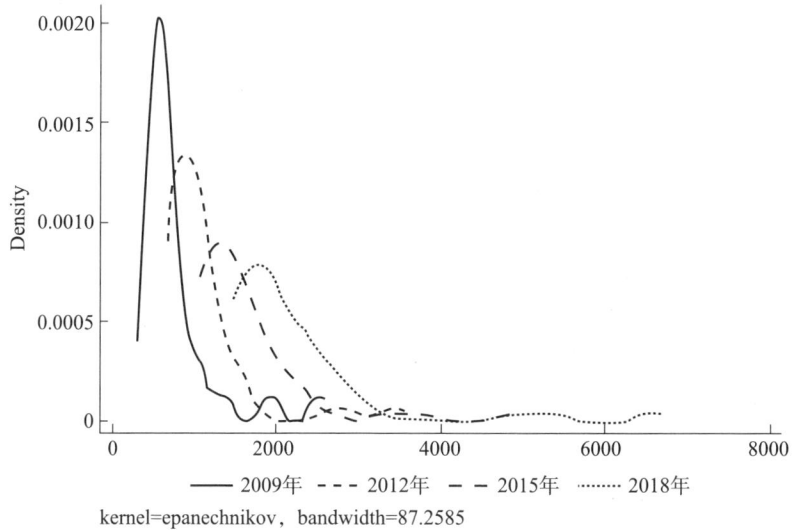

图 6-4 全国人均卫生非现金收入的核密度估计分布情况

(二)东部地区人均卫生非现金收入的动态演进分析

图 6-5 显示了东部地区人均卫生非现金收入的核密度估计分布情况,2009 年到 2018 年,波峰逐渐向右移动说明人均卫生非现金收入逐年增加,波峰逐渐降低说明人均卫生非现金收入高水平的区域逐渐减少,波峰覆盖范围逐渐扩大说明中等区域逐年增加,而波尾有拖尾增长的趋势说明低水平区域有增多的趋势,波尾呈现多峰状态说明卫生非现金收入向多极化发展。

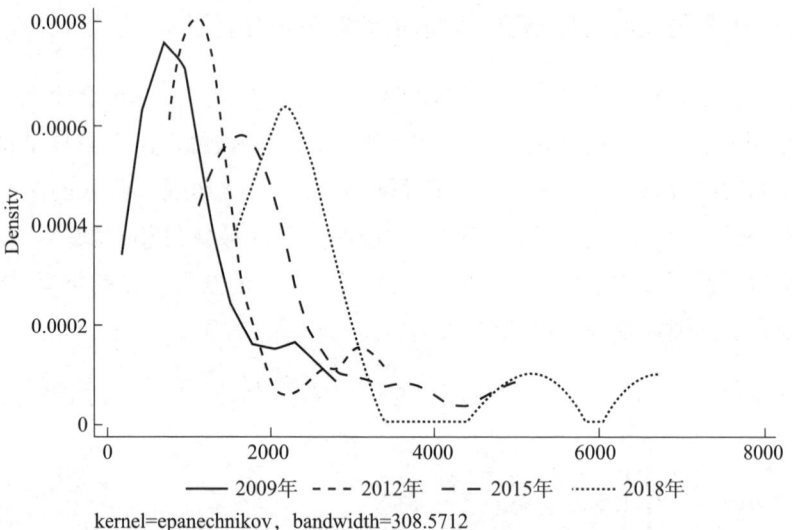

kernel=epanechnikov, bandwidth=308.5712

图 6-5 东部地区人均卫生非现金收入的核密度估计分布情况

（三）中部地区人均卫生非现金收入的动态演进分析

图 6-6 显示了中部地区人均卫生非现金收入的核密度估计分布情况。2009 年到 2018 年，波峰逐渐向右移动且移动的距离较大，说明人均卫生非现

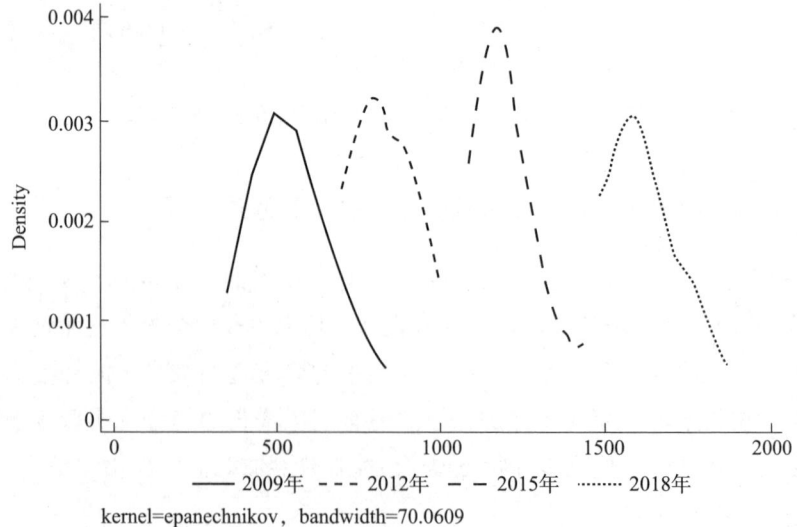

kernel=epanechnikov, bandwidth=70.0609

图 6-6 中部地区人均卫生非现金收入的核密度估计分布情况

金收入逐年增加并且增加的额度也较大;波峰2015年之前有提高趋势,2018年又有所降低,说明人均卫生非现金收入高水平的区域考察期内前几年增加了,2015年之后又有所减少;波峰覆盖范围无明显变化,波尾总体上较短,个别年份稍有拖尾,说明中部地区各省份的人均卫生非现金收入的水平较为均衡,低水平区域无明显变化。

(四)西部地区人均卫生非现金收入的动态演进分析

图6-7显示了西部地区人均卫生非现金收入的核密度估计分布情况。2009年到2018年,波峰逐渐向右移动,说明人均卫生非现金收入逐年增加;波峰逐渐降低且变得扁平,说明人均卫生非现金收入高水平的区域有逐渐减少的趋势;波峰覆盖范围逐渐扩大,说明中等水平区域逐年增加;波尾的拖尾逐渐增长,说明低水平区域有逐渐增加的趋势。

总的来看,从全国及各地区的动态演变情况来看,人均卫生非现金收入逐年增加,人均非现金收入高水平的区域减少,中等水平区域增加,但低水平区域有减少趋势,高低水平之间的差异有减小趋势。

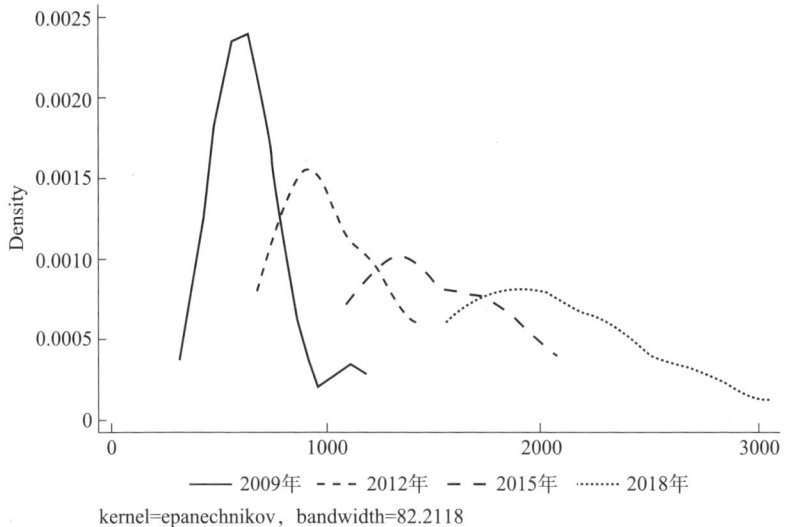

图6-7 西部地区人均卫生非现金收入的核密度估计分布情况

五、卫生非现金收入与人口的匹配情况分析

本部分用R指数测度并分析了全国及东、中、西部各地区卫生非现金收

入与人口分布的匹配情况。

(一) 全国卫生非现金收入与人口的匹配情况

图 6-8 显示了 2018 年我国各省、自治区、直辖市卫生非现金收入与人口的匹配情况。有 18 个省份的 R 指数都小于 1，说明这些地区的卫生非现金收入偏少，低于全国平均水平，分布较少的省份基本是中部、东北部地区，如辽宁、黑龙江、河北等；重庆的 R 指数恰好等于 1，即等于全国的平均水平；有 12 个省份的 R 指数大于 1，说明卫生非现金收入大于全国平均水平，尤其是北京、上海这两个地区远高于其他地区，分布较多的其他省份一般是较发达地区或西部经济较落后地区。另外，从 R 指数的值也可看出我国各区域之间卫生非现金收入的分布差距还是比较大的，如 R 指数最高的北京（3.34）是最低的河南（0.74）的 4.51 倍。

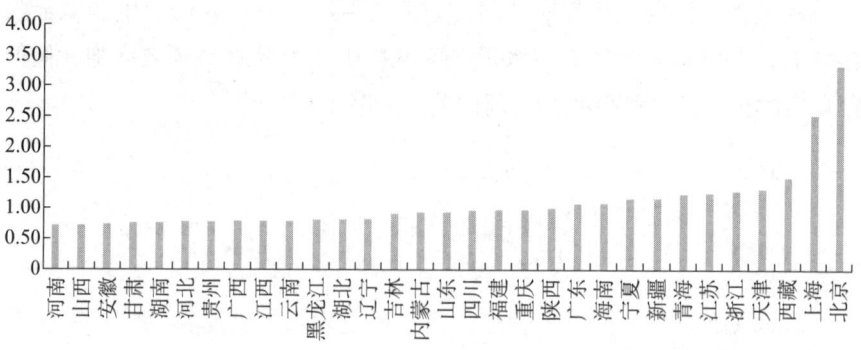

图 6-8　2018 年我国各省份卫生非现金收入的 R 指数

(二) 东部地区卫生非现金收入与人口的匹配情况

图 6-9 显示了东部地区各省份的卫生非现金收入与人口的匹配情况。北京的 R 指数远高于 1，说明卫生非现金收入的规模远远超过人口的规模。另外，天津、上海、江苏和浙江 4 个省份的 R 指数也都大于 1，说明其卫生非现金收入规模也都高于人口规模；而其他的河北、辽宁等省份的卫生非现金收入规模都小于人口规模。

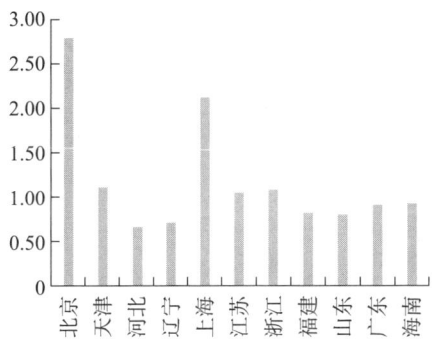

图 6-9　东部地区各省份卫生非现金收入的 R 指数

（三）中部地区卫生非现金收入与人口的匹配情况

图 6-10 显示了中部地区各省份卫生非现金收入与人口的匹配情况。其中吉林、黑龙江、江西和湖北 4 个省份的 R 指数大于 1，说明其卫生非现金收入规模大于人口规模。另外，山西、安徽、河南、湖南等 4 个省份的卫生非现金收入规模小于人口规模。

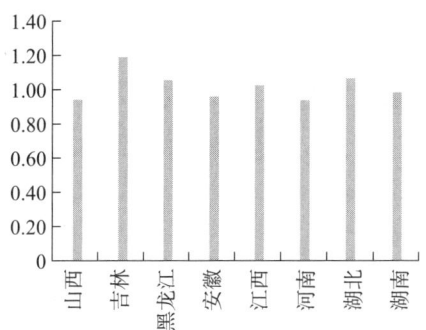

图 6-10　中部地区各省份卫生非现金收入的 R 指数

（四）西部地区卫生非现金收入与人口的匹配情况

图 6-11 显示了西部地区各省份卫生非现金收入与人口的匹配情况。其中西藏的 R 指数达到了 1.62，远高于 1，说明其卫生非现金收入的规模远大于人口的规模；内蒙古、四川、陕西、青海、宁夏和新疆 6 个省份的 R 指数也大于 1，说明其卫生非现金收入规模大于人口的规模；广西、贵州、云南和甘

肃 4 个省份的 R 指数小于 1，说明卫生非现金收入规模小于人口的规模，西部地区卫生非现金收入与人口的匹配性相对较好。

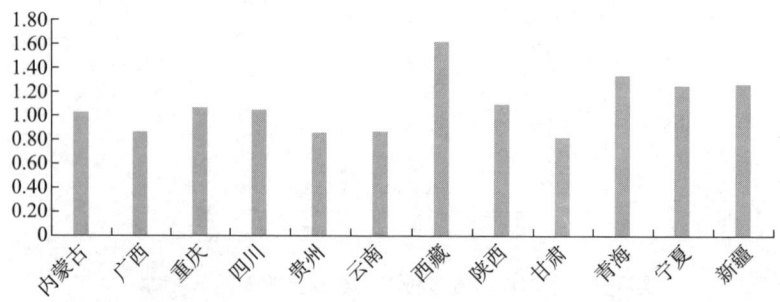

图 6-11　西部地区各省份卫生非现金收入的 R 指数

总的来看，卫生非现金收入和人口的匹配指数显示，我国绝大部分区域的卫生非现金收入都与人口不匹配，只有福建、重庆和陕西 3 个省份的 R 指数近似等于 1，接近完全匹配；北京和上海 2 个省份的 R 指数大于 2，其卫生非现金收入规模远大于其人口规模；其他地区的非现金收入规模也与人口规模均不相匹配。

六、本章小结

本章首先对全国和各区域卫生非现金收入的发展情况进行分析，进一步通过泰尔指数及其分解分析了我国各区域卫生非现金收入的差异情况；其次用高斯核密度估计方法分析了我国各区域卫生非现金收入的发展演变情况；最后用 R 指数分析了我国卫生非现金收入与人口的匹配情况。得出如下结论：

（1）总体上，我国卫生非现金收入呈现增长趋势，但其增长率波动幅度较大。卫生非现金财政收入在国家财政支出和 GDP 中的比例都呈现上升趋势，在卫生非现金收入中的比例呈现先增长后下降的趋势，但占比并不是很高，说明我国政府在居民的医疗卫生方面转移福利相对较少。

（2）从区域卫生非现金收入来看，东部地区的人均卫生非现金收入最高，中部地区最低，西部地区居中。从区域差异来看，总体上呈现减小的趋势，卫生非现金收入区域总体差异与区域内差异变化趋势一致，区域内差异对总体差异的贡献率较大，占比达到 70% 左右。

（3）从区域演变情况来看，2009 年到 2018 年，人均卫生非现金收入逐年增加，卫生非现金收入较高的区域逐渐减少，中、低水平区域有增加的趋势，总体上区域差异还是比较明显的。其中，中部的区域差异最小，东部和西部区域差异较大。

（4）从卫生非现金收入和人口的匹配情况来看，我国大部分区域都不匹配，只有福建、重庆、陕西3个省份接近完全匹配；北京和上海2个省份的卫生非现金收入规模远大于其人口规模；此外，天津、浙江、江苏等9个省份卫生非现金收入规模大于其人口规模；河南、陕西、安徽等17个省份的卫生非现金收入规模小于其人口规模。

第七章
住房非现金收入的区域差异及动态演进分析

近年来随着房价的逐渐升高,居民的住房问题日益凸显,国家为了保障低收入居民的住房权益,每年都会从财政收入中转移一部分资金作为居民的住房保障费用,间接转移给居民,这部分可称为居民的住房非现金财政收入。不同区域间居民的住房非现金收入也存在很大的差异,本部分内容将国家公共财政的住房保障支出视为居民的住房非现金收入,分析其分布、不平等及发展演变情况。

一、数据来源说明

我国自1999年开始住房改革之后,城镇居民的住房逐渐开始商品化,需要居民花钱购买,农村居民因有宅基地可以自行建房。因此,城镇低收入群体的住房问题是国家住房保障政策的主要实施对象,即住房保障人群的主要受益者是城镇低收入家庭。但随着我国城市化进程的加快,农村转移到城镇的人口越来越多,在城市工作买房的居民也越来越多,符合条件的还可在城镇申请保障住房,享受住房福利。因此,一方面为了体现政府住房政策的普遍性、公平性,另一方面也是因为数据的易得性,这里我们采用各区域财政转移的住房保障支出除以常住人口作为人均住房非现金收入的代理指标进行分析,这样的数据虽然有偏颇,但在一定程度上也可以反映我国居民的住房福利情况。由于可得到的财政住房保障支出数据从2009年开始,故本部分主要采用2009—2019年全国数据以及31个省份(不包括港、澳、台)的区域数据分析居民的住房非现金收入,数据均来源于《中国统计年鉴》、国家统计局网站,人均住房非现金收入数据均以2000年为基期100的全国居民消费价格指数调整为定基可比数据。为了更准确地分析不同地区的住房非现金收入差异,同样按照国家统计局2003年的划分标准,将我国划分为东、中、西三大地区进行分析。

二、住房非现金收入的发展现状

（一）住房非现金收入的总体发展情况

表 7-1 显示了我国住房非现金收入的总体情况，从住房非现金收入的金额来看，2010 年比 2009 年有较大幅度的增加，增长率达到了 227.41%，主要是受 2008 年末的美国次贷危机影响，我国当时经济发展速度降低，为了拉动经济增长，国家财政在住房保障方面投入了较多的资金。2010 年之后住房非现金收入虽也呈增长趋势，但增长幅度高低不一致，2017 年和 2018 年增长率为负值，2019 年增长率才转为正值。住房非现金收入在国家财政支出中的占比相对比较稳定，2011—2017 年占比都在 3.00% 以上，2017 年之后稍有下降。另外，住房非现金收入考察期内占 GDP 的比重呈现先增长后降低的趋势，占比最高的是 2016 年，为 0.91%，最低的是 2009 年，为 0.21%。

表 7-1 我国住房非现金总收入的概况

年份	住房非现金总收入（亿元）	增长率（%）	占财政支出的比重（%）	占 GDP 的比重（%）
2009	725.97		0.95	0.21
2010	2376.88	227.41	2.64	0.58
2011	3820.69	60.74	3.50	0.78
2012	4479.62	17.25	3.56	0.83
2014	5043.72	12.57	3.32	0.78
2015	5797.02	14.94	3.30	0.84
2016	6776.21	16.89	3.61	0.91
2017	6552.49	-3.30	3.23	0.79
2018	6131.82	-6.42	2.78	0.67
2019	6401.19	4.39	2.68	0.65

资料来源：《中国统计年鉴》。

（二）住房非现金收入的地区分布情况

我国住房非现金收入在各省、自治区、直辖市的分布情况也存在较大差异，下面我们将全国分为东、中、西部地区进行分析，为了剔除不同地区因人口数量不同而产生的差异，运用住房非现金收入的人均分配数额进行分析，具体见表7-2。表7-2列出了全国及东、中、西部地区的人均住房非现金收入情况，数据均以各地区2000年的消费价格指数为基期进行调整。

从全国人均住房非现金收入的数据来看，在考察期间，人均住房非现金收入总体上呈增长趋势，从2011年的人均200.70元，增长到2018年的306.44元，2019年降低为273.68元；增长率在2017年之前较高，除2013年外，其他年份都高于10%，2017年之后增长率波动较大，甚至降为负值，这可能与国家当时提出的住房改革政策有关，即"房子是用来住的，不是用来炒的"，要稳定住房市场。从东、中、西部地区的数据来看，不论是从各年的数据还是从平均值来看，都是西部地区的人均住房非现金收入最高，其次是中部地区，最少的是东部地区，这一方面与国家财政住房保障转移支出的金额有关，另一方面也可能与各地区的人口密度有较大关系，东部地区人口密集，西部地区人口稀少，人口越多的区域人均值越少，导致东部地区人均值最低。具体来看，东部地区从2011年人均135.00元增长到2016年的最高值305.20元后开始减少，增长率也是在2016年达到最高值44.11%，之后开始处于负增长阶段。中、西部地区的规律也大概是呈现先增长后降低的趋势，增长率的波动也非常大，中、西部地区的波动区间分别在-14.54%到24.89%、-11.47%到15.06%，其平均值分别为2.23%和1.30%。我国的住房改革目前还处于初步探索阶段，各方面政策、保障体系也都不健全、不完善，住房保障非现金收入的波动性也主要与国家的住房政策有关。

表7-2 全国和各地区人均住房非现金收入情况

年份	人均住房非现金收入（元）				增长率（%）			
	全国	东部地区	中部地区	西部地区	全国	东部地区	中部地区	西部地区
2011	200.70	135.00	197.51	341.23				
2012	227.03	145.17	246.66	365.93	13.12	7.54	24.89	7.24
2013	221.07	150.53	238.13	340.73	-2.62	3.69	-3.46	-6.89
2014	245.24	175.93	243.12	392.04	10.93	16.87	2.10	15.06
2015	279.94	211.78	290.70	404.50	14.15	20.38	19.57	3.18
2016	321.15	305.20	295.29	393.41	14.72	44.11	1.58	-2.74
2017	305.53	295.77	265.69	386.03	-4.86	-3.09	-10.02	-1.88
2018	306.44	280.77	265.48	421.45	0.30	-5.07	-0.08	9.17

续表

年份	人均住房非现金收入（元）				增长率（%）			
	全国	东部地区	中部地区	西部地区	全国	东部地区	中部地区	西部地区
2019	273.68	259.70	226.89	373.12	-10.69	-7.50	-14.54	-11.47
平均值	264.53	217.76	252.16	379.83	3.89	8.55	2.23	1.30

资料来源：《中国统计年鉴》。

三、住房非现金收入的区域差异分析

本部分采用第五章介绍的 Dagum 基尼系数及其分解方法来分析我国住房非现金收入的区域差异情况。下面计算并分析了 2011—2019 年我国人均住房非现金收入的区域基尼系数及其贡献率情况。

（一）住房非现金收入的总体差异情况

图 7-1 显示了我国住房非现金收入的基尼系数及变化趋势，总体上，基尼系数呈现下降趋势，从 2011 年的 0.4318 下降到 2019 年的 0.2959，2011—2015 年下降幅度较大，2015 年之后比较平稳，这说明我国住房非现金收入的区域差异在减小。

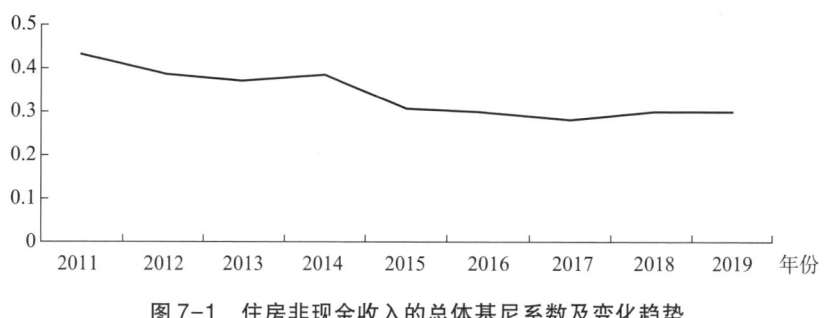

图 7-1　住房非现金收入的总体基尼系数及变化趋势

（二）住房非现金收入的区域内差异分析

图 7-2 描绘了我国人均住房非现金收入的区域内差异及其变化趋势。东部地区呈下降趋势，从 2011 年的 0.3976 下降到 2019 年的 0.2872，其中 2014 年上升较多（0.3562），但也没有超过 2011 年的差异；中部地区在考察期内波动较大，从 2011 年到 2015 年呈现下降趋势，基尼系数从 0.2536

下降到 0.1706，2016 年上升为 0.3314，之后又降低到 2019 年的 0.2591；西部地区总体上也呈现下降趋势，从 2011 年的 0.2610 下降到 2019 年的 0.1492。总体上，各个区域人均住房非现金收入的区域差异呈现缩小趋势。

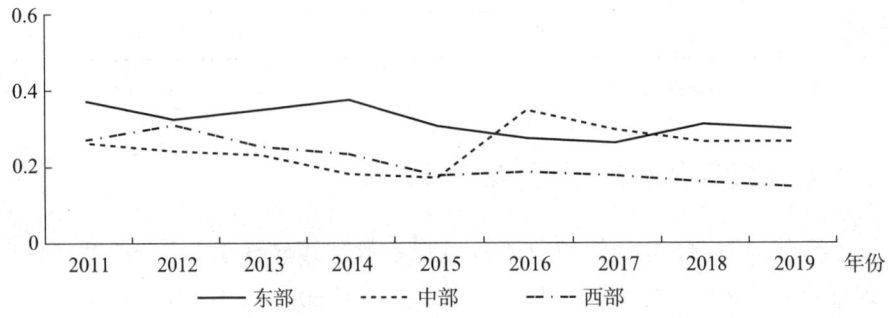

图 7-2　人均住房非现金收入的基尼系数及其变化趋势

（三）住房非现金收入的区域间差异分析

图 7-3 显示了我国东、中、西部区域间住房非现金收入的基尼系数，反映了区域间的差异情况。从区域间的差异来看，各区域间的基尼系数呈现递减趋势，2016 年之前东—西部的区域差异最大，中—西部的区域差异最小，2016 年之后，东—西部地区和东—中部地区的区域差异趋同，中—西部地区差异是最小的。在 2011—2019 年，东—中部区域间基尼系数从 0.4780 下降到 0.3392，降低了 29.04%，东—西部区域间的基尼系数从 0.5644 下降到 0.3655，降低了 35.24%，中—西部区域间的基尼系数从 0.2960 下降到 0.2301，降低了 22.26%，东—西部区域间的差异减少得最多，中—西部区域间的差异减少得较小。

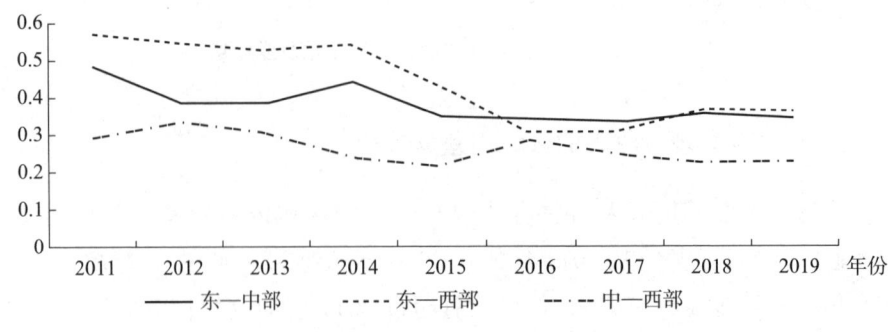

图 7-3　住房非现金收入的基尼系数及其变化趋势

(四)住房非现金收入区域差异的贡献率分析

图 7-4 展示了我国人均住房非现金收入区域差异的来源及其贡献率情况。从对我国住房非现金收入总体差异的贡献程度大小来看,区域间的差异对总体差异的贡献率最大,在 2015 年之前占比达到 60% 以上,2016 年下降较多,占比仅为 35.57%,之后占比有所增长,2019 年达到 53.08%。区域内差异对总体差异的贡献率相对较小,2011—2015 年呈现轻微的下降趋势,从 25.76%下降到 24.84%,2016 年上升为 31.06%,之后又下降到 2019 年的 18.16%。超变密度的贡献率最小,且与区域间的贡献率呈相反趋势,2011—2015 年的贡献率轻微增长,从 7.58% 增长到 10.65%,之后增长到 2016 年的 33.36%,随后呈下降趋势,下降到 2019 年的 18.16%。

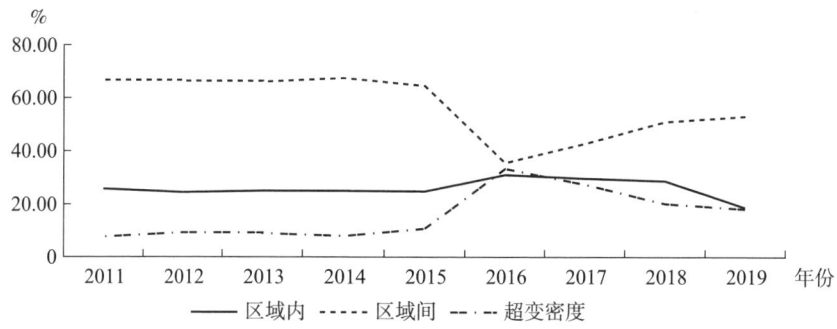

图 7-4 人均住房非现金收入区域差异的来源及其贡献率

四、住房非现金收入的动态演进分析

本部分利用第五章介绍的核密度非参数估计方法对全国以及各地区住房非现金收入的动态演进情况进行分析。

图 7-5 显示了全国住房非现金收入 2011 年、2015 年和 2019 年的分布演进情况。从图 7-5 来看,2015 年和 2019 年的分布图形类似,变化不大,这两年的图形整体上比 2011 年的图形向右移动,说明住房非现金收入比前两年增加了;波峰提高,说明住房非现金收入高的区域减小得较多;波尾有缩短趋势,说明低水平区域相对有所增加,中等水平区域增加了;波尾呈多峰状态,说明有向多极化发展的趋势。图 7-6 显示了东部地区住房非现金收入 2011

年、2015年和2019年的分布演进情况，可以看出2015年和2019年，波峰向右移动，说明住房非现金收入增加了；2019年相对2011年和2015年波峰下降；核密度估计曲线覆盖范围扩大，说明住房非现金收入高的区域减少，中等水平区域有所增加。

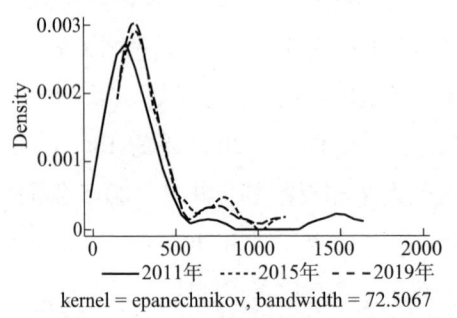

图7-5　全国住房非现金收入的分布　　图7-6　东部地区住房非现金收入的分布

图7-7显示了中部地区住房非现金收入2011年、2015年和2019年的分布演进情况，可以看出2015年与2011年的图形近似，但是比2011年的图形向右移动较多，说明2015年比2011年的住房非现金收入增加得较多，但2019年的图形相比2015年有向左移动的趋势，说明住房非现金收入又减小了；波峰增加，说明非现金收入高水平区域增加；波尾延长不明显，说明低水平区域数量无显著变化，整体上高低水平区域之间的住房非现金收入差异变大。

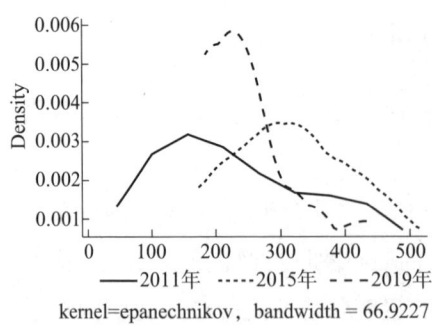

图7-7　中部地区住房非现金收入的分布　　图7-8　西部地区住房非现金收入的分布

图7-8显示了西部地区住房非现金收入2011年、2015年和2019年的分布演进情况，从图形上来看，2015年的波形比2011年向右移动，说明住房非

现金收入增加了,但 2019 年的波形比 2015 年又向左回移,说明 2019 年的住房非现金收入又减少了;波尾比 2011 年有所缩短,说明低水平的区域相对增加。总的来看,住房非现金收入从 2011 年到 2019 年先增加后减少,非现金收入较高的区域减少,中等水平区域相对增加,高低水平区域间的差异没有明显减少。

从全国情况来看,在考察期间,住房非现金收入有所增加,中等水平区域相对增加,低水平区域有所减少;从各区域的情况来看,东部地区住房非现金收入一直有递增的趋势,高低区域之间的差异未见明显减小,高水平区域减少,低水平区域增多;中部地区和西部地区,2015 年住房非现金收入相对增加但 2019 年又减少了,且 2019 年高水平的区域相对增加,中等水平区域有所减少,高低区域之间的差异有扩大的趋势。

五、本章小结

本书根据 2011—2019 年我国住房非现金收入的数据,分析了我国住房非现金收入的总体及各区域的分布差异以及动态演进情况。得到如下结论:

(1)从我国住房非现金收入的总体情况来看,住房非现金收入呈增长趋势,在财政支出和 GDP 中的比重基本比较稳定,但近两年有所减少。从人均住房非现金收入来看,西部地区最高,主要是因总人口较少,东部地区从 2016 年开始超过了中部地区。

(2)从我国公共住房非现金收入的区域差异情况来看,区域差异总体上呈降低趋势,东部地区和西部地区呈下降趋势,东部地区差异最大,西部地区 2015 年之后差异是最小的,中部地区总体上呈先下降后上升的趋势,但分为两个阶段,2015 年之后区域差异要高于 2015 年之前的差异。

(3)区域间差异都呈现下降趋势,但东—西部地区之间的差异最大,东—中部地区次之,最小的是中—西部地区之间的差异。区域间差异对总体差异的贡献率最大,区域内差异对总体差异的贡献率较小,最小的是超变密度的贡献率。

(4)从区域演变情况来看,总体住房非现金收入呈增加趋势,2015 年与 2019 年的分布形态非常接近,无显著变化,但是住房保障支出比 2011 年增加了。东部地区的住房非现金收入总体呈增加趋势,高水平区域减少,中低水平区域增加;中、西部地区的发展演变趋势类似,住房非现金收入都呈先增加后减少的趋势，目前是高水平区域增加，中等水平区域减少，低水平区域也有增加的趋势，高低水平区域之间的差异未见明显减少，但是中、西部地区的具体变化幅度不太一样，说明各区域的住房保障政策也是不同的。我国政府应该进一步结合各区域的实际情况，制定并实施有利于区域协调的住房保障政策。

第八章
非现金总收入的区域差异及动态演进分析

不同类型的非现金收入分别从不同方面提高了居民的生活福利水平，不同区域居民获得的不同类型的非现金收入也都差异较大，不同类型的非现金收入实际上是相互补充、相互牵制的，单从某一方面考察其分布无法从整体上反映总非现金收入的分布情况。因此，为了从总体上全面考察非现金总收入的分布情况，本部分将居民获得的最主要的教育、卫生和住房三类非现金收入加总作为居民非现金总收入的代理指标，进一步分析这三类非现金总收入在全国以及各区域的分布及演进情况。

一、数据来源及方法说明

本部分的非现金收入数据是在第五章至第七章数据的基础上整理得到的，将前面计算的教育、卫生和住房非现金收入加总得到居民的非现金总收入数据，限于数据的可获得性，本部分的数据仅包含了2009—2018年的非现金总收入数据。具体研究方法参考第六章。

二、非现金总收入的发展变化分析

（一）全国非现金总收入的发展现状

表8-1列出了2009—2018年我国非现金总收入（按照当年价计算的结果）及增长率（按照以2000年为基期调整后的数据计算得到）情况。可以看出非现金总收入从实际数据上来看是呈递增趋势的，但是其增长率则呈下降趋势，从2010年的最高值20.06%下降到2018年的7.62%，说明居民获得非现金总收入增长趋势变缓慢了，这可能与我国近几年的经济发展现状有关。进入2010年之后，我国的经济发展进入新常态，产业结构、经济结构亟须转

型升级，人力资本也需要与之对应调整，经济发展速度减慢，这些都可能是导致我国对于居民的非现金收入增长降低的原因。

表 8-1　我国非现金总收入的发展现状

年份	卫生非现金收入（亿元）	教育非现金收入（亿元）	住房非现金收入（亿元）	非现金总收入（亿元）	非现金总收入增长率（%）
2009	10970.76	13987.11	725.97	21477.43	—
2010	12929.1	16546.29	2376.88	25786.02	20.06
2011	15880.63	20552.32	3820.69	30920.49	19.91
2012	18462.68	25150.48	4479.62	36005.29	16.44
2013	20939.61	26627.03	5043.72	38387.52	6.62
2014	24016.99	28753.42	5797.02	41895.94	9.14
2015	28981.99	31811.83	6776.21	47668.07	13.78
2016	33006.98	34117.45	6552.49	50957.42	6.90
2017	37464.68	37268.73	6131.82	55051.78	8.03
2018	42209.92	40247.17	6401.19	59247.95	7.62

资料来源：《中国统计年鉴》《中国卫生年鉴》《中国教育年鉴》等。

（二）区域非现金总收入的发展现状

我国非现金总收入在各省、自治区、直辖市的分布情况也存在较大差异，下面我们将全国分为东、中、西部地区进行分析，为了剔除不同区域因人口数量不同而产生的差异，运用非现金总收入的人均分配数额进行分析。表 8-2 列出了东、中、西部地区的人均非现金总收入的发展情况，数据均以各地区 2000 年的消费价格指数为基期进行调整。

根据表 8-2 的结果，东部地区的人均非现金总收入最高且呈增长趋势，人均非现金收入从 2011 年的 2153.64 元增长到 2018 年的 4451.81 元，考察期内平均值为 3351.20 元，但是其增长率（除 2016 年外）总体呈下降趋势，主要是由 2016 年卫生非现金收入增长较多引起。西部地区的非现金收入稍微低于东部地区而高于中部地区，也呈增长趋势，从 2011 年的 2034.41 元增长到 2018 年的 4035.78 元，考察期内平均值为 3023.24 元，增长率也呈下降趋势。中部地区的人均非现金收入最低，从 2011 年的 1566.88 元增长到 2018 年的 3189.69 元，考察期内平均值为 2446.55 元，同样增长率也呈下降趋势。总的来看，各地区的非现金总收入都是增长的，但其增长率呈波动的下降趋势。

另外，中部地区在非现金福利方面远落后于东部和西部地区，在目前国家提倡促进区域发展、协调发展的大背景下，尤其值得关注。中部地区人口众多，关注提高中部地区居民的福利问题，更有利于改善区域差异和提高全国居民的整体生活水平。

表 8-2 各地区人均非现金总收入情况

年份	人均非现金总收入（元）			增长率（%）		
	东部地区	中部地区	西部地区	东部地区	中部地区	西部地区
2011	2153.64	1566.88	2034.41	—	—	—
2012	2533.46	1905.24	2331.74	17.64	21.59	14.62
2013	2908.99	2186.63	2589.91	14.82	14.77	11.07
2014	3181.69	2330.75	2873.86	9.37	6.59	10.96
2015	3498.66	2574.52	3129.29	9.96	10.46	8.89
2016	3938.72	2824.77	3458.24	12.58	9.72	10.51
2017	4142.60	2993.93	3732.72	5.18	5.99	7.94
2018	4451.81	3189.69	4035.78	7.46	6.54	8.12
平均值	3351.20	2446.55	3023.24	9.63	9.46	9.01

注：非现金总收入是教育、卫生和住房三类非现金收入的和。

三、非现金总收入的区域差异分析

（一）非现金总收入的泰尔指数分析

图 8-1 显示了我国非现金总收入的不平等情况，这里用泰尔指数及其分解方法进行衡量。图 8-1 显示，在考察期内，我国非现金总收入的总泰尔指数和区域内泰尔指数的变化趋势基本一致，整体上呈现下降趋势但 2017 年之后稍有上升，2011 年到 2017 年总泰尔指数和区域内泰尔指数分别从 0.0769 和 0.0604 下降到 0.0666 和 0.0513，分别下降了 13.39% 和 15.07%，2018 年稍有提升分别为 0.0707 和 0.0539。区域间泰尔指数也呈现先下降趋势，但整体上变化幅度较小，从 2011 年的 0.0165 下降到 2017 年的 0.0153，下降了 7.27%，2018 年提高到 0.0168。根据泰尔指数的变化趋势，可以看出，总体上我国居民非现金总收入的区域差异还是存在的，但从泰尔指数的大小来看，并不是很大，并且也是呈缩小趋势的。

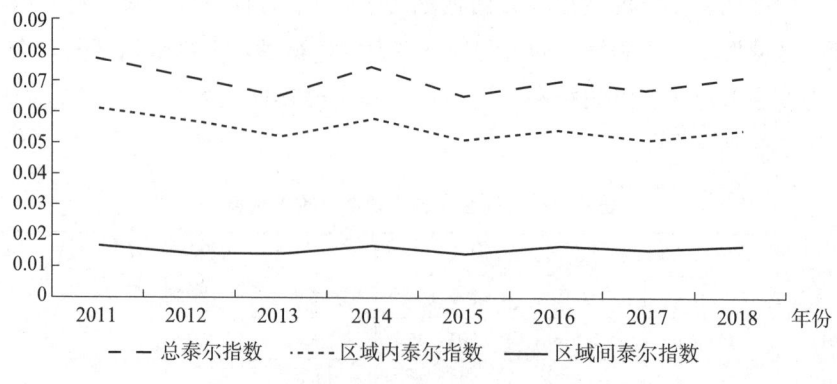

图 8-1 非现金总收入的泰尔指数及其分解

(二) 非现金总收入差异的区域贡献率分析

图 8-2 显示了非现金总收入的区域间泰尔指数和区域内泰尔指数对总体泰尔指数的贡献情况。可以看出，区域间差异对总体差异的贡献率较低且整体呈现轻微上升趋势，贡献率从 2011 年的 21.44% 增长到 2018 年的 23.77%，增长了 10.87%，总体波动并不是很大；区域内差异对总体差异的贡献率较高且呈现轻微的下降趋势，从 2011 年的 78.56% 下降到 2018 年的 76.25%，降低了 2.94%。总的来看，非现金总收入的区域内差异是导致总体区域差异的主要因素，因此，在调节区域不平衡的过程中，更应该采取措施调整区域内的差异分布状况。

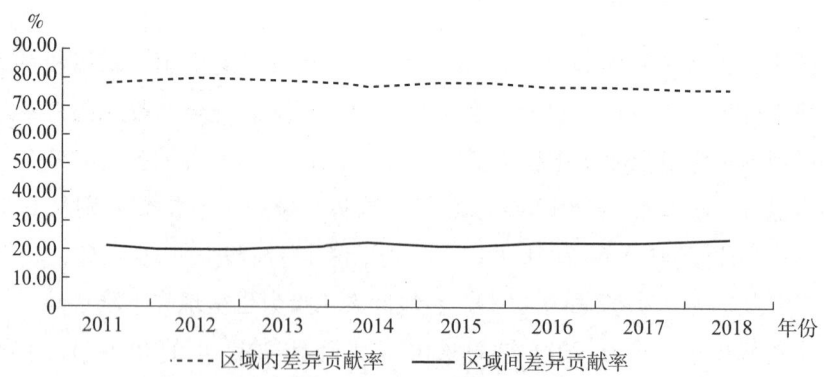

图 8-2 非现金总收入区域差异对总体差异的贡献率分析

四、非现金总收入的动态演进分析

本部分利用核密度非参数估计方法对全国以及各地区非现金总收入的动态演进情况进行分析。

图 8-3 显示了全国非现金总收入 2011 年、2015 年和 2018 年的分布演进情况。从图 8-3 的形状来看，可以得出如下结论：

（1）考察期内非现金总收入的核密度曲线对应的波峰向右移动，说明我国人均非现金总收入提高了。

（2）从分布延展性上来看，全国各地人均非现金总收入分布密度函数右尾移动距离远大于左尾，说明全国非现金总收入低水平区域的比重逐渐下降，而中等水平区域的比重在提高，高水平区域减少，高低水平区域之间差异有缩小趋势。

（3）核密度曲线在各年均出现了多峰状，且侧峰峰值均低于主峰，表明在此期间我国人均非现金总收入出现多极分化现象。通过以上分析也可看出，地区之间的人均非现金总收入总体是提高的，区域间差异有所缩小，演变趋势是非线性的。

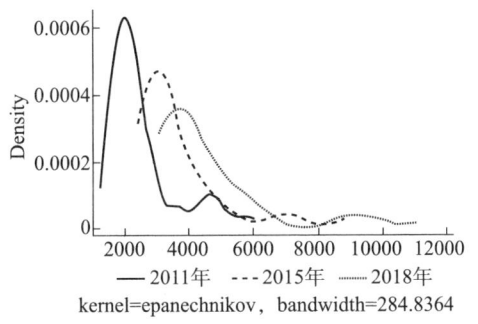

图 8-3 全国非现金总收入的分布

图 8-4 显示了东部地区非现金总收入的分布演进情况。从波峰向右移动可以看出，东部地区的非现金收入总体上也是提高的，从波峰降低，右拖尾延长可以看出高水平区域减少，低水平区域相对增加。另外，右拖尾呈多峰状态说明存在多极化现象。总体来看，东部地区的分布演变情况与全国的比较类似，都具有人均非现金总收入提高，区域间差异有所缩小，演变趋势呈非线性等特征。

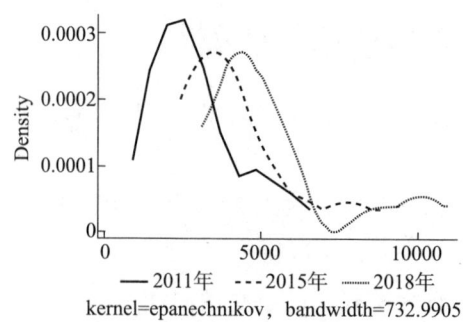

图 8-4　东部地区非现金总收入的分布

图 8-5 显示了中部地区非现金总收入的分布演进情况。从波峰向右移动距离较大可以看出，中部地区的非现金总收入总体上是提高的且提高得较多，从波峰提高，拖尾很短可以看出高水平区域增加，低水平区域变化不大，中等水平区域减少，总体呈单极化发展。总体来看，中部地区人均非现金收入近年来提高得较多，高水平区域增多，区域间差异无明显扩大趋势，呈单极化线性发展。

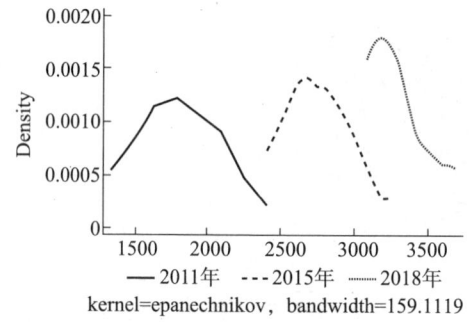

图 8-5　中部地区非现金总收入的分布

图 8-6 显示了西部地区非现金总收入的分布演进情况。可以看出非现金收入总体上也是提高了，波峰下降，右拖尾变化不大，说明高水平区域减少，低水平区域无明显变化；波尾出现多个波峰，说明有多极化现象。总体来看，西部地区非现金总收入提高，高水平区域减少，中等水平区域增加，高低水平区域之间有轻微的缩小趋势。

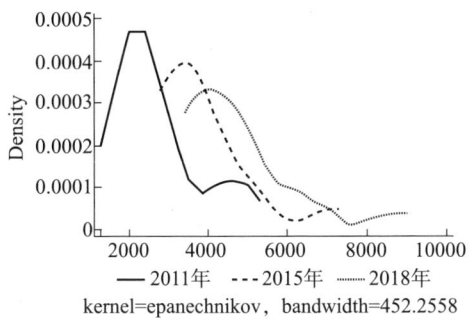

图 8-6 西部地区非现金总收入的分布

五、本章小结

本书以 2009—2018 年我国教育、卫生和住房三类非现金收入的加总数据作为居民非现金总收入的代理指标，考察了居民非现金总收入的总体及各区域的分布差异以及动态演进情况。得到如下结论：

（1）全国及各区域的非现金总收入均呈增长趋势，但是近几年的增长率有所降低，其中东部地区居民的人均非现金收入最高，中部地区非现金收入最低。

（2）从区域差异来看，全国总体和区域间以及区域内差异都呈缩小趋势，但 2018 年有轻微扩大趋势，其中区域内差异是导致总体差异的主要原因。

（3）从动态区域演变情况来看，也都显示出我国总体以及各区域的非现金收入呈增长趋势，除了中部地区的高水平区域增加之外，其他地区都呈高水平区域减小、中等水平区域增多趋势，高低水平区域之间的差异相对有所减小。

总体来看，我国人均非现金总收入呈现增加趋势，在调节区域差异方面也有一定的成效，但整体上来看，低水平区域还是相对较多，尤其是中部地区出现了高水平区域增加的趋势。政府应该更进一步从政策或财政支出方面加大对低水平区域的支持力度，协调、提高其整体福利水平，以促进各区域的长期均衡发展。

非现金收入对家庭福利的影响研究

大多数对于收入分配的研究还只限于现金收入，但实际上一个家庭所获得的资源，不仅可以通过市场购买得到，也可以通过非市场机制得到，如政府的非现金实物分配（医疗、教育等）、家庭住房的隐性租金收入、家庭自产自用的物品（粮食、蔬菜）等都属于非现金收入的范围。居民非现金收入的种类繁多，出于数据获取及其重要性的考虑，本书主要对居民的公共教育、公共卫生、住房等三种非现金收入进行测度，并分析其对家庭收入分配和贫困状况的影响作用。一方面通过检验将实物转移的非现金收入纳入收入不平等或贫困的计算范围，可以更好地确定资源分配的目标以便更有效地减少不公平与贫困；另一方面也可以评估与其相关的公共政策的有效性。另外，在对收入分配测度的过程中，采用国际上常用的家庭等价尺度来进一步减小研究误差。

第九章
公共教育非现金收入对家庭收入的影响

一、引言

政府的公共财政支出是居民获得政府非现金收入的主要来源,而公共教育支出则占据着比较大的比例,因此分析评估政府的公共教育财政支出对居民收入分配的影响,在评估政府的公共政策方面以及减少收入差距与减贫方面,都具有重要的实际意义。本章主要内容为测度、分析政府转移给居民的公共教育非现金收入。

关于居民教育非现金收入的研究,国际上已有不少成果。Smeeding 等(1993)分析了非现金收入的概念、测度方法,对西方澳大利亚、加拿大等7个国家的健康、教育、房屋租金等非现金收入进行了评估、比较,并分析了非现金收入对相对贫困发生率和结构的影响。Rottman 等(1988)检验了爱尔兰在20世纪70年代政府对教育、住房、医疗等方面公共支出的再分配效应,发现初级教育具有较好的再分配性质,第三级教育尤其是大学教育的再分配性质较弱,逐渐具有较强的退步性。Tsakloglou 等(2001)根据希腊1993—1994年的家庭调查数据,分析了公共教育财政支出对各个不同教育阶段的转移分布以及对家庭收入分配的具体调节作用,发现初等和中等教育的实物转移大大减少了不平等,但高等教育实物转移的分配作用是递减的。Callan 等(2008)对欧洲比利时、德国、意大利等7个国家的教育非现金收入进行了研究,发现总体上公共教育转移减少了收入的不平等。Paulus 等(2010)认为根据可支配收入的衡量标准对国际之间的收入不平等进行比较是无效的,并估计了比利时、德国等5个国家政府在医疗、教育、住房等方面提供给居民的公共服务,这些服务的价值为居民总收入的17.5%~26.7%,相应地,实物转移大大降低了居民收入的不平等程度,尤其是提高了有老人和孩子的家庭的收入。Aaberge 等(2018)对北欧国家公共财政提供的医疗保健、教育、长期护理等实物非现金支出进行估计，并估计其对收入不平等和贫困的影响，结果显示，纳入公共实物转移后对不平等有显著的影响，将使贫困减少约50%。

国内关于我国公共教育支出与居民收入分配的相关研究，多从宏观的角度分析公共教育财政支出对收入分配的影响作用，如徐俊武（2011）、刘湖（2019）、张小芳（2020）等，但是站在公共教育非现金收入的视角利用微观数据分析检验其对收入分配影响的研究目前尚不多见。我国的公共教育非现金财政收入具有明显的区域性以及福利性，其对居民收入分配的影响作用到底怎么样，不仅影响着我国财政支出政策的调整结构，也影响着我国教育系统的改革方向，同时为我国收入分配问题的研究提供了新的思路，不论从短期还是长期来看都具有重要的研究意义。公共教育财政支出实际上是以非现金的实物形式转移给接受教育的学生，这部分学生获得公共教育财政的非现金收入就相当于可以少支出受教育的费用，提高了自己或家庭的总收入，进而也会改变社会总体的收入分配情况。本章结合我国公共教育财政支出的宏观数据以及 CFPS（2018），运用传统的以政府支出的成本数据作为居民非现金收入的核算方法，实证分析公共教育财政非现金收入对收入分配的调节作用。

二、我国的教育体系以及公共教育转移支出分析

（一）我国的教育体系及发展概况

改革开放40多年来，我国的教育体系也得到了极大的发展与改善，总的来看，目前已经形成了大、中、小、幼纵向贯通，公办教育与民办教育共同发展，学历教育与非学历教育立体交叉，出国留学与来华留学同步扩大的发展状态。但主体上我国仍是以公办教育为主，根据2018年的数据，各级各类公办学校占比达到64.64%左右，公办学校招收学生人数占比达到80.51%，其中小学和初中是义务教育阶段，学费由国家公共财政负担，适龄学生可以免费接受中小学教育，幼儿园和高中以及大学阶段都是非义务教育，需要学生自己承担学费。在教育方式上，以学历教育为主，占整体的绝大部分；其他非学历教育为辅助的形式，占比极少。在具体的教育阶段又有不同的教育形式：在高中教育阶段，即学生在初中毕业之后，有两类学校可以选择，一

类是进入高级中学继续学习基础知识；另一类是进入中等职业教育学校学习专业技能知识，如普通中专、职业高中、技工学校等。在大学教育阶段，也就是高中毕业之后，学生可以选择进入本科院校进行专业学习，在本科毕业后，可以进一步攻读硕士研究生和博士研究生等达到学历的顶峰；另外也可以进入高等职业技术类院校，学习专业技能知识。

在我国改革开放后的教育史上，有两个重要的转折点，一个是从2005年开始的中小学义务教育的实施，极大地提高了中小学的入学率，目前中小学的毛入学率均达到95%以上；另一个是1999年开始的高等教育的扩招，目前的高考录取率达到了80%左右，高等学校的毛入学率也达到了45%以上，基本上实现了高等教育的大众化发展。这两项措施都极大地改善了我国居民的教育状况。

（二）公共教育支出情况

我国的公共教育支出从1997年开始是逐步提高的，在国家GDP中的比重也是逐步提高的，从2.34%提高到2017年的4.11%，中间虽有波动，但近几年基本上占比在4%以上。另外，从其占国家财政支出的比重来看，却是逐步降低的，从1997年的20.17%降低到2017年的16.84%，大多数年份在16%至18%之间波动。

与近年来国际上其他国家的公共教育财政支出相比，如美国的公共教育财政支出占国家财政支出与国内GDP的比重分别为13%和5%以上，日本的占比分别为10%和3%以上，英国的占比分别为21%和5%以上，韩国的占比分别为13%和5%以上，德国的占比分别为10%和5%以上，与这些发达国家相比，我国的公共教育支出占GDP的比重还是相对少一些，但是占国家财政支出的比重还不算太低[①]。

另外，从近20年来国家公共教育财政对各级学校转移支出的情况来看，高等学校、中学（包含初中和高中）和幼儿园的财政支出占比都有所提高，只有小学所占的比例降低了，目前大学、中学、小学和幼儿园阶段财政支出的占比分别为20%、30%、32%、4%左右。从生均公共教育经费（教育事业费和基本建设费）来看，各阶段的生均教育经费在2006年到2012年都增长得比较快，增长率达到了20%左右，2012年之后增速有所下降，到2017年大

---

① 数据来源于世界银行。

学、中等职业学校、初中增长率在8%左右，高中和小学的增长率分别为12.05%和6.8%。

三、数据来源与研究方法

本章主要分析公共教育非现金福利对家庭收入分配的影响作用，采用多数人使用的公共教育支出的成本作为居民的教育非现金福利的收入数据，这里其实假定了公共教育不产生外部性的条件，即公共教育转移支出的直接受益者是接受教育服务的居民，这些居民获得的公共教育福利收益（教育非现金收入）等于其接受相应的教育水平上公共财政支出的平均成本，这些收益减少了家庭的教育支出，可以惠及家庭中的每个人。因此，我们将2018年期间调查的过去一年的家庭数据与2017年的公共教育财政支出的相关数据结合起来进行分析。

（一）数据来源说明

1. 人均公共教育财政非现金收入的数据

本部分将公共财政对教育的人均转移支出作为居民非现金收入的代理指标，所采用的各区域各类公共教育支出数据主要来自2018年的《中国教育经费统计年鉴》，其具体算法如下：采用一般公共预算教育事业费和基本建设支出的数据作为公共财政对居民个人的教育福利转移支出。研究中对于教育阶段的具体划分，参考我国教育阶段现行的划分方法以及调查数据中的学历划分情况，将学历教育分为幼儿园、小学、初中、高中和大学阶段，实际调查中的中专、职高等学生视为高中学生，大专、研究生等都视为大学学生，主要是因为家庭调查样本并未彻底区分具体的中专、高中、职高的学生情况。另外，研究生的数量较少，不至于对研究结果产生较大的偏差，考虑到整体样本数量较大，计算量也较大，故也没有具体区分开来。对于教育阶段与教育公共财政支出的匹配问题，考虑到公共教育财政支出的区域性，不仅具有城乡差异，还具有区域差异。对于城市学生的财政教育支出数据，这里粗略地将教育经费统计年鉴上普通学校（普通小学、初中、高中）的教育财政支出费用作为公共财政对城市学生的教育支出，这个数据可能会偏小，而农村的数据直接使用教育经费统计年鉴上的数据。具体的公共教育转移支出数据见表9-1。根据以上的分配方法，首先计算了2017年我国31个省、自治区、直辖市中分城乡的高等学校、普通高中、初中、小学、幼儿园的公共教育转移支出，再分别除以其对应的学生人数，就得到各区域各类别学校的学生获得的教育非现金收入数据。进一步将不同学生获得的非现金收入数据与家庭调查数据相匹配，将其加入家庭总初始收入（现金收入）中以反映家庭的最终收入（包含非现金收入）。

表9-1 2017年各阶段学生公共教育转移支出　　　　　　单位：元

省份	高等学校	普通高中	农村高中	普通初中	农村初中	普通小学	农村小学	普通幼儿园	农村幼儿园
合计	19535.2	12583.68	10340.98	13641.95	12644.58	9686.16	9348.05	5663.11	4231.20
北京	43416.3	57289.69	51863.52	47773.73	60076.56	26879.21	31324.19	27504.37	24826.44
天津	22437.13	31432.7	23391.84	30598.79	24667.52	18284.41	14598.79	14224.03	6188.57
河北	16800.90	10962.55	10298.62	10634.67	9978.61	7327.54	7237.22	4009.55	3437.30
山西	14035.09	10812.92	9878.65	12361.23	12755.81	9479.25	10780.60	3567.73	2916.85
内蒙古	18649.09	14751.78	14297.58	16547.85	17434.65	13226.73	15430.21	11790.99	10785.97
辽宁	15408.34	11459.37	8405.99	13751.46	12328.49	9765.26	10529.95	4197.04	1991.29
吉林	20746.79	12064.66	12258.48	16927.04	18247.58	13153.10	14489.29	7319.39	6496.48
黑龙江	17528.35	11597.16	10561.42	15690.59	16819.78	14232.99	16730.62	7309.54	6043.26
上海	37117.40	39829.31	32095.34	30519.12	28155.34	22165.96	20773.10	19949.45	18662.11
江苏	21165.36	21215.02	17522.66	21277.22	20548.51	12510.38	11773.6	4811.06	3236.43
浙江	22022.05	22121.64	19721.48	19004.71	18870.91	13065.83	13286.26	9019.54	8126.29
安徽	14811.19	9466.66	8873.07	12619.54	13132.02	8640.34	8856.29	4001.71	3359.60
福建	18242.39	13013.08	12676.35	14929.32	15564.94	9697.85	9868.02	6529.47	4928.73
江西	14503.05	11094.30	9947.99	10803.95	10625.26	8119.88	8261.01	6113.00	5173.64
山东	14556.25	12593.59	9707.33	14685.84	14524.84	8804.81	8412.12	3413.05	2911.94
河南	12880.22	6536.92	5862.39	7952.87	7684.40	5119.81	5047.15	2139.75	1581.26
湖北	20271.87	14174.22	11017.48	17271.97	16961.31	10076.72	9937.89	4855.44	3202.33
湖南	14361.33	9829.98	8941.58	12007.69	11693.79	7928.70	7521.43	3388.66	2770.35
广东	23625.37	13752.26	9867.37	14191.61	12079.41	10235.53	9276.29	3435.51	1992.40
广西	14806.35	9821.85	8466.29	9833.55	9177.27	7861.54	7814.55	3128.02	2172.98

续表

省份	高等学校	普通高中	农村高中	普通初中	农村初中	普通小学	农村小学	普通幼儿园	农村幼儿园
海南	18545.35	15991.74	14499.82	14705.14	15899.01	11420.75	12837.15	13826.48	13264.47
重庆	17171.66	11163.05	9752.53	12352.6	12385.46	9488.79	9459.62	3927.47	3148.85
四川	15810.88	9723.49	9049.93	12291.68	12338.93	9147.00	9386.82	5045.82	4035.04
贵州	15969.55	10006.17	9340.17	10318.11	10064.36	9735.69	9857.96	4891.02	4179.24
云南	15205.86	10583.24	9476.06	10957.44	10512.51	9007.94	9022.46	4674.71	3465.66
西藏	39059.35	28818.16	28097.21	25639.67	23237.95	26148.23	26351.78	21291.18	21038.05
陕西	18871.95	12213.62	12250.93	14329.44	14799.20	11379.93	12356.55	8956.34	8092.61
甘肃	20556.15	10087.36	9330.61	11898.60	12132.65	10514.89	11154.10	7789.76	7513.61
青海	28020.63	15115.55	14590.88	16733.37	17365.64	13823.28	15036.26	9915.91	9839.88
宁夏	26860.41	11599.15	9390.84	12140.27	11786.20	8872.06	9036.31	7460.53	4770.43
新疆	19982.23	15225.29	13504.93	18213.03	16764.29	12561.5	12354.11	9297.7	7853.6

资料来源：《中国教育经费统计年鉴》。

2. 家庭或个人的收入数据来源

关于居民的家庭与个人的相关数据与第四章一样，均来源于 2018 年的 CFPS，包括家庭的人口（大人和小孩）、收入、所在地区、受教育情况等数据。

（二）研究方法

1. 家庭平均收入的计算

本章主要以家庭为单位，分析公共教育非现金收入对家庭平均收入的改善情况。在以往的研究中，家庭平均收入是利用家庭的总收入除以家庭总人口计算得到，但目前已有研究指出，这样的计算方法并不合理，因为在每一个家庭单位中基本上都有一个主要劳动力（户主）获得家庭的大部分收入，而其他人员如家庭妇女、老人等，一般来说收入相对于户主可能会少一些，而小孩则没有收入，不同个体的收入或消费支出也都是有差异的，因此简单地利用家庭总人口个数来计算其平均收入是不符合实际情况的。目前也有不少学者提出了利用等价比例方法（等价量表）来计算家庭的等价人口，如

OCED国家使用的修正等价量表是这样确定的：户主的权重设定为1，13岁以下小孩的权重为0.3，其他家庭成年人员的权重为0.5。本章在计算家庭人均收入时，对家庭人口的计算参考修正的OCED国家标准，也采用等价量表这种更为合理的计算方法。在等价比例确定的过程中，根据我国的现实情况和搜集数据的特点以及国外的研究成果，将家庭户主的权重设定为1，16岁以下的成员视为小孩，权重设定为0.3，因为16岁的成员正常情况是初中毕业，目前也有不少初中毕业的孩子已经外出打工赚钱，故将16岁以上的孩子视为成年人，家庭中其他人员的权重都设定为0.5。根据我们设定的等价比例将家庭人口数据重新计算，得到家庭的等价人口数据，进一步用家庭总收入除以家庭等价人口计算出家庭的等价人均收入。

2. 收入不平等的测度方法说明

公共教育财政支出是国家对居民公共福利的一种非现金转移，长期来看，这其实是对全体公民普遍性的教育福利补贴，因为基本上每个人都要上学，都会得到这部分福利。但短期来看，这种福利只对目前是学生的个人有影响，可以减少学生的教育支出。因此，公共财政教育支出相当于提供给学生的教育福利，短期内改善了学生的收入状况，但是长期来看，教育非现金收入对学生的福利不仅仅是目前少支出一些学费而已。由于教育负担的减少，学生上学的机会增大，将接受更多的教育，获得的知识、技能将会转化为更高的生产力，不仅促进个人以及家庭收入的提高，也会促进社会的经济发展与进步，因此，公共教育投入将会有较大的溢出效应。

但是我们在这里只讨论短期的公共教育非现金收入对居民收入产生的影响，而不考虑其溢出效应。实际上，公共教育非现金福利的直接受益对象是学生个人，非学生人员是不能得到直接益处的，因此，在分析时就不能将非现金收入平均分配给每个居民。但一般情况下学生无收入并且是依附家庭的，因此，学生个人获得的教育非现金收入可以扩展到家庭全体成员的获益，故本书将公共教育非现金福利的受益人以家庭为单位进行分析，粗略地将学生个人享有的公共教育非现金福利平均分配到家庭中的每个人，主要考察家庭在接受教育非现金收入前后的收入分配情况，进一步分析学历与收入的不同分布情况。

为了比较接受公共教育非现金收入前后居民的收入分配情况，本书主要选择了基尼系数、阿特金森指数（$\varepsilon=0.5$或2）和泰尔指数（GE=0或1）等

5 个指标①。这几种方法都是目前应用比较广泛的测度方法，从不同的方面反映了各阶层收入的不平等，如阿特金森指数（$\varepsilon=2$）和泰尔指数（$GE=0$）对低收入阶层收入流动的敏感性比较高，而阿特金森指数（$\varepsilon=0.5$）和泰尔指数（$GE=1$）对高收入阶层的收入流动较为敏感，基尼系数则主要反映了中等阶层的情况。

四、公共教育非现金收入对不同家庭收入的影响

根据 CFPS（2018）数据，删除一些数据资料不全的无效样本后，最终选取分布在全国 25 个省、自治区、直辖市的 14176 户家庭样本数据，基本上代表了全国大部分区域的情况。将各省、自治区、直辖市各教育阶段分城乡区域的人均公共财政教育转移数据与不同区域、城乡的有孩子家庭的初始总收入数据②进行匹配加总，得到家庭接受公共教育非现金转移后的最终收入，进而分析公共教育非现金收入前后对家庭收入分配的具体影响。

（一）公共教育非现金收入对全部家庭收入的影响

1. 根据 CFPS（2018）的数据结果分析

首先把全部样本按照家庭初始平均收入或包含教育非现金收入后的总平均收入从小到大分为 5 等分组，分别为最低、中等偏下、中等、中等偏上和最高收入家庭，分析公共教育非现金收入对不同收入阶层家庭收入的影响情况。表 9-2 列出了公共教育非现金收入对不同阶层家庭收入的影响，表中的第 3 行左半部分显示的是家庭未接受公共教育非现金收入的 5 等分组家庭的初始平均收入，右边是根据初始收入计算的各类不平等指数；第 5 行左半部分计算了各分组家庭包含教育非现金收入后的总收入使其初始收入提高的比例，右半部分则显示了使各不平等指数改变的情况；剩下的第 6 行至第 10 行是各类教育非现金收入使各分组家庭收入提高的比例以及使不平等指数改变的比例。

---

① 文中各指数的计算程序来源于 stata 软件的 ineqdeco 命令。
② 家庭总收入数据包括家庭的工资性收入、经营性收入、转移性收入、财产性收入和其他收入等。

第九章　公共教育非现金收入对家庭收入的影响

表9-2　公共教育非现金收入对不同阶层家庭收入的影响

收入分布	各等分组家庭平均收入（元）					不平等指数				
	最低	中等偏下	中等	中等偏上	最高	GINI	GE（0）	GE（1）	A（$\varepsilon=0.5$）	A（$\varepsilon=1$）
初始收入（转移前）	6405.61	15603.07	28994.16	42742.76	118507.05	0.53578	0.55979	0.66639	0.25272	0.72025
转移后收入	公共教育财政非现金收入对家庭初始平均收入的改变比例（%）					公共教育转移后不平等指数变化情况（%）				
最终总收入（总转移后）	22.58	16.70	10.34	6.14	2.25	-4.43	-9.50	-8.03	-7.89	-3.45
初始收入加幼儿园转移	2.62	1.66	1.12	0.71	0.71	-0.32	-1.02	-0.62	-0.52	-0.77
初始收入加小学转移	9.99	6.86	3.84	1.90	1.02	-1.79	-4.35	-3.09	-3.28	-1.85
初始收入加初中转移	5.06	3.60	2.58	1.39	0.89	-0.91	-2.14	-1.67	-1.67	-0.77
初始收入加高中转移	2.53	2.26	1.54	1.05	0.72	-0.45	-0.98	-0.87	-0.82	-0.24
初始收入加大学转移	2.27	2.65	1.96	1.65	0.90	-0.52	-0.91	-1.09	-0.90	-0.09

表 9-2 中第 5 行的结果显示，最低收入家庭接受的教育非现金总收入使其初始收入提高了 22.58%，随着家庭收入的提高，教育非现金收入使不同阶层家庭初始收入提高的比例逐渐减小，最高收入家庭的教育非现金收入提高了其初始收入的 2.25%。另外，从这一行右边的数据可以看出，教育非现金收入可使各不平等指数降低 3.45%~9.50%，减少了家庭之间的收入不平等。从剩下的第 6 行至第 10 行的数据来看，各教育阶段非现金收入对最低收入阶层的影响都比较大，其初始收入提高的比例为 2.27%~9.99%，而对最高阶层的收入影响较小，其初始收入提高的比例为 0.71%~1.02%，非现金收入在一定程度上减小了居民之间的收入差距。另外，从各阶段的教育非现金收入来看，小学阶段的教育非现金收入对各阶层居民收入的影响最大，提高居民初始收入的比例为 1.02%~9.99%，在较大程度上缩小了居民的收入差距，使各不平等指数缩小了 1.79%~4.35%；而幼儿园阶段的教育非现金收入对居民收入的影响最小，教育非现金收入在各阶层收入中的占比为 0.71%~2.62%，改善收入不平等的程度也较小，各指数的缩小范围为 0.32%~1.02%。总的来看，小学阶段的公共教育非现金转移支出对居民的转移力度最大，尤其是对低收入阶层的转移力度更大，是调节收入差距的主要途径；其次是初中阶段的教育非现金转移支出，在促进收入公平方面起了较大的作用。另外，在非义务教育阶段，大学阶段的教育非现金收入占居民收入的比重是较大的，尤其是低收入阶层收入提高的比例更大，也在较大程度上促进了居民的收入平等，使不平等指数也缩小了 0.09%~1.09%。高中和幼儿园阶段居民的教育非现金收入相对比较少，使各类不平等指数缩小的范围在 0.24%~1.02%。

图 9-1 中，我们按照家庭平均收入从小到大排序后，将样本分为 10 等份，计算了各分组家庭获得的教育非现金收入的所占份额。发现低收入的 2、3、4、5 等分组家庭获得的教育非现金收入占比较高，第 3 分组家庭获得的最多，占比达到 12.36%，平均占比在 11% 左右，主要原因可能是收入较低的家庭大多是居住在农村地区的家庭，有两个孩子的占比较高，因此获得的教育非现金收入相对就多一些；但最低收入的 1 等分组家庭获得的却比较少，仅占总额的 7.48%，这是不利于提高最低收入家庭的收入的，这种现象可能由以下原因引起：①可能与这类家庭含有的学生数较少，一部分家庭可能是属于收入较低并且无孩子的，另一部分也可能是由于孩子已经长大成立了新的

家庭,这样他们也就成为只有大人的老年家庭了;②一般低收入家庭不太重视教育,也没有更多的资源改善孩子的上学条件,义务教育之后辍学的比例较高,甚至有些学生连小学或初中都没毕业就外出打工了;③低收入家庭较多居住在较为落后的省份或农村区域,这些地区的教育非现金收入较少,自然家庭获得的教育福利也较少。可见要想提高低收入家庭的教育福利,需要实施特殊的更为精准的教育扶贫政策。而对于收入较高的 6、7、8、9、10 等分组家庭,获得的教育非现金收入相对于低收入分组家庭更低一些,占比均在 8.50%~9.79%,主要原因可能是高收入家庭多为城镇家庭,绝大多数只有一个孩子,虽然 2018 年生育政策放宽为可以要两个孩子,但是生育的"二孩"可能还没有到上学的年龄,享受不到教育非现金收入的福利。另外,高收入家庭尤其是大城市的居民迫于工作、生活等现实压力,不结婚、不要孩子的比例也在逐年提高,因此,拥有较少的孩子个数应该是这部分家庭享受教育福利较少的主要原因。

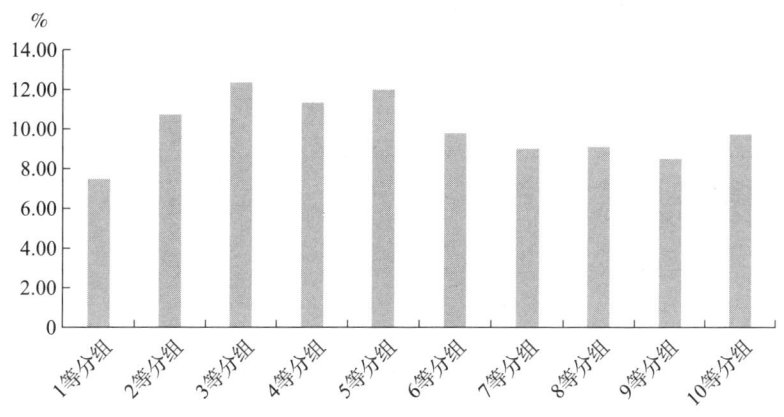

图 9-1 公共教育非现金总收入在 10 等分组家庭的分布情况

图 9-2 显示了 10 等分组家庭在各教育阶段享有的公共教育非现金收入情况。在幼儿园阶段,中等以下阶层的教育非现金收入随着收入阶层的提高而有所增加,1 等分组占比最少为 7.15%,5 等分组占比较多,达到 10.92%;而收入较高的 6、7、8、9 等分组获得的较少,平均为 9.63%,但是 10 等分组获得的是最多的,占比达到 15.54%,主要是因为高收入家庭多在经济发达的城市地区。这些地方的教育非现金收入远远高于其他经济落后地区,如北京的幼儿园补贴达到人均 31763.97 元,最少的河南农村地区的幼儿园补贴仅

为 1677.65 元,差距约为 19 倍。区域性教育非现金收入差异的存在,也是导致居民享受非现金收入不平衡的重要原因。在小学阶段和初中阶段,都是中等以下的低收入阶层获得的教育非现金收入更高一些,而收入较高的阶层获得的教育非现金收入较少,说明中小学教育非现金收入更倾向于由低收入家庭获得,应该是调节家庭收入分配的主要途径。在高中阶段,居于中间阶层的 2、3、4、5、7 等分组获得教育非现金收入较高且较为均衡,可能与这些家庭的高中学生人数较多有关,这也说明这些家庭是比较重视教育的,升入高中阶段的学生人数较多。在大学教育阶段,除了 1 等分组家庭获得的占比最少(4.11%)外,其他 2、3、4、7、8、10 等分组获得的非现金收入占比相对较多,平均占比为 11.23%,说明各收入阶层拥有的大学生个数可能相差不大,较低收入阶层的孩子个数较多,虽然也存在不重视教育、升入大学的人数较少等问题,但是由于孩子基数大,仍然有可能上大学的孩子个数多于高收入阶层的孩子个数。因此,在大学阶段,各阶层家庭的教育福利相差不是很大。另外也发现,在高中阶段和大学阶段,最低收入阶层获得的教育非现金收入都比较少,而且与其他阶层的差距比较大,要通过教育福利来提高改善这部分家庭的收入状况,显然是需要改变思路的,其中的一个途径也可通过改变其思想观念,提高其对教育的重视程度,提高其家庭成员的受教育年限,使其获得更多的教育福利,才更有利于提高家庭的收入。

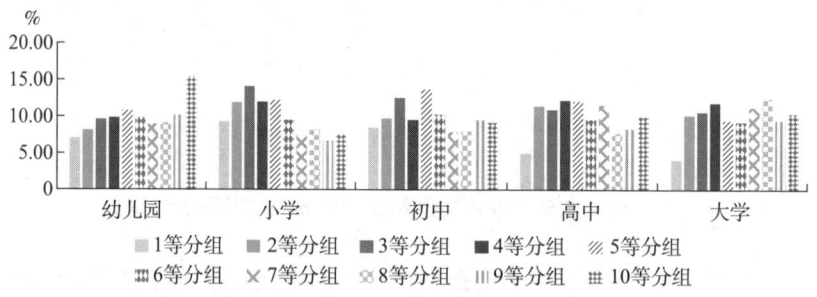

图 9-2 各阶段公共教育非现金收入在各等分组家庭的分布

2. 根据 2010 年、2014 年和 2018 年的 CFPS 对比分析

为了对比分析,本部分根据 2010 年、2014 年和 2018 年这三年的 CFPS,测算了公共教育财政非现金收入对家庭总体收入分配的影响,具体结果见图 9-3。

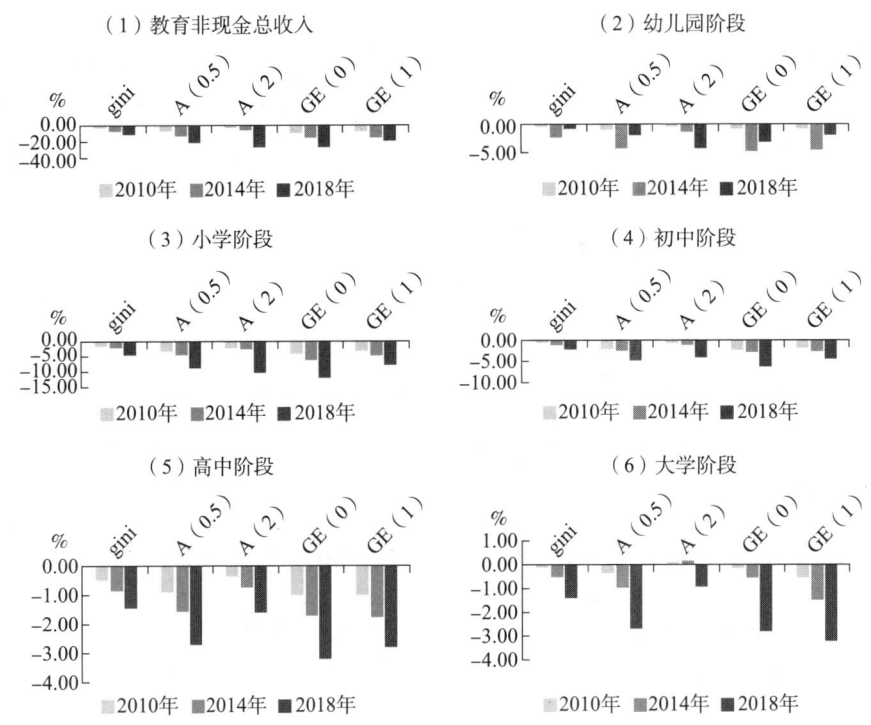

图 9-3 2010 年、2014 年和 2018 年公共教育非现金收入对收入不平等的改变情况

图 9-3 中，第 1 张图显示了公共教育非现金总收入对所有家庭收入的影响，从各个指标来看，2010 年教育非现金总收入都使收入差距缩小得比较少，随着公共教育财政支出的增加，2018 年的教育非现金总收入使收入差距缩小的比例最大。以基尼系数为例，2010 年、2014 年和 2018 年的教育非现金收入分别使家庭收入差距缩小了 3.89%、7.42% 和 11.43%。在幼儿园阶段，2014 年的公共教育非现金收入对收入差距调节比例最大，基尼系数缩小了 2.35%，其次是 2018 年和 2010 年。在小学和初中阶段，公共教育非现金收入的调节作用从大到小依次分别为 2018 年、2014 年和 2010 年，但整体上来看，小学阶段的调节作用要大于初中阶段，这有可能是因为接受小学阶段教育的人数要大于初中阶段的人数，故获得的总体福利也就更多一些，而初中虽然实行了义务教育，但仍有一些孩子过早辍学，外出打工。因此，总体上来看，初中阶段的公共教育非现金收入的调节力度总体上要小于小学阶段。高中阶段和大学阶段属于非义务教育阶段，在调节比例上也是 2018 年的最高，2010 年最小，但是高中阶段的教育非现金收入对各个指标缩小的比例都大于大学

阶段，这也与随着学历的提升，入学人数相对减少，获得相应教育福利的人就比较少了有关，尤其是大学教育，能上大学的学生相对来说还是比较小的。因此，高中阶段教育非现金收入的调节比例也是低于初中和小学阶段的，而大学阶段的教育非现金收入的调节比例最低。以基尼系数为例，2018年和2010年大学阶段仅是基尼系数分别缩小了1.44%和0.14%。另外，计算出的阿特金森指数A（$\varepsilon=2$）在2010年和2014年的数值为正，说明扩大了收入差距，这个指数是对低收入阶层设置了较高的权重，更多地反映了对低收入阶层收入流动的敏感性，说明2010年和2014年的大学教育非现金收入更有利于高收入阶层，在一定程度上可能没有起到我们预期的缩小收入差距的目的。但是2018年的数据显示，大学阶段教育非现金收入还是在一定程度上缩小了收入差距的。

（二）公共教育非现金收入对户主为25~60岁家庭收入的影响

前文我们用所有家庭的数据进行研究，结果可能会有一些偏差，因为公共教育非现金收入只受益于有孩子的家庭，而其他的老年人家庭或没有上学孩子的家庭都享受不到公共教育的转移福利，故我们进一步筛选户主年龄为25~60岁的家庭进行研究。因为这部分家庭包含了绝大部分幼儿园、小学、初中、高中、大学等各阶段上学学生的成员，可以更好地反映教育非现金收入对这些家庭收入的作用。这里我们筛选出了满足条件的7773户家庭样本进行分析。

表9-3列出了公共教育非现金收入对户主年龄为25~60岁的家庭收入的改变情况。发现表9-3中各分组家庭的平均收入均高于表9-2中相应各分组家庭的平均收入，并且各类不平等指数都有所减小，说明这部分家庭的收入差距相对较小。表9-3中第五行的数据显示，接受公共教育非现金总收入之后，最低收入家庭的收入提高得最多，为27.21%，最高收入家庭收入提高得最少，为2.62%，但提高比例均大于表9-2中的相应数据，从对不平等指数的影响来看，非现金教育福利使各不平等指数缩小了5.49%~12.45%，较大程度上缩小了家庭之间的收入差距，主要原因可能是户主为25~60岁的家庭有孩子的家庭比例较高，获得的教育非现金收入相对较多，使其初始收入提高的比例也较高。

表 9-3 公共教育非现金收入对户主为 25~60 岁的家庭收入的分配影响

收入分布	各等分组家庭平均收入（元）					不平等指数				
	最低	中等偏下	中等	中等偏上	最高	GINI	GE (0)	GE (1)	A (ε=0.5)	A (ε=2)
初始收入（转移前）	8400.17	18336.24	29192.90	45877.25	127090.71	0.51230	0.48970	0.63309	0.23241	0.65420
转移后收入	公共教育财政非现金收入对家庭初始平均收入的改变比例（%）					公共教育转移后的不平等指数的变化情况（%）				
最终总收入（总转移后）	27.21	17.38	11.03	6.95	2.62	-5.49	-12.45	-9.57	-9.85	-7.69
初始收入加幼儿园转移	2.73	1.76	1.08	0.64	0.36	-0.54	-1.59	-1.00	-1.08	-1.80
初始收入加小学转移	11.23	6.61	3.53	2.06	0.66	-2.25	-5.74	-3.76	-4.17	-3.96
初始收入加初中转移	5.37	3.45	2.71	1.49	0.55	-1.20	-2.81	-2.19	-2.22	-1.34
初始收入加高中转移	3.30	2.75	1.50	1.18	0.37	-0.81	-1.70	-1.48	-1.44	-0.56
初始收入加大学转移	3.77	2.95	2.06	1.83	0.64	-0.87	-1.83	-1.73	-1.60	-0.69

表 9-3 中的第 6~10 行分别显示了各等分组家庭初始收入在分别接受不同阶段的教育非现金福利之后对初始收入的提高程度以及相应改变收入差距的情况。发现都存在这样的特点：教育非现金收入使低收入家庭的收入提高的比例最大，而使高收入家庭收入提高的比例相对较小，一方面是因为不同收入阶层的家庭初始收入有所差异，另一方面也反映了我国公共教育资源的收入再分配特点。其中初中和小学阶段的教育非现金收入仍然是对家庭收入影响较大的两部分：小学阶段的教育福利使各阶层家庭收入提高的比例都是最高的，为 0.66%~11.23%；其次是初中阶段，提高比例为 0.55%~5.37%。另外，大学阶段的教育福利使各阶层家庭收入提高的比例也较高，最小的是幼儿园阶段的教育非现金收入。总的来看，教育非现金福利使受益较多的这部分家庭的收入差距缩小了，并且缩小的程度要比全部家庭样本计算的更高一些。

从图 9-4 显示的公共教育非现金收入对 10 等分组家庭的分布来看，在户主为 25~60 岁这个年龄段的家庭里，中间收入即 5 等分组以下的家庭获得的教育非现金收入较高，占总体的比例为 10.29%~11.73%，估计应该与家庭拥有的学生数量较多有关；而中等以上收入家庭获得的教育非现金收入相对较低，总体范围在 8.62%~9.72%；高收入家庭一般是一个孩子或者没有孩子，孩子个数相对较少。但是总体来看，公共教育非现金福利对低收入家庭的转移份额较多，而对高收入家庭的转移份额相对少一些。

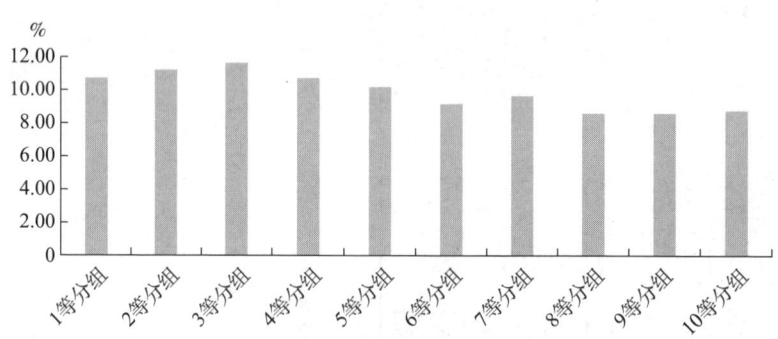

图 9-4　公共教育转移对各等分组家庭的补贴比例

图 9-5 显示了各阶段公共教育对各等分组家庭的教育非现金福利分布情况。各阶层家庭获得教育非现金福利的多少，一方面与家庭拥有的孩子数量有关，另一方面也与国家财政在各地区教育转移支出数额大小有关，经济发达地区的教育支出数额比较高，而经济落后地区尤其是农村地区，相对就比较少。在幼儿园阶段，收入最高的 10 等分组家庭获得的教育福利最高（占比

为 14.04%),而 2、8 等分组家庭获得的相对较少,在 7% 左右,其他几个分组家庭获得的教育非现金收入相差不大。小学阶段和初中阶段教育非现金收入的分布情况是低收入家庭比较高,随着家庭收入的提高,高收入家庭获得的相对较少,其中小学阶段低收入家庭更明显地受益,但初中阶段 5 等分组家庭非现金收入却是最高的,估计是这部分家庭含有的初中学生较多。高中阶段是 2、3、4、7 等分组家庭获益较多,大概为 12%,而其他收入阶层获益较少,占比在 8% 左右。大学阶层除了中间的 5 等分组占比最少(7.38%)和 7 等分组占比最高(12.45%)外,其他各等分组家庭获得非现金收入比例相差不大,都在 10% 左右。总的来看,在 25 到 60 岁这部分家庭里面,在幼儿园和大学阶段,各等分组家庭获得的教育非现金福利相对较为均衡,而在小学和初中阶段,呈现出各家庭的教育非现金收入随其初始收入的提高而降低的趋势,收入越低获得的教育福利越多,显示了公共教育资源向低收入家庭的倾斜性。另外,在高中阶段,中等收入家庭的非现金收入相对较高,也反映了目前绝大多数中等收入家庭对教育的重视程度,且其受教育年限也在逐渐提高。

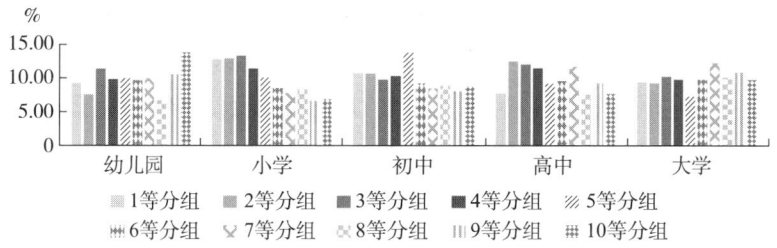

图 9-5 各阶段公共教育在各等分组家庭中的非现金转移比例

(三)公共教育非现金收入对含有 3~25 岁成员的家庭收入的影响

本部分我们进一步考察含有 3~25 岁成员的家庭公共教育非现金收入情况,这部分家庭的特点是都有孩子,且包含了从幼儿园到大学的所有年龄段孩子,获得公共教育非现金收入的比例更大,但也有部分孩子在上完初中或高中之后选择不上学,那么他们就无法获得教育非现金收入,同样按照家庭平均收入分为 5 等分组进行分析。

表 9-4 列出了公共教育非现金收入对含有 3~25 岁成员的家庭收入的改善情况,很显然这部分家庭获得的教育非现金收入的比例更高。表 9-4 中结果

显示，各收入阶层在接受教育非现金总收入后，低收入阶层的收入提高得最多（69.18%），随家庭收入的提高收入呈现递减趋势，收入最高阶层获得的非现金收入是最少的（7.35%），这个比例要远高于前面分析的两类划分人群，说明含有3~25岁成员的家庭是教育非现金收入的主要受益者。从表9-4右边的不平等指数来看，教育非现金总收入对含有3~25岁成员的家庭收入差距改善的比例也是最高的，不平等指数减小的范围在11.27%~26.29%，其中阿特金森指数（$\varepsilon=2$）和泰尔指数（$GE=0$）都比较大，分别为-26.16%和-26.29%，这两个指数对低收入群体的收入改善有较大的敏感性，这也说明我国的教育非现金收入对低收入有孩子家庭的收入改善力度是比较大的。

另外，从各级教育非现金收入对家庭收入的提高比例来看，仍然是小学阶段最高（2.18%~26.89%），其次是初中阶段（1.73%~13.03%），再次是大学阶段（1.70%~6.35%），最后是高中阶段（1.19%~6.76%）和幼儿园阶段（1.01%~6.35%）；从对不平等指数的影响来看，也存在这样的规律，尽管改善数值并不一样。总的来看，教育非现金收入对含有3~25岁成员家庭的收入改善程度是非常大的，对该家庭的收入不平等的缩小也起到了较大的作用。

图9-6显示了各等分组家庭的公共教育非现金收入的分布情况，发现整体上虽然差距不大，但还是可以看出最低等分组家庭和最高等分组家庭获得的非现金收入占比要较高一些，分别为10.64%和11.15%。低等分组家庭较高的非现金收入应该是与有较多的上学孩子个数有关，而高等分组家庭估计更多的是与这些家庭所处的区域有关，即居住在经济比较发达的城市区域获得的教育非现金收入较高，而剩余的其他阶层中，发现收入较高的阶层获得的教育非现金收入相对稍微少一些，大概率是与这些家庭拥有的上学孩子个数较少有关，故获得的教育非现金收入也较少。

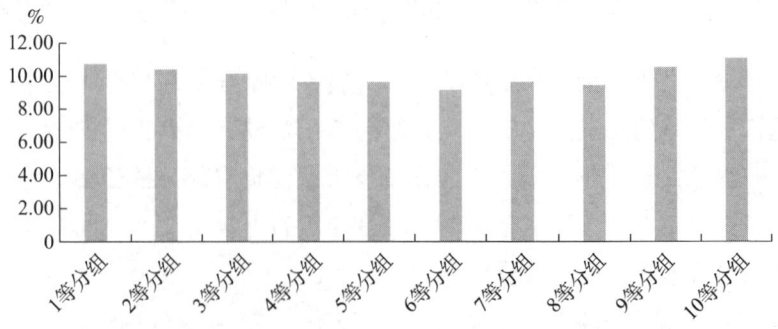

图9-6　各等分组家庭的公共教育非现金收入情况

第九章 公共教育非现金收入对家庭收入的影响

表9-4 公共教育非现金收入对含有3~25岁成员的家庭收入的影响

收入分布	各等分组家庭平均收入（元）					不平等指数				
	最低	中等偏下	中等	中等偏上	最高	基尼系数	GE（0）	GE（1）	A（ε=0.5）	A（ε=2）
初始收入（转移前）	7396.86	15748.62	24304.81	38163.04	107693.63	0.51136	0.48307	0.64812	0.23271	0.62712
转移后收入	公共教育财政非现金收入对家庭初始平均收入的改变比例（%）					公共教育非现金收入对不平等变化情况（%）				
最终总收入（总转移后）	69.18	34.71	24.02	16.69	7.35	-11.27	-26.29	-19.50	-20.36	-26.16
初始收入加幼儿园转移	6.35	3.25	2.37	1.73	1.01	-1.08	-3.30	-2.10	-2.22	-4.27
初始收入加小学转移	26.89	14.15	8.85	5.15	2.18	-5.00	-12.54	-8.41	-9.18	-10.99
初始收入加初中转移	13.03	7.37	5.78	3.75	1.73	-2.56	-6.32	-4.79	-4.86	-4.46
初始收入加高中转移	6.76	4.43	3.39	2.60	1.19	-1.39	-3.09	-2.74	-2.58	-1.59
初始收入加大学转移	6.35	5.24	4.10	3.91	1.70	-1.45	-2.84	-3.23	-2.72	-0.98

图 9-7 显示了各等分组有孩子家庭不同教育阶段的公共教育非现金收入情况。在幼儿园阶段，随着家庭收入的提高，获得教育非现金收入的比例也是增加的，最高收入阶层获得的教育非现金收入远高于其他阶层，占比达到 19.80%，其次是 7、8、9 等分组家庭，获得的比例都在 10% 以上，其他收入阶层获得的比例比较均衡，平均在 8.5% 左右。这样分布的主要原因可能还是财政教育补贴对经济发达区域的转移支出远大于其他经济落后区域，而高收入家庭一般会选择居住在城市等经济较为发达的地区，即便拥有同样的孩子个数，不同区域获得教育资源也是不一样的。在小学阶段，各家庭阶层获得的教育非现金收入随收入的提高而有所降低，最低收入家庭享有教育非现金福利占比最高为 12.54%，4 等分组以下家庭占比相对较多，均超过 10%；8 等分组家庭获得的最少，占比为 8.28%，与 4 等分组以下家庭占比相差不大。在初中阶段，各等分组家庭的教育非现金福利享用情况是 1、3、5、6、9、10 等分组家庭占比较高，均在 10% 以上，其他等分组占比相对较低。高中阶段的教育非现金收入分布也没有一定的规律，2、4、5、7、8、10 等分组占比相对较高，也均在 10% 以上，其他相对少一些。大学阶段的教育非现金收入分布差距比较大，高收入家庭获得的教育非现金收入要高于低收入家庭，收入较低的 1、2、3、4、5、6 等分组家庭获得的教育非现金收入占比平均为 8.53%，而最高的 7、8、9、10 等分组家庭获得的教育非现金收入平均为 12.21%，说明高收入家庭的学生升入大学的比例较高，而低收入家庭则较少。因此，大学阶段的教育非现金收入可能会拉大高低收入家庭之间的差距，不仅在短期，就是在长期来看也都不利于收入分配的均衡发展，故进一步提高低收入家庭孩子的大学入学率，提高其教育水平也是促进居民家庭收入平均分配的一种措施。

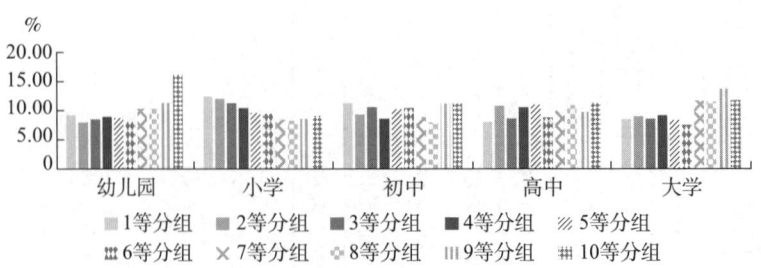

图 9-7 不同等分组家庭各阶段的公共教育非现金收入情况

(四) 公共教育非现金收入对含有不同年龄段学生家庭收入的影响

本部分按照我国幼儿园、小学、初中、高中和大学各不同教育阶段相应学生的年龄分布，将学生分为3~6岁、6~12岁、12~15岁、15~18岁、18~25岁这5个年龄段，分析含有不同年龄段学生的家庭的收入分配受公共教育非现金收入的影响情况。这些家庭有的只有一个学生，有的有几个不同年龄的学生，它们获得的教育非现金收入也不一样，有必要单独进行分析。在具体分析时，将含有不同年龄成员的家庭按照其家庭平均收入和接受教育非现金收入后的总平均收入均分为5等分组，分析不同分组家庭接受教育非现金收入后的收入变化情况。

如表9-5所示，在含有3~6岁学生的家庭中，这类家庭都有幼儿园的学生，发现仍然是低收入家庭获得的教育非现金收入较多，使其初始收入提高了17.21%，而高收入家庭则提高得最少（3.26%）。从其对不平等指数的影响来看，泰尔指数GE（0）和阿特金森指数（$\varepsilon=2$）的值减少的比例较高，说明是比较有利于低收入家庭的。其他分别含有6~12岁、12~15岁、15~18岁、18~25岁成员的家庭获得公共教育非现金收入对其家庭收入提高的比例也都是随着其家庭平均收入的提高而降低的，但提高的比例各不相同，其具体分布区间分别为3.72%~48.24%、5.47%~30.43%、4.34%~25.06%、6.99%~59.60%。另外，从表9-5的纵向结果来看，含有3~6岁学生的家庭获得的教育非现金收入使其收入提高的比例相对较低，而含有18~25岁学生的家庭即含有大学学生的家庭获得的教育非现金收入使各阶层家庭收入提高的比例是最高的，其次是含有6~12岁学生的家庭，也就是说在大学阶段和小学阶段，家庭获得的教育非现金收入是相对比较高的。从其调整收入分配的程度来看，根据基尼系数的大小可以看出，大学阶段对中等阶层的调整比例较大。另外，根据泰尔指数GE（1）和阿特金森指数（$\varepsilon=0.5$）的值来看，对高收入家庭的收入提高相对有利，实际情况也是低收入家庭拥有大学生的概率是相对比较低的，因此，对大学阶段过高的财政转移是不利于缩小收入差距的。另外，根据小学阶段的教育非现金收入来看，则更有利于低收入家庭收入的提高，总体上也是降低了收入差距，这更有利于调节家庭的收入差距。但就我国目前的总体情况来看，各教育阶段的公共教育非现金收入还是降低了各阶层家庭收入的不平等程度的。

表 9-5 公共教育非现金收入对含有不同年龄段学生家庭收入的影响

家庭类型	各等分组家庭接受教育非现金收入后平均收入的改变比例（%）					不平等指数的变化情况（%）				
	最低	中等偏下	中等	中等偏上	最高	GINI	GE(0)	GE(1)	A(ε=0.5)	A(ε=2)
含有3~6岁成员的家庭	17.21	7.65	5.55	4.01	3.26	-3.06	-9.94	-6.11	-6.96	-13.23
含有6~12岁成员的家庭	48.24	21.15	14.26	9.16	3.72	-7.33	-18.17	-12.42	-13.28	-16.58
含有12~15岁成员的家庭	30.43	16.27	13.99	9.62	5.47	-4.92	-11.63	-10.27	-9.56	-8.34
含有15~18岁成员的家庭	25.06	15.41	11.52	8.36	4.34	-3.28	-6.60	-7.22	-6.38	-2.65
含有18~25岁成员的家庭	59.60	27.53	25.02	17.71	6.99	-8.13	-16.49	-16.58	-14.84	-9.88

五、不同收入居民的学历及学生分布情况

（一）不同收入居民的学历分布情况

根据 CFPS（2018）的调查数据，我们考察了年龄在 30~55 岁的个人学历分布情况，之所以选择这个年龄段主要是因为 30 岁之前的个体有可能还会继续上学或者刚开始工作收入不稳定，而在 55 岁之后可能又面临退休，部分人可能已经退休或处于准备退休的阶段，收入或许会受到影响，而 30~55 岁的个体绝大部分已经完成学校教育并且已经开始工作一段时间，且又尚未退休，收入相对比较稳定，基本上也都是家庭的主要支柱，更能代表居民收入（或家庭收入）与其学历之间的关系。共筛选出符合条件的 13702 个样本。按照学历分为文盲/半文盲、小学、初中、高中、大学、研究生（硕士和博士）等不同类型，同时又将拥有不同学历的居民按照其收入从小到大排序后，分为 5 等分组进行分析。

为了便于对比分析，我们把全体居民的平均收入调整为基数 100 元，计算了拥有不同学历的居民的相对平均收入，这样更容易看出不同居民之间的收入差距，结果见表 9-6。我们发现学历越高，收入也越高，以高中为分界点，高中以上学历的居民收入增长得比较多，高中学历的平均收入为 123.70 元，而大学学历的平均收入为 314.42 元。另外，依据表 9-6 我们也分析了不同学历的居民在各收入分组中所占的比重。在最低收入的 1 等分组中，初中学历的居民所占的人数最多，达到 41.00%，其次是小学学历（27.50%）、文盲/半文盲（13.10%）、高中学历（12.90%）、大学学历（5.10%），但也有极个别研究生学历的家庭收入位于最低收入家庭，仅占 0.10%。中等偏下收入的 2 等分组中，文盲/半文盲、小学、初中学历占比相差不大，占比均在 29% 左右；另外高中、大学的居民占比则较低，分别为 8.60%、4.10%，但也高于最低收入的相应人数。中等收入的 3 等分组中，文盲/半文盲、小学和初中学历的居民占比相差不大，平均为 28%，高中学历占比达到 14.80%。中等偏上收入的 4 等分组中，初中学历占到 40.00%，其次是小学学历、高中学历、大学学历、文盲/半文盲，占比分别为 21.30%、17.50%、13.10%、7.70%，在前 4 等分组中，研究生学历的居民都非常少，最高达到 0.10%。在收入最高的 5 等分组中，大学学历占比最高为 37.70%，其次是初中学历、

高中学历、小学学历，占比分别为 28.50%、17.70%、10.20%，占比最小的是研究生学历，为 2.30%。总的来看，低收入分组中低学历占比较高，高收入分组中高学历占比较高，即可以理解为学历越高收入相对也越高，但是在各收入分组中，小学和初中学历的居民都是主力军，占比都比较高，学历越高的居民占比越小。

表 9-6 不同学历居民及其收入分布状况（30~55 岁）

学历	平均收入（元）	不同教育水平的收入 5 等分组（%）				
	（100）	1 等分组	2 等分组	3 等分组	4 等分组	5 等分组
文盲/半文盲	28.45	13.10	28.70	27.00	7.70	2.70
小学	56.04	27.50	28.70	25.80	21.30	10.20
初中	88.86	41.00	29.60	31.10	40.00	28.50
高中	123.70	12.90	8.60	14.80	17.50	17.70
大学	314.42	5.10	4.10	0.90	13.10	37.70
研究生	531.21	0.10	0.10	0.10	0	2.30

（二）不同分组家庭中的学生分布情况

表 9-7 中，我们进一步考察了各等分组家庭中学生在各阶段学习的分布状况。在幼儿园阶段，幼儿园学生个数随着家庭收入的提高占比是增加的，低收入阶层占比为 22.46%，高收入阶层占比达到 29.00%，这估计与近几年的计划生育政策放开，高收入家庭的二孩已经开始到了上幼儿园的年龄有关。小学阶段的学生占比是低收入家庭的较高，而高收入的相对较低。初中学生在各收入阶层之间的占比为 15.12%~18.46%，我国的中小学教育是义务教育，基本所有学生都可以免费入学，故正常情况下中小学学生的占比应该不会相差太大，但是，明显看出初中学生的占比要小于小学学生的占比，结合我国目前存在的大量留守儿童，依然存在一些孩子小学毕业后或初中没上完就辍学的现状，这可能也是初中学生占比较低的一个原因。各收入阶层的高中学生和大学学生占比相对比较均衡，为 10.41%~12.01% 和 8.41%~13.17%，高收入家庭中大学学生的占比明显要高于低收入家庭，说明高收入家庭中进入高一级学校学习的孩子还是相对较多的。

表9-7 各不同分组家庭孩子的上学分布及户均教育支出情况

在读学生	收入5等分组的不同教育水平情况				
	低收入	中低等收入	中等收入	中上等收入	高收入
幼儿园（%）	22.46	22.68	25.24	26.42	29.00
小学（%）	38.58	38.88	36.99	33.75	32.71
初中（%）	18.46	17.04	18.26	15.12	17.29
高中（%）	11.98	12.01	11.10	11.54	10.41
大学（%）	8.52	9.39	8.41	13.17	10.59
高中与初中在校生比例（%）	64.90	70.49	60.78	76.29	60.22
大学与高中在校生比例（%）	71.07	78.14	75.81	114.19	101.79
户均教育培训支出（元）	2667.75	4321.39	4517.23	4700.47	7315.67

另外，从高中与初中生的在校比例来看，由于我国前些年实施城乡不同的计划生育政策，导致家庭的孩子个数有一定的差异，低收入家庭由于有较多的孩子而占比较高，高收入家庭相对较低。从大学与高中在校生的比例来看，高收入阶层是远大于低收入阶层的。另外，根据各收入阶层的户均教育培训费支出情况来看，高收入家庭也是远大于低收入家庭的，高收入家庭（7315.67元）是低收入家庭（2667.75元）的2.74倍。从以上各方面都可看出，高收入家庭对教育是比较重视的，不仅在教育上的投资比较高，受教育程度也相对较高，人力资本水平也会比较高，进而又会使其得到更高的家庭收入。高收入家庭存在良性循环，低收入家庭要想进一步提高其家庭收入，也必然要进入这样的良性循环中，才有希望实现目标。

六、本章小结

本章根据中国家庭追踪调查数据分析了我国公共教育非现金收入对不同等分组家庭收入差距的作用，总的来看，以政府财政支出成本衡量居民获得的教育福利的实物价值，会不成比例地增加各阶层家庭的实际收入，缩小居民之间的不平等程度。

从教育非现金总收入对家庭收入的影响来看，教育非现金收入明显地提高了低收入阶层的总收入，且提高比例远大于高收入阶层，有效地缩小了居民之间的收入差距。

从各分类教育非现金收入的福利作用来看，实施义务教育的中小学阶段的非现金收入福利作用比较大，使低收入家庭的收入提高得较多，调节收入不平等的力度也最大。而在非义务教育阶段，教育非现金收入的调节作用从大到小依次是大学、高中和幼儿园，也使低收入家庭的收入提高得较多，高收入家庭提高得较少，也都在一定程度上缩小了收入差距。

另外，虽然高收入家庭获得了较多的高等教育非现金收入，但由于我国目前各阶段教育还处于发展阶段，尤其是高等教育，因此，高等教育的非现金收入并没有显现出拉大收入差距的明显趋势，反而是较多地缩小了收入差距。另外，由于教育给家庭收入带来的良性循环作用，故缩小收入差距的一个重要措施，就是如何使低收入阶层享受更多的教育福利，尤其是高等教育福利，以获得更多的教育外部性，进入教育产生的良性循环圈之中。

中小学义务教育的普及基本上已经惠及全体居民，教育所产生的收入差距目前更多地应该体现在非义务教育的高中和大学阶段。我国的公共教育财政支出与其他发达国家相比还有一定的差距；另外，根据我国各阶段教育非现金收入缩小收入差距的作用，本书认为我国的教育非现金支出应该还有继续扩大支出的空间，应该继续扩大对高中教育的支出，甚至可以将其纳入义务教育范围，提高其升学比例，进一步提高全民的受教育水平，尤其是低收入家庭。另外，高等教育的公共支出还处于缩小收入差距的边界之内，因此应继续加大力度支持，使之在更大程度上缩小收入差距。

本章的分析也存在诸多不足，以政府支出成本来衡量教育产出的价值，可能与实际产出结果有一定的偏差，但目前尚未找到更合适的计算方法，故仍采用了传统的计算方法。有学者认为采用消费数据来衡量居民获得的福利状况可能更为准确，但由于本书所采用的调查消费数据不完善，有较多的缺失样本，故仍采用了收入数据来衡量教育非现金的福利作用。由于样本调查的限制，本书的学校阶段划分不是很准确，没有区分职业教育、研究生教育阶段，也没有区分公办教育与民办教育的具体情况。另外，居民的非现金福利不仅限于教育，还存在许多其他类型，应进一步扩大到更多的非现金福利的核算。

第十章

公共卫生非现金收入对家庭消费的影响

一、引言

政府财政的公共医疗卫生支出是居民非现金福利的重要组成部分，对家庭或个人福利的改善具有重要的作用，对其进行研究更有实际意义，本书主要从微观视角研究家庭的公共卫生非现金收入（政府公共卫生支出）对居民的福利调节作用，一方面可以检验其对居民生活水平福利状况的调节作用，另一方面也可以评估与其相关的公共卫生政策的有效性。

国际上对公共卫生非现金收入福利的研究早在20世纪80年代就已开始，主要涉及以下几个方面：

（1）公共卫生非现金收入的再分配作用。Smeeding等（1993）根据卢森堡收入研究数据库，分析总结20世纪80年代初7个国家的非现金收入，包括公共卫生、教育、住房租金对生活水平、收入分配和贫困的影响，得出非现金收入的估算对有孩子和老人的家庭最终收入影响较大，进而对平均生活水平和贫困率的影响也比较大。Klavus等（1996）利用基于疾病保险的方法，研究了芬兰公共卫生非现金收入的再分配效应，结果发现，公共医疗体系的再分配是有利于穷人的。Steckmest（1996）分析了挪威非现金转移（卫生和教育服务）对可支配家庭收入的影响，发现免费教育制度的主要受益者是有孩子的家庭，非现金卫生保健福利较多地改善了老年人的状况，处于底层的家庭比处于顶层的家庭受益更多，总体来看，健康和教育的非现金收入使收入分配更加公平。Garfinkel等（2004）将经合组织的卫生、教育等福利数据与其相应的家庭收入数据相结合，以政府成本计算实物福利，评估分析了美国、加拿大等10个福利国家的实物福利支出的收入再分配作用，认为实物福利减少了国家间可支配收入的差异。Harding（2010）估计分析了澳大利亚1990年的公共支出对卫生、教育和住房等综合分配的影响，指出非现金福利对收入分配具有均衡效应，具有较强的生命周期特征，主要有益于有子女和老年人的家庭，非现金福利的价值在30岁和40岁时达到顶峰，在退休后再次上升。

（2）非现金收入与需求的不一致性问题。Brigitte（1988）指出等价量表是根据家庭规模和相关需求调整收入的一种方法，并根据卢森堡调查数据中10个国家的相关数据检验了收入不平等和贫困测度对等价尺度选择的敏感性。Radner（2010）指出当收入的定义被扩展为包括非现金收入时，收入和需求方面的不一致性分析也是非常重要的，并根据美国的调查数据以医疗保险非现金收入为例，详细分析了收入与需求的不一致性对老年人经济地位的影响。Klavus（1999）指出个人的健康状况、家庭规模和年龄在获得公共卫生非现金福利中的重要作用，进一步根据不同服务的卫生保健利用数据推导出了基于需求的公共卫生服务利用等价量表，据此对比分析了卫生非现金福利的作用；另外，指出公共卫生福利作用的大小还依赖对其范围的界定。

（3）非现金收入的估值问题。根据经济理论，家庭非现金收入的价值应当与现金收入的价值一样，但由于非现金收入可能在一定程度上扭曲了居民的消费模式，尽管也增加了居民的福利，但却减小了政府提供的价值。Smeeding（1993）将实物福利的价值缩小为现金等价物价值的方法进行调整，通过假设非现金转移的现金价值等于无补贴消费者在该商品或服务上的正常支出来估计，并根据美国的医疗转移数据得出老年人的权重为0.48，非老年人的权重为0.59，与就业有关的健康保险的平均权重为0.64。

国内对于政府公共卫生服务的研究较多地集中在宏观研究方面，如研究公共卫生支出的规模、绩效、影响因素等，对公共卫生支出福利作用的研究相对较少，如梅业琴等（2017）也只是从宏观方面根据中国31个省、自治区、直辖市的面板数据，分析了公共卫生支出对社会福利水平的影响，从微观视角研究公共卫生非现金收入对居民福利的影响则更不多见。本章在参考其他国际相关研究的基础上，详细分析了我国公共卫生非现金收入对居民消费水平的实际影响。

二、数据来源与研究方法

本章主要分析我国政府财政支出的公共卫生非现金收入对家庭消费的福利调节作用，大多数研究者是根据家庭成员的年龄、性别和地区的平均利用率来分配福利，非现金利益是按照政府提供的成本来评估的（Evandrou et al.，1993）。这里我们也以公共卫生支出的成本数据作为居民的公共卫生非现金收入数据，同样也假定公共卫生服务不产生外部性作用，即公共卫生转移支出的直接受益者是接受医疗卫生服务的居民，这些居民获得的收益（公共卫生非现金收入）等于公共卫生支出的平均成本，但个人是以家庭为单位进行消费的；因此，个人接受的公共卫生转移费用相当于政府补贴给家庭的消费支出，这部分费用若没有政府补贴，是需要家庭支出的。因此，公共卫生非现金收入提高了居民的消费水平，使家庭成员享受了更多的福利。本书以家庭为单位分析家庭享有的公共卫生非现金收入对家庭消费的调节作用，思路是首先计算出家庭享有的公共卫生非现金收入，进而计算、分析家庭在接受公共卫生非现金收入前、后的家庭消费状况。

（一）数据来源说明

1. 人均公共卫生非现金收入的数据

医疗卫生服务的使用与年龄、性别、地区等因素有关，由于性别的影响相对较小且没有完善的相关数据资料，因此在计算人均公共卫生非现金收入时重点考虑了年龄和地区两个因素。这里按照各省份的公共卫生总支出和常住人口以及不同年龄的人口使用公共卫生服务的比例计算人均公共卫生的非现金收入。此数据主要来源于《中国卫生年鉴》（2017 年）和《中国统计年鉴》（2017 年）。

2. 家庭或个人的消费数据

关于居民的家庭与个人的相关数据来源于 2017 年的中国家庭金融调查数据，此调查数据只收集有关家庭金融微观层次的相关信息，包括收入与消费、社会保障与保险、人口特征等，从 2011 年开始每隔两年调查一次，包括了全国 25 个市（区）、363 个县、1439 个村（居）委会，有效样本达到 40000 多户，本书主要使用已经放开的 2017 年的调查数据（共包含 29 个省、自治区、直辖市）进行研究，包括家庭人口特征、医疗支出费用、社会医保报销费用、家庭消费数据、家庭收入等。

（二）研究方法

测算家庭的公共卫生非现金福利，国际上一般有两种做法：一种是根据家庭实际获得的公共卫生转移（公共卫生实际发生率）来测算的方法，即福利的发生率与谁获得其价值有关，并假定是那些使用服务的人，如 Harding（1982）、Wilson（1993）等；另一种是一种基于与风险相关的保险方法，即假定每个人从国家获得的福利是由其年龄—性别组的平均支出决定的，将这部分收益加入现金收入中以衡量居民的资源使用情况，如 Saunders 等（1994）、Donaldson 等（2002）、Garfinkel 等（2004）。多数人认为，基于"实际使用"的方法将有利于那些经常患病或患严重疾病的人，他们获得的卫生非现金福利将远高于其他人，但公共卫生的目的在于提高全体社会成员的健康水平，更加侧重公平性。因此，多数人认为基于保险的方法比基于"实际使用"的办法更可取，因为它衡量的是每个年龄类型的人必须支付的费用情况，反映了该群体获得的福利（Smeeding，1982），即无论实际的医疗保健使用情况如何，特定年龄的每个人都享有这一福利，最大限度地体现了公共卫生福利的公平性。本章主要基于保险的方法进行测度分析。

1. 家庭福利测度指标

由于中国家庭金融调查数据中的家庭收入数据中含有较多的负值以及收入区间出现的样本，故以家庭收入数据为基础进行分析可能会有较大的偏误，目前也有不少研究者提出家庭消费比家庭收入更能反映家庭的福利情况，因为家庭消费数据代表的是一家人的真实生活消费状况，更真实地反映了一个家庭的日常生活福利水平，而家庭收入则不一定全部用来消费，可能会有一部分储蓄或投资，不一定能准确反映居民当时的生活状况及福利水平。因此，本书选择以家庭消费数据代表家庭的生活福利水平进行分析。

2. 家庭等价人口和家庭人均消费（福利）的计算

本章主要以家庭为单位进行福利分析，居民个人获得的非现金收入实际上在家庭内部是共享的，家庭规模大小不一，利用家庭总消费数据来衡量家庭福利，无法反映家庭规模因素以及具体家庭中居民的个体差异性。传统上常用以家庭人口个数进行调整的家庭人均平均消费支出来衡量家庭的消费水平以及生活状况，但实际上家庭中不同个人的消费也是有差异的，尤其是以年龄划分的小孩、成年人、老人等的消费差异还是比较大的。Atkinson 和 Harrison（1978）、Kuznets（1976）等较早地认识到收入概念的选择和加权方案的选择之间的差异，并试图使用适当的个人权重来测度、估计不平等问题，如欧盟成员国、美国等早在 20 世纪 70 年代就已经开始运用等价尺度的概念对收入分配或福利进行测度。本书在对家庭享用的福利水平进行测度时，参考使用 Hagenaars 等（1994）提出的修正的 OECD 的等价尺度，我们将家庭中户主的权重设定为 1，15 岁以下小孩的权重设定为 0.3，其他人口的权重设定为 0.5，据此计算家庭的等价人口，进而可以用家庭总消费除以家庭等价人口计算家庭人均消费支出。

3. 人均公共卫生非现金收入的计算

根据中国家庭金融调查数据得到的社会医保报销费用，可被视为家庭公共卫生非现金收入，但是此数据只有包含住院治疗成员的家庭才拥有，若用此数据衡量公共卫生非现金收入的福利作用，势必会扩大家庭的消费差距，违背了公共卫生是保障全民医疗卫生服务的基本原则。也有研究者采用基于保险的方法测算家庭的公共医疗卫生非现金收入福利，这更能反映其公平性。故本章采用基于保险的方法，将公共卫生费用按照不同年龄居民的住院比例，核算不同年龄段居民获得的公共卫生非现金收入福利。具体思路为：我国公共卫生支出的地区差异比较大，这里按照各省份的公共卫生支出和常住人口以及不同年龄的人口使用公共卫生的比例计算人均公共卫生的非现金收入。计算方法为：首先将居民按照不同年龄划分为 5 岁以下、5~14 岁、15~44 岁、45~59 岁、60 岁及以上 5 个年龄段，用 2016 年医院出院病人年龄及疾病构成分配计算各不同年龄段居民获得的公共卫生费用比例，然后将各省份的政府卫生支出总费用按照此比例分配给不同年龄段的居民，得到各省份不同年龄段居民获得的公共卫生总费用，最后再将各省份不同年龄段的公共卫生总费用除以其不同年龄段居民的总人口，计算出不同年龄段居民的人均公共卫生非现金收入。具体见表 10-1。

表 10-1 各省份不同年龄段居民的人均卫生非现金收入 单位：元

省份	5 岁以下	5~14 岁	15~44 岁	45~59 岁	60 岁及以上
北京	454.14	89.00	159.37	249.96	568.90
天津	285.60	55.97	100.23	157.20	357.78
河北	159.21	31.20	55.87	87.63	199.44
山西	176.31	34.55	61.87	97.04	220.87
内蒙古	253.02	49.59	88.79	139.26	316.97
辽宁	151.92	29.77	53.31	83.62	190.31
吉林	214.73	42.08	75.36	118.19	269.00

续表

省份	5岁以下	5~14岁	15~44岁	45~59岁	60岁及以上
黑龙江	158.68	31.10	55.69	87.34	198.78
上海	375.41	73.57	131.74	206.63	470.28
江苏	197.82	38.77	69.42	108.88	247.81
浙江	209.58	41.07	73.55	115.35	262.54
安徽	186.09	36.47	65.30	102.42	233.12
福建	210.48	41.25	73.86	115.85	263.67
江西	213.55	41.85	74.94	117.54	267.51
山东	171.43	33.60	60.16	94.36	214.75
河南	174.42	34.18	61.21	96.00	218.50
湖北	217.78	42.68	76.42	119.87	272.81
湖南	172.01	33.71	60.36	94.67	215.48
广东	221.34	43.38	77.67	121.83	277.27
广西	205.76	40.33	72.21	113.25	257.76
海南	266.37	52.21	93.48	146.61	333.69
重庆	233.88	45.84	82.08	128.73	292.98
四川	198.71	38.94	69.73	109.37	248.93
贵州	237.20	46.49	83.24	130.56	297.15
云南	207.48	40.66	72.81	114.20	259.92
西藏	539.65	105.76	189.38	297.03	676.03
陕西	215.28	42.19	75.55	118.49	269.69
甘肃	227.51	44.59	79.84	125.22	285.01
青海	394.56	77.33	138.46	217.17	494.27
宁夏	265.79	52.09	93.27	146.29	332.96
新疆	260.94	51.14	91.57	143.62	326.88

资料来源：《中国卫生年鉴》《中国统计年鉴》。

4. 含有公共卫生非现金收入的家庭人均消费

根据家庭所在的不同区域、包含成员的个数以及不同成员所享受的人均公共卫生非现金收入，计算出家庭总的公共卫生非现金收入，将其加总到家庭总消费数据中，进一步将含有公共卫生非现金收入的家庭总消费除以家庭等价人口，计算出含有公共卫生非现金收入的家庭人均消费支出数据。

5. 家庭生活消费不平等的测度方法说明

为了比较接受公共卫生非现金收入前后家庭的生活消费改变情况，本书选取了与第九章相同的基尼系数、阿特金森指数（$\varepsilon=0.5$ 或 $\varepsilon=2$）和泰尔指数（$GE=0$ 或 $GE=1$）等5个指标，从不同方面反映各阶层消费的不平等情况。

三、公共卫生非现金收入对不同家庭消费的影响

根据2017年的中国家庭金融调查数据，删除一些数据资料不全的无效样本之后，最终选取分布在全国29个省、自治区、直辖市的39985户家庭样本数据，基本上代表了全国的情况。将各省、自治区、直辖市各年龄段的人均公共卫生非现金收入数据与不同区域家庭中包含的各年龄段居民相匹配，将其加总到家庭的初始总消费里面，得到家庭接受公共卫生非现金收入后的最终消费数据，进而分析公共卫生非现金收入福利对家庭消费的具体影响。

（一）公共卫生非现金收入对全部家庭消费的影响

首先把全部样本按照家庭平均消费从小到大分为5等分组，分别为最低、中等偏下、中等、中等偏上和最高消费家庭。表10-2列出了公共卫生非现金收入对家庭消费的影响，表中的第3行左半部分显示的是家庭未接受公共卫生非现金收入的5等分组家庭的平均消费，右边是根据初始消费计算的各类不平等指数；第5~10行是按照家庭接受不同年龄段居民享有的公共卫生非现金收入后的总消费数据，重新划分为5等分组家庭，考察其对初始分组家庭消费的影响，左半部分是各分组家庭获得的公共卫生非现金收入使其初始消费提高的比例，右半部分则显示了其使各不平等指数的改变情况。从第5行显示的包含总卫生非现金收入的情况来看，最低消费家庭的公共卫生非现金收入使其初始消费提高了3.26%，随着家庭消费分位数的提高，公共卫生非现金收入使不同阶层家庭初始消费提高的比例逐渐减小，最高消费家庭的公共卫生非现金收入仅提高了其初始消费的0.30%。另外，从不平等指数的变化来看，公共卫生非现金收入可使各消费不平等程度降低0.73%~2.13%。剩下的第6~10行是各年龄段居民的公共卫生非现金收入使各分组家庭消费提高的比例以及使不平等指数改变的情况，显然，各年龄段居民的公共卫生非现金收入对最低消费家庭的影响都比较大，使其初始消费提高的比例在0.07%

到 2.04%，而对最高消费家庭的消费影响较小，使其初始消费提高的比例仅为 0.01%~0.15%，总体上也是随着消费阶层的提高，公共卫生非现金收入使其初始消费提高的比例减小；从对不平等程度的改善来看，公共卫生非现金收入在一定程度上减小了消费差距，提高了居民的整体消费水平。

从各年龄段的公共卫生非现金收入来看，60 岁及以上老年人的卫生非现金收入对各阶层居民消费的影响都是最大的，使其初始消费提高的比例为 0.15%~2.04%，在较大程度上缩小了居民的消费差距，使各不平等指数缩小了 0.44%~1.36%；而 5~14 岁年龄段居民的公共卫生非现金收入对居民消费的影响最小，使其各阶层消费提高的比例仅为 0.01%~0.07%，使各不平等指数缩小的范围为 0.02%~0.05%。总的来看，公共卫生非现金收入对低消费阶层的影响较大，使其消费提高的比例较多，对不平等指数改善也较高。从对各年龄段居民的影响来看，60 岁及以上老年人的公共卫生非现金收入对居民的福利影响最大，其次是 45~59 岁年龄段居民，因这两个年龄段居民的身体状况随着年龄增加而患病比例提高，住院治疗的比例也在增加，享受的公共卫生非现金收入较多，故这两个年龄段居民是公共卫生非现金收入的主要受益者；再次是 15~44 岁年龄段居民，其公共卫生非现金收入也相对较大，在促进收入公平方面起了较大的作用。另外，5 岁以下儿童因其年龄较小，抵抗力较弱，易患病，其享有的卫生非现金收入也不是最低的，而 5~14 岁年龄段是所有年龄段居民中公共卫生非现金收入最少的，这也说明这个年龄段的儿童身体状况最好。

表 10-2　公共卫生非现金收入对家庭消费的影响

消费分布	各等分组家庭平均消费支出（元）					不平等指数				
	最低	中等偏下	中等	中等偏上	最高	GINI	GE(0)	GE(1)	A($\varepsilon=0.5$)	A($\varepsilon=2$)
初始消费（转移前）	7092.02	15628.04	23265.85	33093.45	73943.95	0.45043	0.36068	0.37943	0.16785	0.30279
转移后消费	公共卫生非现金收入对家庭初始平均消费的改变比例（%）					公共卫生非现金收入不平等指数的变化情况（%）				
最终消费（转移后）	3.26	1.54	1.01	0.71	0.30	-0.73	-2.13	-1.43	-1.57	-1.77
初始消费加 0~5 岁	0.15	0.08	0.06	0.04	0.02	-0.04	-0.09	-0.07	-0.07	-0.08
初始消费加 5~14 岁	0.07	0.04	0.02	0.02	0.01	-0.02	-0.05	-0.03	-0.04	-0.04
初始消费加 15~44 岁	0.42	0.25	0.18	0.13	0.07	-0.10	-0.27	-0.20	-0.20	-0.22
初始消费加 45~59 岁	0.57	0.33	0.22	0.14	0.06	-0.14	-0.37	-0.25	-0.29	-0.31
初始消费加 60 岁及以上	2.04	0.84	0.53	0.38	0.15	-0.44	-1.36	-0.83	-0.97	-1.13

第十章 公共卫生非现金收入对家庭消费的影响

图 10-1 是将家庭样本按照其含有公共卫生非现金收入后的家庭人均总消费从小到大排序后的 10 等分组，计算了各分组家庭获得的公共卫生非现金收入的份额。从整体分布来看，最低阶层家庭获得的非现金收入金额是最多的，占总非现金收入的 10.58%，其次是 2 等分组（10.56%），消费阶层越高的家庭其获得的公共卫生非现金收入越少，其中高等消费家庭获得的公共卫生非现金收入是最少的，占比达到 9.16%。这说明一方面可能是因为低消费阶层家庭居民的健康状况较差，患病住院治疗比例较高，故其卫生非现金收入相对多一些；另一方面也可能是因为低消费阶层的人数较多，而导致其卫生非现金总收入所占比重较大。高消费阶层居民由于经济条件较好，平时注意身体保健，患大病住院的比例相对较小，其总人口也少，其卫生非现金消费比例相对较低。总之，从总体来看，低消费阶层获得较高的公共卫生非现金收入比例在一定程度上缓解了其消费压力，提高了总体消费水平，也体现了公共卫生政策的再分配作用，但实际上，各分组阶层的非现金收入所占比例相差并不是太大。

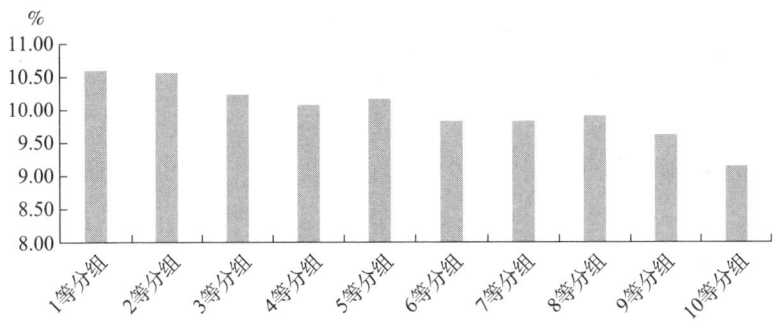

图 10-1 10 等分组家庭卫生非现金消费分布状况

图 10-2 显示了各年龄段居民公共卫生非现金收入对分组家庭的分布情况。5 岁以下小孩的卫生非现金收入情况：整体上 5 等分组以下家庭所占比例较高，占比均超过 10%，但 1 等分组家庭例外，所占比重是所有分组中最小的（8.58%），说明较低消费家庭对小孩的身体健康状况是比较重视的，享有的公共卫生非现金收入较高，但最低消费家庭因其收入有限，同样情况下，可能并没有对孩子采取过多的住院治疗，这也说明中等以下较低消费者也有可能过度重视孩子的健康情况，或许会存在过度治疗情况，导致其非现金收入较高。中等分组以上家庭（6~9 等分组）所占比例相对较低，在 9.23%~9.83%，但 10 等分组家庭例外，所占比例是所有分组中最高的，达到

11.03%，可能与高消费家庭高度重视孩子身体健康，就医时会选择较好的医院、较好的治疗方案等有关，花费相对较高，导致其非现金收入也较高。但总体上来看，2、3、5 和 10 等分组家庭享有非现金收入福利占比较大，而其他分组相对较小。

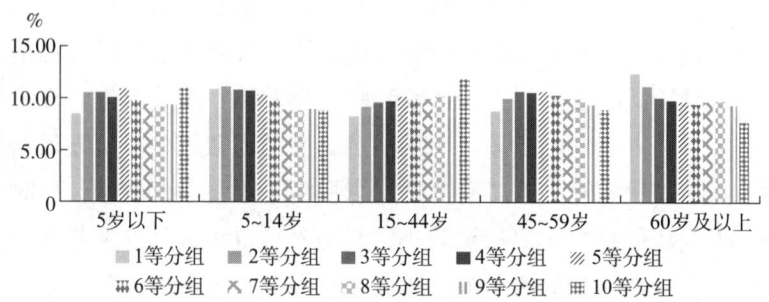

图 10-2 各年龄段公共卫生非现金收入在各分组家庭的分布

5~14 岁年龄段的各分组家庭：低分组家庭的公共卫生非现金收入比例较高，在 10.41%~11.21%，高分组家庭的比例较低，在 8.91%~9.84%。在这个年龄段内，低消费家庭孩子的身体健康情况要低于高消费家庭孩子，可能与高消费家庭更加注重孩子的身体发育、健康有关。15~44 岁年龄段的各分组家庭：整体上，公共卫生非现金收入随着家庭消费水平的提高而增加，1 等分组家庭公共卫生非现金收入最少，占比为 8.37%，10 等分组家庭卫生非现金收入最多，占比达到 11.96%。这说明在这个年龄阶段，高消费家庭享用的福利最多。在 45~59 岁年龄段：中间分位数家庭享用的公共卫生非现金收入所占比例较多，平均超过 10%，而处在两端的最低分组和最高分组家庭享用的福利相对较少。在 60 岁及以上年龄段：消费阶层越低，享用的公共卫生福利越高，如 1 等分组家庭非现金收入占比为 12.51%，消费阶层越高，享用的公共卫生非现金收入相对越少，10 等分组家庭的非现金收入占比为 7.81%。这说明 60 岁及以上的人群，低消费居民的身体状况较差，低消费居民较多从事体力劳动，即便有些不适，只要不是特别严重，为了省钱也可能会尽量不去医院治疗，进入老年以后身体每况愈下，以至于疾病越来越严重，故住院治疗的比例就会增加，享用的公共卫生非现金福利相对较多。高水平消费者平时就比较重视生活质量、养生保健等问题，身体状况相对较好，患重病、大病的概率较低，其享有的公共卫生非现金收入相对较少。

（二）公共卫生非现金收入对户主为 45 岁及以上家庭福利的影响

身体健康状况随着年龄的增加相对就会变差，享有的公共卫生非现金福利可能就较多一些，有必要单独对高龄群体进行分析，本部分就针对户主年龄为 45 岁及以上的家庭进行分析，此类家庭含有年龄较大的居民较多。表 10-3 显示了户主年龄为 45 岁及以上的家庭按照其初始消费水平和包含有公共卫生非现金收入后的平均消费水平分为 5 等分组，分析家庭成员享受公共卫生非现金消费后对其家庭消费福利的影响。表 10-3 与表 10-2 的结构类似，表 10-3 中显示的规律也与表 10-2 基本类似。从不同消费分组阶层来看：总的公共卫生非现金收入对最低消费家庭的消费影响作用最大，使其初始消费提高了 3.68%；随着消费阶层的提高，使高消费家庭的消费提高比例相对减小，对最高消费阶层的影响作用是最小的，仅使其提高了 0.41%。另外，各分组年龄段享有的公共卫生非现金收入对各阶层消费的影响作用也有此规律。从不同年龄段居民享有的公共卫生非现金收入来看，年龄为 60 岁及以上的居民享有的公共卫生非现金收入对各分组家庭的影响都是最大的，其次是年龄为 45~59 岁的居民，对消费影响最小的是 5~14 岁年龄段的居民享有的公共卫生非现金收入。从对消费不平等指数的影响来看，公共卫生非现金收入都在不同程度上减小了消费差距，居民接受的公共卫生总非现金福利使各不平等指数减小了 0.83%~2.41%，其中 60 岁及以上享有的公共卫生总非现金福利的减小作用最大，使各指数减小的比例为 0.52%~1.59%。总的来看，年龄越大，其享有的公共卫生福利对不平等的贡献就越大。

表 10-3 户主年龄为 45 岁及以上的家庭公共卫生非现金收入对家庭消费的影响

消费分布	各等分组家庭平均消费支出（元）					不平等指数				
	最低	中等偏下	中等	中等偏上	最高	GINI	GE(0)	GE(1)	A($\varepsilon=0.5$)	A($\varepsilon=2$)
初始消费（转移前）	6421.63	12811.21	19789.93	29669.63	66274.93	0.43942	0.34317	0.35835	0.15974	0.29048
转移后消费	公共卫生非现金收入对家庭初始平均消费的改变比例（%）					公共卫生非现金收入不平等指数的变化情况（%）				
最终消费（总转移后）	3.68	1.80	1.18	0.84	0.41	-0.83	-2.41	-1.64	-1.81	-2.03
初始消费加 0~5 岁	0.14	0.08	0.05	0.03	0.01	-0.04	-0.10	-0.07	-0.08	-0.08
初始消费加 5~14 岁	0.06	0.03	0.02	0.01	0.00	-0.02	-0.04	-0.03	-0.03	-0.03
初始消费加 15~44 岁	0.40	0.23	0.15	0.10	0.05	-0.10	-0.27	-0.20	-0.21	-0.22
初始消费加 45~59 岁	0.66	0.40	0.28	0.20	0.10	-0.16	-0.42	-0.32	-0.34	-0.35
初始消费加 60 岁及以上	2.39	1.06	0.67	0.51	0.25	-0.52	-1.59	-1.03	-1.16	-1.34

对比表 10-2 和表 10-3 的结果，发现表 10-3 中各分组的平均初始消费水平偏低，这说明年龄较大家庭的消费相对也低；初始消费不平等指数也相对较低，说明这部分家庭的消费水平更接近一些。表 10-3 中公共卫生总非现金收入对各阶层家庭的初始消费提高的比例都要高于表 10-2 中的相应数据，这说明户主为 45 岁及以上家庭享有的公共卫生总非现金收入较多。从不同年龄段享用的公共卫生总非现金收入来看，表 10-3 中 45 岁及以上居民享有的福利对其家庭消费的贡献都大于相应的表 10-2 中的数据，而 45 岁以下居民享有的福利对其家庭消费的贡献都小于相应的表 10-2 中的数据，说明表 10-3 中的代表家庭中含有 45 岁及以上的居民较多，而含有 45 岁以下的居民则相对较少。同样，表 10-3 中居民享有的公共卫生总非现金收入对不平等指数的贡献作用也大于表 10-2。

图 10-3 显示了 10 等分组家庭居民获得的公共卫生非现金福利的分布情况，总体上分布呈现"U"形，中等阶层享有的非现金福利较少，高等和低等分组家庭享有的较多，但高等阶层享有的更多，如第 10 等分组享有的卫生非现金福利占比达到 10.48%，低等分组中 2 等分组占比是较多的，达到 10.13%，5 等分组占比是最少的，仅为 9.75%。

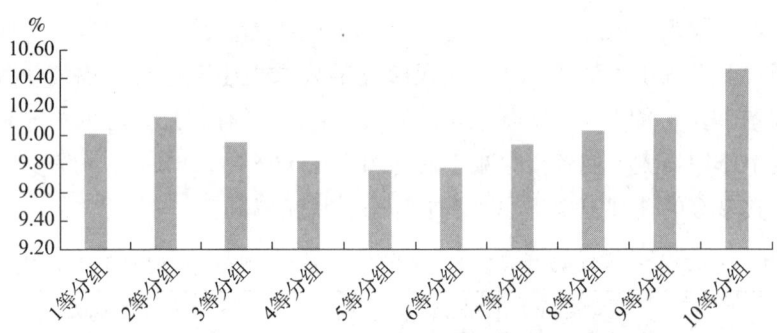

图 10-3　户主为 45 岁及以上家庭获得的公共卫生非现金福利情况

图 10-4 显示了各年龄段公共卫生非现金收入在户主为 45 岁及以上各分组家庭的分布。笔者发现公共卫生非现金收入在含有 5 岁以下和 5~14 岁年龄段居民各分组家庭中的分配比例类似，都是低等分组家庭获得的较多，高等分组家庭获得的较少，总体上随着家庭消费比例等级的提高，获得的公共卫生非现金收入比例也逐渐减少，但 5 岁以下的最低消费家庭除外。总体来看，低消费家庭更加重视 14 岁及以下孩子的身体健康状况，这类家庭也享有较多的公共卫生非现金收入。在 15~44 岁年龄段，各阶层消费的公共卫生非现金收入相对较为均衡，最低的是 9 等分组家庭，占比为

9.15%；最高的是5等分组家庭，占比为10.77%。在45~59岁年龄段，各阶层享有的公共卫生非现金收入在5等分组以下家庭中随消费阶层的提高而增加，最低的是1等分组，占比为7.65%，5等分组到9等分组家庭享有的比例比较接近，大概在10.35%，10等分组占比最高，为11.84%。在年龄为60岁及以上的分组中，低消费和高消费阶层享用的公共卫生非现金福利占比较高，而中间消费阶层则占比较低，5等分组家庭占比最低，为8.91%，1等分组家庭占比最高为11.19%，说明低消费阶层老年人的身体状况最差，住院治疗的比例相对较高。另外，高消费阶层也比较重视老年人的身体健康，住院比例相对也较高。

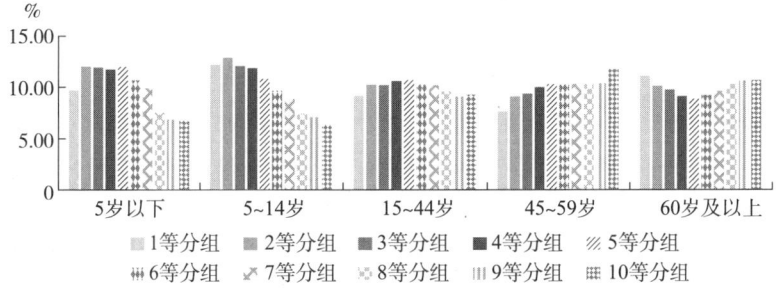

图10-4　各年龄段公共卫生非现金收入在户主为45岁及以上家庭的分布

（三）公共卫生非现金收入对含有60岁及以上成员的家庭消费的影响

老年人由于身体衰老而患病概率增加，享用公共卫生非现金收入的比例相对较大，故本部分选择含有60岁及以上老年人的家庭进行研究。表10-4显示了含有60岁及以上居民按消费水平划分的5等分组家庭享用公共卫生非现金收入对家庭福利的影响以及消费不平等的改善情况。

根据表10-4的结果，含有60岁及以上居民家庭的平均消费水平均低于表10-2和表10-3中的相应数据，各分组家庭中享有的总公共卫生非现金收入使其总消费提高的比例也都高于表10-2和表10-3中的相应数据，对消费不平等均有所改善。最低收入阶层获得的公共卫生非现金总收入使其总消费提高的比例较高（4.56%），随着消费阶层的提高，家庭享用的公共卫生非现金收入使其初始消费提高的比例降低，最高收入阶层的非现金收入仅使其初始消费提高了0.58%。另外，总公共卫生非现金收入使各不平等指数改善的比例也比较高，使各不平等指数减小的比例为3.63%~8.85%。从不同年龄段获得的公共卫生非现金福利来看，60岁及以上居民获得的最多，使其初始消费提高的比例也最高，使最低收入阶层的消费提高的比例最多为3.71%；消费阶层越高，其对初始消费提高的比例越小，使最高消费者的初始消费提高了0.50%。最少的是5~14岁年龄段获得的非现金福利，仅使其初始消费提高了0.01%~0.07%。

表10-4 公共卫生非现金收入对含有60岁及以上成员的家庭消费的影响

消费分布	各等分组家庭平均消费支出（元）					不平等指数			
	最低	中等偏下	中等	中等偏上	最高	GINI	GE(0)	GE(1)	A($\varepsilon=0.5$)	A($\varepsilon=2$)
初始消费（转移前）	5997.72	12091.94	18882.56	28547.62	61923.30	0.25927	0.11934	0.10712	0.05489	0.1125
转移后消费	公共卫生非现金收入对家庭初始平均消费的改变比例（%）					公共卫生非现金收入不平等指数的变化情况（%）				
最终消费（总转移后）	4.56	2.31	1.54	1.11	0.58	-3.63	-8.85	-7.52	-7.91	-8.38
初始消费加0~5岁	0.11	0.07	0.04	0.03	0.01	-0.10	-0.23	-0.19	-0.20	-0.21
初始消费加5~14岁	0.07	0.04	0.02	0.01	0.01	-0.07	-0.17	-0.14	-0.15	-0.16
初始消费加15~44岁	0.36	0.21	0.14	0.08	0.04	-0.37	-0.84	-0.73	-0.77	-0.80
初始消费加45~59岁	0.29	0.16	0.11	0.07	0.03	-0.28	-0.60	-0.56	-0.58	-0.58
初始消费加60岁及以上	3.71	1.83	1.22	0.93	0.50	-2.84	-7.11	-5.98	-6.30	-6.74

图10-5显示了公共卫生非现金总收入在含有60岁及以上居民家庭中的分布情况。从10等分组的家庭数据来看，最低阶层获得的最少，占比为8.93%，最高阶层获得的比例最高，为11.31%。总体上，公共卫生非现金收入在家庭中的分布随着家庭消费阶层的提高而增加。

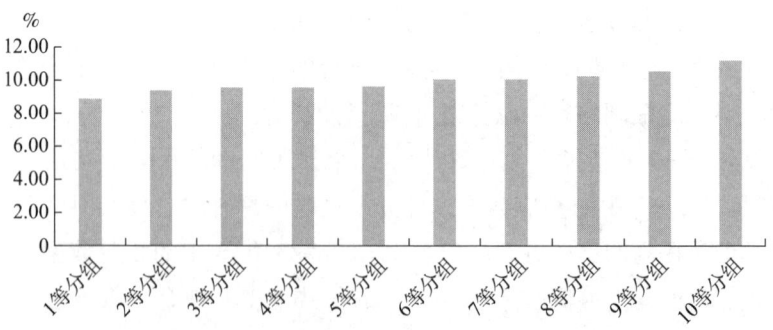

图10-5 公共卫生非现金收入在含有60岁及以上居民家庭中的分布

图10-6显示了含有60岁及以上居民的各分组家庭中，不同年龄段居民所享有的公共卫生非现金收入的分布情况。在不同分组家庭中，5岁以下居民获得的公共卫生非现金收入是随消费阶层的提高而增加的，最低阶层家庭最

少（8.97%），最高阶层家庭最多（12.12%）；5~14岁和15~44岁年龄段获得的卫生非现金收入除最低阶层外，较低阶层家庭获得的较多，较高阶层家庭获得的相对较少，但高低阶层的福利差异不是很大；45~59岁年龄段低阶层获得的公共卫生非现金收入较多，比例达到11%左右，高等阶层家庭获得的较少，如较高的三个8、9、10等分组家庭获得的比例仅在7.5%左右。对于60岁及以上的年龄段中，最低的1等分组家庭享有的公共卫生非现金收入最低（7.75%），主要原因是这类家庭收入较低，用于住院治疗疾病的费用也非常有限，除非是重大疾病才去医院住院治疗，才能享有公共卫生非现金收入，总体上比例较低。其他2~7等分组家庭享有的公共卫生非现金收入相对较高，所占比例大概在11%，而8、9、10等分组家庭享有的福利相对较少，占比在8.5%左右，可能是因为高等分组家庭平时比较重视身体的养生保健，患病概率相对较低，享有的公共卫生非现金收入也相对较少。

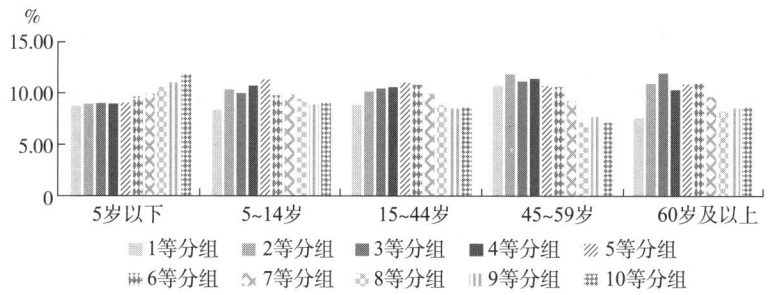

图10-6　含有60岁及以上人口的分组家庭中公共卫生非现金收入的分布

（四）公共卫生非现金收入对含有不同年龄成员分组家庭消费的影响

表10-5列出了公共卫生非现金收入对含有不同年龄成员分组家庭消费的影响。总体上对于含有不同年龄成员的家庭，其获得的公共卫生非现金收入都是对低等分组的初始消费提高的比例较大，而对高等分组家庭初始消费提高的比例较少。其中，含有60岁及以上居民的家庭获得的公共卫生非现金收入对其初始消费的贡献率最大，使其初始消费提高的比例为0.58%~4.56%，使各不平等指数改善的比例也较大，在1.02%~2.93%；其次是含有5岁以下儿童的家庭获得的公共卫生非现金收入也较多，使其初始消费提高的比例也相对较多，在0.34%~2.96%；获得公共卫生非现金收入最少的是含有45~59岁居民的家庭，使其初始消费提高的比例为0.31%~2.15%，对不平等指数改

善的幅度也较小，减小幅度在 0.64%~1.75%。

表 10-5 公共卫生非现金收入对含有不同年龄成员分组家庭消费的影响

家庭类型	各等分组家庭接受公共卫生非现金收入后平均消费的改变比例（%）					不平等指数的改变情况（%）				
	最低	中等偏下	中等	中等偏上	最高	GINI	GE(0)	GE(1)	A(0.5)	A(2)
含有 5 岁以下的家庭	2.96	1.58	1.07	0.76	0.34	-0.78	-2.15	-1.51	-1.63	-1.80
含有 5~14 岁的家庭	2.80	1.37	0.88	0.57	0.24	-0.68	-1.90	-1.30	-1.43	-1.60
含有 15~44 岁的家庭	2.60	1.26	0.83	0.54	0.22	-0.60	-1.71	-1.16	-1.27	-1.43
含有 45~59 岁的家庭	2.15	1.22	0.87	0.65	0.31	-0.64	-1.75	-1.24	-1.35	-1.49
含有 60 岁及以上的家庭	4.56	2.31	1.54	1.11	0.58	-1.02	-2.93	-2.04	-2.22	-2.48

四、实际使用的公共卫生非现金收入分析

根据 2017 年中国家庭金融调查数据中家庭实际接受医疗报销的数据，进一步计算了家庭实际享用的公共卫生非现金收入对其实际消费的影响。同样，按照家庭人均消费水平和接受医保报销费用后的总人均消费分别将其分为 5 等分组[①]，根据表 10-6 的结果，发现接受公共卫生非现金收入后，家庭初始消费提高的比例随着消费阶层的提高而增加，最低消费阶层使其初始消费提高的比例最低为 4.61%，使最高消费阶层的初始消费提高的比例最高为 8.47%。从对消费不平等改善的程度来看，公共卫生非现金消费进一步扩大了消费不平等，使各不平等指数提高的比例为 1.65%~4.30%，使中等消费水平阶层的不平等扩大得比较多。故若以家庭实际接受的公共卫生非现金收入数据来进行分析，因公共卫生非现金收入仅使含有住院病人的家庭受益，而其他家庭无法享受此福利，这就违背了公共卫生财政转移政策的公平性初衷，起不到调节家庭生活福利水平的作用。

表 10-6 实际公共卫生非现金收入对家庭消费的影响

	最低消费	中等偏下消费	中等消费	中等偏上消费	最高消费
初始消费（元）	7092.02	14323.21	22083.81	33191.92	77430.74
实际医保转移后（元）	7418.89	15015.34	23210.88	35208.37	83990.05

---

① 人均消费由家庭总消费除以家庭等价人口计算得到。

续表

	最低消费	中等偏下消费	中等消费	中等偏上消费	最高消费
改变比例（%）	4.61	4.83	5.10	6.08	8.47

不平等指数					
不平等指数	GINI	GE（0）	GE（1）	A（ε=0.5）	A（ε=2）
初始不平等指数	0.45043	0.36068	0.37943	0.16785	0.30279
接受公共卫生非现金收入后	0.45786	0.37277	0.39574	0.17351	0.31117
改变比例（%）	1.65	3.35	4.30	3.37	2.77

资料来源：2017年中国家庭金融调查数据。

表10-7显示了不同阶层家庭中各种医疗消费占总消费的比例，可以看出各阶层人均医疗消费在总消费中所占比重总体相差不大，在15.63%~18.94%，中等消费阶层所占比例最小，低等消费阶层所占比例最大，说明低等消费阶层人群的身体状况可能相对较差一些。公共卫生人均非现金收入（医保报销费用）占总消费的比例为6.39%~7.56%，低等消费者所占比例最大（7.56%），中下等消费者最小（6.39%）；人均保健支出费用所占比重在不同消费阶层之间相差较大，低等消费阶层所占比例最小（0.07%），高等消费阶层所占比例最大（1.20%），总体上呈现消费水平越高，医疗保健支出就越多的趋势，说明消费水平越高的居民，越重视身体的养生保健，在医疗保健方面的支出就越多。

表10-7 家庭各类人均消费占总平均消费的比例

	低等消费	中下等消费	中等消费	中上等消费	高等消费
人均总消费（元）	7094.74	14329.92	22097.67	33224.44	78840.56
人均医疗消费比例（%）	18.94	16.40	15.63	15.84	16.71
人均医保消费比例（%）	7.56	6.39	6.54	7.41	6.83
人均保健消费比例（%）	0.07	0.13	0.34	0.69	1.20

资料来源：2017年中国家庭金融调查数据。

表10-8显示了调查样本中不同年龄居民的人均住院费用、人均公共医疗报销费用和参加医疗保险的比例等情况。结果显示，人均住院费用随着年龄的增加而逐渐增加，60岁及以上老年人的人均住院费用最高，达到20143.27元，0~4岁小孩的人均住院费用最低，为7351.24元，老年人是小孩的2.74倍。人均医疗卫生非现金收入（医保报销费用）同样也是随着年龄的增大而逐渐增多，老年人为10412.53元，5岁以下小孩为1986.61元，老年人是小

孩的 5.24 倍，说明公共卫生非现金福利的最大受益人应该是老年人。从人均社会医疗保险费用来看，60 岁及以上的老年人交的最少，人均 183.84 元；比较高的是 15~44 岁和 45~59 岁这两个年龄段的居民，因其大部分正处在工作年龄，收入较高，故医疗保险交费相对也较高。在不同年龄居民参加医疗保险的比例中，老年人所占比例较高，达到 93.18%，5 岁以下小孩所占的比例较低，仅为 78.14%，年龄越大参加医疗保险的比例就越高。从住院比例来看，60 岁及以上人口住院比例是最高的，达到 22.46%；其次是 45~59 岁的人群，达到 10.67%；再次是 5 岁以下小孩的住院比例，为 9.05%。这也说明小孩和老年人的患病住院比例较高，这部分人也是享受公共医疗卫生福利的主要群体。

表 10-8　个人医疗消费及参加社保情况

年龄段	0~4 岁	5~14 岁	15~44 岁	45~59 岁	60 岁及以上
总样本（元）	5846	12145	45635	30713	30979
人均住院费用（元）	7351.24	8860.72	16604.82	18959.43	20143.27
人均医保报销费用（元）	1986.61	2348.90	4895.85	7884.04	10412.53
人均医疗保险费用（元）	206.06	169.91	456.91	459.24	183.84
参加医保比例（%）	78.14	85.97	87.13	92.87	93.18
住院比例（%）	9.05	3.11	5.39	10.67	22.46

资料来源：2017 年中国家庭金融调查数据。

五、本章小结

本章将 2017 年的中国家庭金融调查数据和政府公共卫生财政支出的宏观数据相匹配进行研究，利用基于保险的方法测算、分析了我国公共卫生非现金收入福利对家庭消费不平等的影响。在研究中，采取了家庭等价量表，考虑了不同年龄居民对公共卫生的供给与需求的一致性问题，尽可能更真实地测算我国公共医疗卫生福利的分布及影响情况。

从公共卫生非现金总收入对家庭消费的影响来看，公共卫生非现金收入提高了各阶层家庭的消费水平，尤其是对低消费阶层的初始消费提高比例更大，同时也有效地减小了家庭的消费不平等。对户主为 45 岁以上家庭的影响较大，较多地提高了各阶层的消费水平，较大幅度上减小了消费不平等；尤其是对含有 60 岁及以上居民的家庭影响作用更大，使其消费提高的比例更明显，对不平等的改善程度也更大。总的来看，我国政府的公共卫生支出提高了低消费家庭的消费水平，更有利于老年人消费水平的改善。

从不同年龄段居民享用的公共卫生非现金收入来看，除 5 岁以下儿童享有的公共卫生非现金收入对其初始消费的影响较大外，其他不同年龄段居民享有的公共卫生非现金收入使其初始消费提高的比例随着年龄的增大而提高，使不平等指数减小的比例也符合此规律。

公共卫生非现金收入在各阶层的分布，从所有样本家庭来看，是随着消费阶层的提高而享有的公共卫生非现金福利增多；从对户主是 45 岁及以上的家庭样本来看，家庭享有的公共卫生非现金收入与消费阶层呈"U"形，即中间阶层享有的较少，低阶层和高阶层享有的较多。

另外，根据居民对公共医疗卫生的实际使用情况进行的测度结果发现，公共卫生非现金收入使各阶层家庭消费提高的比例随家庭消费的提高而增大，使最高消费阶层的消费提高了 8.47%，但是总体上却加剧了居民的消费不平等。高消费阶层的医疗保健消费占其总消费的比例比较高，享用的公共卫生非现金福利占其总消费的比例相对较低。老年人参加医疗保险以及住院的比例都是最高的，其人均住院费用和享有的公共卫生非现金福利也是最高的。

基于以上分析，可以看出政府财政公共医疗卫生支出的最大受益者是低消费阶层和老年人群体，在一定程度上减小了消费的不平等，但本书的研究也存在诸多的不足：本书是基于保险的方法进行测度的，与根据实际享用的公共卫生福利的数据测度的结果有很大不同，目前还没有确定的、可靠一致的测度方法；在进行非现金福利与家庭数据匹配时，使用不同地区、年龄的平均非现金福利进行计算，实际上非现金福利的享用还与个人的身体状况有关，这个很难具体调查测度出来，这也会导致非现金福利的供给与需求的不一致问题。另外，关于居民非现金福利的研究还有许多其他的种类，需进一步扩展相关福利的概念，更详细准确地研究居民享有的公共福利问题。

第十一章

住房非现金收入对家庭收入及贫困的影响

一、引言

住房作为家庭的一项特殊必需品,联合国(1977)、国际劳工组织(2004)、OECD(2013)等均指出房主可以从一个假设的住房收入流中受益,这种收入流应该被用来产生一个适当的财产性收入衡量标准。虽然住房对于大多数一般家庭而言,表面上看都仅是一种重要的消费品,但是若从福利分析的角度来看,住房则是指一个家庭从其居住的地方获得的服务流量的价值,这种价值一般可以近似视为以货币形式代表的租金,是隐性存在的。自有住房、有补贴租赁住房、免费住房等家庭的实际住房成本都比市场价租金要低,若以市场价租金为衡量标准,这些房主都可以得到住房租金收入(与市场价租金相比少支付的租金),获得相应的住房福利,这部分福利是以实物(住房)形式存在的,不产生实际的现金流,故又可称之为住房非现金收入。住房非现金收入直接影响了家庭的收入分配与贫困状况,对其进行准确的估算具有重要的现实意义,同时也可为相应的公共住房福利政策的调整提供参考依据。

关于住房非现金收入对不平等和贫困问题的研究,国际上主要有两类观点:一种观点是住房非现金收入降低了收入不平等。Lerman等(1986)用美国的数据使用不平等的分解方法,得出估算住房非现金收入比货币收入分配更平均,包含住房非现金收入的总资源分配减少了不平等的结论。Wolff(1990)的研究表明,包括估算的住房非现金收入在内,美国1983年的贫困人口显著减少,特别是老年人的贫困人口减少了10%。Smeeding等(1992)研究了住房和其他非现金收入(健康和教育)对欧洲德国、瑞典等7个国家的收入分配、不平等和贫困的影响,发现非现金收入的纳入对平均生活水平和贫困率的影响较大,尤其是对有孩子和老人的家庭收入影响更大,与保健和教育相比，增加住房福利对分配的影响较小。Frick 等（2003）分析了住房非现金收入降低了美国、德国和英国的贫穷和不平等，发现一方面业主群体之间的收入不平等日益加剧，另一方面直接拥有房产的自有住房群体的不平等在减少，另外，对老年人的减贫作用最明显。Fessler 等（2016）通过对澳大利亚住房非现金收入的估算，得出其明显地减少了收入差距，估算住房非现金收入能使收入分配的上层趋于平衡，而保障性补贴住房则能使收入分配的下层趋于平衡的结论。总的来说，自有住房的住房非现金收入对收入分配的影响最大，如 Meulemans 和 Cantillon（1993）、Yates（1994）、Gasparini 等（2004）、Saunders 等（2005）、Frick 等（2007）等。另一种观点是住房非现金收入加剧了收入不平等。Dam 和 Geurts（2003）研究了比利时弗兰德斯地区的住房非现金收入与成本的发展变化情况，发现高收入家庭住房拥有率大幅度提高，社会租赁住房影响较为积极，但低收入家庭的住房拥有率不变甚至下降，其平均住房成本的上升会导致更高的贫困水平和福利不平等。Garner 等（2009）根据美国的微观和宏观数据使用不同的方法估算住房非现金收入，计算结果对估算方法的选择较为敏感。对于国际货币基金组织的分配效应，他们的结论是将住房非现金收入纳入资源概念，虽然较大程度上改善了老年家庭的相对收入状况，但对总体不平等的影响是微乎其微的，而且在许多情况下，不平等还会加剧。Onrubia 等（2009）认为包含以市场价格评估的住房非现金收入，将导致西班牙纳税人之间总收入不平等的增加。Frick 等（2010）发现使用资本市场方法估算的住房非现金收入降低了其对收入不平等的抑制作用，在德国，它甚至逆转了这种影响，加剧了收入不平等。

国内对于住房非现金收入的研究较少，已有的研究多是以国民经济核算的视角，从宏观上估算自有住房的虚拟租金。周清杰（2012）在回顾美国自有住房核算经验的基础上，探索了优化我国住房服务核算方法的可行路径。李洁（2013）对比分析了中日两国 GDP 核算中自有住房服务的虚拟计算问题，指出中国第一次经济普查前的住房服务被严重低估，应参考借鉴日本的做法。康远志（2014）使用成本法对中国居民自有住房的虚拟租金进行了重新估计，指出中国统计部门基于建筑成本估算的虚拟租金较大地低估了居民的居住支出。

由以上分析可知，国际上尤其是发达国家如欧洲、美国、澳大利亚等国家和地区对住房非现金收入的研究已经比较丰富，但是对于发展中国家，此类研究却相对缺乏，主要原因可能是受限于相关数据的获得。我国目前已有研究视角多从宏观层面研究自有住房租金（非现金收入）的估算问题及其对GDP的贡献，尚未有发现研究住房非现金收入对家庭福利影响的成果，鉴于目前我国已有较为完善的微观调查数据，如中国家庭金融调查数据、中国家庭追踪调查数据等，为研究住房非现金数据对家庭福利的影响提供了数据依据。

本章主要参考国际上通用的住房非现金收入估计方法，依据中国家庭金融调查数据尝试进行研究，分析住房非现金收入对家庭收入分配以及贫困的影响。首先，对住房消费、住房福利以及可支配收入之间的关系进行简单的梳理，进一步介绍了我国的住房状况。其次，以家庭福利的视角，分析住房非现金收入对家庭收入分配的改善情况以及对贫困率的影响。同样，计算家庭人均收入时，采用家庭等价尺度①的方法计算家庭的等价人口，即用家庭总收入除以家庭等价人口计算得到家庭等值人均收入。具体分析时，主要从收入分布、收入不平等、贫困率等方面考察不同类型家庭包含住房非现金收入的总收入相对于不包含住房非现金收入的初始收入的改变情况。所采用的福利分析方法有基尼系数、阿特金森指数（$\varepsilon=0.5$ 或 $\varepsilon=2$）、泰尔指数（$GE=0$ 或 $GE=1$）、百分位比值等指标。另外，在家庭贫困分析方面，采用可分解的FGT指标，可以分解为贫困发生率指数 H、贫困距指数 PG 和平方贫困距指数 SPG 等指标，PG 测度贫困者收入与贫困线的差额，衡量了贫困的深度；SPG 衡量了贫困人口之间的收入不平等状况，测度了贫困的强度。

二、住房消费、住房福利与可支配收入的关系

国民收入核算体系（1993）将可支配收入定义为一个家庭或其他单位能够在消费和服务上花费的最大金额。住房作为一种特殊的商品，除了消费用途外，还是投资获益的主要途径，因此对住房的消费功能和投资作用进行分析，是对传统家庭可支配收入定义的进一步完善。

从家庭福利的角度来看，家庭住房消费的是住房提供的服务流量的价值，而不是指家庭购买住房所消费的费用，如何估算住房服务流量的价值是一项非常困难的工作。住房作为家庭的一项重要固定资产，其主要作用为：第一，自有住房的房主完全拥有住房的产权，可以随时将住房出售变现为货币资金

---

① 运用 Hagenaars 等（1994）提出的修正的 OECD 的等价尺度，将家庭中户主的权重设定为1，15 岁以下小孩的权重设定为 0.3，其他人口的权重设定为 0.5，据此计算出家庭的等价人口。

收入。第二，自有住房的房主居住自己的房子，避免了在住房消费过程中给房东交净利润的消费，节约了成本。另外，享受补贴租赁住房者或者是免费住房者在住房过程中消费的房租也都少于相应的市场价房租，这也节约了住房成本，这些节约的成本可视为住房的非现金收入。第三，自有住房者可以将住房作为抵押品抵押出去用作其他用途而获得收益。可见，自有住房者、享受补贴租赁住房者和免费住房者都将得到住房实物福利，提高其家庭总收入，进而可能会改善其收入分配的状况。

从会计核算的角度来考虑，若家庭的住房消费从其家庭收入中支出，那么家庭在住房中获得的非现金收入也应计算到其总收入中，这样关于住房收入与消费的账户才算完整对应。这样自有住房、免费住房、享有租金补贴的家庭都可以从住房中得到一部分租金收入，而在市场上自由租房者因其按照市场价租赁住房，其住房成本就近似等于其住房租金，故不会从住房中得到非现金收入。我们将住房所有者因不追求所有利润而向租户提供的住房补贴（住房净收入），即实物住房福利，称为住房非现金收入，具体衡量方法是以市场价租金与实际租金之差表示，这部分收入提高了租户的总收入；而住户的住房消费价值就是他们的住房成本加上住房非现金收入（实物住房福利）。

可见，住房非现金收入实际上是家庭总收入的一部分，为了比较收入分配的状况，欧盟统计局（2006）建议在业主的收入中增加估算住房非现金收入，并将其定义为一户家庭出租其房产需要支付的费用，减去抵押贷款利息或低于市场水平的租金。因此，家庭住房非现金收入是家庭收入中非常重要的组成部分。

三、我国家庭住房状况分析

（一）我国住房制度的改革历程

自改革开放以来，随着我国经济的快速发展与城镇化水平的提高，居民对居住条件有了较高的要求，我国的住房政策也经历了几次大的调整，主要可分为以下几个阶段：

（1）福利分房阶段（1949—1978年）。新中国成立后，实行的是计划经济主导下的住房国有化政策，主要由政府进行建设、分配和租赁，实行"统一管理，统一分配，以租养房"的公有住房实物分配制度。房屋建设主要依靠政府财政支持，各大国有企业进行分配和管理。但随着经济的发展和人口的增加，这种住房分配制度日益显露出其缺点，住房建设效率较低，发展缓慢，国家负担沉重，住房分配不均衡、需求难以得到满足。

（2）福利分房向市场化转型阶段（1979—1998年）。鉴于上一阶段福利分房突出的缺点，从1978年理论界提出了住房商品化、土地产权的概念后，政府就逐步开始了以住房商品化为方向的住房供给制度改革。政府出台各种政策，促进住房的市场化改革，如政府适当补贴，鼓励职工买房，也允许提高租房价格、商品房租金水平，同时政府也明确规定土地有偿转让的商品属性，允许金融机构发放房地产贷款等一系列措施，促进房地产业发展。另外，1994年7月之后，政府开始推行住房公积金制度，1995年开始又出台贷款性购房制度，这一系列措施都促进了我国住房市场的发展。

（3）住房全面市场化阶段（1999—2005年）。受1998年亚洲金融危机的影响，国务院提出了"促使住房业成为新的经济增长点"的发展思路，并出台了一系列政策措施支持鼓励房地产业的发展，同时停止住房实物分配，逐步实行住房分配货币化。进一步完善以廉租房、经济适用住房为主的多层次住房供应体系。新政策实施之后，我国房地产业发展迅速，不仅从多方面满足了居民的住房需求，也促进了中国经济的增长。

（4）住房改革深化阶段（2006—2012年）。在各种有利政策的刺激引导下，我国房地产业快速发展的同时也导致了房价过快上涨等一系列问题，尤其是大城市的房价上涨得更严重。为抑制房价过快增长，以2005年3月提出的"国八条"为依据，政府加强了对房地产市场的调控，如提高首付比例和还贷款利率、缩短贷款期限、限制土地供应、打击"炒房"、上调存款准备金率和利率、提高收付款和二套房利率等，从多方面抑制房价的增长。同时，政府的住房保障体系也进一步得到完善，确立了廉租房、公租房、经济适用房等住房保障体系，多渠道解决低收入住房问题。

（5）住房改革体系完善阶段（2013年至今）。2008年美国次贷危机之后，中国经济逐步进入了结构性调整阶段，下行压力较大，房地产存量较多，为了"去库存"和"稳增长"，政府接连出台了如"放松限购限贷、加强信贷支持、税收减免"等刺激政策。2015年、2016年全国房地产住宅市场逐步回暖，并有进一步升温的苗头。为了稳定房地产业的发展，2016年底的中央经济工作会议提出"房子是用来住的，不是用来炒的"这一定位，并出台了一系列与之相关的政策与措施。

随着我国住房政策的变化，我国家庭的住房情况也在发生变化，从早期的四世同堂、三世同堂的居住形式，逐渐转为父母与子女分开居住的模式。目前我国居民住房的产权形式大概分为以下三类：①免费住房，这类住房主要是由国家、政府、企事业单位提供的福利住房，是完全免费的，还有一小部分是亲戚朋友提供的免费住房。②租赁住房，这类住房大部分是以市场价租赁的住房，还有一小部分是以低于市场价格租赁政府、企事业单位或亲戚朋友的住房。③自有住房，这类住房中主要是农村集体土地上的宅基地建房以及城市中大量的拆迁安置房等，还有一小部分是以低于市场价购买的企事业单位提供的福利住房，这些住房可能不完全拥有产权，不能在市场上自由交易，但有完全居住权，且不用再支付房租。还有一部分主要是城镇区域以市场价购买的商品房，这类住房有完全产权可以在市场上自由交易。

（二）我国住房现状调查分析

根据中国家庭金融调查数据，将我国居民的住房分为自有住房、租赁住房和免费住房三种类型，表11-1显示了具体的调查结果。首先，我国不论是全国范围还是各区域，自有住房所占比例都比较高，占比都在83%以上。根据自有住房拥有的产权形式不同，又发现拥有集体住房的比例最高，全国平均占比为74.67%，集体住房包括农村集体土地上的宅基地住房和城镇集体土地的小产权房等，由于我国农民以及城中村等大量存在，故这部分集体住房占比较大也属正常。其次，购买单位公房的比例相对较大一些，各区域的占比为11.30%~13.08%，中部地区占比最小，东部地区占比最高，这部分住房主要是购买军产房、央产房、地方单位等的公房以及使用权住房等，主要是一些国家的企事业单位提供的对本单位职工具有补贴性质的住房，购买房价费用相对较低，住房业主通常只拥有一部分产权，不能在市场上随意交易。自有住房占比较低的就是购买拥有完全产权的商品住房，这类住房价格相对较高，可以在市场上任意交易，根据统计数据，我国不同区域自有住房的占比也不同，中部地区占比最低为6.93%，东部地区占比最高为11.01%，这与东部地区经济比较发达，外地流入人口较多应该有较大的关系，而中西部地区经济较为落后，外地来定居的人口相对较少，也是导致购买商品房的比例相对较低的一个原因。另外，从购买的方式来看，虽然目前房价已比较高，但是贷款购房的比例相对还是较少，截止到调查时间，自有住房者未还清贷款的比例为4.11%~7.14%，西部地区未清还贷款比例最高，为7.14%，东部地区经济发达，房价也较高，流入人口也较多，相应的贷款买房比例较高。最后，自有住房中占比最低的是保障房，这类住房主要是根据相应的住房政策由政府提供的经济适用房、限价房、自住型商品房等，这类住房主要提供给满足一定条件的居民，一般是收入较低的居民购买，具有政策性财政补贴的性质，这类住房的买卖一般也都受国家一些政策条件的限制，房价较低，可以看出东部地区保障性住房的比例较高，为5.20%，而中、西部地区占比较低，占比仅超过3%，可见在住房政策方面国家的政策还是比较倾向于支持东部地区。总的来看，在自有住房中，中部地区占比是最高的，但是其商品房占比最低，集体住房占比最高，未还清贷款比例也最低。

表11-1 全国各类住房情况调查分析

地区	自有住房（%）						租赁住房（%）					免费住房（%）	
	占比	产权形式				未还清贷款	占比	租房来源			政府补贴	占比	政府补贴
		商品住房	保障房	单位公房	集体住房			国家、单位	亲戚朋友	其他人			
全国	84.39	9.06	4.11	12.16	74.67	5.92	9.99	25.06	4.78	70.16	0.93	5.61	19.98
东部	83.48	11.01	5.20	13.08	70.71	6.36	11.47	27.12	3.47	69.41	0.95	5.05	19.58
中部	85.67	6.93	3.02	11.30	78.75	4.11	7.70	21.15	6.09	72.76	0.72	6.63	17.57
西部	84.89	7.71	3.21	11.32	77.76	7.14	9.45	23.41	6.94	69.65	1.17	5.66	24.02

资料来源：2017年中国家庭金融调查数据。

租赁住房在全国居民住房中的占比为9.99%，从我国目前规模较大的流动性人口来看，我国租赁住房的比例并不高，说明居民还是比较倾向于购买自有住房。从租房来源来看，在市场上租用住房的比例是最高的，占比为69.41%~72.76%，这类住房基本上是按照市场价进行租赁；租住国家、单位提供住房的比例为21.15%~27.12%，这类住房的房租有可能会低于市场价；还有一部分居民租住的是亲戚朋友的房子，这部分住房的房租也有可能会低于市场价，但是由于在调查中没有具体调查是否有减免的金额，因此无法考察这类住户的房租优惠情况。另外，在租赁住房中享受政府提供补贴租金的比例为0.72%~1.17%，中部地区最少，西部地区最高。还有一类居民是居住在完全免费的住房里，这类住房一般由政府或企事业单位以及亲戚朋友提供，完全享受免费住房，这类住房中由政府提供的比例为17.57%~24.02%，但是由于这类调查信息缺失较多，提供的样本较少，可能不准确。

（三）不同类型住宅的特征分析

由于住房所在的区域、面积、装修等都有很大的差异以及家庭特征也有很大不同，因此，我们有必要分析选择不同住房类型的具体情况（见表11-2）。根据表11-2的结果，从户主年龄来看：免费住房的平均年龄最高为58.79岁。根据我国的住房政策，免费住房一般是国家或企事业单位提供给其职工的住房，一般提供给年龄较大、有较大贡献或突出业绩的工作人员，因此，拥有这类住房的户主年龄一般稍大一些。另外，还有一些亲戚朋友提供的免费住房。租赁住房的户主平均年龄最低，为45.90岁，租赁住房的居民一般是工作时间较短、收入较低，或者是在外临时打工的居民；自有住房居民的平均年龄相对于租赁住房居民的平均年龄稍高，是55.01岁，主要原因是年龄大一点的家庭收入较高、工作相对稳定，更有能力购买自有住房。

表11-2 不同住房类型的特征分析

住房类型	自有住房	租赁住房	免费住房
样本个数（套）	29291	3854	2116
户主年龄（岁）	55.01（13.52）	45.90（15.57）	58.79（16.49）
家庭人口（个）	3.26（1.55）	2.82（1.35）	2.26（1.16）
居住面积（平方米）	97.41（85.02）	59.34（50.26）	58.79（16.49）
大城市城区	35.56%	66.89%	45.09%
大城市郊区	6.71%	11.65%	7.18%
大城镇	1.75%	2.70%	2.13%
小城镇	9.31%	8.67%	9.12%
农村/乡镇	46.67%	10.09%	36.48%

注：户主年龄、家庭人口、居住面积计算的是家庭的平均值，括号里数值是其标准差。
资料来源：2017年中国家庭金融调查数据。

从家庭人口来看，自有住房的家庭平均人口最多，为3.26个，自有住房者多为乡村地区，人口相对较多。租赁住房的平均人口为2.82个，这部分家庭多为农村人口外出打工者，其家庭人口也较多。免费住房的家庭平均人口最少，为2.26个。

从住房的区域位置来看，拥有自有住房的家庭：在农村/乡镇地区占比最高，达到46.67%，这部分住房多是集体土地的宅基地，属于家庭自有。大城市城区的比例较高,为 35.56%,说明居民还是倾向于在大城市城区购买自有住房,这部分居民中一部分是在企事业单位工作,属于稳定居住在城市区域的居民,一部分是城市的拆迁户,可能也还有少数外来打工收入较高者等,他们都倾向于购买自有住房。在大城市郊区拥有自有住房的比例较低,为 6.71%。在大城镇区域由于工作机会并不是很多,房价又不低,因此拥有自有住房的比例是最低的,仅为 1.75%。小城镇地区由于房价较低,拥有自有住房的比例相对高一些,为 9.31%。

总的来看,自有住房在农村/乡镇地区占比最高,居住面积最大,其家庭人口也最多;而租赁住房在大城市城区的占比最高,户主年龄最小;免费住房在大城市城区所占比例是最高的,居住面积最小,其户主年龄最大,家庭人口最少。

(四)按照收入划分的 5 等分组家庭住房情况分析

图 11-1 按照家庭等价尺度[①]计算的平均收入从小到大划分为 5 等分组,1 等分组是收入最低的家庭,5 等分组是收入最高的家庭,计算了各分组数家庭的住房情况。可以看出,自有住房在各分组家庭中的比例都是很大的,在各分组家庭中占到 80%以上,由于我国农村家庭大多有自己的宅基地自有住房,城市中也有不少是拆迁安置房,都属于自有住房,另外也受传统思想影响,大多居民认为有房才有家,倾向于购买自有住房,因此,我国自有住房的比例还是比较高的。自有住房(包含有房贷和无房贷)的总体分布趋势,总的来看,是随着收入阶层的提高,占比逐渐降低,其中无贷款自有住房的分布趋势与总体的相一致,低收入占比较高如 1 等分组家庭达到 84.61%,高收入家庭占比较低,5 等分组家庭占比为 73.12%;有房贷自有住房的分布与总体的分布趋势相反,收入越低占比越少,如 1 等分组家庭人口占比为 2.75%,收入越高占比越高,5 等分组家庭达到 10.45%。租赁住房家庭的比例也随收入的增加而增加,如最低的 1 等分组家庭占比为 5.57%,最高的 5 等分组家庭占比为 12.67%。在租赁住房的家庭中,一部分是外出打工者,收入较低,流动性较强,租房居住较为方便;另一部分是在大城市工作的高学历高收入群体,虽然收入较高,但房价更高,因此租房也是其首要选择。免费住房的

---

① 家庭等价尺度:参考欧盟等价人口的计算标准,家庭中第一个成年人设为 1,14 岁以下小孩设为 0.3,其他成年人设为 0.5,计算出家庭的等价总人口。

分布是低收入阶层占比较高，高收入阶层占比较低，免费住房主要是国家、政府、企事业单位或亲戚朋友提供的房源，尤其是政府或企业提供的保障房主要是针对低收入家庭的，故低收入家庭的占比是比较高的，1等分组家庭占比为7.08%，而高等分组家庭占比仅为3.76%。

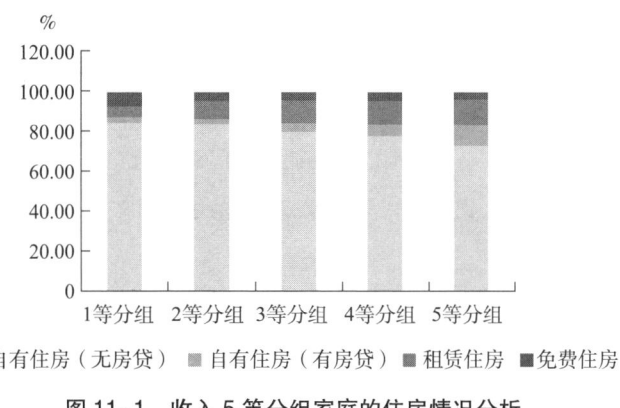

图11-1 收入5等分组家庭的住房情况分析

（五）按照家庭结构划分的住房情况分析

图11-2显示了不同家庭结构类型的住房情况。在我国，2人家庭最多，占比达到46.4%，2人家庭分为两类：一类为有孩家庭，其实也就是单身父母带孩子的家庭，这类家庭由于只有一个人工作，并且还要养育孩子，负担较重，租房比例相对较高，达到29.41%，自有住房比例相对较低，为61.18%。另一类家庭是无孩子家庭，2个人均为成年人，这类家庭一部分是居住在大城市的年轻夫妇，收入较高；另一部分是老年人，也有一定的积蓄，故购买自有住房的比例比较高，达到81.94%。在3人无孩子家庭中，都是成年人，部分家庭有老年人，这类家庭自有住房的比例也相对较高，达到86.92%；在3人有孩子的家庭中，多为一对夫妇抚养一个孩子的家庭，这类家庭租房的比例也是相对较高的，为17.92%。另外，单身人士多为在外工作的年轻人，也有一部分老年人，这类人租房的比例也是相对较高的，达到20.31%，免费住房的比例相对来说也是各类家庭中占比最高的，为15.01%。总的来看，无孩子家庭由于没有抚养孩子的负担，收入较高，其自有住房所占比例较高，而有孩子家庭由于抚养孩子，负担较重，租房的比例相对较高。

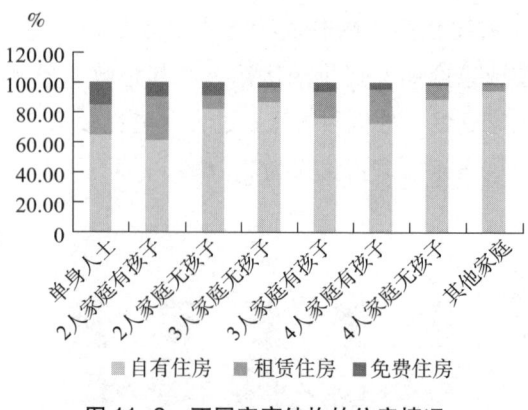

图 11-2 不同家庭结构的住房情况

四、数据来源及研究方法

（一）本章的数据来源

本章所用的数据同第十章一样，主要来源于 2017 年的中国家庭金融调查数据。

（二）住房非现金收入的常用估算方法

欧盟委员会将住房非现金收入定义为类似住房支付的同等市场租金（不包含水、电、暖气费等）加上收到的住房补贴，减去实际支付的任何成本（如贷款利息支出等）。根据这一定义，估算租金的潜在受益人包括自住业主、免租金租户、低于市场租金的租户，包括住在公共或社会房屋的租户，以及获业主减免租金的租户。目前对于住房租金的估算方法大多是基于微观调查数据，Carlos 等（2017）对各种不同的住房租金估算方法进行了较为详细的分析对比。下面列出较为常用的几种方法：

（1）租金等价法（rental equivalence method）。这种方法是假定估算的住房租金等于房东从类似住宅收到的市场租金，虽然自有住房或享受补贴租房的住户实际没有花费住房租金或者花费很少，但是其住房的机会成本还是存在的，应该与市场上类似住房的成本是一样的，因此，其租金收入应该用市场上类似住房的租金近似估计。一般用"享乐"回归的方法进行计算，主要通过两个步骤完成：第一步，常用市场租房的每平方米租金（不包括水电费、取暖费、物业费等)的对数作为被解释变量,构造回归模型,解释变量选择房屋所在的区域、居住条件、家庭以及个人等反映居住享受的特征来估计所谓的"享乐"回归模型,代表性变量如住房所在的区域信息、建筑年份、房屋大小、装修情况、家庭规模、收入、消费偏好、人口结构、面对意外支出的能力等。利用已知的租赁住房数据估计模型的相应参数。第二步,根据租金等值的原理,即那些自有住房和免费租房的客户若居住与付费住房同样的房屋时,应该付出同样的房租,故可以根据第一步得到的"享乐"回归模型,估计自有住房、享有资金补贴和免费住房的房租(机会成本)。这样所有住户的房租都可以估算出来,如 Rosen(1974)、Malpezzi(2002)、Ekeland 等(2004)的研究。

需要注意的是,在计算过程中需要扣除住房的相关成本,如水、电、暖气、物业、房贷等费用,获得所需的纯粹住房非现金收入。但这种方法的估计结果也存在很多问题,比如租赁住房和自有住房的条件差异会很大,如位置、装修水平等都是影响房租的重要因素。另外,尤其是农村地区,租赁住房可能会很少,房屋建筑差异也可能会很大,这可能会导致估计的租金收入误差较大。

(2) 资本市场方法。这种方法估算的租金实际上是通过计算房屋价值的回报率得到,居民购买房屋的资金如果被投资于其他金融资产,可能会得到利息或股息收入。因此,只要估计出住房的当前市场价值,对其分配一些回报率,就可估算出住房的非现金收入,一般计算住房市场价值的2%、3%或5%的年收益率作为住房的租金。资本市场方法是根据业主自住房的当前市场价值计算的,由业主估计,扣除任何未偿还的抵押贷款得到,如 Yate(1994)运用 AHES 调查数据对澳大利亚住房租金收入的估计。但这种方法因租房者无法获知估计住房的价格,故只能用于自有住房,而被调查者也有可能会混淆购房价格与当前市场价格的差异,有时也可能会故意高估房价,因此这种方法存在较大的主观性。

(3) 自我评估方法。这种方法主要是基于向业主或租户提出的简单问题,获得其对所居住房屋的市场租金估计值。如对房屋自有者提问如果要出租其住房,应该需要支付多少租金,或者对获得补贴租金的租户提问其应该支付的无补贴(或优惠)的市场租金是多少等。需要注意的是,这里估计的租金需要扣除所有与居住相关的成本。这种方法用得比较普遍,如 Frick 等

（2010）、Fessler 等（2016）。这种方法主观性也较强，如自有住房的业主有可能高估其住房租金，长期租赁客户也有可能对租房市场缺乏信息而估计有偏误，Lanjouw（2009）指出在租赁市场活跃且密集的地区，使用这种方法估算租金可能不太会成问题。

（三）本书所用的住房非现金收入估算方法及估算结果

本章根据 2017 年中国家庭金融调查数据的特征，调查数据中对住房当前房价的估计数据较少，且对当前房价的估计值也有一定的偏差，因此，运用资本市场方法估计住房非现金收入的方法不太合适。另外，也缺乏合适数量的自我评估方法所用的数据，因此，最终选择使用租金等价法即运用"享乐"回归的方法估计住房非现金收入。

本书所设定的基本回归模型为：

$$IR = \alpha + \beta X + \delta Y + \lambda Z + \varepsilon \tag{11-1}$$

模型（11-1）中，IR 表示估算的月度住房租金收入，是模型的被解释变量。解释变量根据样本提供的数据主要分为三类：第一，变量 X 表示住房所在的区域分为 3 类，分别为：东部（$east$）地区、中部（$middle$）地区和西部（$west$）地区。第二，变量 Y 表示住房所在的城乡区域，根据调查数据中的城乡区域分类标准分为 6 类，分别为：城市的城区（$region1$）、城市郊区（$region2$）、大城镇（$region3$）、小城镇（$region4$）、乡镇（$region5$）、农村（$region6$）。第三，变量 Z 表示表示家庭和住房的特征，如家庭人口（$people$）、家庭年收入（$income$）、住房面积（$area$）等信息。其中变量 X 和 Z 分别用虚拟变量来表示。为了减小模型中的异方差问题，模型中的 IR 和 Z 变量用其原始数据的对数形式进行计算。

在具体的计算过程中，发现中部区域变量不显著且不影响拟合结果，故将其从模型中剔除。另外，发现收入对数的平方对月租金也有显著的影响，因此模型中加入了收入对数的平方这一项。将调查数据中租赁住房的实际支付月房租和部分自有住房中的市场估计住房月租金作为样本进行计算，最终模型中的变量及计算结果见表 11-3，模型的拟合优度达到 0.806517，相对较好，F 统计量也通过检验，其他各变量对因变量的影响都比较显著，因此，可以用此模型对调查数据中各类住房的租金进行估算。

表 11-3　住房租金回归模型的估计结果

变量	系数	标准差	变量	系数	标准差
C	4.1287***	0.0889	$region4$	0.3772***	0.0557
$east$	0.6721***	0.0264	$region5$	0.3636***	0.0669
$lnarea$	0.5225***	0.0155	$people$	-0.0317	0.0100
$lnincom$	-0.3244***	0.0140	n	4241	
$lnincom^2$	0.0236***	0.0011	R^2	0.806517	
$region1$	1.2804***	0.0441	Adjusted-R^2	0.806060	
$region2$	1.1307***	0.0525	F	1763.238（0.0000）	
$region3$	1.0647***	0.0895			

注：***表示显著性水平为1%。

在估计出回归模型之后，就可以对总体样本所有家庭包括自有住房、租赁住房和免费住房的租金进行估计，由于直接根据模型估计出的结果缺少随机误差项，因此，对这个预测结果进行误差修正。这里我们采用Mullan等（2014）方法对误差进行修正，对每个样本都用随机函数生成0至1的随机数，作为估计样本的随机误差项，加到每个样本的估计结果中，由于回归模型是对数形式，需用指数函数将其转换为月度租金，乘以12得到估计的年度住房租金。由于在做模型时样本用的租金数据是不含任何其他费用的纯租金数据，不包含维修费用，极少数租金可能会包含水、电或者暖气等费用，一方面数量较少，另一方面从调查数据无法具体区分这些费用，因此，这里将忽略这部分成本。另外，由于租房住户实际上是要付租金的，故从估算租金中减去租房住户的实际支付租金，这时有可能会得到住户净租金为负的情况，将其设置为0，最终即可得到各类住户从住房中获得的住房净租金（住房非现金收入）。

（四）本章的研究方法

本章主要研究住房非现金收入对家庭收入产生的影响，其具体分析思路是将家庭获得的住房非现金收入加入家庭总初始收入中，得到含有住房非现金收入的家庭总收入，分析含有住房非现金收入的家庭总收入相较于不含有住房非现金收入的家庭总收入的改变情况。主要从住房非现金收入的分布、住房非现金收入对收入差距以及贫困等几个方面进行分析，具体方法参考第十章。

五、住房非现金收入对家庭收入分布的影响

（一）住房非现金收入对不同住房类型家庭收入的影响

表 11-4 列出了住房非现金收入对不同住房类型家庭收入的影响，可以看出，住房非现金收入提高了各类住房家庭的最终收入。从初始收入来看，自有住房（无房贷）家庭的人均初始收入的中位数（45499.75 元）和均值（65437.82 元）都是最低的，其次是免费住房家庭的初始收入的中位数（50191.40 元）和均值较低（73577.39 元），但高于所有住房家庭的平均水平，自有住房（有房贷）家庭的初始收入是最高的，这也可能与房贷压力迫使家庭成员努力工作、收入普遍较高有关；当住房非现金收入加入初始收入后，最终收入的排序依然没有改变，即仍然是自有住房（无房贷）的总收入最低，其次是免费住房家庭的总收入较低，自有住房（有房贷）家庭的人均年收入是最高的。另外，从住房非现金收入对初始收入的影响来看，对中位数和平均值的影响不同，从对中位数的改变情况来看，免费住房的住房非现金收入使其初始收入中位数提高得最多，提高了 11.54%，其次是自有住房（无房贷）家庭，使其中位数提高了 11.15%，而使自有住房（有房贷）的家庭收入降低了 0.07%；从对平均值的改变情况来看，加入住房非现金收入后，使自有住房（无房贷）家庭的平均收入提高得最多，提高了 73.07%，其次是租赁住房的收入提高得较多，提高了 72.96%，提高最少的是免费住房的平均收入，提高了 38.34%。总的来看，住房非现金收入提高了所有家庭的收入水平，无房贷自有住房家庭的初始收入是最低的，但从住房非现金收入中获得的收益是最高的，而有房贷自有住房家庭的初始收入是最高的，而从非现金收入中获得的收益是最少的，这其实也反映了住房非现金收入对家庭收入还是有一定的调节作用的。

表 11-4　住房非现金收入在家庭收入中的分布情况

住房类型	初始收入（元）（不含非现金收入）		最终收入（元）（含住房非现金收入）		改变率（%）	
	中位数	均值	中位数	均值	中位数	均值
所有住房	47366.70	70398.87	52043.20	120091.64	9.87	70.59
自有住房（无房贷）	45499.75	65437.82	50571.70	113251.76	11.15	73.07

续表

住房类型	初始收入（元）(不含非现金收入)		最终收入（元）(含住房非现金收入)		改变率（%）	
	中位数	均值	中位数	均值	中位数	均值
自有住房（有房贷）	62790.00	102378.51	62743.00	164399.28	-0.07	60.58
租赁住房	50464.75	82868.83	56016.70	143333.04	11.00	72.96
免费住房	50191.40	73577.39	55982.65	101784.78	11.54	38.34

资料来源：2017年《中国家庭金融调查报告》。

（二）住房非现金收入对各等分组家庭总收入的影响

按照家庭平均初始收入和平均最终收入分别将样本划分为5等分组，表11-5列出了住房非现金收入对5等分组家庭总收入的改变情况，可以看出，随着家庭收入的提高，其从住房非现金收入中获得的福利就越高。在收入最低的1等分组家庭中，住房非现金收入使无房贷自有住房的家庭初始收入提高得比较多，提高了4.72%；其次是免费住房，提高了1.66%；而使有房贷自有住房和租赁住房家庭的收入都减少，分别减少了51.76%和0.74%；有房贷自有住房家庭获得的住房非现金收入是最少的。其他各等分组家庭的住房非现金收入使其初始收入提高比例的排序基本没有变化，都是无房贷自有住房家庭收入提高得最多，其次是租赁住房家庭收入提高得较多，有房贷自有住房家庭的前3等分组家庭收入有所减少，但是最高等分组家庭收入提高的比例（52.89%）却超过了免费住房的提高比例（40.03%），说明有房贷自有住房的高收入家庭获得的住房非现金收入相对较高，而低收入家庭比较少。总的来看，住房非现金收入使高等分组家庭的初始总收入提高得较多，使低等分组家庭的总收入提高得较少，说明住房非现金收入在一定程度上拉大了家庭收入差距，在调节家庭收入差异方面并没有起到相应的作用，这是需要相关学者和政策部门关注的。另外，有房贷自有住房家庭的住房非现金收入使前3等分组家庭的总收入都有所降低，说明房贷对家庭收入的影响还是比较大的。

表11-5 住房非现金收入使各等分组家庭总收入改变的情况　　单位：%

住房类型	1等分组	2等分组	3等分组	4等分组	5等分组
所有住房	0.63	5.88	8.75	13.76	56.57
自有住房（无房贷）	4.72	6.85	9.37	13.88	58.18

续表

住房类型	1等分组	2等分组	3等分组	4等分组	5等分组
自有住房（有房贷）	-51.76	-11.67	-1.23	10.05	52.89
租赁住房	-0.74	6.69	9.85	14.65	55.60
免费住房	1.66	6.93	8.70	13.07	40.03

（三）住房非现金收入对各等分组家庭平均收入的影响

表11-6计算了住房非现金收入对各等分组家庭平均收入的影响。可以看出，住房非现金收入使低收入家庭的初始收入提高得较少，而使高收入家庭的平均收入提高得较多，实际上拉大了高低收入之间的差距。对于低收入家庭，有房贷的自有住房家庭获得的非现金收入减少了其家庭初始收入，其他的无房贷的自有住房家庭和租赁住房家庭获得的住房非现金收入是比较少的，使其初始收入提高的比例较低，免费住房家庭获得的非现金收入使其初始收入提高的比例稍高一些。对于高收入家庭来说，无房贷自有住房和租赁住房家庭获得的住房非现金收入比较多，使其初始收入提高的比例也比较高，而有房贷自有住房和免费住房家庭获得的福利比较少。总的来看，住房非现金收入拉大了高低收入家庭之间的收入差距，对无房贷自有住房家庭的福利相对较高，减少了有房贷自有住房家庭的初始收入，另外对免费住房家庭的福利也是比较低的。

表11-6 住房非现金收入对各等分组家庭平均收入的影响 单位：%

住房类型	1等分组	2等分组	3等分组	4等分组	5等分组
所有住房	5.58	8.66	12.48	19.87	125.07
自有住房（无房贷）	6.59	9.53	13.08	20.27	133.55
自有住房（有房贷）	-16.59	-7.87	4.65	19.35	105.52
租赁住房	5.74	10.68	13.07	23.37	120.16
免费住房	7.74	9.81	10.63	20.10	62.92

六、住房非现金收入对家庭收入不平等的影响

（一）住房非现金收入对总体家庭不平等的影响

表11-7显示了根据家庭初始收入（不包含住房非现金收入）和最终收入

（包含住房非现金收入）计算的各种不平等指数，进一步计算了最终收入的不平等指数对初始收入不平等指数的改善情况。从表11-7中第四行数据可以看出，住房非现金收入提高了所有家庭收入的不平等指数，可以看出住房非现金收入使家庭收入的基尼系数提高了44.00%，这说明住房非现金收入扩大了中等收入家庭的收入差距；从 GE（0）（122.84%）和 A（ε=2）（55.02%）的改变数据较大来看，可以看出住房非现金收入在一定程度上扩大了低收入家庭的收入差距；从 GE（1）和 A（ε=0.5）的改变数据为264.31%和129.77%来看，住房非现金收入在较大程度上扩大了高收入家庭的收入不平等。总的来看，住房非现金收入在一定程度上扩大了各收入阶层家庭的收入差距。

表11-7 住房非现金收入对家庭收入差距的影响

不平等指数	GINI	GE（0）	GE（1）	A（ε=0.5）	A（ε=2）
初始收入	0.4381	0.3223	0.4639	0.1724	0.4021
加入住房非现金收入后	加入住房非现金收入后对收入差距的影响（%）				
所有住房	44.00%	122.84	264.31	129.77	55.02
自有住房（无房贷）	42.08	117.68	290.17	130.47	50.98
自有住房（有房贷）	52.18	156.76	176.50	129.42	84.12
租赁住房	49.15	139.23	225.48	134.48	62.31
免费住房	20.20	47.69	65.02	49.99	23.20

（二）住房非现金收入对不同住房类型家庭收入的影响

表11-7也显示了不同住房类型非现金收入对家庭收入差距的影响，即不同住房类型家庭最终收入（包含住房非现金收入）的不平等对其初始收入（不包含住房非现金收入）的不平等的改变情况。总的来看，各类住房非现金收入都在较大程度上提高了初始收入的不平等指数，扩大了收入差距，有房贷自有住房家庭的住房非现金收入在较大程度上扩大了收入差距，免费住房非现金收入对收入差距的影响较小。具体地，从基尼系数的改变值来看，住房非现金收入使免费住房家庭的收入差距提高得最小，提高了20.20%，使有房贷自有住房家庭的收入不平等提高得最多，提高了52.18%。从阿金森指数和泰尔指数的改变率来看，住房非现金收入使无房贷自有住房和租赁住房家庭的收入差距扩大得较多，而使免费住房家庭的收入差距扩大得较少。总的

来看，住房非现金收入拉大了各阶层收入家庭的收入差距，无房贷自有住房和租赁住房家庭的住房非现金收入对家庭收入差距的影响较大，而免费住房家庭的非现金收入对家庭收入差距的影响较小。

（三）住房非现金收入对不同结构家庭收入的影响

图 11-3 显示了不同结构家庭初始收入的不平等情况。从基尼系数（GINI）来看，2 人有孩家庭和 1 人家庭的不平等指数较高，而 2 人无孩家庭的相对较小；从 A（$\varepsilon=0.5$）和 GE（1）的值来看，1 人家庭的最高，2 人无孩家庭的最低；从 A（$\varepsilon=2$）和 GE（0）来看，2 人有孩家庭和 1 人家庭的比较高。总的来看，2 人有孩家庭初始收入不平等情况比较严重，2 人无孩家庭的初始收入不平等程度最小，这可能是有孩家庭孩子抚养成本较高所致；另外，1 人家庭的不平等程度也较为严重，主要因个人能力问题，或者是老龄单身个人赚钱能力较差。

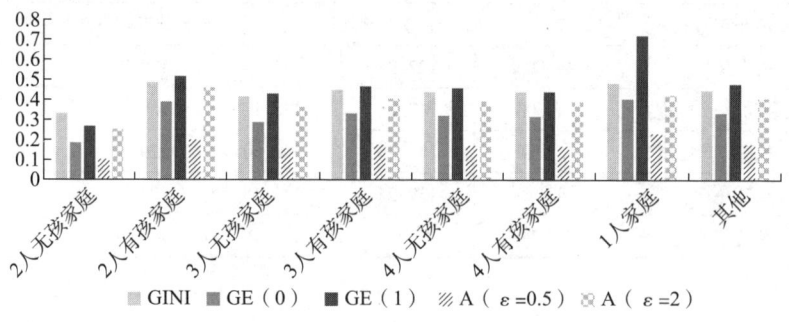

图 11-3　不同结构家庭初始收入的不平等情况

图 11-4 显示的是不同结构家庭的最终收入（包含住房非现金收入）的各类不平等指数对其初始收入（不包含住房非现金收入）不平等的改善情况，总的来看，住房非现金收入提高了各类家庭的收入不平等程度。具体从基尼系数来看，住房非现金收入对 1 人家庭初始收入不平等的提高幅度是最小的，提高了 18.92%，而对 3 人无孩家庭的收入不平等提高得最多。从泰尔指数和阿金森指数来看，都是住房非现金收入对 3 人无孩家庭和其他家庭的收入不平等提高得比较多，而对 1 人或 4 人无孩家庭收入不平等的改善程度较小。总的来看，住房非现金收入对人口较少的 1 人或无孩家庭的收入不平等提高得较少，而对 3 人无孩家庭的收入不平等提高得较多，可能是因为此类家庭中有老年人导致收入降低且养育成本较高。

第十一章 住房非现金收入对家庭收入及贫困的影响

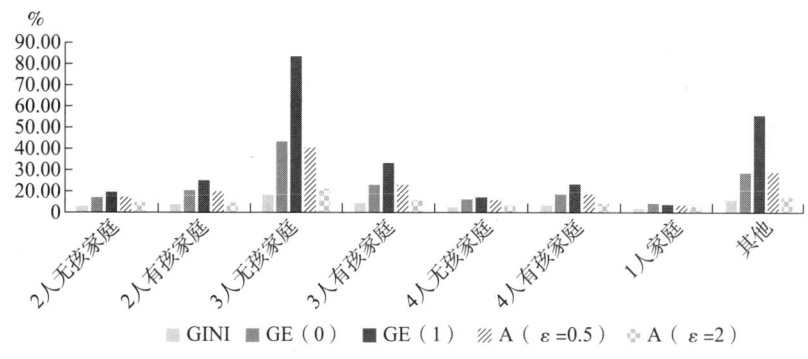

图 11-4 住房非现金收入对不同结构家庭收入不平等的影响

（四）住房非现金收入对不同年龄户主家庭收入的影响

表 11-8 显示了住房非现金收入对不同户主年龄家庭收入的影响，住房非现金收入均拉大了各类家庭的收入差距。从各个不平等指数的改善情况来看，住房非现金收入对户主为 60 岁以上老年人收入水平的调节力度较小，使基尼系数、GE（1）指数和 A（0.5）指数分别提高了 8.88%、102.09% 和 39.92%，在一定程度上加重了老年人的收入不平等状况。而对 30 岁以下年轻人的收入差距提高得最多，基尼系数、GE（1）指数和 A（0.5）指数分别提高了 78.12%、547.59% 和 252.11%。户主为老年人的家庭收入相对稳定，住房非现金收入对其的影响也较小，而 30 岁以下的年轻人因个人能力问题，初始收入差异很大，其住房的差异也很大，故住房非现金收入可能会进一步拉大其收入差距。

表 11-8 住房非现金收入对不同户主年龄家庭收入不平等的改善情况

不平等指数	GINI	GE（0）	GE（1）	A（ε=0.5）	A（ε=2）
初始收入	0.4381	0.3223	0.4639	0.1724	0.4021
加入住房非现金收入后	加入住房非现金收入后对收入差距的影响（%）				
30 岁以下	78.12	283.01	547.59	252.11	97.07
30~60 岁	49.23	139.65	255.10	137.75	62.60
60 岁以上	8.88	25.98	102.09	39.92	10.53

（五）住房非现金收入对不同学历户主家庭收入的影响

本部分将户主的学历分为 4 个类别：①初中及以下学历；②高中、中专与中职学历；③大专与本科学历；④研究生（包含硕士和博士）学历，分别计算了住房非现金收入对不同户主学历家庭收入差距的影响，如表11-9所示。发现住房非现金收入使户主为低等学历家庭的收入差距提高得较少，如使初中及以下学历户主家庭的基尼系数、GE（0）和A（$\varepsilon=2$）分别提高了16.10%、42.07%和17.71%，说明对此类家庭的中低等家庭收入差距提高得较少；使户主为大专与本科学历的家庭收入差距提高得最高，各个指数都提高得比较多，这类家庭学历较高，收入差距较大，其住房类型可能也相差较大，故住房非现金收入则在较大程度上扩大了其收入差距。相对来说，住房非现金收入使研究生高学历家庭的收入差距提高得较少，高学历家庭收入相对均衡，住房非现金收入对其改变不大。

表11-9　住房非现金收入对不同学历户主家庭收入的影响

不平等指数	GINI	GE（0）	GE（1）	A（$\varepsilon=0.5$）	A（$\varepsilon=2$）
初始收入	0.4381	0.3223	0.4639	0.1724	0.4021
加入住房非现金收入后	加入住房非现金收入后对收入差距的影响（%）				
初中及以下	16.10	42.07	126.04	56.40	17.71
高中、中专与中职	21.92	55.49	104.02	62.66	29.83
大专与本科	60.90	190.64	378.09	185.77	75.92
研究生（包含硕士和博士）	21.39	53.59	25.53	36.84	44.06

七、住房非现金收入对家庭贫困的影响

住房非现金收入由于其数额较大，在家庭收入中所占比例也较高，因此会对家庭的贫困状况产生一定的影响，低于贫困线的家庭收入由于纳入住房非现金收入后可能会导致其总收入高于贫困线，摆脱贫困状态，而原本刚超过贫困线的家庭初始收入由于加入较少的住房非现金收入随着相对贫困线的升高可能会导致其总收入低于贫困线，处于贫困状态。本部分以相对贫困线即以家庭收入中位数的50%作为贫困线，利用FGT贫困指数的变化来分析住房非现金收入对家庭贫困状况的影响。

（一）住房非现金收入对不同住房类型家庭贫困的影响

图11-5显示了总样本和不同住房类型的家庭，当总收入包含住房非现金收入后计算的各贫困指数相对于未包含住房非现金收入时相应贫困指数的改

变情况。发现住房非现金收入均提高各类家庭的贫困情况,使所有家庭的贫困发生率、贫困深度和贫困强度分别提高了13.99%、2.75%、0.80%。其中,住房非现金收入使免费住房家庭的贫困率提高得最少,如使家庭贫困发生率、贫困深度和贫困强度分别提高了8.86%、1.52%和0.41%。而使自有住房有贷款家庭的贫困指数提高得最多,使其贫困发生率、贫困深度和贫困强度分别提高了16.43%、3.76%和1.27%。另外,可以看出,自有住房有贷款的家庭承受房贷压力较大,收入相对可能会减少得较多,住房非现金收入使其贫困率提高得较多。

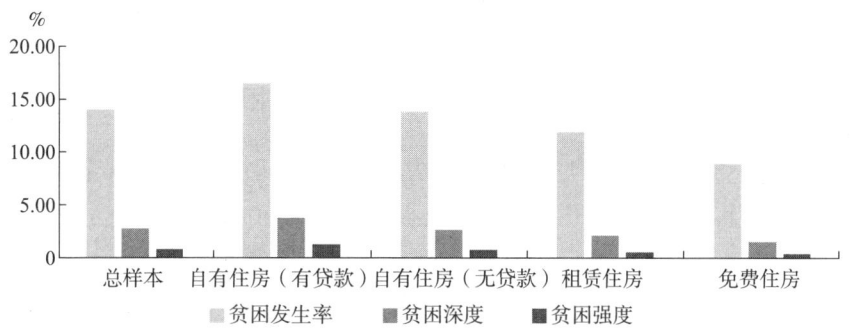

图11-5 住房非现金收入对不同住房家庭贫困率的影响

(二)住房非现金收入对不同人口结构家庭贫困的影响

图11-6显示了住房非现金收入对不同人口结构家庭贫困状况的影响。从贫困发生率来看,对1人家庭和4人无孩家庭的影响最小,均提高了1.35%,对3人有孩家庭的影响最大,提高了4.04%,这也说明孩子对家庭的影响比较大,养孩子成本太高,使有孩子家庭容易陷入贫困状态;从贫困深度来看,2人无孩家庭的贫困深度提高得最少,为0.19%,2人有孩家庭的贫困深度提高得最多,为1.80%,2人有孩家庭即一个大人带一个小孩,这样的家庭也比较容易陷入贫困状态。从贫困强度来看,2人有孩家庭的贫困强度提高得最多,为0.98%,2人无孩家庭提高得最少,为0.08%。综上可见,住房非现金收入使有孩子家庭或者有老人的家庭容易陷入贫困状态,而对使一人家庭陷入贫困状态的影响比较小,主要是因为目前扶养老人或孩子的负担较重。

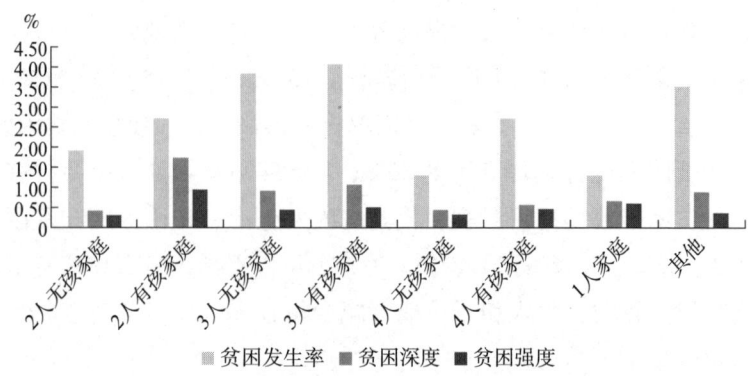

图 11-6　住房非现金收入对不同人口结构家庭贫困的影响

(三) 住房非现金收入对不同户主年龄家庭贫困的影响

图 11-7 列出了按照户主年龄划分为不同的群体时，住房非现金收入对其家庭贫困发生率的影响。住房非现金收入使户主为 60 岁以上家庭的贫困发生率提高得最少，为 12.78%，而使户主年龄为 30 岁以下的家庭的贫困发生率提高得最多，为 18.91%。使户主为 60 岁以上家庭的贫困深度和贫困强度提高得最少，而使户主为 30 岁以下家庭的贫困深度和贫困强度提高得最多，分别提高了 4.10%、1.33%。住房非现金收入对老年人家庭的影响比较小，而对年轻人家庭的影响较大，主要是因为年轻人在城市买房的较多，目前房价较高，房贷压力较大。

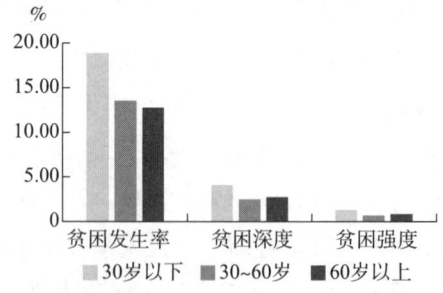

图 11-7　住房非现金收入对不同户主年龄家庭贫困的影响

(四) 住房非现金收入对不同户主学历家庭贫困的影响

图 11-8 列出了住房非现金收入对不同户主学历家庭贫困发生率的影响情况。住房非现金收入对户主为低学历家庭的贫困发生率提高得较少，而对高

学历家庭贫困发生率提高得较多。户主为初中及以下学历家庭的贫困发生率提高得比较少，使其贫困发生率、贫困深度和贫困强度分别提高了10.76%、1.73%和0.43%，而户主为研究生学历的家庭贫困发生率提高得最多，使其贫困发生率、贫困深度和贫困强度分别提高了16.84%、5.15%和2.03%。但总的来看，我国低学历人群多为乡村居民且在外打工者，购买自有住房的比较少，一般都为农村的宅基地住房，故住房非现金收入相对较少对其影响不大。而高学历家庭多为在城市购买住房且有房贷者，住房非现金收入的金额比较大，故住房非现金收入对其影响比较大。

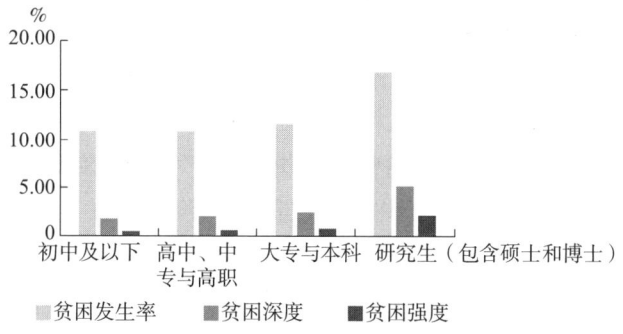

图11-8　住房非现金收入对不同户主学历家庭贫困的影响

八、本章小结

住房是居民的头等大事，住房本身具有消费和投资的功能，但又不同于一般的消费品或投资品，因此，合理估计住房的非现金收入价值及其对家庭收入的影响情况，是准确估算家庭收入、分析收入不平等以及贫困状况的关键问题。本书根据2017年中国家庭金融调查数据，采用国际上通用的估算住房净租金的租金等价法（回归方法），估算家庭住房的净租金，即住房非现金收入，进一步将住房非现金收入加入家庭初始总收入中得到家庭的最终收入，分析住房非现金收入对家庭初始收入以及对家庭收入不平等和贫困状况的影响。得到如下结论：

（1）从对家庭收入分布的影响来看，住房非现金收入提高了所有家庭的初始收入水平，无房贷自有住房家庭的初始收入是最低的，但从住房非现金收入中获得的收益是最高的，而有房贷自有住房家庭的初始收入是最高的，但从住房非现金收入中获得的收益是最少的。从总份额上看，提高了低收入家庭的总收入份额，相对减小了高收入阶层的总收入份额，这其实也反映了住房非现金收入对家庭收入还是有一定的调节作用的。

（2）从家庭人均收入上看，住房非现金收入拉大了高低收入家庭之间的收入差距，对无房贷自有住房家庭的福利相对较高，减少了有房贷自有住房家庭的初始收入，另外对免费住房家庭的福利也是比较低的。

（3）从对家庭收入不平等的影响来看，住房非现金收入通过调节低收入和高收入家庭的收入水平，扩大了收入差距。从不同类型住房非现金收入对家庭收入不平等的影响来看，有房贷自有住房家庭的非现金收入对家庭收入差距的影响较大，而免费住房家庭的非现金收入对家庭收入差距的影响较小。从住房非现金收入对不同家庭结构类型家庭收入的影响来看，住房非现金收入对人口较少的1人或无孩家庭的收入不平等提高得较少，而对3人无孩家庭的收入差距提高得较多，主要是因为多人家庭中有老年人，导致收入降低且养育成本较高。从住房非现金收入对不同户主年龄家庭收入的影响来看，住房非现金收入对户主为60岁以上家庭的影响较小，而对户主年龄为30岁以下家庭的影响较大。从住房非现金收入对户主不同学历家庭收入的影响来看，其对低学历家庭收入分配改善的程度较小，而对研究生学历家庭收入不平等的影响最大。

（4）从住房非现金收入对家庭贫困的影响来看，从不同类型住房的非现金收入来看，使有房贷自有住房家庭的贫困发生率提高得较多，而使免费住房家庭提高得较少；从不同人口结构的家庭来看，使人数较少的单人家庭或无孩家庭的贫困发生率提高得较少，使3人无孩（含有老年人）家庭的贫困发生率提高得较多；从户主的年龄和学历来看，使老年人家庭、低学历家庭的贫困发生率提高得较少，而使户主为中年或高学历家庭的贫困发生率提高得较多。

住房非现金收入的估算不仅是对目前家庭收入定义的补充、完善，也对研究收入差距和贫困问题有重要的现实意义。虽然本书的计算由于样本数据的不完善还存在较多问题，计算方法也有较大的改进余地，估算结果对所使用的数据和选择的方法也都是比较敏感的。但总的来看，住房非现金收入在一定程度上提高了居民的收入水平，加重了收入不平等状况，对老年人家庭、低收入家庭的收入影响较小，主要原因是一方面这类家庭的收入较低且比较稳定，其住房非现金收入也较少，故住房非现金收入对总收入的影响不大；而住房非现金收入对有房贷、有孩子、有老年人的家庭影响较大，主要是这类家庭的还贷款负担、扶养老人或小孩的负担比较重，收入波动性较大，住房非现金收入的差异也可能会比较大,这就导致住房非现金收入在一定程度上会进一步拉大其家庭的收入差距,提高了居民的贫困程度。因此,在住房方面,国家还需设计更为合理、有效的住房保障政策或其他的购房政策等,以降低住房非现金收入对居民收入差距的扩大作用,以期能进一步在住房方面更好地调节居民的生活福利分配,促进居民的收入分配均衡。

第十二章
非现金总收入对家庭收入的影响

前面几章内容分别分析了教育、卫生和住房非现金收入单独对家庭收入或消费的影响，各类非现金收入都在一定程度上调节了家庭的收入再分配，本质上应该是有着相同的目的，即促进收入的进一步均衡分配，故各类不同的非现金收入对于家庭收入来说可能会相互协调，有一定的互补作用。在国家的财政政策方面也会有类似的考虑，因此有必要将所有非现金收入加总，从总体上考虑非现金总收入对家庭收入和收入差距的影响作用。本章内容就从总体上考察非现金总收入对家庭收入的影响，这里的非现金总收入当然并没有包括实际所有的家庭非现金收入，限于数据可获得性以及项目完成时间的紧迫性，仅包含了我们前面测算的教育、卫生和住房三类非现金总收入。

一、数据来源说明

教育、卫生和住房非现金收入的计算方法分别采用第九章至第十一章的方法，将家庭获得的各类非现金收入数据分别与 2018 年中国家庭金融调查数据相匹配，得到本部分研究的基本样本数据，经过整理筛选共有 20855 个家庭样本。利用此样本数据，分析教育、卫生和住房三类非现金总收入对家庭收入的影响。在下面的分析中，参考第九章的分析方法，对于教育、卫生、住房、收入等数据均用家庭等价人口调整为家庭人均等价数据进行分析。

由于教育和卫生非现金收入主要是由政府的财政支出数据计算，其来源与住房非现金收入不同，为了更清晰地展现不同来源非现金总收入的影响，因此，在分析时将非现金总收入分为两部分：一部分是教育卫生非现金总收入，另一部分是教育卫生住房非现金总收入，分别分析其对家庭收入和收入不平等的影响。另外，为了详细地考察不同类型家庭的情况，这里根据不同的分类标准对家庭进行划分，进一步分析非现金总收入对各类家庭的影响。

二、非现金总收入对家庭收入分布的影响

本部分按照家庭初始的等价平均收入，从低到高将所有家庭平分为5等分组。

(一) 5等分组家庭的非现金收入情况

表12-1列出了按照家庭等价平均收入划分的5等分组家庭的平均收入情况。从初始收入来看，不同分组家庭之间收入各不相同，有些阶层的家庭收入差距非常大，中等收入以下家庭的收入差距并不是很大，但是高收入家庭与低收入家庭的差距非常明显，最高收入家庭、中等偏上收入家庭分别是最低收入家庭收入的7.85倍、2.86倍。

教育非现金收入是最低收入家庭获得的最高，平均为8521.69元，中等收入家庭获得的最少，为5690.63元，获得最高教育非现金收入家庭是最低家庭的1.50倍，但总体上各家庭获得的教育非现金收入差异并不是太大。各阶层家庭获得的卫生非现金收入较为均衡，最低收入阶层获得的最少，平均为203.99元，中等偏上家庭获得的最高，为266.00元，相差也仅几十元钱，说明卫生非现金收入差异比较小。住房非现金收入是最低收入阶层家庭获得的比较少，平均为1284.55元，中等以上家庭获得的较多，如中等偏上家庭、最高收入家庭获得的住房非现金收入分别是最低收入阶层的10.19倍、174.28倍，可见住房非现金收入对家庭收入的影响是非常大的，也是拉大家庭收入差距的一个主要原因。

根据家庭初始收入加上教育卫生非现金收入的数据，发现中等偏上、最高收入家庭的收入分别是最低收入家庭收入的2.27倍和5.94倍，相对于初始收入是减小了高低收入家庭的差距。从家庭初始收入加上教育卫生住房非现金收入后的数据来看，中等偏上、最高收入家庭分别是最低收入家庭收入的2.57倍、12.50倍，扩大了各阶层家庭的收入不平等，尤其是高低收入家庭的收入差距。

总的来看，教育和卫生非现金收入在一定程度上缩小了各阶层家庭的收入差距，但住房非现金收入却较大地拉大了家庭之间的收入差距，说明我国

财政通过教育、卫生等相关政策的实施，在一定程度上协调了家庭的再分配收入，缩小了收入差距，但是教育和卫生非现金收入在家庭收入中占的份额比较小，其调节作用也非常有限；住房非现金收入在家庭收入中所占份额较大，在较大程度上拉大了各阶层家庭之间的收入差距，说明我国在住房保障方面的相关政策较为缺失，而住房是民生的重要组成部分，在家庭收入中占的份额比较大。因此，政府应多考虑住房相关政策制定、实施，可能对调节居民的收入差距更有效。

表12-1 5等分组家庭的非现金收入情况

家庭类型	初始收入（元）	非现金收入（元）			最终总收入（元）	
		教育	卫生	住房	初始收入加教育卫生	初始收入加教育卫生住房
最低收入	23012.34	8521.69	203.99	1284.55	31738.01	33022.57
中等偏下	35107.47	6154.09	222.54	3040.91	41484.11	44525.02
中等收入	47345.54	5690.63	241.06	5909.62	53277.23	59186.85
中等偏上	65840.22	5812.42	266.00	13084.09	71918.64	85002.73
最高收入	180657.30	7695.56	234.88	223865.94	188587.74	412658.15

（二）非现金收入对5等分组家庭收入分布的影响

表12-2显示了家庭初始收入加入非现金总收入后，各分组家庭总收入在所有家庭总收入中的占比情况。首先看各分组家庭的初始收入占比情况，最低收入家庭占比仅为6.54%，最高收入家庭占比达到51.33%，加入教育卫生非现金收入后，中等及以下各阶层的收入占比都有所提高，而高收入阶层的收入占比下降了，使最低收入、中等偏下收入、中等收入的占比分别提高了1.66%、0.75%和0.32%，而使中等偏上、高等收入家庭的收入占比分别降低了0.13%和2.60%，这也可看出教育卫生非现金收入起到了一定的收入再调节作用。当初始收入加入教育卫生住房非现金收入后，发现前4等分组家庭的收入占比都降低了，分别降低了1.33%、2.95%、4.12%、5.31%，只有最高收入家庭的占比提高了13.72%，提高的幅度比较大，说明住房非现金收入对家庭收入的影响是非常大的，且在较大程度上扩大了不同阶层家庭的收入差距，只有高收入阶层受益比较多，而其他各阶层的收入占比都有所减小。

表 12-2　非现金总收入对 5 等分组家庭收入分布的影响　　单位:%

家庭类型	初始收入占比	加入教育卫生非现金总收入后占比	改变比例	加入教育卫生住房非现金总收入后占比	改变比例
最低收入	6.54	8.20	1.66	5.21	-1.33
中等偏下	9.97	10.72	0.75	7.02	-2.95
中等收入	13.45	13.77	0.32	9.33	-4.12
中等偏上	18.71	18.58	-0.13	13.40	-5.31
最高收入	51.33	48.73	-2.60	65.05	13.72

三、非现金总收入对全部家庭收入的影响

(一) 非现金总收入对 5 等分组家庭收入的影响

表 12-3 列出了各等分组家庭初始收入加入不同种类非现金收入后对家庭初始收入的影响。可以看出，加入教育卫生住房非现金收入后，最高收入阶层的收入提高得最多，提高了 128.42%；其次是最低收入阶层，提高了 43.50%；中等收入阶层的收入提高得较少。加入教育卫生非现金收入后，使低等阶层的总收入提高得较多，随着初始收入阶层的提高，教育卫生非现金总收入对其的作用是逐渐降低的，使高等收入阶层的总收入提高得最少，为 4.39%，说明教育卫生非现金收入对家庭初始收入有一定的调节作用。另外，单独加入教育和卫生非现金收入后，都使低等阶层的收入提高得较多，而使高等阶层的收入提高得较少；但单独加入住房非现金收入后，使高等阶层的总收入提高的幅度非常大，而使低等阶层的总收入提高得较少。因此，住房非现金收入对家庭初始收入的调节作用是非常大的，拉大了家庭收入的距离。总的来看，教育和卫生非现金收入对各阶层的家庭收入起到了一定的再分配作用，缩小了家庭之间的收入差距，但是加入住房非现金收入后，由于住房非现金收入的金额较大，且高收入阶层的较多，在较大程度上又拉大了各阶层的家庭总收入差距。因此，住房非现金收入对家庭收入的影响是比较大的，也是导致家庭收入差距过大的主要原因之一。

表 12-3　非现金总收入对 5 等分组家庭收入的影响

收入分布	各分组家庭平均收入（元）				
	最低	中等偏下	中等	中等偏上	最高
初始收入（转移前）	23012.34	35107.47	47345.54	65840.22	180657.30
加入非现金收入后的总收入	非现金总收入对家庭初始平均收入的改变比例（%）				
初始收入加教育卫生住房	43.50	26.82	25.01	29.10	128.42
初始收入加教育卫生	37.92	18.16	12.53	9.23	4.39
初始收入加教育	37.03	17.53	12.02	8.83	4.26
初始收入加卫生	0.89	0.63	0.51	0.40	0.13
初始收入加住房	5.58	8.66	12.48	19.87	123.92

（二）非现金总收入对家庭收入不平等的影响

表 12-4 显示了家庭初始收入加入不同种类非现金收入后对家庭初始收入不平等的改善情况。当家庭初始收入加入教育卫生住房非现金收入后，提高了各个不平等指数，使 GE（1）和 A（$\varepsilon=0.5$）提高的幅度最大，说明使高等阶层的收入不平等提高得最多，使 GINI 系数提高的幅度最小，说明对中等收入差距的改善相对较小。当家庭初始收入加入教育卫生非现金收入后，在不同程度上减小了家庭的收入差距，使高等收入家庭减小得最多，而使中等收入家庭减小得最少。另外，家庭初始收入加入教育非现金收入后，也在不同程度上缩小了收入差距，使高等收入家庭的收入差距减小得最多，而使中等收入家庭的收入差距减小得最少。另外，单独看卫生和住房非现金收入，发现卫生和住房非现金收入都扩大了家庭的收入差距，都使低收入家庭的收入差距扩大得最多，使中等阶层家庭的收入差距扩大得较少。可见除了教育非现金收入对家庭收入不平等起到一定的缩小作用外，卫生和住房非现金收入都在一定程度上拉大了家庭的收入差距，并没有起到调节收入再分配的作用，说明我国的公共卫生分配还存在一定的不合理性，没有达到其调节缩小收入差距的最终目标，还需进一步改革，调整其分配方案。

表 12-4　非现金收入对收入不平等指数的影响

不平等指数	GINI	GE（0）	GE（1）	A（$\varepsilon=0.5$）	A（$\varepsilon=2$）
初始不平等指数	0.4381	0.3222	0.4636	0.1723	0.2754
转移后不平等指数	非现金收入对家庭收入不平等的改变比例（%）				
初始收入加教育卫生住房	36.45	98.01	235.48	111.90	71.24

续表

不平等指数	GINI	GE (0)	GE (1)	A (ε=0.5)	A (ε=2)
初始收入加教育卫生	-8.01	-15.74	-13.48	-13.46	-13.65
初始收入加教育	-32.39	-57.19	-74.08	-58.97	-49.32
初始收入加卫生	8.36	17.90	14.93	14.96	15.18
初始收入加住房	55.91	162.25	317.02	163.68	113.97

四、非现金总收入对不同类型家庭收入的影响

(一) 非现金总收入对不同户主年龄家庭收入的影响

本部分将家庭样本按照户主年龄分为 60 岁及以上和 60 岁以下的家庭，同时又按照是否有孩子（15 岁以下）进行区分，表 12-5 显示了非现金收入对不同户主年龄家庭收入分布的影响情况。可以看出，老年有孩子家庭的初始平均收入是最少的，平均年收入为 49109.78 元，非老年无孩子家庭的初始平均收入最高，为 91651.25 元。教育非现金收入只对有孩子家庭产生影响，分别使老年有孩子家庭和非老年有孩子家庭的初始收入提高了 16.44%、15.10%，提高的比例相差不是太大。卫生非现金收入使老年家庭的收入提高得比较多，而使非老年家庭的收入提高得较少。住房非现金收入使非老年无孩子家庭的收入提高得最多，提高了 100.04%，而使老年无孩子家庭的收入提高得最少，为 26.88%，住房非现金收入对家庭收入的影响是比较大的。当家庭收入加入教育卫生非现金收入后，其收入也都有不成比例的提高，使有孩子家庭提高得比较多，尤其是老年有孩子家庭提高得最多，为 16.99%，而使无孩子家庭提高得较少。当家庭初始收入加入教育卫生住房非现金收入后，初始收入提高最多的是非老年无孩子家庭，提高最少的是老年无孩子家庭。总的来看，教育卫生住房非现金收入在一定程度上调节了居民的收入水平，其中，住房非现金收入对其贡献最大。

表 12-5　非现金收入对不同户主年龄家庭收入的影响

家庭类型	初始平均收入（元）	非现金收入（%）				
		教育	卫生	住房	教育卫生	教育卫生住房
非老年家庭有孩子 （户主60岁以下）	73046.49	15.10	0.24	78.21	15.34	93.55
非老年家庭无孩子 （户主60岁以下）	91651.25	0	0.20	100.04	0.20	100.24
老年家庭有孩子 （户主60岁及以上）	49109.78	16.44	0.55	77.74	16.99	94.73
老年家庭无孩子 （户主60岁及以上）	64452.94	0	0.58	26.88	0.58	27.46

（二）非现金总收入对家庭收入不平等的影响

表 12-6 显示了各种不同类型家庭初始收入加入教育卫生非现金总收入后，对家庭初始收入不平等的改善情况。发现教育卫生非现金收入提高了非老年无孩子家庭的收入差距，而对其他三类家庭的收入差距都起到一定的减小作用。其中使老年无孩子家庭的收入差距减小得最多，使非老年有孩子家庭的收入差距减小得最少。

表 12-6　非现金总收入对不同户主年龄家庭收入不平等的影响

家庭类型	GINI	GE（0）	GE（1）	A（ε=0.5）	A（1）
初始不平等指数	0.4381	0.3222	0.4636	0.1723	0.2754
转移后不平等指数	加入教育卫生非现金收入后对不平等指数的影响（%）				
非老年家庭有孩子 （户主60岁以下）	-3.58	-8.50	-10.18	-8.01	-7.26
非老年家庭无孩子 （户主60岁以下）	7.97	16.85	29.08	20.08	13.91
老年家庭有孩子 （户主60岁及以上）	-21.62	-38.27	-37.94	-36.27	-34.53
老年家庭无孩子 （户主60岁及以上）	-31.61	-52.67	-54.87	-51.31	-48.66
转移后不平等指数	加入教育卫生住房非现金收入后对不平等指数的影响（%）				
非老年家庭有孩子 （户主60岁以下）	41.91	113.81	230.93	120.89	80.79
非老年家庭无孩子 （户主60岁以下）	60.88	189.85	425.78	191.24	120.41

续表

家庭类型	GINI	GE (0)	GE (1)	A (ε=0.5)	A (1)
老年家庭有孩子（户主60岁及以上）	29.88	84.11	259.71	109.87	62.45
老年家庭无孩子（户主60岁及以上）	-12.58	-22.59	-17.56	-18.92	-19.86

根据表12-6的结果，发现家庭初始收入加入教育卫生住房非现金收入后，除了老年无孩子家庭的收入差距有所减小之外，其他三类家庭的收入差距都提高了。教育卫生住房非现金总收入使非老年无孩子家庭的收入差距提高得最多，而使老年有孩子家庭的收入差距提高得最少。也可看出住房非现金收入对家庭收入差距的调节作用比较大，在较大程度上影响了非老年无孩子家庭的收入不平等情况。另外，很明显教育卫生非现金收入与教育卫生住房非现金收入对家庭收入不平等的调节方向是不一样的。目前，国家财政主要是通过教育和卫生转移支出调节居民的收入，通过住房途径调节的还有限，远远达不到调节收入分配的目的。

五、非现金总收入对城乡不同家庭收入的影响

表12-7列出了城乡不同家庭的非现金收入情况。教育和卫生非现金收入对乡村家庭的初始收入提高的比例较高，分别为17.22%和0.42%，而使城市家庭的初始收入提高的比例较少，分别为8.55%和0.32%，实际上对乡村家庭的转移额度要普遍小于城市家庭，这里非现金收入使其初始收入提高的比例较高主要是乡村家庭的初始收入较低导致，整体上乡村家庭的生活福利水平要低于城市家庭的。住房非现金收入对城市居民的影响比较大，提高了其初始收入的78.02%，而对乡村居民的影响较小，主要是乡村居民大多是自建住房，成本较低；随着进城务工人数的增加，乡村的住房越来越不值钱，而城市的房价居高不下，租房成本也较高，导致住房非现金收入对城市家庭收入的影响较大。从家庭初始收入加入教育卫生非现金总收入来看，乡村家庭的初始收入提高的比例较高，为17.65%；而城市家庭提高得较少，为8.87%。考虑家庭初始收入加入教育卫生住房非现金总收入后，城市家庭的初始收入提高的比例非常高，达到了86.88%；乡村家庭提高得较少，仅为33.30%，这也主要由城市住房成本较高导致。

表 12-7　非现金收入对城乡家庭收入的影响

家庭类型	初始收入（元）	加非现金收入后对初始收入改变的比例（%）				
		教育	卫生	住房	教育卫生	教育卫生住房
乡村家庭	48015.9354	17.22	0.42	15.65	17.65	33.30
城市家庭	75365.4506	8.55	0.32	78.02	8.87	86.88

表 12-8 列出了非现金总收入对城乡家庭收入不平等的影响。可以看出，教育卫生非现金总收入缩小了各类家庭的收入差距，使乡村家庭的收入差距缩小得较多，而使城市家庭的收入差距缩小得较少。教育卫生住房非现金总收入缩小了乡村家庭的收入差距，但是却在较大程度上扩大了城市家庭的收入差距。

表 12-8　非现金收入对城乡家庭收入不平等的影响

家庭类型	GINI	GE（0）	GE（1）	A（0.5）	A（1）
初始不平等指数	0.4381	0.3222	0.4636	0.1723	0.2754
转移后	加入教育卫生非现金收入后对收入不平等指数的变化情况（%）				
所有家庭	-8.01	-15.74	-13.48	-13.46	-13.65
乡村家庭	-18.69	-31.72	-24.68	-26.87	-28.29
城市家庭	-7.99	-15.80	-13.96	-13.70	-13.73
转移后	加入教育卫生住房非现金收入后对收入不平等指数的变化情况（%）				
所有家庭	36.45	97.98	235.46	111.90	71.24
乡村家庭	-7.72	-10.80	13.27	-1.86	-9.30
城市家庭	39.37	107.39	250.26	120.20	76.98

六、本章小结

本章根据 2018 年中国家庭金融调查数据，测度了教育、卫生、住房非现金总收入对不同类型家庭收入以及收入差距的影响。主要得出以下结论：

（1）从非现金收入的分布来看，教育、卫生、住房非现金收入都在一定程度上提高了居民的收入水平，但住房非现金收入的影响最大，其次是教育非现金收入，最少的是卫生非现金收入。教育、卫生非现金总收入对低收入阶层转移得较多，而住房非现金收入对高收入阶层的影响较大，由于住房非现金收入的金额较大，当家庭初始收入加入教育卫生住房非现金收入后，高收入家庭的总收入份额增加，而其他家庭的总收入份额减小。

（2）从非现金收入对家庭收入的影响来看，教育卫生非现金收入对各阶层的家庭收入起到了一定的再分配作用，缩小了家庭之间的收入差距；但由于住房非现金收入占比较大，当家庭初始收入加入教育卫生住房非现金收入后，使高收入家庭的收入提高得较多，而对低收入家庭的影响较小，加剧了家庭的收入不平等。

（3）教育卫生非现金收入较大地提高了有孩子家庭的收入分配，而对无孩子家庭的影响较小，主要是因教育非现金收入的影响较大。教育卫生住房非现金收入对老年无孩子家庭的影响较小，而对其他家庭的影响相差不大。从对收入差距的改变来看，教育卫生非现金收入增加了非老年无孩子家庭的收入差距，而对其他三类家庭的收入差距都起到一定的减小作用。教育卫生住房非现金收入除减小了老年无孩子家庭的收入差距之外，使其他三类家庭的收入差距都增加了。

（4）从对城乡家庭收入的影响来看，教育卫生非现金收入对乡村家庭收入的提高比例较高，而教育卫生住房非现金收入使城市家庭的收入提高的比例较大；从对城乡收入差距的影响来看，教育卫生非现金收入缩小了各类家庭的收入差距，乡村家庭的收入差距缩小得较多，城市家庭的收入差距缩小得较少。教育卫生住房非现金总收入缩小了乡村居民的收入差距，但是却在较大程度上扩大了城市居民的收入差距。

总的来看，教育卫生非现金收入由于主要是由政府财政支持的，对家庭收入起到了一定的调节再分配作用，缩小了各类家庭之间的收入差距。而住房非现金收入由于国家财政支持的力度较小，其价值主要是属于家庭固有财产的比例较高，因此，当将住房非现金收入也加入家庭初始收入后，反而提高了家庭收入的不平等程度，尤其是高收入阶层的家庭获益更高。因此，政府在接下来的政策制定过程中，应考虑住房对家庭收入的影响，进一步考虑财政支出在住房方面所起的调节作用。

非现金收入对收入差距的影响

非现金收入在一定程度上改善了居民的收入分配状况，不同的家庭居民获得的非现金收入金额大小也不同，前面从微观视角分析了各类主要非现金收入对家庭收入及收入差距的影响。那么从宏观上来看，非现金收入对居民收入差距的作用到底怎么样，是拉大还是缩小，这也是需要检验的。本部分内容主要从宏观角度进行计量分析，同样主要分析了公共教育、卫生和住房保障非现金收入对居民收入差距的作用。

第十三章

公共教育非现金收入对收入差距的影响

一、引言

中国的收入差距用基尼系数来衡量的话,根据国家统计局公布的数据,早已超出了0.4的国际警戒线,并且在2008年达到最高值0.491,之后虽有所下降,但也一直在0.46以上,为了调整收入差距,党和政府也采取了诸多措施,并且在党的十八大报告里,更进一步强调了平衡收入分配的目标。早在20世纪70年代初,一些学者已经开始研究公共支出的利益分配问题,认为税收对收入再分配的影响是有限的,虽然可以从富人那里征得较多的收入,对低收入实行一定的免税政策,但也不能提高低收入者的收入水平。Bird和De Wulf(1972)也指出,税收不可能使穷人变富,要改变低收入群体的收入状况,就必须主要通过预算的财政支出来解决,其中包括诸如教育、医疗保健、住房等服务的直接提供,或者通过转移收入或者创造就业政策等方法。在公共转移支出中,多数人认为公共教育支出的调节作用最大,公共教育在我国财政支出中的占比也较高,近年来占比均值在17%左右。因此,讨论我国财政的公共教育支出对我国收入差距的调节作用是非常有必要的,尤其是在目前我国产业结构升级、消费需求疲软、就业困难等经济结构全面调整的背景下,如何提高低收入阶层的收入、促进消费、缩小收入差距都是迫切需要解决的问题。

关于教育与收入分配的研究中,最有影响的理论是Schultz(1960)提出的人力资本理论。他指出人力资本所带来的技术进步是国民财富增长和个人收入分配趋于平等的主要因素,同时也指出人力资本投资的回报率也是非常高的。Mincer(1957)分析了人力资本投资收益率模型,并将人力资本投资区分为正规学校教育投资和学校后教育投资。Becker(1964)从微观角度分析了正规教育的成本和收益问题,研究了人力资本投资与个人收入分配的关系。Krueger（1968）指出教育投资的直接影响占到解释美国及其他28个发达国家收入差距25%~35%的原因；另外，教育投资的间接影响（通过影响其他因素来影响美国同别的发达国家之间的收入差距）并不比直接影响少。公共教育可以使低收入者享受更多的教育机会平等，提高其劳动技能或技术，改善其收入状况。

关于公共教育支出与收入分配问题的实证研究，目前大概有三类观点：

一类是公共教育支出促进了收入分配的公平。Glomm 和 Ravikumar（1992）通过建立异质性个体的迭代模型来分析公共教育对收入差异的影响，发现当居民收入的差异较小时，公共教育能够更快缩小居民之间的收入差距。Zhang（1996）指出公共教育投资在长期内是可以缓解收入差距的。寇铁军等（2002）、邱伟华（2009）、丁忠民等（2017）通过分析公共教育、社会保障等对收入分配的作用，同样指出公共教育能够有效地缩小家庭教育投资差距，进一步降低收入差异，并指出公共教育调节收入差距的手段比其他社会保障等更有效。郭凯明等（2011）通过内生增长模型分析了公共教育投资增加有助于减弱不平等的现象。吴强（2011）则从教育的流动性角度分析公共教育支出有利于解决私人教育的流动性约束，公共教育支出能够对居民教育支出起到替代作用，尤其是对低收入家庭，替代效应更强，因此，增加公共教育的投入能够达到有效的教育公平的目标。杨娟（2016）通过先天能力、义务教育等多种因素分析，发现义务教育公共支出可以更有效地缓解代内收入不平等并减弱代际之间的传递。

另一类是公共教育支出扩大了收入差距。Lloyd 等（2000）在考虑微观经济主体职业选择影响的基础上，指出教育资源向高等教育倾斜会产生"涓滴效应"，但它会被基础教育质量下降所带来的负面影响抵消，从而导致收入差距增大进而不利于经济增长。徐俊武（2011）基于寻租理论分析了公共教育支出与不平等之间的因果关系，指出公共教育支出领域的不平等具有显著的路径依赖性特征，不仅会降低长期的经济增长率，还会强化收入不平等的程度。靳卫东等（2010）发现公共教育投资支出可以提高中低收入居民的收益，但是由于受收入水平制约，最低收入居民无法获得教育投资的收益，而高收入居民却得到更多，这些不利于收入差距的缩小。李祥云等（2018）通过运用省级面板数据，构造了 Tobit 模型分析中国公共教育支出对居民收入分配不平等的影响，发现了公共教育支出不论是短期还是长期都拉大了居民的收入分配差距。

还有一类观点是公共支出对收入差距的作用不确定。Perotti（1993）、

Kevin（2002）认为受教育机会成本的影响，公共教育投资增加不一定能提高穷人的教育水平，因此也不一定能消除贫困和减小收入差距。Glomm 和 Ravikumar（2003）通过世代交叠模型，分析公共教育短期内对收入不平等的抑制作用可能不显著。Su（2004）通过一个两阶段人力资本积累模型分析教育资源配置政策对经济增长和收入分配的影响与经济发展水平有关，从理论上说明了对于欠发达国家，资源向基础教育倾斜有助于经济增长和收入分配公平，但是从实证上，并没有确定的结论。Naito（2012）也通过世代交叠模型发现，教育对收入不平等的影响较为模糊，其具体影响效应取决于多种因素，如社会发展的不同阶段、教育的普及程度、教育的不同层次及结构等。张小芳等（2020）利用结构门槛回归模型，分析了国际上 105 个国家的公共教育支出在不同的制度质量上对收入不平等的影响，发现它们的关系是非线性的。

通过对已有文献的相关梳理发现，关于公共教育支出对收入分配影响的研究从理论和实证方面都没有明确统一的观点，还需要进一步深入探讨研究；另外，研究者多是站在政府支出的角度，考虑公共教育支出的规模、结构、内部配置等对收入差距的作用，较少考虑收入差距是在经济、社会综合发展等宏观经济背景下产生的，其影响从来都不是由一个单一的因素可以解释的，在不同的条件下，公共教育支出对收入差距的作用显然是不同的。财政公共教育支出实际上是对居民进行的教育福利支出，如果站在居民的角度，就可以认为这个部分相当于提高了居民的收入，是居民的非现金收入。本章以居民的视角，将财政教育公共支出理解为居民的教育非现金收入，来分析教育非现金收入对收入差距调节的非线性门限效应。在不同经济背景下，存在不同的经济变量门限，导致教育非现金收入在其门限值前后的区间内对收入差距的作用是不同的。故在进行公共政策选择，尤其是财政公共教育支出决策时，要充分考虑不同的经济社会发展背景以及其在不同情况下存在的门限效应。本章结合我国的经济发展背景，从宏观上分析教育非现金收入对收入差距（基尼系数和泰尔指数）存在的各种门限效应。

二、本章实证模型构建

下面我们将实证检验我国居民的教育非现金收入对居民收入分配的具体作用，收入不平等的指标分别用城乡收入比和泰尔指数代替，分别表示以城乡划分的不同群体的收入差距和以区域划分的不同区域收入差距。我们将国家统计局统计的教育总经费分为三部分：一是居民直接支付的教育学杂费；二是国家财政性教育经费；三是其他的如民办学校办学经费、社会捐赠经费等，这类经费主要是由社会各不同单位承担，我们称之为社会性教育经费。其中，国家财政性教育经费和社会性教育经费是国家财政和社会单位出资支持教育事业发展的，如果站在居民的角度来看，居民并没有为这部分福利支出任何费用却享用了教育服务，这部分福利并没有以现金的形式直接转移给居民，而是以教育福利的形式提供给居民享用，实际上相当于居民的实际收入提高了，故我们称这两部分收入分别为居民的教育非现金财政性收入和社会性收入。本章主要从居民的教育非现金收入视角，研究总的教育非现金收入和各分类教育非现金收入对居民收入差距的影响。

我国存在明显的城乡差异和区域差异，不同群体、区域的教育非现金收入也存在较大的差异，因此猜想对于不同的群体或者区域，教育非现金收入对缩小收入差距的作用也是不一样的，可能会随着经济发展水平的变化而变化。为刻画这种非线性影响作用，我们采用非线性面板门限模型，根据数据特征本身确定门限值，客观反映居民非现金收入的作用，同时也给出一般固定效应模型的对比性的结论。故本章主要使用以下几类模型。

（一）混合回归模型

对于面板数据，如果所有的个体都拥有完全一样的回归方程，即不存在个体效应时，或者样本量的时间很短，没有显著的个体效应时，可以将所有的数据放在一起，像对待截面数据一样进行 OLS 回归，这种方法称为"混合回归"，其具体模型如下：

$$y_{it} = \alpha + \beta x_{it} + \delta z_{it} + \varepsilon_{it} \tag{13-1}$$

模型（13-1）中，下标 it 表示第 i 地区，第 t 期的数据，因变量 y 表示居民的收入差距（城乡收入比或泰尔指数），x 表示影响收入差距的控制变量（具体见表13-1），z 为自变量，表示居民的教育非现金收入（教育非现金总收入、财政收入、社会收入），α 表示常数项，β 表示控制变量的系数，ε 为随机扰动项。由于面板数据中往往同一个体不同时期的扰动项之间存在自相关，故对标准误的估计应该使用聚类稳健的标准误，聚类就是将每个个体不同时期的所有观测值组成一类，允许同一类存在自相关，而不同类的观测值则不存在相关。但混合回归要求有不存在个体效应的假设，故需要进行 F 统计量检验。F 统计量检验的原假设是不存在个体效应，若接受原假设就说明可以用混合回归模型，若拒绝接受原假设则说明样本存在个体效应，不适合用混合回归模型，而存在的个体效应又有两种存在形式，即固定效应与随机效应，具体用哪一种模型还需要进一步检验，常用豪斯曼检验。

表 13-1　主要变量说明

	变量描述	变量
因变量	城乡人均收入比（urinr）	根据城乡人均收入计算，反映城乡居民的收入差距
	泰尔指数（tidx）	利用各区域收入与人口的分组数据，根据泰尔指数的计算公式计算，反映区域间收入的不平等
自变量	教育人均非现金总收入（edin）	人均教育总费用减去人均学杂费，反映居民获得的教育总福利情况
	教育人均非现金财政收入（gedin）	国家财政性教育经费除以总人口得到，反映国家财政对居民的教育福利转移
	教育人均非现金社会收入（sedin）	教育人均非现金总收入减去教育人均非现金财政收入得到，反映社会对居民的教育福利转移
控制变量	经济增长类	人均GDP（pgdp）	各区域的GDP除以其总人口，反映当地的经济发展水平
		固定资产投资（pcap）	各区域的固定资产投资除以当地的GDP，反映各区域的投资情况
		劳动参与率（lara）	各区域的就业人口除以总人口，反映各区域的人力资本参与状况
		产业结构水平（dind）	各区域的第三产值除以其总产值，反映区域产业结构发展状况
		对外开放程度（dopw）	各区域的进出口总额除以当地的GDP，反映区域的对外开放情况
		城市化比率（urbr）	各区域的非农人口除以其总人口，反映区域居民的城镇化情况
	公共事业、社会保障类	受教育程度（sch）	各区域的大专以上人口除以总人口，反映各区域的人力资本水平
		铁路密度（raild）	各区域的铁路总长除以面积，反映区域基础设施的建设情况
		人均社会保障与就业（ssem）	各区域的社会保障与就业的财政支出总额除以其总人口，反映对低收入人群的社会保障情况
		城镇职工养老保险覆盖率（urwo）	各区域参与城镇养老保险人数除以总人数，反映城镇居民的养老保险情况
	其他类	城市人均可支配收入（puinc）	直接从国家统计局网得到，反映城市居民的实际收入
		农村人均可支配收入（princ）	直接从国家统计局网得到，反映农村居民的实际收入

（二）面板数据固定效应或随机效应模型

存在个体效应的模型是用固定效应好还是用随机效应好，需要用豪斯曼检验。豪斯曼检验的原假设是模型中的 μ 与解释变量 $\{x, z\}$ 不相关，若接受原假设，说明用随机效应模型较好，若拒绝原假设，则说明模型中的 μ 与解释变量 $\{x, z\}$ 是相关的，用固定效应模型较好。固定或随机效应模型的基本形式如下：

$$y_{it} = \alpha + \beta x_{it} + \delta z_{it} + \mu_i + \lambda_i + \varepsilon_{it} \tag{13-2}$$

模型（13-2）中，μ 表示个体固定效应，λ 表示不可观测的时间效应，是不随省份变化的变量，ε_{it} 表示所有与时间有关但却没有包含在模型中的因素，其他变量的含义同模型（13-1）。

（三）面板非线性模型

为了检验变量之间存在的非线性关系，可以进一步在模型（13-2）的基础上加入解释变量的二次项或三次项。具体模型如下：

$$y_{it} = \alpha + \beta x_{it} + \delta z_{it} + \theta z_{it}^2 + \mu_i + \lambda_i + \varepsilon_{it} \tag{13-3}$$

$$y_{it} = \alpha + \beta x_{it} + \delta z_{it} + \theta_1 z_{it}^2 + \theta_2 z_{it}^3 + \mu_i + \lambda_i + \varepsilon_{it} \tag{13-4}$$

模型（13-3）、模型（13-4）中，θ 为自变量 z 的二次项或三次项系数，反映与因变量的非线性关系，其他变量与参数的含义与模型（13-1）相同。

（四）面板门限回归模型

传统的线性模型只反映了解释变量对被解释变量的线性关系，但事实上，变量之间的关系有可能会随着某种因素的变化而产生结构性的变化，可能存在非线性的关系，尽管有些学者通过在模型中引入解释变量的二次项来反映变量之间的非线性关系，但是这样做容易产生多重共线性问题。门限回归模型就是处理非线性回归的一种方法，实质上就是根据门限变量样本的特征，通过门限值将总体样本分为若干个区间，对每个区间的样本分别进行线性回归，找出自变量对因变量的具体影响关系。但是以往通过主观估计方法寻找门限值划分区间具有一定的主观性，导致结果可能会不准确。Hansen（1996）提出了面板门限回归模型（Panel Threshold Regression，PTR），该模型的主要优势在于可以充分利用数据本身的特点，实现对非现金收入区间的内生性划分，这样可以较好地避免人为划分区间造成的误差。

1. 门限模型的设定

单一门限模型的设定：

$$y_{it}=\alpha_i+\beta x_{it}+\delta_1 z_{it}I(q_{it}\leq\gamma)+\delta_2 z_{it}I(q_{it}>\gamma)+\varepsilon_{it} \quad (13-5)$$

双重门限的模型设定：

$$y_{it}=\alpha_i+\beta x_{it}+\delta_1 z_{it}I(q_{it}\leq\gamma_1)+\delta_2 z_{it}I(\gamma_1<q_{it}\leq\gamma_2)+\delta_3 z_{it}I(q_{it}>\gamma_2)+\varepsilon_{it} \quad (13-6)$$

三重门限的模型设定：

$$y_{it}=\alpha_i+\beta x_{it}+\delta_1 z_{it}I(q_{it}\leq\gamma_1)+\delta_2 z_{it}I(\gamma_1<q_{it}\leq\gamma_2)+\delta_3 z_{it}I(\gamma_2<q_{it}\leq\gamma_3)+\delta_4 z_{it}I(q_{it}>\gamma_3)+\varepsilon_{it}$$
$$(13-7)$$

模型（13-5）、模型（13-6）和模型（13-7）中，下标 it 表示第 i 地区，第 t 期的数据，被解释变量 y 表示居民的收入差距（城乡收入比或泰尔指数），α_i 表示各区域的固定效应，x 表示影响收入差距的控制变量（具体见表13-1），β 为控制变量的系数，z 为解释变量，表示居民的教育非现金性收入（教育人均非现金总收入、财政性收入、社会性收入），δ 为解释变量的系数，q 为门限变量，γ 为门限值，$I(\cdot)$ 表示示性函数，当满足括号中的条件时，示性函数取值为 1，否则为 0，ε 是随机变量，表示模型中未包含的其他影响被解释变量的因素。模型（13-5）、模型（13-6）和模型（13-7）分别表示含有一个门限、两个门限和三个门限，门限值 γ 是通过求残差平方和 $S_1(\gamma)=e_i(\gamma)'e_i(\gamma)$ 的极小值得到的，模型中具体包含的门限个数需要通过门限效应检验来确定。

2. 门限模型的显著性检验

门限值得到之后，还应该对样本中是否真实存在门限值进行检验，若门限值存在，被解释变量在门限值两边的估计系数会发生显著的变化，则检验的原假设是假定不存在任何的门限值，即 $H_0：\beta_1=\beta_2$，构造统计量：

$$F=n\frac{S_0-S_n(\hat{\gamma})}{S_n(\hat{\gamma})} \quad (13-8)$$

模型（13-8）中，S_0 表示不存在任何门限值时的残差平方和，S_n 是门限值存在时的残差平方和，当原假设不存在任何门限值成立时，最优的门限值是不被识别的，导致 F 统计量不服从卡方分布，也就无法确定分布的临界值。但 Hansen 使用自检法解决了这一难题，自检法也就是多次从样本中抽样，模拟产生 LM 统计量并对多次抽样模拟产生的 LM 统计量进行统计，将大于模型（13-8）的 LM 个数与总抽样的比值记为 P 值，当 P 值小于 5%时，则说明拒绝接受原假设,门限模型的显著检验通过。

3. 门限值的显著性检验

当确定模型门限效应显著后,还应对模型的门限值进行检验,提出原假设为 $H_0:\gamma=\gamma_0$,似然比统计量为:

$$LR_n(\gamma_0)=n\frac{S_n(\gamma)-S_n(\hat{\gamma})}{S_n(\hat{\gamma})} \quad (13-9)$$

在显著性水平为 α,并且 $LR_1(\gamma_0)\leq c(\alpha)=-2\ln[1-\sqrt{(1-\alpha)}]$ 时,不能拒绝原假设,则说明模型不存在门限值。

(五)实证检验策略

本章在实证检验的过程中,首先,通过 F 统计量检验是需要做混合模型还是具有个体效应的模型,若检验出样本都具有个体效应,需要进一步用豪斯曼检验确定选择用固定效应模型还是随机效应模型进行研究,分别检验教育非现金总收入、财政性收入和社会性收入对收入差距的线性作用效果;其次,进一步使用含有二次项或三次项的非线性面板数据模型进行研究,确认非现金收入对收入不平等的非线性作用;最后,确认是否使用面板门限回归模型进行研究,进一步检验非现金收入对收入分配的门限效应以及门限值。另外,为了使计算结果更准确,便于比较各区域之间的情况,本章的回归模型均采用人均量而不是总量。

三、变量的选取、数据描述与检验

(一)变量的选取

1. 被解释变量(收入差距)

现有研究中反映收入差距的指标通常用基尼系数,但是我国省级收入与相应人口的分组数据并未完全公开,因此,计算全国各省份的基尼系数比较困难。本章根据我国实际存在的城乡二元群体结构以及参考雷根强等(2012)的研究,采用城乡居民收入比反映我国城乡居民之间的收入相对差距,在一定程度上也体现了不同居民群体之间收入的公平状况。另外,泰尔指数较多地用于反映地区之间的差异,这里我们借用这个指标计算我国各省、自治区、直辖市的泰尔指数,用以反映区域之间的收入差异。故本章主要选择这两个变量作为被解释变量,即反映城乡收入差异的城乡收入比和反映区域收入差异的泰尔指数。

2. 核心解释变量(教育非现金收入)

本章从教育非现金总收入、教育非现金财政收入、教育非现金社会收入三个方面分别来检验我国在教育方面对居民提供的福利收入情况,故核心解释变量分别是教育非现金总收入、教育非现金财政收入、教育非现金社会收入。教育非现金总收入是指每年在教育领域的总投入减去居民的学杂费后得到的数据,反映了教育领域对居民的福利转移情况;教育非现金财政收入主要是统计年鉴上公布的国家财政性教育经费外的部分,这部分主要反映了国家财政对居民的福利转移情况;在国家公布的教育总经费中除了国家财政性教育经费之外,还包含民办学校办学经费、教育经费社会捐赠经费、其他教育经费等,这部分费用大部分都是社会、企业、个人等投资于教育领域的,反映了社会力量对教育的支持赞助以及对居民的教育福利转移,故我们将其统称为教育非现金社会性收入。

3. 控制变量

在选择控制变量方面,主要参考王小鲁、樊纲(2005)指出的对收入差距有影响的因素,主要包括与经济增长有关的因素、社会保障类收入再分配因素、公共产品和基础设施提供的因素以及制度设计因素等。这里我们主要选取三类影响收入差距的因素:第一类为对收入有影响的经济增长类因素;第二类为公共事业、社会保障类因素;第三类为其他类因素。具体变量与说明见表13-1。

(二) 变量的数据来源与统计分析

本章所选取的样本时间是2000—2017年,截面上是全国31个省、自治区、直辖市的面板数据,所有数据均来自中国统计局网站、各地统计年鉴、中国教育经费统计年鉴等。不同区域的经济发展、人口数量、财政支出等都各不相同,为了使计算结果具有横向的可比性,在模型中我们均采用人均指标进行计算;为了使不同年份的数据具有可比性,其中教育人均非现金总收入、教育人均非现金财政收入、教育人均非现金社会收入、人均GDP、社会保障与就业人均支出、城镇人均可支配收入、农村人均可支配收入等指标均根据以 2000 年为基期的各地消费者价格指数进行调整作为实际可比数据，同时为了减小数据之间的异方差现象，在模型中均取对数处理。另外，由于上海市各区的 GDP 数值和人口数并没有公开，故无法计算出当地的泰尔指数，因此，泰尔指数的数据少了一个上海市的样本，但总体上并不影响结果的分析。表 13-2 列出了变量的描述性统计分析。

表 13-2　变量的描述性统计分析①

变量	样本数	均值	标准差	最小值	最大值
urinr	558	2.9252	0.6192	1.8451	5.6048
tidx	540	0.0600	0.0379	0.0000	0.2440
lnedin	558	6.6486	0.7527	4.8041	8.6516
lngedin	558	6.5420	0.8170	4.6961	8.5937
lnsedin	558	0.1066	0.1100	0.0006	0.4569
lnpgdp	558	9.7372	0.8571	7.4089	11.4514
pcap	558	0.6267	0.2591	0.2366	1.5646
lara	558	0.5528	0.0694	0.3636	0.7871
dind	558	0.4219	0.0956	0.1439	0.8056
dopw	558	0.3034	0.3787	0.0169	1.7215
urbr	558	0.4841	0.1561	0.1933	0.8980
sch	558	0.3450	0.2016	0.0308	0.8941
raild	558	0.0234	0.0208	0.0000	0.0973
lnssem	558	6.1130	0.9090	3.6086	8.4689
urwo	558	0.3572	0.1307	0.1260	0.8550
lnpuinc	558	9.4152	0.4804	8.4604	10.7253
lnprinc	558	8.3581	0.6039	5.4179	9.8700

（三）变量的平稳性检验

运用面板数据做模型时，为了避免在研究中出现伪回归现象，需要对数据进行平稳性检验，结果见表 13-3。发现大部分变量存在一阶单整，只有 2 个变量存在 0 阶单整，各变量的 P 值基本小于 5%，说明在 5% 的显著性水平下，各变量均拒绝存在单位根的原假设，可见这些变量都通过了平稳性检验，

---

① 由于受教育程度（sch）和铁路密度（raild）的数据较小，为了使模型拟合效果更好，在模型中计算时做扩大 100 倍处理，这样处理并不影响结果的分析。

满足我们模型的假设条件。因此，我们在后面的模型中可以采用这些数据继续做实证分析。

表13-3 各变量的单位根检验结果

变量	LLC	IPS	Fisher-ADF	Fisher-PP	(c, t)
$\Delta urinr$	-9.3908*** (0.0000)	-6.0086*** (0.0000)	137.443*** (0.0000)	217.162*** (0.0000)	(1, 1)
$\Delta tidx$	-17.4646*** (0.0000)	-12.2606*** (0.0000)	253.995*** (0.0000)	487.696*** (0.0000)	(1, 0)
$\Delta \ln edin$	-9.3965*** (0.0000)	-7.2636*** (0.0000)	160.858*** (0.0000)	294.820*** (0.0000)	(1, 0)
$\ln pgdp$	-12.0715*** (0.0000)	-3.8858*** (0.0001)	113.213*** (0.0001)	118.796*** (0.0000)	(1, 0)
$\Delta pcap$	-7.3546*** (0.0000)	-7.1760*** (0.0000)	165.512*** (0.0000)	226.118*** (0.0000)	(1, 0)
$\Delta lara$	-2.5414*** (0.0055)	-3.6878*** (0.0001)	112.748*** (0.0001)	214.045*** (0.0000)	(1, 0)
$\Delta dind$	-3.6850*** (0.0001)	-2.4465*** (0.0072)	89.6609*** (0.0123)	146.567*** (0.0000)	(1, 0)
$\Delta dopw$	-7.8347*** (0.0000)	-7.2538*** (0.0000)	159.403*** (0.0000)	272.205*** (0.0000)	(1, 0)
$\Delta urbr$	-17.2939*** (0.0000)	-11.0303*** (0.0000)	216.061*** (0.0000)	370.803*** (0.0000)	(1, 1)
Δsch	-2.8266*** (0.0024)	-3.4299*** (0.0000)	96.1401*** (0.0000)	172.010*** (0.0000)	(1, 0)
$\Delta raild$	-5.7458*** (0.0000)	-7.7646*** (0.0000)	169.517*** (0.0000)	580.784*** (0.0000)	(1, 0)
$\ln ssem$	-9.0252*** (0.0000)	-9.3720*** (0.0011)	202.898*** (0.0047)	475.873*** (0.0000)	(1, 0)
$\Delta urwo$	-11.8799*** (0.0000)	-10.3765*** (0.0000)	237.417*** (0.0000)	257.543*** (0.0000)	(1, 0)
$\Delta \ln puinc$	-9.2248*** (0.0000)	-6.5503*** (0.0000)	148.832*** (0.0000)	228.912*** (0.0000)	(1, 0)
$\Delta \ln princ$	-3.3807*** (0.0000)	-8.1672*** (0.0000)	88.4522*** (0.0000)	344.552*** (0.0000)	(1, 0)

续表

变量	LLC	IPS	Fisher-ADF	Fisher-PP	(c, t)
Δlngedin	-7.8833*** (0.0000)	-5.3447*** (0.0000)	128.827** (0.0000)	235.875*** (0.0000)	(1, 0)
Δlnsedin	-8.6438*** (0.0000)	-6.9178*** (0.0000)	153.534*** (0.0000)	486.440*** (0.0000)	(1, 0)

注：Δ 表示一阶差分数据，***、** 分别表示显著性水平为 1%、5%，ln 表示对数取对数。

本章主要研究非现金收入与收入差距之间的关系，模型中涉及的影响收入差距因素较多，为了避免解释变量之间出现多重共线性，本书测算了各解释变量的方差扩大因子（Variance Inflation Factor，VIF），反映变量之间存在的多重共线性的程度。根据经验的判断方法：VIF 的值在 0 至 10，表示变量间不存在多重共线性；VIF 的值大于 10，表示变量之间存在较严重的多种共线性。根据计算的 VIF 的结果（表 13-4），发现非现金收入、城市人均可支配收入、农村人均可支配收入的 VIF 值均大于 10，说明这三个变量可能引起模型的多重共线性，将城市人均可支配收入和农村人均可支配收入逐次删除后（见表 13-5），发现剩余各变量的 VIF 值均大于 0 且小于 10，说明模型中的各变量已不存在多重共线性问题。因此，在以下的模型中将不包含城市人均可支配收入和农村人均可支配收入这两个变量。

表 13-4　方差扩大因子（VIF）的结果（包含所有变量）

变量	VIF	变量	VIF	变量	VIF	变量	VIF
lnpuinc	17.22	urbr	9.76	dopw	4.19	urwo	3.10
lnprinc	16.41	lnssem	7.35	lnpgdp	3.84	lara	2.18
lnedin	12.42	sch	4.20	pcap	3.14	raild	2.07
dind	2.01						

表 13-5　方差扩大因子（VIF）的结果（删除人均可支配收入变量）

变量	VIF	变量	VIF	变量	VIF	变量	VIF
lnedin	9.40	dopw	4.16	pcap	3.10	dind	1.84
urbr	8.56	sch	4.04	urwo	2.61	lara	1.47
lnssem	7.03	lnpgdp	3.58	raild	2.00		

（四）变量的内生性检验

本章在研究非现金收入与收入差距之间的关系时，被解释变量可能与解释变量或控制变量之间相互影响而产生内生性，导致计算结果出现偏差，因此，需要检验变量的内生性。本章参考黄智林（2013）的检验方法，分别将城乡收入比和泰尔指数作为被解释变量，其他变量的滞后一期作为其工具变量，先运用面板数据工具变量的两阶段最小二乘法逐一对各变量进行回归，然后分别用吴-豪斯曼 F 检验（Wu-Hausman F test）和杜宾-吴-豪斯曼卡方检验（Durbin-Wu-Hausman Chi-sq test）来检验各变量的内生性。根据内生性的检验结果（见表 13-6）显示，P 值小于 10% 的变量都表示在模型中存在内生性，在以城乡收入比为被解释变量的模型中，教育人均非现金总收入（lnedin）、教育人均非现金财政收入（lngedin）、人均 GDP（lnpgdp）、产业结构水平（dind）、对外开放程度（dopw）存在内生性；而在以泰尔指数为被解释变量的模型中，城市化比率（urbr）和城镇职工养老保险覆盖率（urwo）存在内生性。

表 13-6　面板数据变量的内生性检验

原假设		H_0：解释变量为外生的			
被解释变量		城乡收入比		泰尔指数	
变量	工具变量	$F(1, 514)$	Chi-sq (1)	$F(1, 514)$	Chi-sq (1)
$lnedin_{it}$	$lnedin_{it-1}$	0.0057	0.0053	0.8328	0.8306
$lngedin_{it}$	$lngedin_{it-1}$	0.0013	0.0012	0.6991	0.6952
$lnsedin_{it}$	$lnsedin_{it-1}$	0.7903	0.7876	0.4174	0.4113
$lnpgdp_{it}$	$lnpgdp_{it-1}$	0.0000	0.0000	0.5338	o.5284
$pcap_{it}$	$pcap_{it-1}$	0.3179	0.3118	0.5875	0.5825
$lara_{it}$	$Lara_{it-1}$	0.1206	0.1163	0.4411	0.4351
$dind_{it}$	$Dind_{it-1}$	0.1003	0.0963	0.8467	0.8447
$dopw_{it}$	$Dopw_{it-1}$	0.0409	0.0387	0.5336	0.5282
$urbr_{it}$	$Urbr_{it-1}$	0.9870	0.9868	0.0371	0.0350
sch_{it}	Sch_{it-1}	0.3421	0.3361	0.9215	0.9204
$raild_{it}$	$Raild_{it-1}$	0.4146	0.4087	0.3077	0.3014
$lnssem_{it}$	$lnssem_{it-1}$	0.1438	0.1487	0.5113	0.5057
$urwo_{it}$	$Urwo_{it-1}$	0.1940	0.1886	0.0637	0.0607

注：表中的 F 统计量为吴-豪斯曼 F 检验、卡方（Chi-sq）统计量为杜宾-吴-豪斯曼卡方检验，表中的数据分别为统计量的 P 值（P-value）。

为了有效地解决内生变量存在的内生性问题，对于内生性变量的处理，我们采用面板数据的两阶段最小二乘法过程中，第一阶段变量的拟合值作为内生变量本身的工具变量在后面的面板数据模型中使用。具体做法是对于因变量是城乡收入比的模型中存在内生性的变量如教育人均非现金总收入（lnedin）、教育人均非现金财政收入（lngedin）、人均 GDP（lnpgdp）、产业结构水平（dind）、对外开放程度（dopw）以及因变量是泰尔指数模型中存在的内生变量城市化比率（urbr）和城镇职工养老保险覆盖率（urwo），这些变量分别采用其当期值作为被解释变量，以各变量的滞后一期项和其他能够解释该变量的变量作为解释变量，采用面板数据最小二乘法进行估计和预测，得到该变量的预测值，分别表示为 lnedinhat、lngedinhat、lngdphat、dindhat、dopwhat、urbrhat、urwohat，用该预测值代替该内生变量代入面板数据模型进行计算，由于在不同的模型中采用的变量工具不一致，故在下面的部分模型中仍然用原变量的名称表示，但实际数据用的是其工具变量的数据。

四、教育非现金收入对收入不平等的线性或非线性关系检验

面板数据回归一般采用混合回归、固定效应回归或随机效应回归。混合回归的基本假设是不存在个体效应的，但是对这个假设必须进行统计检验，常用 F 统计量进行检验，若原假设成立，选用混合回归模型较为合适；若原假设不成立，说明样本存在个体效应，而个体效应通常是以两种不同的形式存在，即固定效应（是指个体效应 μ_i 与某个解释变量相关）和随机效应（是指个体效应 μ_i 与所有解释变量均不相关），那么就需要进一步检验回归模型是选用固定效应还是随机效应模型，这个检验常用 Hausman（1978）提出的豪斯曼检验方法来进行选择。豪斯曼检验的原假设是选用随机效应模型较好，若原假设成立，则说明选择随机效应模型较好；若原假设不成立，则说明选用固定效应模型较好。另外，为了避免同一个体在不同时期的扰动项之间存在的自相关性，在计算时我们采用聚类标准误的方法。

（一）教育非现金收入对收入不平等的线性关系分析

这部分主要检验了教育人均非现金总收入、教育人均非现金财政收入和教育人均非现金社会收入对收入差距的线性影响。

1. 教育非现金总收入对收入差距的线性影响分析

以城乡收入比为因变量的模型反映了教育非现金总收入对城乡收入差距的作用，表13-7中的模型（1）、模型（2）和模型（3），根据F统计量的检验结果是35.35，其P值为0.0000，应该拒绝接受不存在个体效应的混合回归模型，而选择存在个体效应的固定效应模型或随机效应模型，进一步根据豪斯曼检验结果，其卡方值是50.67，其P值为0.0000，故判断应选择固定效应模型（2）较好。模型（2）的结果显示，教育非现金总收入在5%的水平下都会显著地缩小城乡收入差距，其他工具变量 pcap、raild 在1%的水平下显著地缩小了收入差距，lnpgdp、dopw 在10%的水平下显著地缩小了收入差距，而 sch 是在1%的水平下显著地扩大了城乡收入差距。

以泰尔指数为因变量的模型反映了教育非现金总收入对城乡收入差距的作用，表13-7中的模型（4）、模型（5）和模型（6），同样根据F统计量的检验结果是89.42，其P值为0.0000，说明应该选用含有个体效应的模型；进一步根据豪斯曼检验统计量的检验结果（4.79），其P值达到90%以上，说明应该选择随机效应模型（6）较好。根据模型（6）的结果，教育非现金总收入对区域收入差距没有显著影响，而其他控制变量中，pcap、dind 在1%的水平下显著地缩小了收入差距，dopw 和 lnssem 分别在1%和5%的水平下显著地扩大了城乡居民的收入差距。

对比模型（2）和模型（6），发现教育非现金总收入对城乡收入差距和区域收入差距的作用是不一样的，教育非现金总收入更有利于低收入人群收入的提高，总体上来看是缩小了收入差距，但是从区域上来看，实际上城市区域所获得的教育非现金收入更多，可能更有利于高收入区域的人群，所以，在具体采取政策时还需要慎重考虑、区别对待。另外，从控制变量的影响来看，扩大固定资产投资和扩建铁路等公共交通措施更有利于低收入人群的收入提高，整体经济水平的提高和对外开放也是有利于低收入居民收入提高的。另外，由于我国大专以上学历的人群大部分选择留在城市工作，拥有城镇户口，不再属于农村人了，所以实际上是恶化农村低收入群体的收入，因此受教育程度的提高实际上是更多地提高了城市居民的收入，而恶化了农村居民的收入，因此也就扩大了城乡居民的收入差距。

表 13-7 教育非现金总收入对收入差距的面板模型回归结果

因变量	城乡收入比			泰尔指数		
变量	混合回归(1)	固定效应(2)	随机效应(3)	混合回归(4)	固定效应(5)	随机效应(6)
ln$edin$	0.0122 (0.20)	-0.3867** (-2.38)	-0.2663** (-2.50)	-0.0106* (-1.77)	-0.0141 (-1.55)	-0.0138 (-1.61)
ln$pdgp$	-0.1184*** (-4.56)	-0.1064* (-1.92)	-0.0925** (-2.47)	-0.0134*** (-4.69)	-0.0033 (-0.56)	-0.0038 (-0.72)
$pcap$	-0.3559*** (-3.85)	-0.5061*** (-3.37)	-0.5034*** (-3.87)	-0.0285*** (-3.32)	-0.0211*** (-3.36)	-0.0213*** (-3.44)
$urbr$	-2.0485*** (-5.05)	0.7549 (0.38)	-0.5962 (-0.60)	-0.0083 (-0.26)	0.0715 (1.40)	0.06523 (1.36)
sch	-0.0118 (-0.07)	1.1209*** (3.56)	1.0473*** (3.20)	-0.0136 (-0.97)	-0.0459 (-1.55)	-0.0451 (-1.57)
$dind$	1.8117*** (8.23)	-0.8061 (-1.20)	-0.0032 (-0.01)	-0.0460** (-2.37)	-0.1095*** (-3.17)	-0.1058*** (-3.28)
$lara$	-1.2123*** (-4.20)	-1.1254 (-1.31)	-1.3133 (-1.41)	-0.0948*** (-2.64)	-0.0259 (-0.65)	-0.0300 (-0.74)
$raild$	-5.0293*** (-4.42)	-8.2732*** (-3.77)	-8.9711*** (-4.83)	0.0495 (0.47)	-0.2751 (-1.25)	-0.2654 (-1.36)
$dopw$	0.0876 (0.96)	-0.4145* (-1.75)	-0.3544 (-1.62)	0.0566*** (7.39)	0.0420*** (2.91)	0.0420*** (3.12)
ln$ssem$	0.2258*** (4.39)	0.0501 (0.36)	0.0886 (0.84)	0.0276*** (7.16)	0.0150** (1.95)	0.0158** (2.16)
$urwo$	-1.7814*** (-9.40)	0.03113 (0.06)	-0.3414 (-0.90)	-0.0183 (-1.02)	0.0315 (0.91)	0.0286 (0.86)
_cons	4.4853*** (13.70)	7.0845*** (6.65)	6.4857*** (6.77)	0.1794*** (7.81)	0.1337** (2.54)	0.1358*** (2.89)
N	527	527	527	527	527	527
F	64.10***	14.60***		18.70***	8.80***	
Wald chi^2(11)			139.67			100.26***
R^2	0.6130	0.5294	0.5165	0.2503	0.3807	0.3804
F-test		35.35***			89.42***	
Hausman-test		50.67***			4.79	

注:***、**、*分别表示显著性水平为1%、5%、10%。

2. 教育非现金财政收入对收入差距的线性影响分析

表13-8列出了教育非现金财政收入对收入差距的影响。首先，看表13-8中显示教育非现金财政收入对城乡收入差距影响的模型（1）、模型（2）和模型（3），根据F统计量的值33.71（P值为0.0000）检验出应该选用具有个体效应的固定效应模型或随机效应模型，进一步根据豪斯曼检验结果51.43（P值为0.0000），最终选择固定效应模型。根据模型（2）的结果，教育非现金财政收入对城乡收入差距的作用非常显著，在5%的水平下显著地缩小了城乡收入差距；另外，控制变量中 lngdp、$pcap$、$raild$、$dopw$ 都显著地缩小了城乡收入差距，这几个变量也是提高当地经济发展水平的主要指标，而 sch 却在1%的水平下显著地扩大了城乡收入差距。

表13-8中的模型（4）、模型（5）和模型（6）反映了教育非现金财政收入对区域收入差距的影响，同样根据F统计量的值和豪斯曼检验的结果，最终应该选择随机效应模型（6）。结果显示，教育非现金财政收入在10%的水平下显著地缩小了区域收入差距，其他控制变量中，$pcap$、$dind$ 在1%的水平下显著地缩小了区域收入差距，而 $dopw$、ln$ssem$ 却显著地扩大了区域间的收入差距，这说明工业化发展和固定资产投资有助于提高低收入人群的收入，进而缩小城乡收入差距，而对外开放程度越高越有利于提高高收入人群的收入，社会保障与就业主要偏向于经济比较发达地区城市，在经济落后地区这项收入较少，故其提高实际上是扩大了区域间的收入差距的。

对比模型（2）和模型（6），教育非现金财政收入对城乡收入差距和区域收入差距的作用也是不一样的，虽然 ln$gedin$ 都显著地缩小了城乡或区域间的收入差距，但是对城乡收入差距的缩小作用更大，说明我国教育财政支出更倾向于调节城乡之间的收入差距；$pcap$ 的提高对缩小城乡或区域收入差距都有显著的影响；其他控制变量在两个模型中的作用各不相同，具体参考模型，不再赘述。

表13-8 教育非现金财政收入对收入差距的面板线性模型回归结果

因变量	城乡收入比			泰尔指数		
变量	混合回归（1）	固定效应（2）	随机效应（3）	混合回归（4）	固定效应（5）	随机效应（6）
ln$gedin$	0.1507** (2.40)	−0.3078** (−2.11)	−0.1484 (−1.63)	−0.0122** (−2.21)	−0.0137 (−1.61)	−0.0133* (−1.70)
ln$pgdp$	−0.1425*** (−5.08)	−0.1217** (−2.15)	−0.1120*** (−2.70)	−0.0129*** (−4.54)	−0.0038 (−0.62)	−0.0042 (−0.80)

续表

因变量	城乡收入比			泰尔指数		
变量	混合回归(1)	固定效应(2)	随机效应(3)	混合回归(4)	固定效应(5)	随机效应(6)
$pcap$	-0.4384*** (-4.87)	-0.5529*** (-3.47)	-0.5589*** (-4.03)	-0.0277*** (-3.22)	-0.0219*** (-3.52)	-0.0219*** (-3.60)
$urbr$	-2.0425*** (-5.07)	0.4854 (0.25)	-0.9484 (-1.01)	-0.0125 (-0.39)	0.0702 (1.47)	0.0625 (1.39)
sch	-0.0663 (-0.39)	1.2664*** (3.59)	1.1196*** (3.36)	-0.0110 (-0.78)	-0.0379 (-1.20)	-0.0374 (-1.23)
$dind$	1.7398*** (7.87)	-0.8045 (-1.18)	0.0460 (0.10)	-0.0459** (2.41)	-0.1118*** (-3.24)	-0.1076*** (-3.35)
$lara$	-1.3103*** (-4.51)	-1.3069 (-1.44)	-1.4764 (-1.52)	-0.0938*** (-2.64)	-0.0307 (-0.76)	-0.0347 (-0.85)
$raild$	-4.5200*** (-3.98)	-8.1373*** (-3.62)	-8.7735*** (-4.61)	0.0413 (0.40)	-0.2775 (-1.29)	-0.2691 (-1.41)
$dopw$	0.0181 (0.19)	-0.4186* (-1.74)	-0.3511 (-1.57)	0.0575*** (7.34)	0.0414*** (2.91)	0.0414*** (3.11)
$\ln ssem$	0.1507** (2.59)	0.0354 (0.24)	0.0521 (0.40)	0.0295*** (7.33)	0.0151* (2.00)	0.0159** (2.21)
$urwo$	-1.7657*** (-9.27)	0.1329 (0.23)	-0.2836 (-0.69)	-0.0190 (-1.06)	0.0358 (1.05)	0.0324 (1.00)
_cons	4.4309*** (14.19)	6.9360*** (6.58)	6.3216*** (6.67)	0.1730*** (7.49)	0.1337** (2.46)	0.1355*** (2.81)
N	527	527	527			
F	64.16***	15.49***		17.96***	7.29***	
Wald chi^2			152.94***			82.80***
R^2	0.6161	0.5179	0.5036	0.2522	0.3796	0.3793
F-test		33.71***			88.96***	
Hausman-test		51.43***			4.79 (0.9646)	

注：***、**、*分别表示显著性水平为1%、5%、10%。

3. 教育非现金社会收入对收入差距的面板模型检验分析

同样，在以城乡收入差距为自变量的模型（1）、模型（2）和模型（3）中，根据F统计量和豪斯曼检验结果，应该选择固定效应模型，见表13-9中的模型（2）。教育非现金社会收入在1%的水平下显著地缩小了城乡收入差距，其系数为-0.8648，其他控制变量中只有ln$pgdp$和$pcap$这两个变量有助于提高农村居民的收入，分别在5%和1%的水平下显著地缩小城乡收入差距，而 sch 也是显著地扩大了城乡收入差距。在以区域收入差距为因变量的模型(4)、模型(5)和模型(6)中,同理根据 F 统计量和豪斯曼检验结果,应该选择随机效应模型(6),发现教育非现金社会收入对区域收入差距没有显著的影响;另外,pcap、sch 两个变量在1%的水平下显著地缩小了区域间的收入差距,dind 和 lnssem 则显著地扩大了区域间的收入差距。

表13-9 教育非现金社会收入对收入差距的面板线性模型回归结果

因变量	城乡收入比			泰尔指数		
变量	混合回归(1)	固定效应(2)	随机效应(3)	混合回归(4)	固定效应(5)	随机效应(6)
lnsedin	-1.4652*** (-4.95)	-0.8648*** (-2.98)	-1.0386*** (-2.76)	0.0300 (-1.39)	-0.0050 (-0.18)	-0.0042 (-0.16)
lnpgdp	-0.1479*** (-5.70)	-0.1504** (-2.40)	-0.1236** (-2.17)	-0.0144*** (-5.01)	-0.0053 (-0.90)	-0.0058 (-1.11)
pcap	-0.3337*** (-3.77)	-0.6127*** (-3.66)	-0.5778*** (-4.24)	-0.0342*** (-3.89)	-0.0253*** (-3.30)	-0.0255*** (-3.40)
urbr	-1.3779*** (-3.40)	-0.3911 (-0.24)	-0.9060 (-0.92)	-0.0233 (-0.72)	0.0309 (0.57)	-0.0371 (-0.90)
sch	-0.2561 (-1.40)	0.7167** (2.59)	0.5527** (2.49)	-0.0106 (-0.78)	-0.444 (-1.28)	-0.0904*** (-2.64)
dind	1.9949*** (9.36)	-0.2513 (-0.41)	0.3433 (0.73)	-0.0537*** (-0.28)	-0.0918** (-2.53)	0.0430*** (3.40)
lara	-1.1787*** (-4.33)	-1.2229 (-1.44)	-1.2609 (-1.60)	-0.1030*** (-3.06)	-0.0324 (-0.80)	0.0288 (0.54)
raild	-5.0192*** (-4.62)	-8.3178 (-3.67)	-8.4539*** (-4.66)	0.0822 (0.81)	-0.2813 (-1.25)	-0.0434 (-1.33)
dopw	0.0491 (0.56)	-0.3660 (-1.58)	-0.3105 (-1.49)	0.0513*** (6.76)	0.0432*** (3.19)	-0.2640 (-1.31)
lnssem	0.0870 (1.62)	-0.1234 (-0.67)	-0.0780 (-0.57)	0.0252*** (7.62)	0.0077 (1.55)	0.0085** (1.87)
urwo	-1.7538*** (-9.61)	-0.1647 (-0.30)	-0.5159 (-1.42)	-0.0172 (-0.98)	0.0363 (1.02)	0.0339 (1.00)
_cons	5.5149*** (14.82)	6.7341*** (6.67)	6.3795*** (6.45)	0.1484*** (5.89)	0.1195*** (2.30)	0.1230*** (2.63)
N	527	527	527	510	510	510
F	76.13	15.32***		16.45***	10.49***	

续表

因变量	城乡收入比			泰尔指数		
变量	混合回归(1)	固定效应(2)	随机效应(3)	混合回归(4)	固定效应(5)	随机效应(6)
Wald chi²			133.13***			119.53***
R²	0.6405	0.5208	0.5149	0.2490	0.3668	0.3665
F-test	30.83***			87.26***		
Hausman-test	31.68***			4.69		

注:***、**分别表示显著性水平为1%、5%。

(二) 面板非线性回归模型的实证结果分析

前文检验了教育非现金收入对收入差距的线性作用效果，那么这两个变量的作用是否仅限于线性关系？存不存在拟合更好的非线性关系呢？我们在前文线性模型的基础上，加入解释变量的二次项或三次项进一步检验变量之间的非线性关系是否存在。

表 13-10 中的模型 (1)、模型 (2)、模型 (3) 用聚类稳健标准误估计方法的固定效应模型分别估计了教育非现金总收入、教育非现金财政收入和教育非现金社会收入对城乡收入差距的结果，模型 (1) 和模型 (2) 中发现解释变量 lnedin 和 lngedin 的一次项和二次项对城乡收入比都在 1% 的水平下有显著的影响，说明教育非现金总收入和财政收入对收入差距的非线性影响关系是存在的并且十分显著；其他控制变量对 urinr 的影响作用与线性模型结果比较接近，如 pcap、dopw 等都显著地缩小了城乡收入差距，sch 是显著地扩大了城乡收入差距，这几个变量对收入差距的作用总体上模型 (2) 要大于模型 (1)。另外，raild 也是显著地缩小了收入差距，但在模型 (1) 中的影响系数要大于模型 (2) 中的影响系数。其他变量对城乡收入差距的作用不显著。模型 (3) 显示了教育非现金社会性收入对城乡收入差距的影响，发现 lnsedin 的一次项、二次项、三次项对城乡收入比的作用在 10% 的检验水平下都是比较显著的，其他变量 lnpgdp、pcap、lara、raild、dopw 都对城乡收入差距有显著的缩小作用，而 sch 也是显著地扩大了城乡收入差距。观察这几个模型中各变量的系数方向一致，大小比较接近，说明了所做模型的稳健性。

表 13-10 中的模型 (4)、模型 (5)、模型 (6) 用聚类稳健标准误估计方法的随机效应模型分别估计了教育非现金总收入、教育非现金财政收入和教育

非现金社会收入对区域收入差距的结果。模型（4）和模型（5）显示 ln*edin* 和 ln*gedin* 的一次项、二次项和三次项对区域收入差距的作用都比较显著，而模型（6）中的 ln*sedin* 对区域收入差距的非线性作用不显著；在模型（4）、模型（5）、模型（6）中，其他控制变量 *pcap* 和 *dind* 这两个变量对区域收入差距的缩小作用都比较显著，而 *dopw* 和 ln*ssem* 是显著地扩大了区域收入差距，同时，这几个变量在模型（4）、模型（5）、模型（6）中的系数大小与方向上近似，说明我们得出的结果也是比较稳健的。

表 13-10　教育非现金收入对收入差距的面板非线性模型检验

被解释变量	城乡收入比（*urinr*）			泰尔指数（*tidx*）		
变量	ln*edin*（1）	ln*gedin*（2）	ln*sedin*（3）	ln*edin*（4）	ln*gedin*（5）	ln*sedin*（6）
教育非现金收入	2.3392*** (3.16)	2.1563*** (3.37)	2.1042* (1.73)	0.4554* (1.89)	0.4793** (2.31)	-0.479 (-0.57)
教育非现金收入的二次项	-0.2115*** (-3.45)	-0.1977*** (-3.67)	-19.866** (-2.64)	-0.0653* (-1.90)	-0.0714** (-2.37)	0.2701 (0.50)
教育非现金收入的三次项			34.4654** (2.60)	0.0030* (1.84)	0.0034** (2.35)	-0.4459 (-0.50)
ln*pgdp*	-0.0778 (-1.54)	-0.0765 (-1.59)	-0.1689** (-2.58)	-0.0033 (-0.64)	-0.0025 (-0.51)	-0.0055 (-0.01)
pcap	-0.3841** (-2.11)	-0.4216** (-2.27)	-0.5919*** (-3.72)	-0.0167** (-2.45)	-0.0172** (-2.54)	-0.0256*** (-3.40)
urbr	0.3785 (0.22)	0.1290 (0.08)	-0.2206 (-0.13)	0.0556 (1.16)	-0.0542 (1.21)	0.0272 (0.51)
sch	0.6729** (2.32)	0.7256** (2.22)	0.6703** (2.51)	-0.0499 (-1.60)	-0.0428 (-1.26)	-0.0427 (-1.28)
dind	-0.6030 (-0.98)	-0.5773 (-0.95)	-0.2560 (-0.43)	-0.0931** (-2.49)	-0.0911** (-2.43)	-0.0902*** (-2.61)
lara	-0.1417 (-0.18)	-0.2824 (-0.35)	-1.3129*** (-1.56)	-0.0075 (-0.17)	-0.0147 (-0.34)	-0.0357 (-0.88)
raild	-5.6204** (-2.40)	-5.3197** (-2.14)	-8.6258*** (-3.46)	-0.2026 (-1.09)	-0.2233 (-1.20)	-0.2588 (-1.32)
dopw	-0.4571* (-1.91)	-0.4790* (-1.92)	-0.3919* (-1.74)	0.0391*** (3.32)	0.0379*** (3.23)	0.0432*** (3.20)

续表

被解释变量	城乡收入比（urinr）			泰尔指数（tidx）		
变量	lnedin (1)	lngedin (2)	lnsedin (3)	lnedin (4)	lngedin (5)	lnsedin (6)
lnssem	0.0762 (0.65)	0.1025 (0.79)	-0.1033 (-0.57)	0.0134** (2.00)	0.0136** (2.06)	0.0079* (1.74)
urwo	0.6117 (1.11)	0.6999 (1.13)	-0.1747 (-0.32)	0.0488 (1.41)	0.0493 (1.46)	0.0343 (0.98)
_cons	-2.6403 (-1.04)	-2.0856 (-0.97)	6.7005*** (6.50)	-0.9818* (-1.72)	-1.0027** (-2.03)	0.1246** (2.58)
N	527	527	527	510	510	510
F值	14.34***	15.81***	13.38***			
Wald chi²				106.57***	88.96***	118.53***
R²	0.5877	0.5843	0.5328	0.4037	0.4080	0.3672

注：***、**、*分别表示显著性水平为1%、5%、10%。

由以上结果可以看出，各种类型的非现金收入（除教育非现金社会收入外）对城乡收入差距和区域收入差距的非线性影响作用都比较显著，其拟合优度相对也都好于线性模型，因此，选择用非线性面板门限模型研究此问题可能效果会更好。

五、教育非现金收入对城乡收入差距的面板门限作用检验

根据前文的研究结果，居民的教育非现金收入与其收入差距之间存在着显著的非线性关系，故本部分选择用面板门限模型进一步检验变量之间的非线性具体关系。通过对不同门限变量的选择，系统地考察居民的非现金收入是如何影响收入差距的。利用面板门限回归模型（13-3）、模型（13-4）、模型（13-5），检验各个变量对非现金收入调节收入差距的门限影响是否存在，以及具体的影响作用。这里我们分别检验居民的教育非现金总收入、教育非现金财政收入和教育非现金社会收入对收入差距的作用，进一步分析不同的非现金收入来源对城乡或区域收入差距的作用。

根据经济理论以及已有相关文献的研究，本部分以教育非现金收入（lnedin、lngedin、lnsedin）、人均GDP（lngdp）、固定资产投资（pcap）、城市化比率（urbr）、受教育水平（sch）、工业化发展水平（dind）、劳动参与率（lara）、铁路密度（raild）、对外开放程度（dopw）、社会保障与就业（lnssem）、

城镇职工参加养老保险覆盖率（urwo）等变量为门限变量进行检验。

（一）教育非现金总收入对城乡收入差距的门限效应检验

1. 教育非现金总收入的门限效应检验

在门限检验时，运用 Bootstrap（自抽样）法，设置自抽样 300 次，检验各变量的门限值存在的个数以及显著性。表 13-11 列出了各变量门限检验的 F 统计量及其 P 值以及显著存在的相应的门限估计值和置信区间，从中可发现 lnedin、pcap、urbr、urwo 四个变量在 5% 的水平下显著地存在一个门限值，dowp 在 10% 的水平下显著地存在一个门限值，而 lnssem 则在 10% 的水平下显著地存在两个门限值。图 13-1 至图 13-6 为不同门限变量的识别图，显示了不同门限变量标准化似然比序列 $LR_n^*(\gamma)$ 的图像，γ 的最小二乘估计值使图像达到最小值。另外，对存在的不同门限值进行门限回归分析，同时其结果也互为其稳健性检验，说明教育非现金总收入对收入差距调节的门限影响是稳健可靠的。

表 13-11　各影响因素的门限效应自抽样检验及估计结果

门限变量	门限模型	F 值	P 值	1%	5%	10%	门限估计值 [95%置信区间]
lnedin	单一门限 双门限	64.20 17.56	0.0033 0.2767	41.1598 38.9532	32.4507 29.2333	28.3345 25.2330	6.9236 [6.9191, 6.9343]
pcap	单一门限 双门限	59.29 28.41	0.0100 0.1300	59.2356 44.5709	41.7064 34.9687	34.9785 31.2382	0.8788 [0.8703, 0.8843]
urbr	单一门限 双门限	107.09 23.91	0.0000 0.2700	52.6485 52.2417	42.1443 38.6201	34.6863 33.1373	0.2085 [0.2052, 0.2150]
dopw	单一门限 双门限	27.48 9.38	0.0767 0.7300	38.5692 32.2552	30.0058 26.4959	26.0018 22.8137	0.1347 [0.1284, 0.1353]
lnssem	单一门限 双门限 三门限	56.77 26.89 6.39	0.0133 0.0967 0.8367	58.5857 40.5824 48.1044	47.1299 32.4948 37.4020	39.0178 26.3145 29.3470	5.0569 [5.0060, 5.0724] 4.6400 [4.3872, 4.6633]
urwo	单一门限 双门限	39.43 28.79	0.0233 0.1700	48.6009 91.1135	33.2918 57.5535	29.5282 37.5235	0.1377 [0.1370, 0.1408]

注：单一门限的原假设 H_0 不存在门限，H_1 存在单一门限；二阶门限检验的原假设 H_0 存在单一门限，H_1 存在二阶门限；三阶门限检验的原假设 H_0 存在二阶门限，H_1 存在三阶门限。

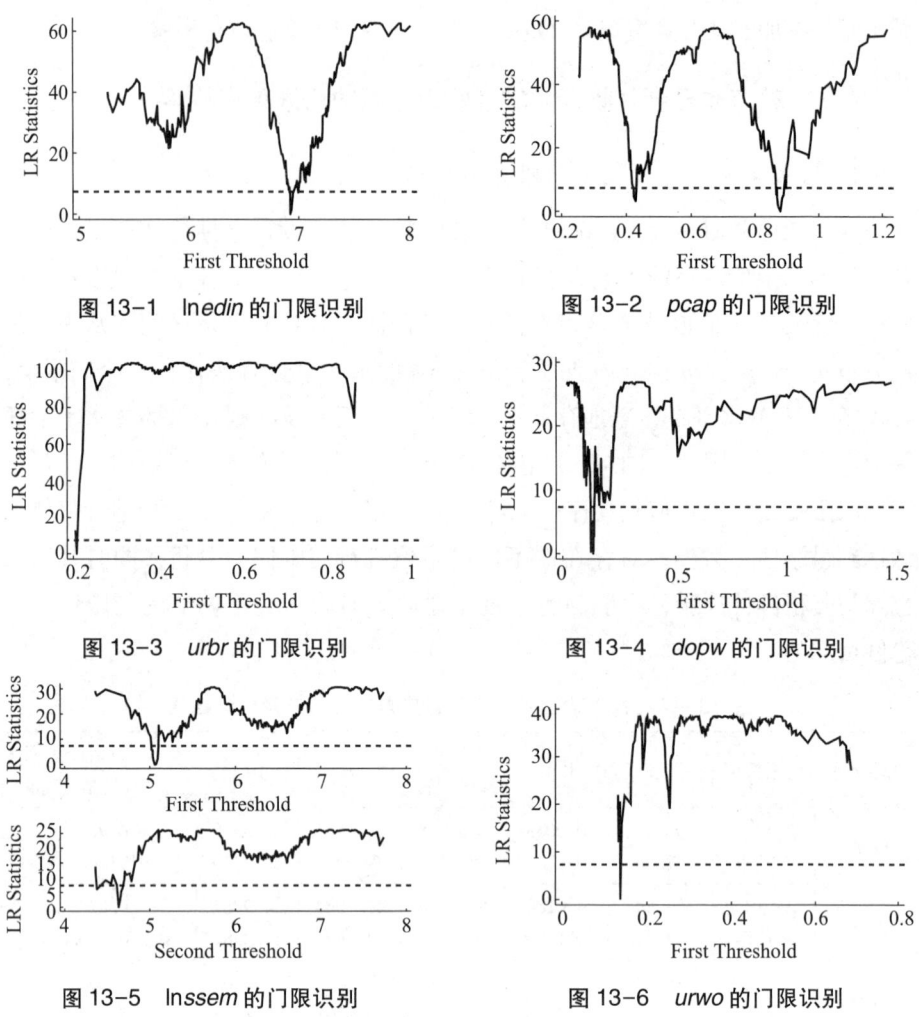

图 13-1 ln*edin* 的门限识别

图 13-2 *pcap* 的门限识别

图 13-3 *urbr* 的门限识别

图 13-4 *dopw* 的门限识别

图 13-5 ln*ssem* 的门限识别

图 13-6 *urwo* 的门限识别

2. 教育非现金总收入的门限效应估计结果分析

表 13-12 列出了教育非现金总收入在不同变量门限值下对城乡收入差距的作用效果。总的来看，在不同的门限值下教育非现金总收入都是在1%的水平下显著地缩小了城乡收入差距，并且不同模型的系数大小相差不大；另外，其他变量的影响作用及显著性等也都比较近似，这也进一步说明了模型的稳健性。

先看教育非现金总收入本身作为门限值时对城乡收入差距的具体作用：由表 13-12 中的模型（1）可知，不管是 ln$edin \leqslant 6.9236$ 还是 ln$edin >$ 6.9236 时，教育非现金总收入对收入差距的影响都是在1%的水平下显著地缩小了城乡收入差距，只是在门限值 6.9236 前后的影响系数不同，当教育非现金人均总收入小于等于门限值时的影响系数（-0.1716）小于其大于门限值时的影响系数（-0.2102），说明教育非现金总收入是越多越好的，越多其缩小收入差距的调节作用就越大。另外，其他控制变量如 lnpgdp、pcap、lara、dopw、raild 等都在 1% 的水平下显著地缩小了城乡居民的收入差距，这几个变量的提高有助于提高当地的经济发展水平，促进劳动力的就业，故可以有效地缩小城乡收入差距；而受教育水平（sch）、城市化比率（urbr）等的提高却是分别在 1% 和 5% 的水平下显著地扩大了收入差距，根据我国的实际情况，大专以上的受教育者不管原来是城市居民还是农村居民基本上都转化为城市居民，受教育水平越高其收入相对也就越高，受教育水平和城市化比率这两个变量越高，实际上也就代表城市居民的收入越高，因此，就会扩大城乡居民的收入差距。dind 是在 10% 的水平下显著地缩小了收入差距，工业化水平的提高有助于扩大居民的就业率，有利于提高其收入，故也可以缩小城乡收入差距；而 lnssem 和 urwo 对收入差距的影响不显著。因此我们在对城乡收入差距进行二次或三次分配调控的时候，要根据不同的情况注意采取不同的措施手段。

表 13-12 中的模型（2）、模型（3）、模型（5）、模型（6）分别估计了固定资产投资（pcap）、城市化比率（urbr）、对外开放程度（dopw）和城镇职工养老保险覆盖率（urwo）作为门限值时，教育非现金总收入对城乡收入差距的影响。总体上，教育非现金总收入在各个不同的门限值前后都在 1% 的水平下显著地缩小了城乡收入差距，而且都是大于门限值时对收入差距的缩小作用更大，这也进一步说明，教育非现金总收入的提高是有助于缩小城乡收入差距的。模型（4）估计了社会保障与就业（lnssem）作为门限时，教育非现金总收入对城乡收入差距的作用，社会保障与就业存在两个门限值，两个门限值将样本分成了三个区间，在每个区间内，教育非现金总收入都是在 1% 的水平下显著地缩小了收入差距，但是非现金总收入的影响系数不同：在第一个区间的影响系数最小是-0.3769，其次是第二个区间的影响系数（-0.4164），当人均社会保障与就业的值大于最大的门限值（5.0569）时，教育非现金总收入越高对城乡收入差距的缩小作用就越大，其影响系数是-0.4715。另外，从这几个模型里也可以发现，其他控制变量对城乡收入差距的影响方向及大小基本一致，证明估计结果的可靠性与稳健性。

表13-12 教育非现金总收入的门限效应估计结果

门限变量	lnedin	pcap	urbr	lnssem	dopw	urwo
变量	(1)	(2)	(3)	(4)	(5)	(6)
lnpgdp	-0.1092**	-0.1063**	-0.1210**	-0.0865*	-0.1476***	-0.1136**
	(-2.24)	(-2.17)	(-2.57)	(-1.80)	(-2.89)	(-2.28)
pcap	-0.5049***	-0.0922	-0.5131***	-0.4169***	-0.5673***	-0.4682***
	(-6.86)	(-1.00)	(-7.19)	(-5.68)	(-7.33)	(-6.17)
lara	-1.0130***	-1.1757***	-0.4712	-0.8034**	-1.1814***	-0.5443
	(-3.03)	(-3.50)	(-1.43)	(-2.43)	(-3.42)	(-1.53)
dind	-0.5806*	-0.6500**	-0.7037**	-0.7870**	-0.9705***	-0.8519**
	(-1.66)	(-1.89)	(-2.13)	(-2.33)	(-2.73)	(-2.44)
dopw	-0.4256***	-0.2918***	-0.3757***	-0.5650***	-0.3283***	-0.3669***
	(-4.22)	(-2.87)	(-3.89)	(-5.67)	(-3.14)	(-3.58)
sch	1.1115***	0.8444***	0.9041***	1.0313***	1.1626***	1.0091***
	(6.88)	(5.09)	(5.77)	(6.50)	(6.98)	(6.10)
urbr	0.9766**	1.0016**	-0.0008	0.3717	0.8718*	0.2518
	(2.00)	(2.02)	(-0.00)	(0.76)	(1.71)	(0.49)
raild	-7.0867***	-6.5280***	-10.1413***	-7.3422***	-8.0879***	-8.4124***
	(-5.00)	(-4.57)	(-7.43)	(-5.31)	(-5.58)	(-5.87)
lnssem	-0.0323	0.0445	0.1694***	-0.0316	0.0596	0.1074*
	(-0.60)	(0.84)	(3.23)	(-0.60)	(1.09)	(1.95)
urwo	0.3139	0.0560	-0.3114	-0.0090	0.1163	-0.1176
	(1.43)	(0.26)	(-1.47)	(-0.04)	(0.52)	(-0.53)
lnedin 0	-0.1716***	-0.3647***	-0.1840***	-0.4715***	-0.3468***	-0.2865***
	(-2.63)	(-5.41)	(-2.71)	(-6.99)	(-4.97)	(-4.06)
lnedin 1	-0.2102***	-0.4065***	-0.3559***	-0.4164***	-0.3725***	-0.3717***
	(-3.29)	(-6.03)	(-5.49)	(-6.31)	(-5.37)	(-5.41)
lnedin 2				-0.3769***		
				(-5.68)		
_cons	5.9140***	6.6132***	6.4712***	7.3798***	7.2541***	6.6886***
	(13.82)	(16.44)	(16.74)	(18.93)	(17.68)	(16.33)
F值	55.43	55.35	63.38	55.26	50.00	52.01
R-sq值	0.5784	0.5785	0.6111	0.5980	0.5535	0.5632

注：***、**、*分别表示显著性水平为1%、5%、10%。

（二）教育非现金财政收入对城乡收入差距的门限效应检验

同样这里先检验各变量的门限值存在的个数以及显著性，表 13-13 列出了检验的结果，发现 ln$gedin$、$pcap$、$urbr$、ln$ssem$、$urwo$ 五个变量均在 5% 的水平下显著地存在一个门限值。发现教育非现金财政收入和教育非现金总收入模型的门限变量基本相同，其门限值也基本一样，只是在教育非现金总收入模型中的变量比教育非现金财政收入模型的门限变量多了一个对外开放水平（$dopw$），但这个门限值在教育非现金总收入模型中的显著性并不是很高，仅在 10% 的水平下显著；另外，ln$ssem$ 在这里只存在一个门限值，其他本部分的门限值与第一部分的基本一样。

表 13-13 各影响因素的门限效应自抽样检验及估计结果

门限变量	门限模型	F 值	P 值	1%	5%	10%	门限估计值 [95%置信区间]
ln$gedin$	单一门限 双门限	67.05 17.53	0.0000 0.2300	43.1458 35.9686	32.3378 24.9083	26.4400 21.2364	6.9083 [6.8884, 6.9188]
$pcap$	单一门限 双门限	64.60 29.70	0.0000 0.1133	46.0743 45.9126	39.3749 37.8985	34.5606 30.4444	0.8788 [0.8703, 0.8843]
$urbr$	单一门限 双门限	112.47 24.89	0.0000 0.2500	51.3266 54.5062	40.3487 40.7287	32.4695 34.4862	0.2085 [0.2052, 0.2150]
ln$ssem$	单一门限 双门限	56.46 23.19	0.0200 0.1033	57.9828 40.7813	45.6161 30.4829	37.4188 23.3977	5.0569 [5.0569, 5.0724]
$urwo$	单一门限 双门限	42.07 29.11	0.0433 0.1900	60.6673 98.2767	39.9541 64.6338	32.4810 50.8125	0.1377 [0.1370, 0.1408]

注：单一门限的原假设 H_0 不存在门限，H_1 存在单一门限；二阶门限检验的原假设 H_0 存在单一门限，H_1 存在二阶门限；三阶门限检验的原假设 H_0 存在二阶门限，H_1 存在三阶门限。

表 13-14 中的模型（1）、模型（2）、模型（3）、模型（4）、模型（5）显示了分别选取门限变量为 ln$gedin$、$pcap$、$urbr$、ln$ssem$、$urwo$ 时，教育非现金财政收入对收入差距的门限效应回归结果。模型（1）显示当教育非现金财政收入低于门限值 6.9083 时，教育非现金财政收入的提高在 5% 的水平下显著地缩小收入差距，缩小系数为 -0.1222，而当教育非现金财政收入高于门限值 6.9083 时，同样教育非现金财政收入的提高也是在 5% 的水平下显著地缩小收入差距，但是其缩小系数更大，为 -0.1615，这也说明教育非现金财政收入越高，对收入差距的调节作用越大；其他变量 $pcap$、$lara$、$dopw$、$raild$ 等也

都在1%的水平下显著地缩小了城乡居民的收入差距，人均 GDP 在 1% 的水平下显著地缩小了收入差距，$dind$、$urbr$、$lnssem$、$urwo$ 这几个变量对收入差距的影响不显著。

模型（2）和模型（5）中的门限变量在其门限值的前后，教育非现金财政收入都是在 1% 的水平下显著地缩小了收入差距，但是当其大于门限值时的影响作用会更大一些；模型（3）中，当 $urbr$ 小于等于其门限值时，教育非现金财政收入在 10% 的水平下显著地缩小了收入差距，当 $urbr$ 大于其门限值时，对收入差距的影响是在 1% 的水平下显著的，其影响系数也比较大（−0.3028）；模型（4）中，当 $lnssem$ 在其门限值 5.0569 的前后时，非现金财政收入对收入差距的影响都是在 1% 的水平下显著存在的，但是当 $lnssem$ 小于等于其门限值时，教育非现金财政收入对收入差距的影响作用要大于 $lnseem$ 大于其门限值时的作用，也就是社会保障与就业在小于等于其门限值时，扩大教育非现金财政收入对缩小收入差距的作用更大一些。

表 13-14 教育非现金财政收入门限效应的估计结果

门限变量	lngedin	pcap	urbr	lnssem	urwo
变量	(1)	(2)	(3)	(4)	(5)
$lnpgdp$	−0.1212** (−2.47)	−0.1164** (−2.36)	−0.1322*** (−2.79)	−0.1053** (−2.12)	−0.1273** (−2.53)
$pcap$	−0.5356*** (−7.28)	−0.1071 (−1.15)	−0.5482*** (−7.72)	−0.4472*** (−6.36)	−0.5073*** (−6.70)
$lara$	−1.0977*** (−3.27)	−1.3235*** (−3.95)	−0.6007* (−1.83)	−1.1782*** (−3.49)	−0.6825* (−1.92)
$dind$	−0.5086 (−1.42)	−0.6827* (−1.95)	−0.7237** (−2.15)	−0.6241* (−1.77)	−0.8678** (−2.43)
$dopw$	−0.4458*** (−4.37)	−0.2950*** (−2.87)	−.3806*** (−3.90)	−0.5035** (−4.90)	−0.3703*** (−3.57)
sch	1.1492*** (6.95)	0.9774*** (5.81)	1.0365*** (6.51)	1.1456*** (6.90)	1.1452*** (6.80)
$urbr$	0.8131 (1.65)	0.8689* (1.73)	−0.2291 (−0.47)	−0.1235 (−0.24)	−0.0026 (−0.01)
$raild$	−6.7599*** (−4.71)	−6.3069*** (−4.39)	−10.0429*** (−7.30)	−7.2528*** (−5.06)	−8.2972*** (−5.73)

续表

门限变量		ln*gedin*	*pcap*	*urbr*	ln*ssem*	*urwo*
变量		(1)	(2)	(3)	(4)	(5)
ln*ssem*		-0.0311 (-0.56)	-0.0432 (0.78)	0.1693*** (3.09)	-0.0359 (-0.64)	0.1015* (1.77)
urwo		0.3052 (1.38)	0.1546 (0.71)	-0.2271 (-1.06)	-0.0940 (0.43)	-0.0250 (-0.11)
ln*gedin*	0	-0.1222** (-1.87)	-0.3205*** (-4.58)	-0.1237* (-1.78)	-0.3182*** (-4.52)	-0.2164*** (-2.97)
	1	-0.1615** (-2.51)	-0.3647*** (-5.19)	-0.3028*** (-4.51)	-0.2638*** (-3.74)	-0.3065*** (-4.30)
_cons		5.7820*** (13.49)	6.4771*** (16.09)	6.3307*** (16.35)	7.1250*** (17.74)	6.5385*** (15.90)
F 值		53.35	53.93	61.78	52.77	50.23
R-sq 值		0.5695	0.5721	0.6050	0.5668	0.5547

注：***、**、*分别表示显著性水平为1%、5%、10%。

（三）教育非现金社会收入对城乡收入差距的门限效应分析

本部分首先检验了教育非现金社会收入对城乡收入差距的门限作用。表13-15列出了检验结果，发现 *pcap* 和 ln*ssem* 这两个变量均在5%的水平下显著地存在一个门限值，ln*sedin* 显著地存在两个门限值。

表13-15 各影响因素的门限效应自抽样检验及估计结果

门限变量	门限模型	F 值	P 值	1%	5%	10%	门限估计值 [95%置信区间]
ln*sedin*	单一门限 双门限 三门限	56.10 18.41 10.54	0.0000 0.0567 0.6600	42.5369 76.4311 114.7491	32.7986 19.4801 89.8965	25.2299 13.8939 64.6312	0.0038 [0.0031, 0.0070] 0.0967 [0.0841, 0.0973]
pcap	单一门限 双门限	57.82 19.07	0.0233 0.3500	68.6886 62.9139	47.3242 41.4268	39.4374 31.5450	0.4759 [0.4624, 0.4802]
ln*ssem*	单一门限 双门限	44.16 12.29	0.0333 0.3900	56.9198 40.1108	39.1696 29.0189	34.2952 23.3171	4.8656 [4.7721, 4.8734]

注：单一门限的原假设 H_0 不存在门限，H_1 存在单一门限；二阶门限检验的原假设 H_0 存在单一门限，H_1 存在二阶门限；三阶门限检验的原假设 H_0 存在二阶门限，H_1 存在三阶门限。

表13-16中列出了分别以 ln*sedin*、*pcap* 和 ln*ssem* 为门限变量时，教育非

现金社会收入对收入差距的门限影响作用。模型（1）显示了教育非现金社会收入作为门限值时的检验结果，ln$sedin$ 的两个门限值 0.0038 和 0.0967 将样本划分为三个区间：当 ln$sedin$ 小于等于 0.0038 时，估计的教育非现金社会收入对城乡收入差距的系数虽然很显著，但是由于这个区间的样本量较小导致算出的结果不准确；当 0.0038<ln$sedin$≤0.0967 时，教育非现金社会收入的提高会在 1% 的水平下显著地扩大城乡收入差距；当 ln$sedin$>0.0967 时，教育非现金社会收入对城乡收入差距在 5% 的水平下的显著影响系数是 −0.4104。这说明教育非现金社会收入对收入差距的影响存在一个拐点，只有大于这个门限值时，教育非现金社会收入的提高才会有效地缩小城乡收入差距。模型（2）显示了门限变量为 $pcap$ 时，教育非现金社会收入对城乡收入差距的影响，结果显示当 $pcap$≤0.4759 时，教育非现金社会收入在 1% 的水平下是显著地缩小收入差距的，但是当 $pcap$>0.4759 时，教育非现金社会收入对收入差距的影响虽然是负面的，但是其结果并不显著。模型（3）显示了 ln$ssem$ 作为门限变量时教育非现金社会收入对城乡收入差距的影响作用，ln$ssem$ 门限值前后两个区间，教育非现金社会收入对城乡收入差距的影响在 10% 的水平下显著，只是在 ln$ssem$≤4.8656 的区间内，教育非现金社会收入对缩小收入差距的作用更显著并且更大，其影响系数是 −2.0239。总体上从教育非现金社会收入对城乡收入差距的门限效应来看，教育非现金社会收入在小于门限值的区间内，对缩小收入差距的影响是比较显著的，而大于各门限值时，对缩小收入差距的影响作用不是太显著并且较小。可见教育非现金社会收入并不是越多越好，也从另一方面说明教育非现金社会收入在大于各门限值的区间内，实际上有利于提高高收入人群的收入，并不利于提高低收入人群的收入，故在这个区间内提高教育非现金社会收入是存在提高城乡收入差距效应的。

表 13-16 教育非现金社会收入门限效应的估计结果

门限变量	ln$sedin$	$pcap$	ln$ssem$
变量	(1)	(2)	(3)
ln$pgdp$	−0.1614*** (−3.38)	−0.1536*** (−3.17)	−0.1504*** (−3.06)
$pcap$	−0.5423*** (−7.72)	−0.6628*** (−9.33)	−0.5474*** (−7.57)
$lara$	−0.6200** (−1.80)	−0.9487*** (−2.79)	−1.0935*** (−3.19)

续表

门限变量		lnsedin	pcap	lnssem
变量		(1)	(2)	(3)
$dind$		-0.4398 (-1.30)	-0.4322 (-1.26)	-0.2870 (-0.83)
$dopw$		-0.3733*** (-3.74)	-0.3351*** (-3.31)	-0.4852*** (-4.67)
sch		0.5062*** (2.70)	0.4684** (2.44)	0.6536*** (3.41)
$urbr$		-1.0008** (-2.22)	0.2513 (0.55)	-0.6226 (-1.37)
$raild$		-8.4175*** (-5.98)	-8.3587*** (-5.87)	-7.6567*** (-5.30)
$lnssem$		-0.0155 (-0.31)	-0.1457*** (-3.01)	-0.1433*** (-2.92)
$urwo$		-0.2940 (-1.31)	-0.2099 (-0.93)	-0.2805 (-1.22)
$lnsedin$	0	-296.5855*** (-7.20)	-1.2603*** (-6.64)	-2.0239*** (-7.78)
	1	1.8490*** (2.84)	0.0605 (0.27)	-0.8419* (-4.57)
	2	-0.4104** (-2.07)		
_cons		6.2116*** (15.79)	6.6323*** (16.81)	6.9734*** (17.39)
F 值		52.02	53.44	51.13
R-sq 值		0.5834	0.5699	0.5590

注：***、**、* 分别表示显著性水平为1%、5%、10%。

（四）教育非现金收入对城乡收入差距的门限作用对比分析

根据我们对教育非现金收入的定义，教育非现金总收入包含教育非现金财政收入和教育非现金社会收入。从总体上分析时，我们就需要考察教育非现金总收入对城乡收入差距的影响，根据前面的分析，我们发现教育非现金总收入对收入差距的作用存在 lnedin、pcap、urbr、urwo、dowp 和 lnssem 六个门限值，在每个门限值的前后，教育非现金总收入都显著地缩小了城乡收入差距，并且都是在小于门限值的区间内的影响作用要小于大于门限值的区间内的作用。

教育非现金财政收入对城乡收入差距的影响作用存在 lngedin、pcap、urbr、lnssem 和 urwo 五个门限值，同样在每个门限值的前后，教育非现金财政收入也都显著地存在缩小城乡收入差距的作用，并且都是在小于门限值的区间内的影响作用要大于门限值的区间内的作用。教育非现金财政收入对城乡收入差距的作用与教育非现金总收入对收入差距的作用非常近似，这也说明国家公共财政对教育的支出是影响居民教育非现金收入的主要来源，其对城乡收入差距也具有显著的影响作用，尤其是经济落后的农村地区，教育非现金收入主要来源于国家财政，社会性的教育非现金收入很少或几乎没有。

教育非现金社会收入对收入差距的影响作用存在 lnsedin、pcap 和 lnssem 三个门限值，当门限值为 pcap 和 lnssem 时，教育非现金社会收入在小于各门限值的区间内对城乡收入差距的缩小作用比较显著，而当大于各门限值时，对城乡收入差距影响作用是扩大的且不显著，或是缩小收入差距的效应并不是很明显的。当门限变量是 lnsedin，且 lnsedin 小于等于门限值 0.0967 时，具有扩大收入差距的作用，而当大于其门限值 0.0967 时，出现拐点，对城乡收入差距的作用反而是缩小的，这说明教育非现金社会收入越高，越有利于缩小城乡收入差距。

总的来看，我们国家的教育非现金收入主要还是由教育非现金财政收入主导的，其对收入差距也存在着显著的缩小作用，因此教育非现金总收入与教育非现金财政收入对收入差距的作用是比较近似的，只是总体上教育非现金总收入由于还包含教育非现金社会收入，因此，其对收入差距的作用要大于教育非现金财政收入的作用。而教育非现金社会收入在不同的门限值存在下，对收入差距的作用是不一样的，要区别对待。

六、教育非现金收入对区域收入差距的门限作用分析

本部分重点检验教育非现金收入对区域收入差距的门限效应。由于缺乏上海地区的样本数据，本部分泰尔指数的模型一共包含了我国 30 个省份（除上海市外）的数据。本部分内容同样是检验教育非现金总收入、教育非现金财政收入和教育非现金社会收入对区域收入差距的门限效应，门限变量的选

取还是将模型中的变量逐个作为门限变量进行检验，检验其是否存在显著的门限值。

（一）教育非现金总收入的门限效应分析

本部分首先检验了教育非现金总收入对区域收入差距的门限作用是否存在，即检验是否显著存在门限值，检验方法同前文。表 13-17 列出了检验结果，发现 lnedin、lara、dind、urbr 和 urwo 五个变量均在 10% 的水平下显著地存在一个门限值。图 13-7 至图 13-11 分别为这几个门限变量的识别图。

表 13-17　各影响因素的门限效应自抽样检验及估计结果

门限变量	门限模型	F 值	P 值	1%	5%	10%	门限估计值 [95%置信区间]
lnedin	单一门限	28.17	0.0767	49.5307	30.6787	25.1168	6.9236 [6.9125, 6.9343]
	双门限	9.17	0.5967	31.0727	25.3282	20.1833	
lara	单一门限	47.21	0.0200	53.4645	39.9854	34.3225	0.3978 [0.3960, 0.4101]
	双门限	10.16	0.6800	67.1564	50.9226	38.3724	
dind	单一门限	26.99	0.0133	27.7881	22.5641	18.7368	0.7014 [0.6821, 0.7227]
	双门限	8.75	0.4967	22.7352	18.2215	16.6597	
urbr	单一门限	54.20	0.0300	63.2930	47.4935	36.7489	0.7525 [0.7357, 0.7672]
	双门限	12.00	0.6400	108.2638	67.5193	48.9147	
urwo	单一门限	58.64	0.0033	48.2963	36.1408	31.2865	0.4131 [0.4102, 0.4131]
	双门限	7.84	0.8567	54.8560	35.5621	28.5448	

注：单一门限的原假设 H_0 不存在门限，H_1 存在单一门限；二阶门限检验的原假设 H_0 存在单一门限，H_1 存在二阶门限；三阶门限检验的原假设 H_0 存在二阶门限，H_1 存在三阶门限。

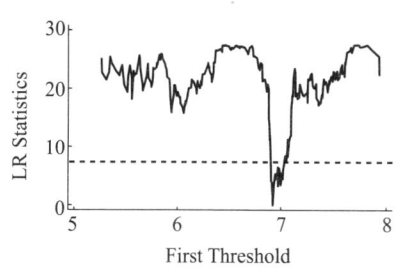

图 13-7　lnedin 的门限识别

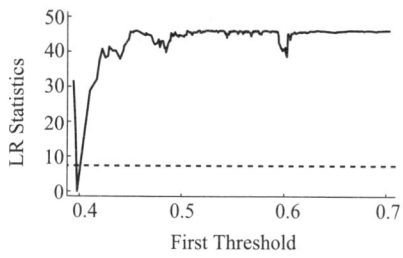

图 13-8　lara 的门限识别

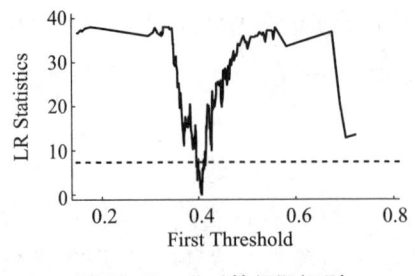

图 13-9 *dind* 的门限识别

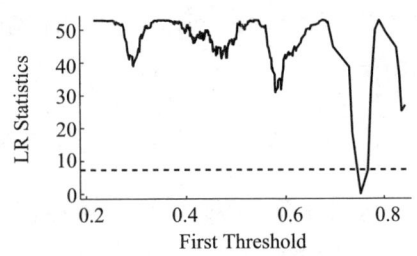

图 13-10 *urbr* 的门限识别

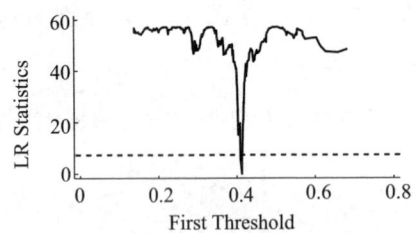

图 13-11 *urwo* 的门限识别

表 13-18 列出了各门限变量存在时，教育非现金总收入对区域收入差距的门限效应检验结果。模型（1）列出了教育非现金总收入作为门限值时，教育非现金总收入对区域收入差距的影响作用，当 ln*edin*≤6.9236 时，教育非现金总收入的提高会缩小区域收入差距，但是其影响效果统计上不显著；当 ln*edin*>6.9236 时，教育非现金总收入在 10% 的水平下对收入差距的影响显著，其影响系数为 -0.0079，也是比较小的。总的来看，教育非现金总收入对区域收入差距的缩小影响不大。*pcap*、*dind*、*sch*、*raild* 表示地区经济发展程度的指标对收入差距显著地存在缩小作用，说明地区经济发展水平的提高有助于缩小区域间的收入差距；*dopw*、*urbr*、ln*ssem*、*urwo* 指标的提高显著地扩大了区域间的收入差距，说明这几个变量有助于提高经济发达地区的收入，却没有有效地提高低收入区域的收入，以至于使总体的区域收入差距扩大。另外，*lara* 对收入差距的作用不显著。

模型（2）的结果显示，在 *lara*≤门限值 0.3978 时，教育非现金总收入对区域收入差距的作用不显著，当 *lara*>门限值 0.3978 时，教育非现金总收入对收入差距在 5% 的水平下存在显著的缩小作用；模型（3）、模型（4）、模型（5）分别列出了门限变量是 *dind*、*urbr* 和 *urwo* 时，教育非现金总收入对区域收入差距的影响，其规律是一致的，都是在门限值划分的两个区间内，教育非现金总收入对区域收入差距的作用在 1% 的水平下是显著缩小收入差距的,并且在超过门限值之后的区域,非现金总收入对区域收入差距的作用更大一些。

表 13-18 教育非现金总收入门限效应的估计结果

门限变量		lnedin	lara	dind	urbr	urow
变量		(1)	(2)	(3)	(4)	(5)
ln$pgdp$		-0.0035 (-1.07)	-0.0028 (-0.88)	-0.0003 (-0.09)	-0.0017 (-0.53)	-0.0003 (-0.09)
$pcap$		-0.0209*** (-4.51)	-0.1893*** (-4.14)	-0.0206*** (-4.35)	-0.0203*** (-4.48)	-0.0187*** (-4.13)
$lara$		-0.0138 (-0.66)	-0.0053 (-0.26)	-0.0184 (-0.87)	-0.0325 (-1.60)	-0.0226 (-1.12)
$dind$		-0.0895*** (-4.26)	-0.1102*** (-5.44)		-0.1066*** (-5.29)	-0.0750*** (-3.64)
$dopw$		0.0418*** (6.70)	0.0412*** (6.71)	0.0468*** (7.47)	0.0249*** (3.80)	0.0396*** (6.52)
sch		-0.0461*** (-4.50)	-0.0538*** (-5.31)	-0.0513*** (-4.85)	-0.0231** (-2.21)	-0.0256** (-2.48)
$urbr$		0.0820*** (2.77)	0.0743** (2.56)	0.0728** (2.44)	0.0360 (1.23)	0.0318 (1.09)
$raild$		-0.2146** (-2.34)	-0.2844*** (-3.18)	-0.2638*** (-2.85)	-0.1283 (-1.41)	-0.2510*** (-2.84)
ln$ssem$		0.0116*** (3.00)	0.0147*** (3.89)	0.0121*** (3.19)	0.0197*** (5.18)	0.0113*** (3.00)
$urwo$		0.0454*** (3.13)	0.0296** (2.12)	0.0248* (1.60)	-0.0006 (0.04)	0.0750*** (4.99)
ln$edin$	0	-0.0063 (-1.39)	-0.0064 (-1.50)	-0.0126*** (-2.99)	-0.0195*** (-4.65)	-0.0133*** (-3.23)
	1	-0.0079* (-1.79)	-0.0131** (-3.17)	-0.0141*** (-3.31)	-0.0272*** (-6.04)	-0.0158*** (-3.87)
_cons		0.0816*** (2.93)	0.1132*** (4.41)	0.0688*** (2.92)	0.1509*** (5.93)	0.1050*** (4.12)
F 值		27.57	30.00	27.48	30.90	31.47
R-sq 值		0.4142	0.4348	0.3919	0.4420	0.4465

注:***、**、*分别表示显著性水平为1%、5%、10%。

（二）教育非现金财政收入的门限效应分析

我们用与上面同样的方法检验了各变量在教育非现金财政收入对区域收入差距模型中是否存在门限值及门限效应，表 13-19 列出了检验的门限值的显著性及其置信区间。发现在这部分检验中有 *lara*、*dind*、*urbr* 和 *urwo* 四个变量在10%的水平下存在显著的门限值，其中 *lara*、*dind* 和 *urwo* 三个变量均存在一个门限值，而 *urbr* 则存在两个门限值。图 13-12、图 13-13、图 13-14 和图 13-15 分别为 *lara*、*dind*、*urbr* 和 *urwo* 这四个变量的门限识别图。

表 13-19　各影响因素的门限效应自抽样检验及估计结果

门限变量	门限模型	F 值	P 值	1%	5%	10%	门限估计值 ［95%置信区间］
lara	单一门限 双门限	45.11 9.08	0.0533 0.7867	74.4477 61.0579	45.3201 48.0824	38.0292 37.2106	0.3978 ［0.3960, 0.4101］
dind	单一门限 双门限	29.15 8.60	0.0133 0.4633	29.9583 24.3264	23.2989 18.0969	19.1028 14.7951	0.4066 ［0.4028, 0.4068］
urbr	单一门限 双门限 三门限	47.06 46.19 20.43	0.0433 0.0800 0.2500	60.5672 83.4881 101.7103	44.4632 58.6913 62.6474	44.4632 58.6913 62.6474	0.7511 ［0.7345, 0.7631］ 0.8293 ［0.8228, 0.8362］
urwo	单一门限 双门限	58.25 8.15	0.0000 0.8567	50.4810 48.8685	36.4861 37.3996	32.0809 30.5756	0.4131 ［0.4102, 0.4131］

注：单一门限的原假设 H_0 不存在门限，H_1 存在单一门限；二阶门限检验的原假设 H_0 存在单一门限，H_1 存在二阶门限；三阶门限检验的原假设 H_0 存在二阶门限，H_1 存在三阶门限。

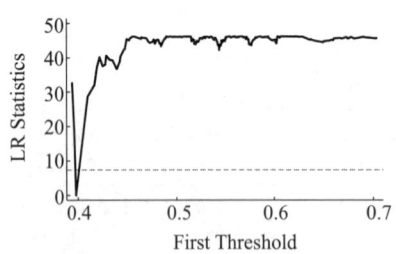

图 13-12　*lara* 的门限识别

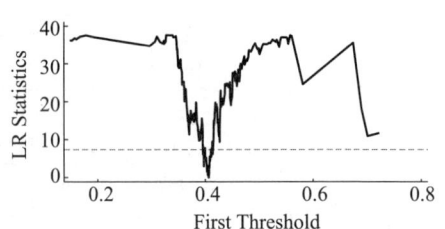

图 13-13　*dind* 的门限识别

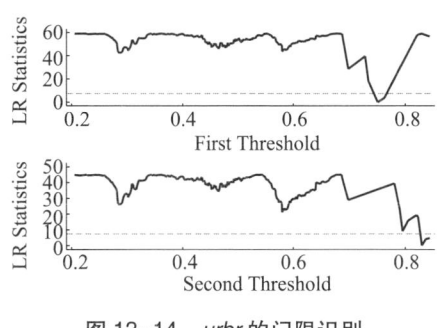

图 13-14 *urbr* 的门限识别

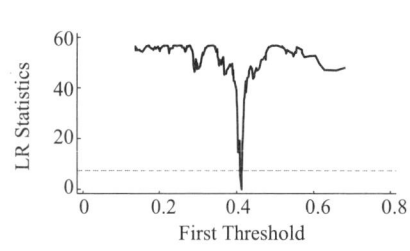

图 13-15 *urwo* 的门限识别

表 13-20 列出了教育非现金财政收入对区域收入差距的门限效应的估计结果。在以 *lara* 为门限的模型（1）中，当 *lara*≤门限值 0.3978 时，教育非现金财政收入缩小了区域收入差距但统计上不显著，当 *lara*>门限值 0.3978 时，教育非现金财政收入在 1% 的水平下是显著地缩小了区域收入差距的；*pcap*、*dind*、*sch*、*raild* 这四个变量都是在 1% 的水平下显著地缩小了区域收入差距；ln*pgdp*、*lara* 这两个变量对收入差距的作用不显著；*dopw*、*urbr*、ln*ssem* 和 *urwo* 这四个变量在 5% 的水平下显著地扩大了区域收入差距。这个结果与教育非现金总收入对区域收入差距的模型结果比较近似，也进一步说明了我们模型的稳健性。

在以 *dind* 为门限的模型（2）中，当 *dind*≤0.4066 时，教育非现金财政收入在 1% 的水平下显著地缩小了区域收入差距，其影响系数是 -0.0117；当 *dind*>0.4066 时，教育非现金财政收入却是在 1% 的水平下显著地扩大了区域收入差距，其影响系数是 0.0132。这说明在门限值处存在明显的拐点，随着工业化发展水平的提高，高于门限值之后教育非现金财政收入的提高是不利于缩小收入差距的。

在以 *urbr* 为门限的模型（3）中，*urbr* 有两个门限值，将样本分为三个区间，即 *urbr*≤0.7511、0.7511<*urbr*≤0.8293 和 *urbr*>0.8293，教育非现金财政收入都是在 1% 的水平下显著地缩小了区域收入差距，但是当在 0.7511<*urbr*≤0.8293 区域时，教育非现金财政收入对收入差距的缩小作用最大，其影响系数是 -0.0221，其次是在 *urbr*>0.8293 区间的影响系数为 -0.0155，最后是在 *urbr*≤0.7511 区间的影响系数为 -0.0125。

在以 *urwo* 为门限的模型（4）中，在 *urwo* 门限值 0.4131 的前后两个区间，教育非现金财政收入都是在 1% 的水平下显著地缩小了区域收入差距，但是在大于门限值的区间，其影响作用更大一些，影响系数为 -0.0151。

另外，模型（2）、模型（3）、模型（4）中，其他控制变量的影响作用基本与模型（1）的影响作用一致，也与教育非现金总收入模型中的估计基本一致，这也进一步说明了模型的结果比较稳健。

表13-20 教育非现金财政收入门限效应的估计结果

门限变量		lara	dind	urbr	urow
变量		(1)	(2)	(3)	(4)
ln$pgdp$		-0.0034 (-1.07)	-0.0006 (-0.20)	-0.0024 (-0.80)	-0.0007 (-0.23)
$pcap$		-0.0200*** (-4.40)	-0.0214*** (-4.56)	-0.0185*** (-4.34)	-0.0195*** (-4.34)
$lara$		-0.0105 (-0.51)	-0.0232 (-1.10)	-0.0419** (-2.19)	-0.0273 (-1.35)
$dind$		-0.1102*** (-5.36)		-0.1128*** (-5.85)	-0.0762*** (-3.65)
$dopw$		0.0408** (6.61)	0.0463*** (7.37)	0.0168*** (2.70)	0.0391*** (6.41)
sch		-0.0466*** (-4.58)	-0.0439*** (-4.15)	-0.0050 (-0.50)	-0.0182* (-1.76)
$urbr$		0.0689** (2.36)	0.0696** (2.33)	0.0277 (1.00)	0.0291 (0.99)
$raild$		-0.2871*** (-3.20)	-0.2651*** (-2.86)	-0.1090 (-1.27)	-0.2567*** (-2.90)
ln$ssem$		0.0140** (3.65)	0.0119*** (3.10)	0.0129*** (3.45)	0.0112*** (2.93)
$urwo$		0.0339** (2.43)	0.0286** (2.03)	-0.0086 (-0.63)	0.0795*** (5.31)
ln$edin$	0	-0.0046 (-1.05)	-0.0117*** (-2.77)	-0.0125*** (-3.06)	-0.0125*** (-3.02)
	1	-0.0114*** (-2.70)	0.0132*** (-3.09)	-0.0221*** (-5.09)	-0.0151*** (-3.65)
	2			-0.0155*** (-3.35)	
_cons		0.1123*** (4.35)	0.0673*** (2.85)	0.1543*** (6.44)	0.1044*** (4.08)
F值		29.61	27.25	32.11	31.29
R-sq值		0.4316	0.3899	0.4362	0.4452

注：***、**、*分别表示显著性水平为1%、5%、10%。

(三) 教育非现金社会收入的门限效应分析

这里同样检验了各变量在教育非现金社会收入对区域收入差距模型中是否存在门限值及门限效应,表 13-21 列出了检验的结果。从中可以发现在这部分检验中,$dopw$ 在 10% 的水平下显著地存在一个门限值,而 $urbr$ 在 5% 的水平下显著地存在两个门限值。图 13-16 和图 13-17 分别为 $dopw$ 和 $urbr$ 的门限识别图。

表 13-21　各影响因素的门限效应自抽样检验及估计结果

门限变量	门限模型	F 值	P 值	1%	5%	10%	门限估计值 [95%置信区间]
$dopw$	单一门限 双门限	35.62 23.20	0.0667 0.1433	48.5028 47.9935	38.9561 36.8788	31.9210 28.0400	0.1515 [0.1410, 0.1553]
$urbr$	单一门限 双门限 三门限	51.61 49.24 13.81	0.0467 0.0267 0.7967	64.3809 63.1969 151.9039	49.5583 40.8930 107.8962	37.5043 33.1004 94.3832	0.7672 [0.7441, 0.7742] 0.6863 [0.6522, 0.6863]

注:单一门限的原假设 H_0 不存在门限,H_1 存在单一门限;二阶门限检验的原假设 H_0 存在单一门限,H_1 存在二阶门限;三阶门限检验的原假设 H_0 存在二阶门限,H_1 存在三阶门限。

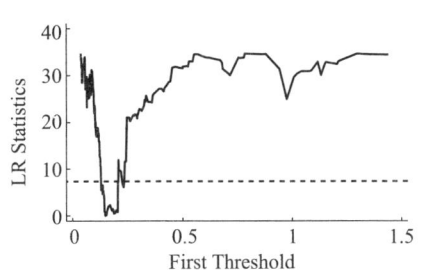

图 13-16　$dopw$ 的门限识别

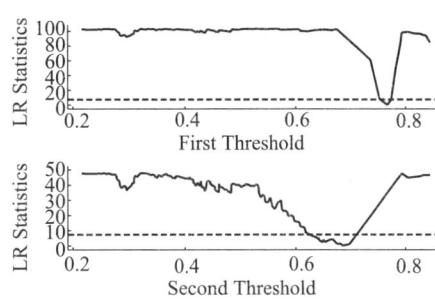

图 13-17　$urbr$ 的门限识别

表 13-22 列出了教育非现金社会收入对区域收入差距的门限效应检验结果。模型 (1) 显示了以 $dopw$ 为门限时,教育非现金社会收入对区域收入差距的具体影响作用:当 $dopw \leqslant 0.1515$ 时,教育非现金社会收入在 1% 的水平下显著地缩小了区域收入差距,其影响系数为 -0.0376;当 $dopw > 0.1515$ 时,教育非现金社会收入在 1% 的水平下显著地扩大了收入差距,其影响系数为 0.0363。可见,在门限值附近教育非现金社会收入对区域收入差距的影响是存在拐点的,教育非现金社会收入的提高只有在对外开放度小于 0.1515 时,

才会起到缩小收入差距的作用，反之则会促使区域收入差距扩大。这实际上也可以理解为在对外开放程度较低区域提高教育非现金社会收入对缩小收入差距更有效。其他控制变量 $pcap$、$dind$、sch、$raild$ 等都在1%的水平下显著地减小了区域间的收入差距，$dopw$、$\ln ssem$、$urwo$ 等变量在5%的水平下显著地扩大了区域间的收入差距，$\ln pgdp$、$lara$、$urbr$ 等变量对区域收入差距的影响是不显著的。

模型（2）是以 $urbr$ 为门限的模型，$urbr$ 的两个门限值分别是 0.7672 和 0.6863，将样本分成三个区间分别是，$urbr \leqslant 0.6863$、$0.6863 < urbr \leqslant 0.7672$、$urbr > 0.7672$。当 $urbr \leqslant 0.6863$ 时，教育非现金社会收入对区域收入差距的作用不显著；当 $0.6863 < urbr \leqslant 0.7672$ 时，教育非现金社会收入对区域收入差距的作用在1%的水平下显著，其影响系数是 0.1641。当 $urbr > 0.7672$ 时，教育非现金社会收入对收入差距在1%的水平下影响显著，其影响系数是 −0.1795。可见，教育非现金社会收入对区域收入差距的作用存在拐点，在门限值 0.7672 的前后，对区域收入差距的影响是不一样的，超过门限值 0.7672 后，随着教育非现金社会收入的提高，是可以减小区域收入差距的。另外，其他控制变量对区域收入差距的影响是：$pcap$、$dind$、$lara$ 等变量在10%的水平下显著地缩小了收入差距，$dopw$、$\ln ssem$ 等变量在10%的水平下有扩大收入差距的作用，而 $\ln pgdp$、sch、$urbr$、$raild$、$urwo$ 等变量对收入差距没有显著的影响。

表 13-22　教育非现金社会收入门限效应的估计结果

门限变量	$dopw$	$urbr$
变量	（1）	（2）
$\ln pgdp$	−0.0041 (−1.26)	−0.0039 (−1.29)
$pcap$	−0.0296*** (−6.49)	−0.0203* (−4.75)
$lara$	−0.0117 (−0.55)	−0.0365* (−1.83)
$dind$	−0.0629*** (−3.02)	−0.0948* (−4.91)
$dopw$	0.0346** (5.36)	0.0212* (3.32)

续表

门限变量		$dopw$	$urbr$
变量		(1)	(2)
sch		-0.0418***	-0.0066
		(-3.45)	(-0.54)
$urbr$		0.0007	0.0009
		(0.03)	(0.04)
$raild$		-0.3599***	-0.1310
		(-3.90)	(-1.48)
$lnssem$		0.0071**	0.0052*
		(2.20)	(1.69)
$urwo$		0.0481**	-0.0082
		(3.26)	(-0.60)
$lnsedin$	0	-0.0376***	-0.0041
		(-2.95)	(0.37)
	1	0.0363***	0.1641***
		(2.69)	(6.39)
	2		-0.1795***
			(-6.80)
_cons		0.1048***	0.1430***
		(4.05)	(5.85)
F 值		26.98	32.39
R-sq 值		0.4742	0.4089

注：***、**、* 分别表示显著性水平为1%、5%、10%。

总的来看，在教育非现金社会收入对区域收入差距的模型中，只有 $dopw$ 和 $urbr$ 两个变量存在门限值，并且在各变量门限值的前后区间内，教育非现金社会收入对收入差距的作用存在拐点，对外开放程度越高，教育非现金社会收入的提高就越不利于缩小区域间的收入差距，而城市化比率比较高超过其第二个门限值时，也就是说只有当城市化发展水平达到一定的高度后，教育非现金社会收入的提高才会有利于缩小收入差距。实际上，教育非现金社会收入主要是由一些企业、社会机构或个人提供的教育费用，只有当地经济比较发达才会有更多的社会资金投入教育行业。因此，教育非现金社会收入也与经济发展有较大的关系，经济发展水平高、城市化发展水平就高，教育非现金社会收入才会提高，才更有利于改善收入差距，归根结底，区域经济社会的整体发展才是缩小收入差距，改善居民福利的基本条件。

（四）教育非现金收入对区域收入差距的门限作用对比分析

总体上看，教育非现金总收入对区域收入差距的门限作用是非常显著的，并且具有五个比较显著的门限变量，在门限值的前后其对区域收入差距的影响也都有显著的不同，并且确实在一定程度上缩小了区域间的收入差距。教育非现金财政收入对区域收入差距的作用也存在显著的门限效应以及缩小收入差距的作用，但是发现在以 $dind$ 为门限的模型中存在拐点，教育非现金财政收入在 $dind$ 大于门限值的区间是显著地扩大了区域间的收入差距的，说明工业化程度越高的区域，再进一步提高其教育非现金财政收入不利于缩小不同区域间的收入差距，应对工业化程度低的区域加大教育财政投入。教育非现金社会收入对区域收入差距的模型只存在两个显著的门限变量即对外开放程度和城市化比率，结果发现对外开放程度越高的区域，即在 $dopw$ 大于门限值时，教育非现金社会收入的提高会显著地扩大区域间的收入差距，说明这时更多的教育资源是倾向于高收入区域的，会导致出现更大的区域收入差距；而城市化比率越高，高到大于门限值时，教育非现金社会收入的提高是有利于缩小收入差距的，说明这时更多的教育资源惠及了低收入区域，提高了其收入，进而缩小了整个区域的收入差距。

七、不同门限区制下各省份的具体分布情况

通过前面所做的教育非现金收入对收入差距的门限效应的实证分析，发现教育非现金总收入包含了教育非现金财政收入和教育非现金社会收入，教育非现金财政收入得出的实证结果与教育非现金总收入对收入差距的影响比较近似，占主导地位。因此，本部分我们主要分析教育非现金总收入对收入差距门限影响的不同区制的各省份的具体分布情况。

（一）教育非现金总收入对城乡收入差距影响的门限区制分布情况

通过教育非现金总收入对城乡收入差距的门限效应分析，我们选择以教育非现金总收入为门限变量，分析各省份在教育非现金总收入门限值前后两个区制的分布情况。表 13-23 列出了 2001—2017 年我国各省份在教育非现金总收入门限值前后两个区制的具体分布情况。

表 13-23　2001—2017 年我国 30 个省份的不同区制分布情况

年份	2001	2002	2003	2004	2005	2006	2007	2008	2009
$lnedin \leqslant 6.9236$	29	29	29	29	28	27	27	26	26
$lnedin > 6.9236$	2	2	2	2	3	4	4	5	5
年份	2010	2011	2012	2013	2014	2015	2016	2017	
$lnedin \leqslant 6.9236$	18	14	10	0	2	1	0	0	
$lnedin > 6.9236$	13	17	21	31	29	30	31	31	

根据表 13-23 的结果，从对城乡收入差距的影响来看，我国教育非现金总收入不同省份的区制分布情况主要分为以下几个阶段：

（1）2001—2009 年，各省份的非现金总收入并不是很高，并且增长得也比较慢，2001—2004 年只有 2 个省份，到 2009 年也只有 5 个省份的教育非现金总收入超过了门限值 6.9236，其对收入差距作用也是非常有限的。

（2）2010—2012 年，各省份的教育非现金总收入增长得比较快，从 2010 年的 13 个省份增长到 2012 年的 21 个省份，其对收入差距的作用也日益增强。

（3）2013 年及以后，我国各省份的教育非现金总收入基本上已超过门限值 6.9236，说明教育非现金总收入对缩小我国城乡收入差距的影响已经进入一个较高的阶段。

表 13-24 列出了 2005 年、2010 年、2014 年各省份的教育非现金总收入是否大于其门限值的情况。2005 年只有北京、天津和上海三个直辖市的教育非现金总收入大于门限值，2010 年有北京、天津、内蒙古、辽宁、上海、江苏、浙江、广东、海南、西藏、青海、宁夏和新疆 13 个省份的非现金总收入超过了门限值，这些地区除了比较发达的几个沿海省份外，其他就是经济比较落后的西部沿边地区，这说明发达地区有可能除了教育非现金财政收入比较高外，教育非现金社会收入也比较高，所以这些地区的教育非现金总收入较高；而对于剩余的几个沿边的经济比较落后的地区，其教育非现金总收入主要是国家财政支出的比较高，这也说明我们国家的财政支出在调节收入差距、经济发展方面也在向经济落后地区倾斜。这也在一定程度上缩小了城乡之间的收入差距。

表 13-24　不同时期我国各省份大于门限值的区制分布情况

省份	北京	天津	河北	山西	内蒙古	辽宁	吉林	黑龙江	上海	江苏	浙江
2005 年	1	1	0	0	0	0	0	0	1	0	0
2010 年	1	1	0	0	1	1	0	0	1	1	1

续表

省份	北京	天津	河北	山西	内蒙古	辽宁	吉林	黑龙江	上海	江苏	浙江
2014年	1	1	0	1	1	1	1	1	1	1	1

省份	安徽	福建	江西	山东	河南	湖北	湖南	广东	广西	海南	重庆
2005年	0	0	0	0	0	0	0	0	0	0	0
2010年	0	0	0	0	0	0	0	1	0	1	0
2014年	1	1	1	1	1	1	1	1	1	1	1

省份	四川	贵州	云南	西藏	陕西	甘肃	青海	宁夏	新疆
2005年	0	0	0	0	0	0	0	0	0
2010年	0	0	1	0	0	0	1	1	1
2014年	1	1	1	1	1	1	1	1	1

注：1表示此省份的教育非现金总收入大于其门限值，0表示此省份的教育非现金总收入小于等于其门限值。

（二）教育非现金总收入对区域收入差距影响的门限区制分布情况

通过教育非现金总收入对区域收入差距的门限效应分析，我们选择以教育非现金总收入为门限变量，分析各省份在教育非现金总收入门限值前后两个区制的分布情况。表13-25列出了2001—2017年我国各省份在教育非现金总收入门限值前后两个区制的具体分布情况。

表13-25 2001—2017年我国30个省份的不同区制分布情况

年份	2001	2002	2003	2004	2005	2006	2007	2008	2009
$lnedin \leq 6.9236$	29	29	29	29	28	28	27	26	25
$lnedin > 6.9236$	1	1	1	1	2	2	3	4	5
年份	2010	2011	2012	2013	2014	2015	2016	2017	
$lnedin \leq 6.9236$	19	13	4	5	5	0	0	0	
$lnedin > 6.9236$	11	17	26	25	25	30	30	30	

表13-25显示，从对区域收入差距的影响来看，我国教育非现金总收入的分布情况分为明显的几个阶段：2001—2009年，各省份的教育非现金总收入比较少并且增长得也比较慢，其中2001—2004年都只有北京市的教育非现金收入超过了门限值；2005—2006年，增长到两个省份（北京和天津）超过了门限值；2007—2009年每年增加一个教育非现金收入超过门限值的省份。从2010年开始，我国教育非现金总收入超过门限值的省份个数逐渐增多，

2013年增加到25个省份,2015年及以后30个省份的教育非现金总收入全部超过了门限值,达到了第二个区制,这个阶段教育非现金总收入对缩小区域收入差距的影响还是比较大并且也是显著的。

表13-26列出了2005年、2010年、2014年我国各省份的教育非现金总收入大于其门限值的情况。2005年只有北京和天津两个省份,2010年增长到11个省份,除了比较发达的几个省份,如北京、天津、江苏、浙江、福建外,其他几个省份基本都是我国的经济较落后的沿边地区,如内蒙古、海南、西藏、青海、宁夏、新疆,这也反映了我国政府为了调整收入差距、经济发展差距等对这些地方的教育财政支出的政策倾斜,提高了对这些地方的教育财政投入,使其先于其他省份拥有较高的教育非现金收入,以期能更快地缩小区域间的收入差距。2014年已经有25个省份的非现金收入超过了门限值,只有黑龙江、江西、河南、湖北和湖南五个省份的教育非现金总收入没有超过门限值,这几个省份除了黑龙江之外,其他几个省份基本处于中部地区并且人口较多。相对来看,人均教育非现金总收入还是较低,不利于缩小区域间的收入差距。表13-25的结果显示,2015年及之后,我国已有30个省份的教育非现金总收入超过了其门限值,显著地缩小了区域间的收入差距。

表13-26　不同时期我国各省份大于门限值的区制分布情况

省份	北京	天津	河北	山西	内蒙古	辽宁	吉林	黑龙江	江苏	浙江
2005年	1	1	0	0	0	0	0	0	0	0
2010年	1	1	0	0	1	0	0	0	1	1
2014年	1	1	1	1	1	1	1	0	1	1
省份	安徽	福建	江西	山东	河南	湖北	湖南	广东	广西	海南
2005年	0	0	0	0	0	0	0	0	0	0
2010年	0	1	0	0	0	0	0	0	0	1
2014年	1	1	0	1	0	0	0	1	1	1
省份	重庆	四川	贵州	云南	西藏	陕西	甘肃	青海	宁夏	新疆
2005年	0	0	0	0	0	0	0	0	0	0
2010年	0	0	0	0	1	0	0	1	1	1
2014年	1	1	1	1	1	1	1	1	1	1

注:1表示此省份的教育非现金总收入大于其门限值,0表示此省份的教育非现金总收入小于等于其门限值。

八、本章小结

本章内容首先检验了教育非现金收入对城乡收入差距和区域收入差距的线性影响关系，发现教育非现金收入对城乡收入差距用面板固定效应模型比较好，而对区域收入差距的研究用面板随机效应模型比较好，通过实证分析发现：

（1）在教育非现金收入对城乡收入差距的面板固定效应模型中，教育非现金收入对缩小收入差距的作用在5%的水平下是显著的，$pcap$、sch、$raild$ 三个变量对收入差距的缩小作用是在1%的水平下显著存在，而 $lnpgdp$ 和 $dopw$ 是在10%的水平下显著缩小收入差距的。

（2）在教育非现金收入对区域收入差距的面板随机效应模型中，教育非现金收入对区域收入差距的影响是不显著的，$pcap$ 和 $dind$ 在1%的水平下显著地缩小区域间的收入差距，$dopw$ 和 $lnssem$ 则是在5%的水平下显著地扩大了区域间的收入差距。通过以上两个模型的对比分析可知，虽然使用同样的解释变量和控制变量，但因被解释变量不同导致计算的结果也有很大的差异，$pcap$ 在两个模型中都显著地缩小了收入差距，可能是固定资本的投资带动作用，不仅发展了当地的经济，更带动了较多的低收入人群的劳动力就业，故不仅缩小了城乡收入差距也有效地缩小了区域的收入差距。sch、$raild$ 的提高有助于提高低收入人群的人均收入，显著地缩小城乡收入差距，而 $dind$ 的提高则更有助于缩小区域间的收入差距。$dopw$ 在两个模型中的作用是相反的，显著地缩小了城乡收入差距，却扩大了区域间的收入差距，故这个变量在实际经济运行过程中是要慎重对待的。另外，$lnpgdp$ 的提高有利于缩小城乡收入差距；显然，$lnssem$ 的提高提高了城市居民的福利，是能够扩大城乡收入差距的。

在线性模型的基础上，本章进一步检验了在线性模型中加入教育非现金收入的二次项和三次项来检验教育非现金收入对收入差距的非线性关系。在教育非现金收入对城乡收入差距的含有二次项的非线性面板模型中，$lnedin$ 的一次项显著地扩大了城乡收入差距，二次项显著地缩小了收入差距，所以存在明显的非线性关系；而在教育非现金收入对区域收入差距的含有二次项和三次项的模型中，$lnedin$ 的一次项和三次项显著地扩大了区域收入差距，而二次项显著地缩小了收入差距。因此，教育非现金收入对区域收入差距也存在显著的非线性关系。另外，这两个非线性模型中的其他控制变量对收入差距的影响与线性关系模型中的影响近似，这进一步说明了模型的稳健性。

在检验出教育非现金收入对收入差距存在非线性关系的基础上，我们进一步选择面板门限回归模型检验这种非线性关系。在教育非现金总收入对城乡收入差距的门限回归模型中，我们检验出共存在 ln$edin$、$pcap$、$urbr$、$dopw$、ln$ssem$ 和 $urwo$ 6 个门限变量。在各门限变量前后，教育非现金总收入对城乡收入差距都存在显著的缩小作用，只是影响系数不同而已。门限值之后的区制教育非现金总收入对城乡收入差距的作用系数更大一些，ln$pgdp$、$pcap$、$lara$、$dopw$ 和 $raild$ 对城乡收入差距存在显著的缩小作用，而 sch 存在显著的扩大作用。在教育非现金总收入对区域收入差距的门限回归模型中，共存在 ln$edin$、$lara$、$dind$、$urbr$ 和 $urwo$ 5 个门限变量。在各门限变量前后，教育非现金总收入对城乡收入差距都存在显著的缩小作用，也只是影响系数不同而已。门限值之后的区制教育非现金收入对区域收入差距的作用系数更大一些，$dind$、sch 和 $raild$ 对区域收入差距有显著的缩小作用，而 $dopw$、$urbr$、ln$ssem$ 和 $urwo$ 对区域收入差距有显著的扩大作用。控制变量在不同的模型中，对城乡收入差距和对区域收入差距的作用也是不一样的，这主要和城乡收入差距与区域收入差距的具体含义及代理变量有关，所以在采取具体政策实施时还是应该区别对待的。

总的来看，教育非现金财政收入对城乡收入差距的作用与教育非现金总收入对城乡收入差距的作用近似，教育非现金财政收入对区域收入差距的作用与教育非现金总收入对区域收入差距的作用也近似，这里不再赘述。教育非现金社会收入对收入差距的作用以及教育非现金社会收入对区域收入差距的作用也非常有限，故不再重述。

另外，从考察期内我国不同省份区域的教育非现金总收入对城乡收入差距的影响在不同门限区制内的具体分布来看，教育非现金总收入在 2010 年之前都增长得比较慢，而在 2010 年之后增长得比较快，到 2016 年时全部省份都超过了门限值。从不同省份教育非现金总收入对区域收入差距的影响在不同门限区制内的具体分布来看，教育非现金总收入在 2009 年之前增长得比较慢，2009 年之后快速增长，2015 年时已有 30 个省份的教育非现金总收入超了门限值，仅有黑龙江省的教育非现金总收入没有超过门限值。

第十四章
公共卫生和住房非现金收入对收入差距的影响

一、引言

公共卫生和住房保障支出是政府转移给居民的非现金收入，是调节居民福利的重要措施，居民通过政府提供的公共卫生和住房非现金收入可以提高自身的生活福利水平，尤其是公共住房非现金收入是政府提供给低收入阶层，改善低收入群体福利的一种措施，可以明显地提高低收入阶层的福利水平，改善居民的收入分配，在一定程度上缩小收入差距。

关于公共卫生支出对居民收入差距的研究，Chernichovsky（1986）发现印度尼西亚公共卫生的增加使穷人的收益要远大于富人；J. Klavus（1996）通过研究法国公共卫生服务对收入再分配的作用，发现公共医疗卫生服务可以使财富从富人向穷人转移，缩小收入差距。孙菊（2003）认为公共卫生支出可以改善人们的健康状况，缓解居民的消费不平等，提高居民的健康水平。赵海利（2014）使用收益归宿方法对53个国家的政府卫生支出收益进行分析梳理，发现政府卫生支出对穷人有益，可以缩小收入差距。田艳芳（2014）指出公共卫生支出的增加有助于缩小城乡的收入差距。

关于住房保障支出对居民收入差距的研究，多数研究者认为低收入阶层提供公共住房保障福利，可以增加其家庭福利，提高他们的消费水平，降低收入不平等，改善居民的收入分配状况。Lui（2006）通过对中国香港公共租赁房的收入分配效应研究，发现公共住房可以缓解社会的收入不平等。Frick（2010）通过对德国、意大利、比利时等5个欧洲国家的住房保障政策的收入再分配效应进行分析，也认为其能降低收入的不平等。Marical等（2008）对18个OECD国家的收入再分配情况进行分析，同样认为住房保障性支出可以调节居民的收入，进而缩小收入差距。但另外也有学者认为保障性住房支出可能会导致资源错配，如Olsen（1983）、Huat（2000）等。国内关于住房性保障支出对收入差距影响的研究并不多见，更多的研究是公共财政支出对居民收入差距的影响，如黄祖辉（2003）、陈安平（2010）、莫亚琳等（2010）认为公共财政支出的增加扩大了收入分配差距；冉光等（2007）认为大部分公共支出的增加缩小了居民的收入差距；刘伟等（2015）实证分析了公共支出的结构对收入差距的影响，提出了公共支出向农村地区倾斜更有利于调节收入差距。国际上，Samanta 和 J. Georg Cerf（2009）运用转型国家的数据分析了财政支出和收入分配之间的关系，认为收入分配应该是国家财政支出决策的一个重要参考依据，收入差距过大将会导致更高的政府财政支出。Jorge 等（2012）利用 150 个国家 1970—2006 年的数据，研究发现公共教育支出、健康支出、社会福利支出和公共住房支出在 GDP 中的占比越高，缩小收入差距的效应就越好，可以有效地调节收入分配。

综上所述，关于公共支出对收入差距的研究虽多，但尚未有统一的结论，故本章就以居民的视角，利用短期面板数据，采用回归的方法，分别研究公共卫生和住房保障非现金收入对收入差距的影响作用。

二、模型、变量与数据说明

本章主要分析卫生非现金收入和住房保障非现金收入对收入差距的作用，卫生非现金收入的数据主要来自《中国卫生年鉴》，其他数据来源参考第六章至第七章。由于区域卫生非现金收入仅收集到了 2009—2016 年的数据，住房保障非现金收入仅收集到了 2011—2017 年的数据，数据时间序列较短，不存在显著的面板门限效应，故本部分不采用面板门限模型来分析，主要采用第十三章的混合效应模型、固定效应模型、随机效应模型和非线性模型来分析。模型的具体形式见第十三章。模型中的被解释变量和控制变量参考第十三章，解释变量替换为本章的卫生非现金收入和住房保障非现金收入，为了计算的准确性，本章的解释变量也都采用人均数据进行计算。解释变量中的卫生非现金总收入又分为卫生非现金财政收入、卫生非现金社会收入和卫生非现金个人收入。人均卫生非现金总收入（$pmtph$）是用人均卫生总费用减去人均个人卫生现金支出的数据得到，反映居民获得的总医疗卫生非现金福利情况；人均卫生非现金财政收入（$pfhc$）主要是政府财政公共卫生支出，反映国家公共财政对居民的卫生支出；人均卫生非现金社会收入（$sfhc$）主要是由社会各单位提供给居民的医疗卫生支出。人均住房非现金收入（$phous$）是由国家财政住房保障支出除以各区域的人口数得到的。

三、卫生非现金收入对收入差距的影响

(一) 变量的数据分析与检验

1. 变量的统计描述分析

表14-1列出了卫生非现金收入对收入差距模型中的各变量的统计描述，在卫生非现金收入对城乡收入差距的模型中，数据包含了2009—2016年31个省、自治区、直辖市共248个样本。而在卫生非现金收入对区域收入差距的模型中，数据包含了2009—2016年30个省、自治区、直辖市（除上海）的数据，共240个样本。

表14-1 变量的描述性统计分析[①]

变量	样本数	均值	标准差	最小值	最大值
$urinr$	248	2.8058	0.5007	1.8452	4.2809
$tidx$	240	0.0538	0.0319	0.0001	0.1577
$\ln pmtph$	248	6.9995	0.4802	5.3698	7.4671
$\ln pfhc$	248	6.2402	0.4026	5.3698	7.4671
$\ln sfhc$	248	0.7594	0.2277	0.2867	1.3742
$\ln pgdp$	248	10.1494	0.7730	7.4168	11.3829
$pcap$	248	0.7662	0.2334	0.2397	1.4395
$lara$	248	0.5778	0.0642	0.4013	0.7695
$dind$	248	0.4313	0.1023	0.1469	0.8023
$dopw$	248	0.2848	0.3357	0.0321	1.5481
$urbr$	248	0.5319	0.1413	0.2231	0.8980
sch	248	0.4633	0.1452	0.1815	0.8828
$raild$	248	0.0250	0.0201	0.0004	0.0973
$\ln ssem$	248	6.7327	0.5286	5.6251	8.4689
$urwo$	248	0.4007	0.1385	0.1399	0.8229

资料来源：《中国卫生年鉴》《中国统计年鉴》等。

---

① 由于受教育程度（sch）和铁路密度（$raild$）的数据较小，为了使模型拟合效果更好，在模型中计算时做按扩大100倍处理，这样处理并不影响结果的分析。

2. 变量的平稳性检验

表 14-2 列出了用不同的单位根检验方法检验的各变量的平稳性情况，在这些变量中，只有 *lara*、*dind* 的一阶单位根不是非常显著，其他变量都在 1% 的水平下显著地存在一阶单位根。按常理说，这些变量是不能直接放在面板模型里使用的，但是因为变量的时间长度比较少，只有 8 年的连续数据，较短的时间单位根检验的结果可能会不准确，故我们在模型中直接用这些数据进行求解。

表 14-2 各变量的单位根检验结果

变量	LLC	IPS	Fisher-ADF	Fisher-PP	(c, t)
$\Delta urinr$	-13.7726*** (0.0000)	-2.8127*** (0.0025)	96.7763*** (0.0031)	116.413*** (0.0000)	(1, 1)
$\Delta tidx$	-19.0914*** (0.0000)	-5.6412*** (0.0000)	145.802*** (0.0000)	162.933*** (0.0000)	(1, 0)
$\Delta \ln pmtph$	-12.0834*** (0.0000)	-2.7715*** (0.0028)	110.112*** (0.0000)	155.123*** (0.0000)	(1, 0)
$\Delta \ln pfhc$	-21.3777*** (0.0000)	-5.7659*** (0.0000)	1146.268*** (0.0000)	148.382*** (0.0000)	(1, 0)
$\Delta \ln sfhc$	-18.0157*** (0.0000)	-4.3893*** (0.0000)	132.056*** (0.0000)	145.573*** (0.0000)	(1, 0)
$\Delta \ln pgdp$	-23.8100*** (0.0000)	-6.8218*** (0.0001)	163.573*** (0.0001)	157.403*** (0.0000)	(1, 0)
$\Delta pcap$	-26.3122*** (0.0000)	-5.2970*** (0.0000)	138.458*** (0.0000)	100.023*** (0.0016)	(1, 0)
$\Delta lara$	-0.6334 (0.2632)	-0.2859 (0.3875)	68.4254*** (0.2684)	161.485*** (0.0000)	(1, 0)
$\Delta dind$	-6.9620*** (0.0000)	-0.7796 (0.2178)	81.0232* (0.0528)	134.880*** (0.0000)	(1, 0)
$\Delta dopw$	-9.4569*** (0.0000)	-2.0968** (0.0000)	103.918*** (0.0007)	290.072*** (0.0000)	(1, 0)
$\Delta urbr$	-12.7226*** (0.0000)	-2.9366*** (0.0017)	104.055*** (0.0007)	295.998*** (0.0000)	(1, 1)
Δsch	-15.6662*** (0.0000)	-4.8761*** (0.0000)	129.071*** (0.0000)	176.776*** (0.0000)	(1, 0)

续表

变量	LLC	IPS	Fisher-ADF	Fisher-PP	(c, t)
$\Delta raild$	-2.4218*** (0.0000)	-1.0506*** (0.1467)	80.1830** (0.0187)	188.046*** (0.0000)	(1, 0)
$\Delta lnssem$	-5.0412*** (0.0000)	-1.9031** (0.0285)	96.0985*** (0.0047)	269.507*** (0.0000)	(1, 0)
$\Delta urwo$	-17.9197*** (0.0000)	-3.6025*** (0.0002)	102.244*** (0.0010)	96.000*** (0.0036)	(1, 0)

注：Δ 表示一阶差分数据，***、**、* 分别表示显著性水平为 1%、5%、10%，ln 表示对数据取对数。

3. 变量的多重共线性检验

模型中由于含有较多的解释变量、工具变量，有可能会存在多重共线性，本章计算了各解释变量的方差扩大因子（VIF），判断模型中是否存在多重共线性问题。根据表 14-3 的计算结果，发现各变量之间不存在多重共线性。

表 14-3 方差扩大因子（VIF）的结果

变量	VIF	变量	VIF	变量	VIF	变量	VIF
$urbr$	9.27	$raild$	4.06	sch	2.30	$lnsfhc$	5.61
$lnpmtph$	7.77	$pcap$	3.85	$lnpgdp$	2.23		
$dopw$	5.43	$urwo$	3.61	$lara$	2.15		
$lnssem$	4.10	$dind$	2.81	$lnpfhc$	4.65		

注：VIF 小于 10，说明不存在多重共线性。

4. 变量的内生性检验

本章分别将城乡人均收入比和泰尔指数作为被解释变量，其他变量的滞后一期作为其工具变量，先运用面板数据工具变量的两阶段最小二乘法逐一对各变量进行回归，然后分别用吴-豪斯曼 F 检验和杜宾-吴-豪斯曼卡方检验检验各变量的内生性。根据内生性的检验结果（见表 14-4），P 值小于 10% 的变量都表示在模型中存在内生性，在以城乡收入比为被解释变量的模型中，$lnpmtph$、$lnpfhc$、$lnpgdp$、$dind$、$dopw$、$urbr$、sch、$urwo$ 都存在内生性；而在以泰尔指数为被解释变量的模型中，只有 $pcap$ 存在内生性。

表 14-4 变量的内生性检验

原假设		H_0：解释变量为外生的			
被解释变量		城乡人均收入比		泰尔指数	
变量	工具变量	F (1, 514)	Chi-sq (1)	F (1, 514)	Chi-sq (1)
$lnpmtph_{it}$	$lnpmtph_{it-1}$	0.0516	0.0454	0.6227	0.6111
$lnpfhc_{it}$	$lnpfhc_{it-1}$	0.0404	0.0352	0.9612	0.9599
$lnsfhc_{it}$	$lnsfhc_{it-1}$	0.7506	0.7428	0.5799	0.5673
$lnpgdp_{it}$	$lnpgdp_{it-1}$	0.0002	0.0002	0.4343	0.4193
$pcap_{it}$	$pcap_{it-1}$	0.8513	0.8465	0.0243	0.0207
$lara_{it}$	$laria_{it-1}$	0.2410	0.2268	0.9716	0.9707
$dind_{it}$	$dind_{it-1}$	0.0003	0.0002	0.3185	0.3030
$dopw_{it}$	$dopw_{it-1}$	0.1019	0.0922	0.9077	0.9046
$urbr_{it}$	$urbr_{it-1}$	0.0537	0.0473	0.9680	0.9669
sch_{it}	sch_{it-1}	0.0009	0.0007	0.1697	0.1567
$raild_{it}$	$raild_{it-1}$	0.2423	0.2280	0.7318	0.7232
$lnssem_{it}$	$lnssem_{it-1}$	0.7822	0.7753	0.4344	0.4194
$urwo_{it}$	$urwo_{it-1}$	0.0743	0.0664	0.8006	0.7941

注：表中的 F 统计量为吴-豪斯曼 F 检验、卡方（Chi-sq）统计量为杜宾-吴-豪斯曼卡方检验，表中的数据分别为统计量的 P 值（P-value）。

对于内生性变量的处理，采用与第十三章同样的方法，用面板数据的两阶段最小二乘法过程中，第一阶段变量的拟合值作为内生变量本身的工具变量在后面的模型中使用。具体做法是对于因变量是城乡收入比的模型中存在内生性的变量如 lnpmtph、lnpfhc、lnpgdp、dind、dopw、urbr、sch、urwo 以及因变量是泰尔指数模型中存在的内生变量 pcap，分别采用其当期值作为被解释变量，以各变量的滞后一期项和其他能够解释该变量的变量作为解释变量，采用面板数据最小二乘法进行估计和预测，得到该变量的预测值，分别表示为 lnpmtphhat、lnpfhchat、lngdphat、dindhat、dopwhat、urbrhat、schhat、urwohat、pcaphat，用该预测值代替该内生变量代入面板数据模型进行计算。在下面的模型中由于不同模型中存在的变量不一样，故部分模型用原变量符号表示，如有计算模型中用的是 *dindhat* 的数据，由于不同模型中的用的数据不一样，故文中都用 *dind* 表示。

（二）卫生非现金收入对城乡收入差距的实证检验分析

1. 卫生非现金总收入对城乡收入差距的影响的实证结果分析

表 14-5 列出了卫生非现金总收入对城乡收入差距的影响的实证结果。首先对于面板数据做了是否存在个体效应的检验，通过 F 统计量（45.82）的检验，其 P 值为 0.0000，发现样本中存在显著的个体效应，因此我们选择用具有个体效应的模型来做；接着我们又通过豪斯曼检验（35.12），其 P 值为 0.0000，发现用固定效应模型更好。因此，我们选择表 14-5 中的固定效应模型（3），发现卫生非现金总收入对城乡收入差距的作用系数为-0.0082，其值比较小且不显著，考虑到卫生非现金总收入有可能会存在滞后效应。在模型（4）中引入了卫生非现金总收入的滞后一期，发现卫生非现金收入的当期与滞后一期对城乡收入差距的作用都是在 5% 的水平下显著存在的，卫生非现金总收入的当期值会显著地扩大收入差距，其影响系数为 0.6613，而滞后一期值是显著地缩小收入差距的，其影响系数为-0.5286，说明卫生非现金收入存在着显著的滞后作用。

另外，为了检验卫生非现金总收入对城乡收入差距是否存在非线性作用，进一步在模型（3）的基础上加入卫生非现金收入的二次项，发现卫生非现金总收入对城乡收入差距存在明显的非线性关系，由于卫生非现金总收入一次项的系数为-1.9800，二次项的系数为 0.1460，故其对收入差距的作用呈现先缩小或扩大的趋势。对比模型（3）、模型（4）和模型（5）中的其他控制变量，对城乡收入差距显著的变量分别为 ln$pgdphat$、$pcap$、$schhat$、$raild$，并且在这三个模型中的显著性和数值的大小与方向近似，都在一定程度上显著地缩小了收入差距，这也说明了我们所做模型结果的稳健性。

表 14-5 卫生非现金总收入对城乡收入差距的影响的实证结果

变量	混合回归（1）	随机效应（2）	固定效应（3）	固定效应（4）	非线性回归（5）
ln$pmtphhat$	-0.3029*** (-2.70)	0.2041** (-2.22)	-0.0082 (0.09)	0.6613** (2.53)	-1.9800** (-2.16)
l. ln$pmtphhat$				-0.5286** (-2.66)	
ln$pmtphhat$× ln$pmtphhat$					0.1460** (2.24)

续表

变量	混合回归（1）	随机效应（2）	固定效应（3）	固定效应（4）	非线性回归（5）
lnpdgphat	-0.1072*** (-2.91)	-0.2760*** (-3.23)	-0.4833*** (-4.17)	-0.5347*** (-3.39)	-0.4986*** (-4.28)
pcap	-0.0591 (-0.33)	-0.4609*** (-5.88)	-0.4594*** (-4.75)	-0.4052*** (-2.85)	-0.4510*** (-5.05)
urbrhat	-0.3985 (-0.86)	-0.0088 (-0.01)	-0.5654 (-0.53)	-1.3750 (-1.29)	-0.4518 (-0.40)
schhat	-0.9406 (-2.70)	-1.3971*** (-3.29)	-1.2227** (-2.53)	-0.9613* (-2.00)	-1.0009** (-2.49)
dindhat	1.8033*** (5.64)	0.7579* (1.19)	0.0986 (0.26)	-0.1022 (-0.21)	-0.0741 (-0.19)
lara	-1.1404** (-2.52)	0.6551 (1.19)	1.1726* (1.96)	1.1436* (1.93)	-0.9500 (1.57)
raild	-1.0390 (-0.41)	-3.6278 (-1.11)	-11.4016** (-2.65)	-13.7114*** (-3.13)	-12.9758*** (-3.03)
dopwhat	0.0747 (0.51)	-0.2939** (-2.40)	-0.3665** (-2.28)	-0.3798*** (-3.53)	-0.1943 (-0.93)
lnssem	0.0450 (0.66)	-0.0967 (-1.46)	0.1128 (-1.64)	-0.0824 (-1.00)	-0.1034 (-1.32)
urwohat	-1.24954*** (-4.31)	0.1554 (0.36)	0.03113 (0.06)	-0.4321 (-1.06)	-0.0930 (-0.24)
_cons	6.7846*** (12.29)	8.0962*** (10.33)	7.0845*** (6.65)	9.2918*** (7.25)	16.1880*** (4.82)
N	217	217	217	217	217
F	43.69***		106.58***	68.58***	76.30***
Wald chi^2 (11)		818.30***			
R^2	0.6140	0.7528	0.7712	0.7343	0.7776
F-test		45.82***			
Hausman-test		35.12***			

注：***、**、* 分别表示显著性水平为1%、5%、10%。

2. 卫生非现金财政收入对城乡收入差距的影响的实证结果分析

在卫生总费用中，以2016年为例，全国31个省、自治区、直辖市中只有江西、贵州和青海三个省的政府公共卫生支出占总卫生支出的比重超过了40%，而其他的占比基本在20%至40%，可见在医疗卫生方面，我国居民获得的政府福利还是比较少的。表 14-6 列出了卫生非现金财政收入对城乡收入差距的影响效应。同样，根据 F 统计量的检验（P = 0.0000）我们选择用含有个体效应的模型来分析，进一步根据豪斯曼检验（P = 0.0000）选择用固定效应模型来分析。表 14-6 中的模型（3）是所分析的结果，发现卫生非现金财政收入对收入差距的作用也不显著，进一步用含有卫生非现金财政收入滞后一期的模型（4）分析时，发现卫生非现金财政收入在 1% 的水平下显著地存在滞后作用，当期值对收入差距的影响也很显著，在 1% 的水平下显著地扩大了收入差距，影响系数为 0.5859，其滞后项对收入差距的影响系数是 -0.6917，显著地缩小了收入差距。在模型（5）中又进一步引入卫生非现金财政收入的二次项，检验非线性关系，发现其对收入差距的非线性作用也是非常显著的，都在 5% 的水平下显著地影响收入差距，对收入差距的作用也是呈现先缩小后扩大的作用。其他控制变量对收入差距的影响比较显著的是 ln-pfhchat、lnpgdphat、pcap、schhat、raild 和 dopwhat，并且在模型（3）、模型（4）、模型（5）中的作用及大小都非常接近，这也说明了所做模型的结果比较稳健。

表 14-6　卫生非现金财政收入对城乡收入差距的影响的实证结果

变量	混合回归(1)	随机效应(2)	固定效应(3)	固定效应(4)	非线性回归(5)
ln*pfhchat*	-0.3219** (-2.14)	-0.1185 (-0.68)	-0.0209 (-0.16)	0.5859*** (3.97)	-2.4961** (-2.68)
l. ln*pfhchat*				-0.6917*** (-3.16)	
ln*pfhchat*× ln*pfhchat*					0.1719** (2.67)
ln*pdgphat*	-0.1180*** (-3.26)	-0.2920*** (-2.92)	-0.4771*** (-3.87)	-0.4808*** (-2.80)	-0.4070*** (-3.28)
pcap	-0.0205 (-0.10)	-0.4629*** (-3.35)	-0.4486*** (-3.73)	-0.4175** (-2.60)	-0.3595*** (-3.36)
urbrhat	-0.6162 (-1.34)	-0.3386 (-0.49)	-0.4940 (-0.54)	-0.5480 (-0.48)	0.3307 (0.32)
schhat	-0.9919*** (-2.89)	-1.4992*** (-3.70)	-1.2261** (-2.60)	-0.9871** (-2.05)	-0.9957** (-2.41)
dindhat	1.7752*** (6.10)	0.6058 (1.48)	0.1075 (0.28)	0.2595 (0.54)	0.3461 (0.92)

续表

变量	混合回归(1)	随机效应(2)	固定效应(3)	固定效应(4)	非线性回归(5)
$lara$	-1.1404**	0.7041	1.1937*	1.1994*	1.0764
	(-2.52)	(1.13)	(1.84)	(1.90)	(1.62)
$raild$	-0.8019	-2.9003**	-11.2367***	-11.6264**	-9.0165**
	(-0.32)	(-1.00)	(-2.79)	(-2.69)	(-2.05)
$dopwhat$	0.1036	-0.2404**	-0.3771**	-0.3863***	-0.3527**
	(0.61)	(-2.08)	(-2.31)	(-3.14)	(-2.08)
$lnssem$	0.0754	-0.1268*	-0.1084	0.0810	-0.1068
	(0.84)	(-1.83)	(-1.58)	(-0.91)	(-1.33)
$urwohat$	-1.4903***	0.0062	0.3077	-0.1281	0.5239
	(-6.12)	(0.01)	(0.69)	(-0.31)	(1.14)
_cons	6.8234***	8.0602***	9.2123***	9.5491***	16.4264***
	(12.72)	(9.71)	(9.27)	(7.00)	(5.73)
N	217	217	217	217	217
F	41.48***		133.95	56.45***	221.37***
Wald chi^2(11)		791.12			
R^2	0.6130	0.7520	0.7712	0.7342	0.7790
F-test		45.96***			
Hausman-test		39.37***			

注:***、**、*分别表示显著性水平为1%、5%、10%。

3. 卫生非现金社会收入对城乡收入差距的影响的实证结果分析

表14-7列出了卫生非现金社会收入对城乡收入差距的影响效应。同样，根据F统计量的检验（P=0.0000）我们选择用含有个体效应的模型来分析，进一步根据豪斯曼检验（P=0.0000）选择用固定效应模型来分析。表14-7中的模型（3）和模型（4）是所分析的固定效应的结果，模型（3）中发现卫生非现金社会收入对城乡收入差距的作用不显著，模型（4）中发现卫生非现金收入当期值和滞后一期都对城乡收入差距没有显著的影响；在模型（5）中又进一步引入卫生非现金社会收入的二次项，发现其对收入差距的非线性作用是非常显著的，在1%的水平下显著地影响收入差距，对收入差距的作用也是呈现先缩小后扩大的作用。其他控制变量在模型（3）、模型（4）、模型（5）中的作用及大小都非常接近，这也说明了所做模型的结果比较稳健。

表 14-7 卫生非现金社会收入对城乡收入差距的影响

变量	混合回归（1）	随机效应（2）	固定效应（3）	固定效应（4）	非线性回归（5）
ln$sfhc$	-0.1882 (-0.99)	0.1242 (0.74)	0.1731 (0.96)	0.1697 (0.84)	-1.5205*** (-2.94)
l. ln$pmtphhat$				0.0054 (0.04)	
ln$pmtphhat$× ln$pmtphhat$					1.1020*** (3.19)
ln$pdgphat$	-0.1135*** (-2.82)	-0.3114*** (-3.11)	-0.4743*** (-4.15)	-0.4740*** (-4.08)	-0.5081*** (-4.61)
$pcap$	-0.2391 (-1.38)	-0.5207*** (-7.70)	-0.4559*** (-4.60)	-0.4557*** (-4.61)	-0.4003*** (-4.62)
$urbrhat$	-0.3634 (-0.77)	-0.5582 (-0.75)	-0.7459 (-0.87)	-0.7450 (-0.86)	-1.2517 (-1.46)
$schhat$	-0.9076*** (-2.71)	-1.4620*** (-3.75)	-1.1929** (-2.71)	-1.1921** (-2.72)	-0.9368** (-2.52)
$dindhat$	1.5179*** (4.96)	0.4814 (1.25)	0.0608 (0.17)	0.0601 (0.17)	-0.0400 (-0.12)
$lara$	-1.4908*** (-3.69)	0.6563 (1.15)	1.2417** (2.07)	1.2420** (1.93)	1.2896** (2.07)
$raild$	-1.5365 (-0.62)	-3.2850 (-1.04)	-11.0769** (-2.62)	-11.0640** (-2.58)	-8.8361* (-1.96)
$dopwhat$	-0.0385 (-0.27)	-0.1944 (-1.49)	-0.3320* (-1.98)	-0.3318* (-1.97)	-0.1694 (-0.93)
ln$ssem$	-0.0693 (-1.02)	-0.1575* (-1.94)	-0.1134 (-1.55)	-0.1138 (-1.59)	-0.0556 (-0.73)
$urwohat$	-1.3954*** (-4.32)	-0.1094 (-0.26)	0.2163 (0.50)	0.2163 (0.50)	-0.2344 (-0.58)
_cons	6.1656*** (12.80)	7.8955*** (9.08)	9.0928*** (8.91)	9.0887*** (8.67)	9.8415*** (10.29)
N	217	217	217	217	217
F	41.89***		97.10***	109.74***	98.14***
Wald chi^2 (11)		667.09***			
R^2	0.6058	0.7545	0.7728	0.7728	0.7847
F-test			47.29***		
Hausman-test			38.41***		

注："***"、"**"、"*"分别表示显著性水平为 1%、5%、10%。

(三) 卫生非现金收入对区域收入差距的影响

将模型中的被解释变量换为泰尔指数,进一步检验卫生非现金收入对区域收入差距的作用,同样在做模型之前对变量之间的多重共线性、内生性等都进行了检验,并进行了修正。由表 14-8 可知,变量之间不存在多重共线性;由表 14-4 可知,变量 pcap 存在内生性,模型中用 pcaphat 来作为 pcap 的工具变量使用。

表 14-8 多重共线性检验

变量	VIF	变量	VIF	变量	VIF	变量	VIF
urbr	7.52	raild	3.68	sch	2.47	lnsfhc	5.5
lnpmtph	6.77	pcap	3.37	lnpgdp	2.18		
dopw	4.34	urwo	3.37	lara	1.5		
lnssem	3.85	dind	2.54	lnpfhc	4.61		

1. 卫生非现金总收入对区域收入差距的影响的实证结果分析

通过估计卫生非现金总收入对区域收入差距的模型,如表 14-9 所示。根据 F 检验结果应该选择具有个体效应的模型,根据豪斯曼检验结果,应该选择随机效应模型 (2),发现卫生非现金总收入对区域收入差距的影响其值很小并且也不显著,而其他控制变量只有 pcaphat 和 lara 对区域收入差距的缩小作用比较显著。通过做模型检验也发现卫生非现金总收入对区域收入差距并不存在滞后作用或非线性作用,其模型省略。

表 14-9 卫生非现金总收入对区域收入差距的影响

变量	混合回归 (1)	随机效应 (2)	固定效应 (3)
lnpmtph	0.0212 (1.40)	-0.0074 (-0.57)	-0.0001 (-0.01)
lnpdgph	-0.0129*** (-4.09)	-0.0028 (-0.46)	-0.0004 (-0.04)
pcaphat	-0.1049*** (-5.48)	-0.0265* (-1.81)	-0.0162 (-1.09)
urbr	0.0445 (1.24)	0.0146 (0.21)	-0.1139 (-1.54)

续表

变量	混合回归（1）	随机效应（2）	固定效应（3）
sch	-0.0060 (-0.40)	0.0037 (0.13)	0.0190 (0.53)
$dind$	-0.0540 (-1.59)	-0.0294 (-0.54)	-0.0378 (-0.59)
$lara$	-0.1286** (-2.56)	-0.1080*** (-2.65)	-0.1179*** (-2.95)
$raild$	-0.1638 (-1.02)	-0.0582 (-0.19)	-0.2180 (-0.47)
$dopw$	0.0032 (0.29)	0.0027 (0.19)	-0.0031 (-0.21)
$lnssem$	0.0308*** (5.76)	0.0150 (1.63)	0.0180* (1.86)
$urwo$	-0.1079*** (-4.59)	-0.0362 (-1.28)	-0.0641* (-1.74)
_cons	0.0338 (0.98)	0.1340** (2.35)	0.1164 (1.32)
N	210	210	210
F	15.77***		8.23***
Wald chi^2（11）		77.79***	
R^2	0.3505	0.3430	0.3619
F-test		45.82***	
Hausman-test		14.88	

注：***、**、*分别表示显著性水平为1%、5%、10%。

2. 卫生非现金财政收入对区域收入差距的影响的实证结果分析

表14-10列出了卫生非现金财政收入对区域收入差距的影响。根据F统计量的结果可知，应该选择含有个体效应的模型，进一步根据豪斯曼检验的结果，应该选择随机效应的模型（2）。根据模型（2）的显示结果，卫生非现金财政收入在10%的显著性水平下能显著地缩小区域收入差距，其他控制变量lara也显著地缩小了收入差距，而lnssem显著地扩大了区域收入差距，说明劳动力就业人数的提高有效地提高了低收入区域居民的收入，而lnssem的提高显著地惠及了高收入区域的居民。

表 14-10 卫生非现金财政收入对区域收入差距的影响的实证结果

变量	混合回归（1）	随机效应（2）	固定效应（3）
ln$pfhc$	-0.3029***	-0.0208*	-0.0210
	(-2.70)	(-1.68)	(-1.48)
ln$pdgp$	-0.0117***	0.0008	0.0072
	(-3.88)	(0.18)	(0.86)
$pcaphat$	-0.0880***	-0.0196	-0.0128
	(-4.53)	(-1.44)	(-0.92)
$urbr$	0.0502	0.0092	-0.0565
	(1.55)	(0.16)	(-0.78)
sch	-0.0053	0.0122	0.0262
	(-0.36)	(0.42)	(0.72)
$dind$	-0.0317	-0.0237	-0.0240
	(-1.10)	(-0.47)	(-0.41)
$lara$	-0.1001**	-0.1053**	-0.1141***
	(-2.15)	(-2.57)	(-2.92)
$raild$	-0.1354	-0.0219	-0.0846
	(-0.82)	(-0.07)	(-0.19)
$dopw$	0.0126	0.0018	-0.0046
	(1.14)	(0.15)	(-0.36)
ln$ssem$	0.0376***	0.0196**	0.0206**
	(7.29)	(2.49)	(2.58)
$urwo$	-0.0871***	-0.0313	-0.0438
	(-3.87)	(-1.11)	(-1.29)
_cons	0.0806**	0.1322**	0.0979
	(2.18)	(2.56)	(1.26)
N	217	217	217
F	16.53***		10.45***
Wald chi^2 (11)		99.31***	
R^2	0.3395	0.3752	0.3836
F-test	88.94***		
Hausman-test	11.20		

注：***、**、*分别表示显著性水平为1%、5%、10%。

3. 卫生非现金社会收入对区域收入差距的影响的实证结果分析

表 14-11 列出了卫生非现金社会收入对区域收入差距的作用。根据 F 统

计量的结果可知,应该选择含有个体效应的模型,进一步根据豪斯曼检验的结果,应该选择随机效应的模型(2)。根据模型(2)的显示结果,卫生非现金社会收入在1%的显著性水平下显著地扩大了区域收入差距,说明卫生非现金社会收入在经济发达地区更能惠及民众,其实也是在经济发达地区更容易获得社会性的医疗卫生资助。其他控制变量 pcaphat、lara、urwo 也显著地缩小了收入差距,而 lnssem 显著地扩大了区域收入差距,这说明劳动力就业人数的提高有效地提高了低收入区域居民的收入,而 lnssem 的提高显著地惠及了高收入区域的居民。

表 14-11 卫生非现金社会收入对区域收入差距的影响的实证结果

变量	混合回归(1)	随机效应(2)	固定效应(3)
ln$sfhc$	0.0795***	0.0297***	0.0300***
	(3.79)	(3.14)	(3.25)
ln$pdgp$	−0.0151***	−0.0048	0.0000
	(−4.37)	(−0.76)	(−4.17)
$pcaphat$	−0.0812***	−0.0245*	−0.0128
	(−5.02)	(−1.89)	(−0.96)
$urbr$	−0.0068	−0.0372	−0.1490***
	(−0.17)	(−0.65)	(−3.02)
sch	−0.0286	0.0006	0.0209
	(−1.420)	(−3.29)	(0.58)
$dind$	−0.0560**	−0.0512	−0.0508
	(−1.99)	(−0.95)	(−0.81)
$lara$	−0.1255***	−0.0963***	−0.1042**
	(−3.92)	(−2.33)	(−2.72)
$raild$	0.0171	0.0079	−0.1567
	(0.09)	(0.03)	(−2.65)
$dopw$	0.0237*	0.0114	0.0033
	(1.82)	(0.98)	(0.26)
ln$ssem$	0.0442***	0.0125*	0.0171**
	(7.12)	(1.67)	(2.33)
$urwo$	−0.1449***	−0.0528*	−0.0723*
	(−5.21)	(−1.66)	(−1.95)
_cons	0.0783*	0.1297**	0.1080
	(1.80)	(2.39)	(1.30)
N	217	217	217

续表

变量	混合回归（1）	随机效应（2）	固定效应（3）
F	11.23***		8.75***
Wald chi^2（11）		58.75***	
R^2	0.3842	0.3723	0.3928
F-test		83.87***	
Hausman-test		16.63	

注：***、**、* 分别表示显著性水平为1%、5%、10%。

四、公共住房非现金收入对收入差距的影响

（一）变量的检验

本部分主要检验公共住房非现金收入对收入差距的影响，故模型中的解释变量替换为公共住房非现金收入，对模型中的数据变量再次进行多重共线性和内生性检验，方法同第三部分，结果见表14-12和表14-13。表14-12显示变量之间不存在多重共线性。表14-13显示在公共住房非现金收入对城乡收入差距的影响模型中，变量 ln$pgdp$、$lara$、$dind$、sch 和 $urwo$ 存在内生性，对于内生性变量的处理，采用与第十章同样的方法，用面板数据的两阶段最小二乘法过程中，第一阶段变量的拟合值作为内生变量本身的工具变量在后面的面板数据模型中使用。具体做法是这些变量分别采用其当期值作为被解释变量，以各变量的滞后一期项和其他能够解释该变量的变量作为解释变量，采用面板数据最小二乘法进行估计和预测，得到该变量的预测值，分别表示为 ln$gdphat$、$larahat$、$dindhat$、$schhat$ 和 $urwohat$，用该预测值代替该内生变量代入面板数据模型进行计算。而在公共住房非现金收入对区域收入差距的模型中，不存在内生变量。

表14-12　多重共线性检验

变量	VIF	变量	VIF	变量	VIF
$urbr$	7.25	ln$phous$	3.43	$dind$	2.39
ln$ssem$	4.63	$urwo$	3.30	ln$pgdp$	2.00
$raild$	4.15	$pcap$	3.19	$lara$	1.41
$dopw$	3.89	sch	2.46		

表 14-13　变量的内生性检验

原假设		H_0：解释变量为外生的			
被解释变量		城乡人均收入比		泰尔指数	
变量	工具变量	F (1, 514)	Chi-sq (1)	F (1, 514)	Chi-sq (1)
$lnphous_{it}$	$lnphous_{it-1}$	0.8262	0.8182	0.1759	0.1573
$lnpgdp_{it}$	$lnpgdp_{it-1}$	0.0090	0.0069	0.4468	0.4256
$pcap_{it}$	$pcap_{it-1}$	0.6349	0.6194	0.3512	0.3292
$lara_{it}$	$laria_{it-1}$	0.0695	0.0589	0.7749	0.7644
$dind_{it}$	$dind_{it-1}$	0.0053	0.0040	0.1630	0.1450
$dopw_{it}$	$dopw_{it-1}$	0.4574	0.4371	0.5063	0.4864
$urbr_{it}$	$urbr_{it-1}$	0.2305	0.2106	0.6906	0.6766
sch_{it}	sch_{it-1}	0.0282	0.0228	0.1075	0.0931
$raild_{it}$	$raild_{it-1}$	0.5094	0.4902	0.9248	0.9212
$lnssem_{it}$	$lnssem_{it-1}$	0.6984	0.6851	0.9265	0.9230
$urwo_{it}$	$urwo_{it-1}$	0.0536	0.0448	0.9477	0.9452

（二）公共住房非现金收入对城乡收入差距的影响

表 14-14 列出了公共住房非现金收入对城乡收入差距的影响。通过 F 统计量检验和豪斯曼的检验结果，发现最终应该选用固定效应模型，但是用固定效应模型的模型（3）检验发现，公共住房非现金收入对城乡收入差距的作用并不显著；同样又检验了 lnphous 的滞后效应和二次项的非线性效应，发现都对城乡收入差距不存在显著的影响作用。根据实际情况分析，公共住房非现金收入主要是对城镇低收入居民有益，而对其他居民基本没有作用，提高城乡低收入居民的收入，并不会引起城乡居民收入差距的扩大或缩小。另外，其他控制变量中对城乡收入差距有显著影响的变量分别为 lnpgdp、pcaphat 和 raild 等，它们都能显著地缩小城乡收入差距。

表 14-14　公共住房非现金收入对城乡收入差距的影响的实证结果

变量	混合回归（1）	随机效应（2）	固定效应（3）	固定效应（4）	非线性回归（5）
lnphous	0.0577 (0.98)	−0.0026 (−0.50)	0.0072 (0.14)	0.0234 (0.41)	0.3664 (0.95)
l. lnphous				−0.0400 (−0.86)	

续表

变量	混合回归（1）	随机效应（2）	固定效应（3）	固定效应（4）	非线性回归（5）
lnphous×lnphous					-0.0322 (-1.01)
lnpdgp	-0.0896* (-1.88)	-0.2332** (-2.09)	-0.9348*** (-3.85)	-0.9504*** (-3.89)	-0.9532*** (-3.92)
pcaphat	-0.0494 (-0.22)	-0.4375*** (-3.66)	-0.2881** (-2.23)	-0.2966** (-2.35)	-0.3080** (-2.47)
urbr	-0.3766 (-0.70)	-0.0025 (-0.00)	0.6132 (0.38)	0.8079 (0.47)	0.8274 (0.51)
sch	-0.6862 (1.63)	-1.4522** (-2.48)	-0.8198 (-1.64)	-0.8350 (-1.62)	-0.7530 (-1.47)
dind	1.2635*** (3.44)	0.6051 (1.15)	-0.0727 (-0.13)	-0.1108 (-0.20)	-0.1255 (-0.22)
lara	-1.6717*** (-3.30)	-0.4008 (-0.45)	1.1211* (1.11)	1.0856 (1.07)	1.2512 (1.18)
raild	-2.6022 (-0.91)	-2.7859 (-0.79)	-16.1518** (-0.47)	-16.2327** (-2.63)	-17.9596** (-2.49)
dopw	0.1653 (0.88)	-0.3396* (-2.57)	-0.6831 (-4.49)	-0.6800*** (-4.49)	-0.7256 (-4.91)
lnssem	-0.0690 (-0.76)	-0.1204 (-0.92)	-0.0463 (-0.44)	-0.0368 (-0.36)	-0.0599 (-0.59)
urwo	-1.4370*** (-4.81)	-0.5892 (-1.15)	-0.6662 (-1.74)	-0.6541 (-1.07)	-0.6961 (-1.20)
_cons	5.3754*** (8.68)	7.4861*** (7.11)	13.1092*** (7.15)	13.2757*** (7.13)	12.2851*** (6.38)
N	155	155	155	155	155
F	25.67***		35.62***	30.52***	31.88***
Wald chi^2 (11)		248.96***			
R^2	0.5764	0.5671	0.6593	0.6615	0.6624
F-test			32.58***		
Hausman-test			40.72***		

注：***、**、* 分别表示显著性水平为1%、5%、10%。

(三) 公共住房非现金收入对区域收入差距的影响

表 14-15 列出了公共住房非现金收入对区域收入差距的影响的检验结果。通过 F 统计量的检验，发现用含有个体效应的模型比较好，进一步用豪斯曼检验发现用随机效应的模型比较好，但是通过随机效应模型（2）的检验结果，发现公共住房非现金收入对区域收入差距的作用不显著，进一步在模型中加入 ln$phous$ 的滞后一期，发现 ln$phous$ 的当期值对收入差距的影响是 −0.0016，但是不显著；而 ln$phous$ 的滞后一期在 5% 的水平下存在显著的扩大区域收入差距的作用，虽然影响系数仅为 0.0060，比较小，但这也说明公共住房非现金收入的提高是不利于缩小收入差距的，可能是这项政策变相地惠及了高收入居民，而并没有使真正的低收入阶层受益。根据实际情况，住房保障收入也主要是在城市居民中有，而农村中的低收入阶层是不享受这个待遇的，故其提高实际上是扩大了区域间的收入差距。模型（5）含有 ln$phous$ 二次项的非线性随机模型结果显示，模型在 10% 的水平下显著存在非线性关系，模型中的二次项显著存在，其影响系数是 0.0024。根据模型（2）、模型（4）、模型（5）的结果，其他控制变量也只有 $pcaphat$、$lara$ 对区域收入差距有显著的缩小作用，其他的变量都不显著。

表 14-15 公共住房非现金收入对区域收入差距的影响的实证结果

变量	混合回归（1）	随机效应（2）	固定效应（3）	随机效应（4）	非线性回归（5）
ln$phous$	−0.0052 (−0.78)	−0.0026 (0.96)	−0.0001 (−0.01)	−0.0016 (−0.50)	−0.0235 (−1.57)
l. ln$phous$				0.0060** (2.37)	
ln$phous$× ln$phous$					0.0024* (1.69)
ln$pdgp$	−0.0109*** (−3.40)	−0.0059 (−0.76)	−0.0004 (−0.04)	−0.0048 (−0.57)	−0.0055 (−0.75)
$pcaphat$	−0.0837*** (−4.85)	−0.0258* (−1.69)	−0.0162 (−1.09)	−0.0247 (−1.39)	−0.0241* (−1.70)
$urbr$	0.0387 (1.07)	−0.0106 (−0.19)	−0.1139 (−1.54)	−0.0289 (−0.58)	−0.0158 (−0.33)
sch	−0.0168 (−1.08)	0.0084 (0.35)	0.0190 (0.53)	0.0103 (0.45)	0.0021 (0.09)

续表

变量	混合回归（1）	随机效应（2）	固定效应（3）	随机效应（4）	非线性回归（5）
$dind$	−0.0311 (−1.22)	−0.0814 (−1.38)	−0.0378 (−0.59)	−0.0795 (−1.36)	−0.0764 (−1.28)
$lara$	−0.1140** (−2.40)	−0.1019* (−1.77)	−0.1179*** (−2.95)	−0.1083 (−1.47)	−0.1045* (−1.79)
$raild$	−0.1286 (−0.74)	0.2934 (1.08)	−0.2180 (−0.47)	0.3422 (1.24)	0.3454 (1.36)
$dopw$	0.0095 (0.76)	0.0079 (0.87)	−0.0031 (−0.21)	0.0064 (0.57)	0.0110 (1.47)
$lnssem$	0.0408*** (5.19)	0.0124 (1.40)	0.0180* (1.86)	0.0118 (1.41)	0.0127 (1.55)
$urwo$	−0.0799*** (−3.22)	−0.0114 (−0.48)	−0.0641* (−1.74)	0.1127 (1.45)	−0.0080 (−0.35)
_cons	0.0821*** (2.12)	0.1256* (1.89)	0.1164 (1.32)	0.1127 (1.45)	0.1911** (2.42)
N	180	180	180	150	180
F	14.10***		8.23***		
Wald chi^2 (11)		27.13***		34.25	30.12
R^2	0.3068	0.4007	0.3619	0.4116	0.4080
F-test			115.83***		
Hausman-test			8.82		

注：***、**、*分别表示显著性水平为1%、5%、10%。

五、本章小结

本章首先利用2009—2016年全国31个省、自治区、直辖市的人均数据，检验了卫生非现金收入对城乡收入差距和区域收入差距的影响，检验结果显示：在检验卫生非现金收入对城乡收入差距的模型中，根据数据的特点，文中主要利用了面板固定效应模型和非线性模型，卫生非现金总收入和非现金财政收入对城乡收入差距存在显著的滞后作用和非线性作用，而卫生非现金社会收入对城乡收入差距存在显著的非线性作用。另外，其他控制变量在三个模型中对城乡收入差距作用都显著的主要有$lnpgdphat$、$pcap$、$schhat$、$raild$、$dopwhat$和$lara$等，并且这些变量的影响作用基本比较稳定。在卫生非现金收入对区域收入差距的模型中，主要采用随机效应模型，卫生非现金总收入对区域收入差距作用不显著，卫生非现金财政收入对区域收入差距的缩小作用也仅在1%的水平下显著，而卫生非现金社会收入是在5%的水平下存在扩大作用的，这几种非现金收入的滞后作用和非线性作用也都不显著，故其模型并没有在文中列出。另外，其他的工具变量在三个模型中对区域收入差距都显著的变量只有 lara，说明提高劳动力参与率能显著地缩小区域收入差距，pcaphat 在卫生非现金总收入和社会收入模型中比较显著，lnssem 在卫生非现金财政收入和社会收入模型中比较显著，urwo 则在卫生非现金社会收入的模型中比较显著。

接着利用 2011—2016 年全国 30 个省、自治区、直辖市（上海市除外）的人均数据，检验了公共住房非现金收入对城乡收入差距和区域收入差距的作用，在对公共住房非现金收入对城乡收入差距影响的检验中，同样主要利用了面板固定效应模型和非线性模型，结果发现在各模型中公共住房非现金收入对城乡收入差距都没有显著的影响。在公共住房非现金收入对区域收入差距影响的模型中，利用了随机效应模型和非线性模型，发现公共住房非现金收入对收入差距存在显著的滞后作用和非线性作用，其值为正值，说明提高公共住房非现金收入是不利于缩小收入差距的。

总的来看，公共卫生非现金收入对城乡收入差距的作用不显著，对区域收入差距的缩小有显著的作用，但影响系数也比较小。公共住房非现金收入对城乡和区域的收入差距都没有显著的影响，但公共住房对收入差距有滞后作用。由以上结果可知，我国的公共医疗卫生政策以及公共住房政策对居民福利水平的改善作用很有限，没有达到政府通过公共政策调节居民收入分配的目的，故我国政府的相关机构及政策制定者应该深入研究此问题，采取相应的措施以期进一步在公共医疗卫生和住房这两方面真正改善居民的福利状况。

第十五章
非现金总收入对收入差距的影响

前面几章分别分析了教育、卫生和住房非现金收入对我国居民城乡或区域收入差距的影响，由于教育、卫生和住房非现金收入分别是从不同的方面反映居民福利状况的改善，而且这些不同方面的改善实际上对家庭来说可能会存在一种互补的作用，那么教育、卫生和住房非现金总收入对家庭收入差距的影响作用如何，还需要进一步检验。本部分就主要检验非现金总收入对收入差距的影响。由于教育卫生非现金收入中既包含社会性的非现金收入也包含财政转移的非现金收入，所以主要考察教育卫生非现金总收入与财政性（公共教育、卫生、住房）非现金总收入对收入差距的作用，这里我们将分开讨论教育卫生非现金总收入和非现金财政性收入的作用。另外，住房只有政府财政转移的非现金收入，所以对于教育、卫生和住房这三类非现金总收入我们只考虑了财政性的非现金收入。下面就从教育、卫生和住房这三类非现金总收入和财政性收入的视角，分别检验其对收入差距的影响。

一、模型、变量与数据说明

本部分仍然采用第十四章所用的面板数据模型。被解释变量分别为表示城乡人均收入比（urinr）或区域收入差距的泰尔指数（tidx），核心解释变量分别为教育卫生非现金总收入（lnjiaoweiz）、教育卫生非现金财政收入（lnjiaoweic）、教育卫生住房非现金财政总收入（lnsanleic），其数据分别用教育和卫生人均非现金收入的和、教育和卫生人均非现金财政收入的和以及教育、卫生和住房三类人均非现金财政收入的和表示。其他控制变量分别为人均GDP（lnpgdp）、固定资产投资（pcap）、劳动参与率（lara）、产业结构水平（dind）、对外开放程度（dopw）、受教育程度（sch）、城市化比率（urbr）、铁路密度（raild）、人均社会保障与就业（ssem）和城镇职工养老保险覆盖率

($urwo$)。数据来源均同第十三章至第十四章。

二、教育卫生非现金总收入对收入差距的影响

居民的教育卫生非现金收入主要包含两部分：一部分是非现金社会收入，另一部分是非现金财政收入。为了单独考察国家的财政政策对居民福利的调节作用，这里我们除了分析教育卫生非现金总收入的作用外，还单独分析教育和卫生的非现金财政收入的影响作用，故下面我们主要分两部分进行实证检验。另外，我们也分别用了表示城乡收入差距的城乡人均收入比（$urinr$）和区域收入差距的泰尔指数（$tidx$）两个指标来表示居民不同方面的收入差距。

（一）变量的检验

本书的检验方法参考第十四章，分别将城乡人均收入比和泰尔指数作为被解释变量，其他变量的滞后一期作为其工具变量，先运用面板数据工具变量的两阶段最小二乘法逐一对各变量进行回归，然后分别用吴-豪斯曼 F 检验和杜宾-吴-豪斯曼卡方检验检验各变量的内生性。根据内生性的检验结果（见表15-1），P 值小于10%的变量都表示在模型中存在内生性，在以城乡人均收入比为被解释变量的模型中，$lnjiaoweiz$、$lnjiaoweic$、$lnpgdp$、$lara$、$dind$、$urbr$、sch、$urwo$ 都存在内生性；而在以泰尔指数为被解释变量的模型中，只有 $pcap$ 存在内生性。

表 15-1 变量的内生性检验

原假设		H_0：解释变量为外生的			
被解释变量		城乡人均收入比		泰尔指数	
变量	工具变量	F (1, 179)	Chi-sq (1)	F (1, 171)	Chi-sq (1)
$lnjiaoweiz_{it}$	$lnjiaoweiz_{it-1}$	0.1048	0.0937	0.6227	0.6111
$lnjiaoweic_{it}$	$lnjiaoweic_{it-1}$	0.0512	0.0442	0.9612	0.9599
$lnpgdp_{it}$	$lnpgdp_{it-1}$	0.0000	0.0000	0.4343	0.4193
$pcap_{it}$	$pcap_{it-1}$	0.7798	0.7718	0.0243	0.0207
$lara_{it}$	$lara_{it-1}$	0.0497	0.0429	0.9716	0.9707
$dind_{it}$	$dind_{it-1}$	0.0000	0.0000	0.3185	0.3030

续表

原假设		H_0：解释变量为外生的			
被解释变量		城乡人均收入比		泰尔指数	
变量	工具变量	F (1, 179)	Chi-sq (1)	F (1, 171)	Chi-sq (1)
$dopw_{it}$	$dopw_{it-1}$	0.8674	0.8625	0.9077	0.9046
$urbr_{it}$	$urbr_{it-1}$	0.0234	0.0196	0.9680	0.9669
sch_{it}	sch_{it-1}	0.0044	0.0035	0.1697	0.1567
$raild_{it}$	$raild_{it-1}$	0.8150	0.8083	0.7318	0.7232
$lnssem_{it}$	$lnssem_{it-1}$	0.6947	0.6841	0.4344	0.4194
$urwo_{it}$	$urwo_{it-1}$	0.0374	0.0319	0.8006	0.7941

注：表中的 F 统计量为吴-豪斯曼 F 检验、卡方（Chi-sq）统计量为杜宾-吴-豪斯曼卡方检验，表中的数据分别为统计量的 P 值（P-value）。

对于内生性变量的处理，采用与第十三章同样的方法，用面板数据的两阶段最小二乘法过程中，第一阶段变量的拟合值作为内生变量本身的工具变量在后面的模型中使用。具体做法是对于因变量是城乡收入比的模型中存在内生性的变量如 lnjiaoweiz、lnjiaoweic、lnpgdp、lara、dind、urbr、sch、urwo 以及因变量是泰尔指数模型中存在的内生变量 pcap，这些变量分别采用其当期值作为被解释变量，以各变量的滞后一期项和其他能够解释该变量的变量作为解释变量，采用面板数据最小二乘法进行估计和预测，得到该变量的预测值，分别表示为 lnjiaoweizhat、lnjiaoweichat、lnpgdphat、larahat、dindhat、urbrhat、schhat、urwohat、pcaphat，用该预测值代替该内生变量代入面板数据模型进行计算。

（二）教育卫生非现金总收入对城乡收入差距影响的检验

表 15-2 中的模型（1）、模型（2）、模型（3）分别是使用混合回归模型、随机效应模型和固定效应模型分析的结果，显示了教育卫生非现金总收入对城乡收入差距的作用。根据 F-test 统计量的结果显示，模型中有个体效应存在，可以看出使用固定效应模型要优于混合回归，进一步根据豪斯曼检验结果显示固定效应的结果要优于随机效应。因此，我们应该最终选择固定效应模型（3）作为最终的分析模型。从模型（3）显示的结果来看，教育卫生非现金总收入对居民城乡收入差距的影响不显著，说明教育和卫生非现金总收入两者综合起来没有显著地影响居民的收入差距。

表 15-2 教育卫生非现金收入对城乡收入差距的检验结果

变量	教育卫生非现金总收入			教育卫生非现金财政收入		
	混合回归（1）	随机效应（2）	固定效应（3）	混合回归（4）	随机效应（5）	固定效应（6）
lnjiaoweizhat	-0.7935 (0.5967)	-0.0098** (0.3509)	0.2484 (0.3621)			
lnjiaoweichat				-0.2808 (0.6110)	-0.0172 (0.3428)	0.2384 (0.3566)
lnpdgphat	-0.8566*** (0.3035)	-0.9142*** (0.1981)	-0.8174*** (0.1951)	-0.8029*** (0.3047)	-0.9162*** (0.1999)	-0.8123*** (0.1971)
pcaphat	0.2712 (0.1955)	-0.1521 (0.0923)	-0.1708* (0.0897)	0.273 (0.2008)	-0.1514 (0.0936)	-0.1733* (0.0906)
urbrhat	-0.2977 (1.9704)	-8.2034*** (1.5122)	-7.9438*** (1.6830)	-1.6296 (1.6839)	-8.1997*** (1.3900)	-7.7235*** (1.5506)
schhat	-0.9809 (2.4213)	4.0448*** (1.2416)	2.4989* (1.4788)	-2.1428 (2.4518)	4.0576*** (-2.49)	2.4055 (1.5372)
dindhat	2.3259*** (0.7019)	1.3924* (0.7235)	1.7326* (0.9115)	2.3958*** (0.7031)	-0.0741 (1.2848)	1.7175* (0.9118)
larahat	1.1266 (3.5717)	4.9202* (2.5310)	3.2922 (2.6867)	-0.4732 (4.5807)	5.0056 (3.1630)	2.7553 (3.3858)
raild	-4.0596 (7.9452)	-14.949*** (4.7264)	-19.581*** (4.9575)	1.8083 (7.2727)	-14.918*** (4.6159)	-19.724*** (4.8889)
dopw	0.4102 (0.2637)	-0.3878*** (0.1455)	-0.5026*** (0.1524)	0.5395** (0.2481)	-0.3855*** (0.1435)	-0.5138*** (0.1505)
lnssem	0.0995 (0.1682)	-0.0527 (0.0822)	-0.0190 (0.0821)	0.0093 (0.1921)	-0.0526 (0.0824)	-0.0181 (0.0820)
urwohat	-1.2495*** (-4.31)	0.6766 (1.0632)	-7.9438*** (1.6830)	3.0186** (1.4380)	0.6884 (0.9425)	-0.1410 (0.9982)
_cons	14.3136*** (2.8938)	11.8526*** (1.8982)	10.4996*** (1.8862)	12.470*** (2.5276)	11.8571*** (1.6876)	10.8185*** (1.6734)
N	192	192	192	192	192	192
F	24.07***		53.91***	23.72***		53.68***
Wald chi² (11)		540.64***			538.87***	
R²	0.5953	0.4808	0.4791	0.5918	0.4811	0.4805
F-test		58.71***			59.27***	
Hausman-test		26.34***			26.88***	

注：***、**、*分别表示显著性水平为1%、5%、10%。

表15-2中的模型（4）、模型（5）、模型（6）显示了用不同的模型分析

的教育卫生非现金财政收入对城乡收入差距的影响。根据前面模型的选择方法，此处选择固定效应模型较好。结果发现教育卫生非现金财政收入对居民城乡收入差距的调节作用仍不显著，说明教育卫生非现金财政收入对居民收入也没有起到较好的调节作用。

根据以上分析可知，我国的教育卫生非现金总收入以及非现金财政收入都对居民城乡收入差距的调节作用不显著，说明我国财政对教育和卫生两方面的财政转移支付并没有起到财政政策调节居民收入差距的目的。因此，对于缩小城乡居民收入差距的财政政策的制定实施仍需要进一步的改革、调整，以期能达到通过财政政策提高低收入群体福利、缩小城乡居民之间收入差距的目的。

（三）教育卫生非现金总收入对区域收入差距的影响

表15-3中的模型（1）、模型（2）、模型（3）分别用混合回归模型、随机效应模型和固定效应模型分析教育卫生非现金总收入对区域收入差距的检验结果。根据检验的F统计量和豪斯曼统计量结果，发现选择固定效应模型较好，因此以模型（3）的结果进行分析。从模型（3）的结果可以看出，教育卫生非现金总收入（lnjiaoweizhat）对区域收入差距的影响作用不显著。模型（4）、模型（5）、模型（6）分别用不同的模型分析了教育卫生非现金财政收入对区域收入差距的作用，根据同样的判断方法也是选择固定效应模型（6）比较好。根据模型（6）的结果，教育卫生非现金财政收入在5%的水平下显著地缩小了区域间的收入差距，说明政府对教育和卫生的转移支付在不同区域间起到了一定的缩小收入差距的作用。政府对居民的相关财政政策的实施较为关注区域间的不平等，通过教育和卫生财政政策的实施在一定程度上缩小了区域间的差异。另外，不同区域间的劳动参与率也显著地缩小了区域间的收入差距，固定资产投资及人均社会保障与就业等则对区域收入差距有显著的拉大作用。

表15-3 教育卫生非现金收入对区域收入差距的影响

变量	教育卫生非现金总收入			教育卫生非现金财政收入		
	混合回归 (1)	随机效应 (2)	固定效应 (3)	混合回归 (4)	随机效应 (5)	固定效应 (6)
lnjiaoweizhat	0.0522** (0.0206)	−0.0023 (0.0104)	−0.0032 (0.0111)			
lnjiaoweic				0.0155 (0.0229)	−0.0226** (0.0094)	−0.0245** (0.0099)

续表

变量	教育卫生非现金总收入			教育卫生非现金财政收入		
	混合回归(1)	随机效应(2)	固定效应(3)	混合回归(4)	随机效应(5)	固定效应(6)
ln$pdgp$	-0.0223*** (0.0051)	-0.0112 (0.0086)	-0.0146 (0.0117)	-0.0169*** (0.0051)	-0.0045 (0.0090)	-0.0046 (0.0116)
$pcaphat$	-0.0948** (0.0444)	-0.0129 (0.0161)	0.0112 (0.0184)	-0.0349 (0.0540)	0.0166 (0.0183)	0.0348* (0.0200)
$urbr$	0.1316*** (0.0474)	0.0067 (0.0524)	-0.0820 (0.0694)	0.1180** (0.0516)	-0.0047 (0.0521)	-0.0730 (0.0651)
sch	0.0009 (0.0226)	0.0159 (0.0239)	0.0435* (0.0260)	-0.0014 (0.0241)	0.0153 (0.0238)	0.0372 (0.0256)
$dind$	-0.2128*** (0.0583)	-0.0774*** (0.0270)	-0.0729** (0.0282)	-0.1359** (0.0635)	-0.0513* (0.0270)	-0.0467 (0.0285)
$lara$	-0.0533 (0.0484)	-0.0785** (0.0323)	-0.0936*** (0.0338)	-0.0794 (0.0505)	-0.0838*** (0.0314)	-0.0946*** (0.0331)
$raild$	-0.3370 (0.2610)	0.1472 (0.2591)	-0.0993 (0.2980)	-0.2021 (0.2990)	0.2309 (0.2619)	0.0621 (0.2997)
$dopw$	0.0263 (0.0196)	0.0060 (0.0098)	-0.0025 (0.0103)	0.0499** (0.0220)	0.0071 (0.0097)	-0.0002 (0.0100)
ln$ssem$	0.0243 (0.0088)	0.0103* (0.0058)	0.0139** (0.0061)	0.0271*** (0.0089)	0.0138** (0.0054)	0.0163*** (0.0058)
$urwo$	-0.1344*** (0.0394)	-0.0065 (0.0224)	-0.0235 (0.0238)	-0.0968** (0.0416)	-0.0020 (0.0218)	-0.0173 (0.0230)
_cons	-0.1065 (0.0916)	0.1930*** (0.0694)	0.2451*** (0.0875)	0.0288 (0.0956)	0.2195*** (0.0696)	0.2444*** (0.0855)
N	192	192	192	192	192	192
F	8.06***		4.84***	7.28***		5.57***
Wald chi^2(11)		45.85***			55.28***	
R^2	0.33	0.0411	0.0243	0.3079	0.0017	0.0398
F-test		83.27***			89.81***	
Hausman-test		20.50***			26.88***	

注：***、**、*分别表示显著性水平为1%、5%、10%。

三、教育卫生住房非现金财政总收入对收入差距的影响

教育、卫生和住房作为居民最主要的三类非现金收入，来源最多的就是国家的财政转移支付，因此本部分主要考虑政府财政转移对居民提供的这三类非现金收入对居民收入差距的调节作用。一方面检验政府的相关财政政策

的实施效果，另一方面也为以后的宏观财政调控政策提供一定的启示。下文主要分析了教育卫生住房非现金财政总收入（ln$sanleic$）对城乡收入差距和区域收入差距的影响作用，城乡收入差距用城乡人均收入比（$urini$）表示，区域收入差距用泰尔指数（$tidx$）表示。

（一）变量的检验

本部分主要运用第七章、第十三章、第十四章的数据，教育卫生住房非现金财政总收入（ln$sanleic$）是用教育、卫生和住房的人均非现金财政收入的总和计算，数据范围为2011—2019年的面板数据。由于数据时间较短，不需要检验其平稳性，多重共线性在前面章节已经检验过，不存在多重共线性问题，故此处主要检验数据的内生性。表15-4显示了变量内生性的检验结果。

检验的方法参考第十三章，在以城乡收入比为因变量的模型中，ln$pgdp$、$lara$、$dind$、$urbr$、sch、$urwo$存在内生性，在模型中分别用其替代变量ln$pgdphat$、$larahat$、$dindhat$、$urbrhat$、$schhat$、$urwohat$表示；在以泰尔指数为因变量的模型中，$pcap$和$dind$两个变量存在内生性，在具体模型计算时也用其替代变量$pcaphat$和$dindhat$表示，替代变量的生成方法也参照第十三章。

表 15-4 变量的内生性检验

原假设		H_0：解释变量为外生的			
被解释变量		城乡人均收入比		泰尔指数	
变量	工具变量	F (1, 144)	Chi-sq (1)	F (1, 131)	Chi-sq (1)
ln$sanleic_{it}$	ln$sanleic_{it-1}$	0.9544	0.9521	0.9846	0.9839
ln$pgdp_{it}$	ln$pgdp_{it-1}$	0.0076	0.0057	0.6062	0.5883
$pcap_{it}$	$pcap_{it-1}$	0.9299	0.9264	0.0098	0.0074
$lara_{it}$	$lara_{it-1}$	0.0061	0.0045	0.8603	0.8533
$dind_{it}$	$dind_{it-1}$	0.0011	0.0007	0.0216	0.0169
$dopw_{it}$	$dopw_{it-1}$	0.2260	0.2047	0.8525	0.8451
$urbr_{it}$	$urbr_{it-1}$	0.0884	0.0751	0.3844	0.3616
sch_{it}	sch_{it-1}	0.0713	0.0597	0.1558	0.1375

续表

原假设		H_0：解释变量为外生的			
被解释变量		城乡人均收入比		泰尔指数	
变量	工具变量	F (1, 144)	Chi-sq (1)	F (1, 131)	Chi-sq (1)
$raild_{it}$	$raild_{it-1}$	0.9483	0.9457	0.8749	0.8687
$lnssem_{it}$	$lnssem_{it-1}$	0.5805	0.5618	0.6352	0.6184
$urwo_{it}$	$urwo_{it-1}$	0.0502	0.0412	0.6352	0.6184

注：表中的 F 统计量为吴-豪斯曼 F 检验、卡方（Chi-sq）统计量为杜宾-吴-豪斯曼卡方检验，表中的数据分别为统计量的 P 值（P-value）。

（二）教育卫生住房非现金财政总收入对收入差距影响的检验

表 15-5 显示了教育卫生住房非现金财政总收入对居民收入差距影响的检验结果。模型（1）、模型（2）、模型（3）分别显示了三类非现金总收入对城乡收入差距影响的检验结果，在混合回归模型、固定效应模型和随机效应模型中，根据 F 统计量和豪斯曼的检验结果，选择固定效应模型（3）比较好。以模型（3）的结果为基础进行分析，发现教育卫生住房非现金财政总收入对城乡收入差距的影响不显著，这也进一步验证了本章第二部分教育卫生非现金财政收入对城乡收入差距的影响作用，即都是不显著的，说明我国的财政政策尤其是在对居民提供福利措施方面的政策对调节城乡居民收入差距的作用是不明显的，也可以说没有起到调节城乡收入差距的作用。这还说明政府的相关部门应该特别关注城乡收入差距问题，城乡收入差距目前仍然是我国比较重要的问题，影响着我国绝大多数乡村居民福利待遇以及生活水平的提高，缩小城乡收入差距是财政政策实施成功的一个重要衡量。

表 15-5 中模型（4）、模型（5）、模型（6）显示了运用混合回归模型、随机效应模型和固定效应模型分析教育卫生住房非现金财政总收入对区域收入差距的影响，判断选择随机效应模型比较好。以模型（5）为基础进行分析，发现教育卫生住房非现金财政总收入在 10% 的水平下显著地缩小了区域收入差距，说明在调节区域收入差距方面，居民的教育卫生住房非现金财政总收入在一定程度上缩小了居民的收入差距，但显著性并不是很高，不过这也说明国家在这方面的财政政策还是有一定的效果的，虽然影响作用比较小，因此在这方面政府还需要进一步调整财政支出的结构以及规模，以期能进一

步起到缩小居民收入差距的目的。另外，劳动参与率的提高是有助于缩小区域收入差距的，但第三产业的发展提高却不利于缩小收入差距，主要是因为第三产业属于服务业，能够创造较高价值，收入比较高的行业一般是高新技术服务行业，而这类行业要求从业人员有较高的专业技术知识。我国目前符合相应条件的劳动者还相对较少，大部分从事低等服务的劳动者的收入还是比较低的，因此，第三产业的发展是不利于缩小收入差距的。

表 15-5　教育卫生住房非现金财政总收入对收入差距的检验结果

变量	城乡人均收入比			泰尔指数		
	混合回归 (1)	随机效应 (2)	固定效应 (3)	混合回归 (4)	随机效应 (5)	固定效应 (6)
ln$sanleic$	0.8744*** (0.2990)	0.3150 (0.1922)	0.1815 (0.1922)	−0.0266 (0.0371)	−0.0200* (0.0118)	−0.0167 (0.0129)
ln$pdgp$	−0.6309 (0.4275)	−0.3867 (0.3296)	−0.5815* (0.3231)	0.0045 (0.0210)	0.0010 (0.0098)	−0.0057 (0.0128)
$pcaphat$	0.1557 (0.2183)	−0.2162* (0.1133)	−0.1690 (0.1095)	0.0761** (0.0351)	0.0500 (0.0172)	0.0661*** (0.0192)
$urbr$	−7.5626*** (2.2145)	−8.3434*** (1.8885)	−7.0834*** (2.2490)	0.0413 (0.0798)	−0.0974 (0.0601)	−0.1508** (0.0759)
sch	2.3397 (2.5681)	3.0557** (1.4978)	0.6809 (1.7791)	−0.0142 (0.0261)	−0.0035 (0.0258)	0.0212 (0.0289)
$dind$	−1.4275 (2.1850)	−0.3929 (1.2333)	1.6548 (1.5132)	0.2191 (0.2787)	0.1353* (0.0760)	0.1085 (0.0793)
$lara$	2.2218 (3.3024)	−0.0785** (0.0323)	6.0510*** (2.1136)	−0.1364** (0.0628)	−0.1663*** (0.0398)	−0.1752*** (0.0421)
$raild$	−1.4146 (7.7487)	−12.2514** (5.1954)	−20.7857*** (5.7458)	−0.0709 (0.4854)	0.4189 (0.3095)	0.2086 (0.3588)
$dopw$	0.4920* (0.2693)	0.0265 (0.2015)	−0.1675 (0.2074)	0.0592** (0.0248)	0.0114 (0.0106)	0.0069 (0.0116)
ln$ssem$	−0.0482 (0.2266)	−0.0068 (0.1253)	0.0657 (0.1216)	−0.0009 (0.0124)	−0.0085 (0.0072)	−0.0041 (0.0076)
$urwo$	0.8380 (1.1150)	0.5614 (0.6895)	−0.0758 (0.7388)	−0.0436 (0.0570)	0.0226 (0.0219)	0.0136 (0.0228)
_cons	4.2056 (3.5587)	5.2909 (3.2540)	6.7282** (3.1818)	0.1298 (0.0941)	0.2853*** (0.0906)	0.3278*** (0.1182)
N	144	144	144	144	144	144

续表

变量	城乡人均收入比			泰尔指数		
	混合回归(1)	随机效应(2)	固定效应(3)	混合回归(4)	随机效应(5)	固定效应(6)
F	16.13***		17.82***	4.98***		4.10***
Wald chi² (11)		163.20***			41.10***	
R²	0.5734	0.4331	0.4375	0.2932	0.0017	0.0158
F-test		40.28***			93.40***	
Hausman-test		27.62***			10.36	

注：***、**、*分别表示显著性水平为1%、5%、10%。

四、本章小结

本章内容以面板数据模型为基础，分别检验分析了教育卫生非现金总收入和教育卫生住房非现金总收入对城乡收入差距和区域收入差距的影响作用。结果发现，教育卫生非现金总收入和财政总收入对城乡收入差距都没有显著的影响作用；教育卫生非现金总收入对区域收入差距也没有显著的影响作用，但教育卫生非现金财政总收入对区域收入差距在1%的水平下显著地缩小了区域收入差距。根据教育卫生住房非现金财政总收入对收入差距的检验结果，发现其对城乡收入差距没有显著的调节作用，但是对区域收入差距还是有较为显著的调节作用的，在10%的水平下显著地缩小了区域收入差距。

根据以上分析，我国财政政策长期以来实际上仍然不太重视调节城乡之间的收入差距，在具体实施的财政转移支付中，对乡村居民的福利转移相对还是较小，导致通过教育、卫生和住房等方面的财政政策并没有显著地缩小城乡收入差距。从其对区域收入差距的调节来看，虽然教育卫生住房非现金财政收入在一定程度上缩小了区域间的收入差距，但是缩小的幅度还是比较小的，并且也不是非常显著，这进一步说明我国的财政转移支付政策亟须进行调整，尤其是涉及居民福利的相关政策，应该加大对乡村地区以及落后地区居民的福利转移结构和规模，进一步提高低收入群体的福利收入，促进生活水平的提高，以期最终达到社会更和谐发展的目的。

非现金收入对经济增长的影响

生产、分配、交换和消费是整个社会生产过程中的四个环节，它们相互联系、相互制约，而居民的非现金收入主要包含了政府对居民的实物转移的再分配活动，表面上看直接影响着居民的再分配收入和消费水平，前面通过理论与实证检验分析也都得出了一致结论，即居民的非现金收入在提高居民收入、改善收入差距以及居民的生活消费福利方面都有一定的积极作用。从社会生产的过程来看，居民的非现金收入可能从理论上也会对社会的生产活动具有一定的作用，本部分就以居民主要的几种非现金收入为例，实证分析其对经济增长的作用。

第十六章
非现金收入对经济增长的影响

通过前面的分析可明显看出，非现金收入的提高显然会提高居民的各种生活福利水平，提高居民的文化或身体素质，居民素质的提高即人力资本水平的提高会进一步对经济增长产生重要的影响。已有不少学者对此进行了研究，但大多从公共财政支出的角度进行分析，如 Arrow 和 Kurz（1970）在生产函数中加入政府的财政支出进行分析，发现财政支出仅能影响短期的经济增长，不会改变长期的经济增长率。Ram（1986）根据 115 个国家的相关数据分析了财政支出对经济增长的效应，得出具有正影响的结论。但也有学者持有不同的观点，如 Landau（1986）根据 65 个发展中国家的数据研究发现，政府财政支出尤其是消费性支出对经济增长具有负向的影响。也有学者如 Evans（1997）认为政府的消费支出与人均产出的相关性不显著。张钢、段澈（2006）利用我国省级面板数据，分析了不同区域财政支出结构与经济增长的关系，发现不同区域的财政支出结构有不同的经济增长效应。陈亮（2011）、刘洪（2012）认为我国财政支出对经济增长具有负向作用。陈建宝（2008）、杨友才（2009）等认为我国的财政支出对经济增长具有非线性的影响。娄峥嵘（2008）、杨晓妹（2014）认为我国财政支出，尤其是科教文卫支出对经济增长有显著的正向效应。

本部分主要实证检验分析教育、卫生非现金收入以及教育卫生、教育卫生住房非现金收入分别对经济增长的实际影响作用，由于住房非现金收入的统计数据时间比较短，并且数额也较小，经检验对经济增长的影响不显著，故本章内容不单独对其进行详细分析。

一、模型、变量与数据说明

对于经济增长的研究模型，最常见的就是柯布－道格拉斯函数，在柯布-道格拉斯函数的基础上取对数，再加上其他的控制变量就转变为我们本部分的多元线性回归模型，基本形式同模型（13-1）。由于本书所采用的数据为面板数据，主要还是采用面板固定效应或随机效应模型进行分析，故采用模型（13-2），但在具体运用时，模型中的被解释变量是经济增长，这里用人均 GDP（$\ln gdp$）表示，核心解释变量分别是教育非现金收入、卫生非现金收入或非现金总收入等，其他控制变量主要有影响经济增长的几个指标：固定资产投资（$pcap$）、劳动参与率（$lara$）、工业化发展程度（$dind$）、对外开放程度（$dopw$）、受教育程度（sch）、城市化比率（$urbr$）和铁路密度（$raild$）。数据来源参考第十三章。

二、教育非现金收入对经济增长的影响

根据前文的分析，教育非现金收入又分为教育非现金总收入、教育非现金财政收入和教育非现金社会收入，经研究发现教育非现金社会收入对经济增长的作用不显著，因此，接下来并不对其进行重点研究。本部分只显示教育非现金总收入（$\ln edin$）和教育非现金财政收入（$\ln gedin$）对经济增长的检验结果。

（一）变量的检验

根据第十三章中变量的检验结果，各变量是平稳变量，并且不存在多重共线性，由于被解释变量发生了变化，故需要重新进行内生性检验，采用的方法也同第十三章，具体检验结果见表16-1，从中可发现各变量之间不存在内生性。

表16-1 面板数据变量的内生性检验

原假设		H_0：解释变量为外生的	
被解释变量		经济增长（$\ln pgdp$）	
变量	工具变量	F (1, 514)	Chi-sq (1)
$\ln edin_{it}$	$\ln edin_{it-1}$	0.2026	0.1984
$\ln gedin_{it}$	$\ln gedin_{it-1}$	0.4026	0.3981
$pcap_{it}$	$pcap_{it-1}$	0.1820	0.1780
$lara_{it}$	$laria_{it-1}$	0.4500	0.4455

续表

原假设		H_0：解释变量为外生的	
被解释变量		经济增长（$\ln pgdp$)	
$dind_{it}$	$dind_{it-1}$	0.3299	0.3252
$dopw_{it}$	$dopw_{it-1}$	0.9682	0.9678
$urbr_{it}$	$urbr_{it-1}$	0.6559	0.6526
sch_{it}	sch_{it-1}	0.8825	0.8813
$raild_{it}$	$raild_{it-1}$	0.1287	0.1253

注：表中的 F 统计量为吴-豪斯曼 F 检验、卡方（Chi-sq）统计量为杜宾-吴-豪斯曼卡方检验，表中的数据分别为统计量的 P 值（P-value）。

（二）教育非现金总收入对经济增长的影响检验结果分析

表 16-2 列出了教育非现金总收入和教育非现金财政收入对经济增长的影响检验结果。模型（1）首先对样本数据进行了混合回归，但通过 F 统计量（364.04）检验，拒绝接受不存在个体效应的模型，故需要选择固定效应或随机效应模型进行计算，进一步根据豪斯曼检验结果（10.86），说明接受随机效应模型比较合适，因此最终选择模型（3）进行分析，教育非现金收入对经济增长的影响是非常显著的，当教育非现金总收入人均增加 1% 时，会引起人均经济增长增加 0.4196%。其他变量：$dopw$ 在 5% 的水平下显著降低了经济增长的水平，影响系数为 -0.1927，而 $urbr$ 和 sch 分别在 5% 和 1% 的水平下显著提高了经济增长，其影响系数分别为 1.6425 和 0.9572。另外，城市化比率与受教育程度的提高也显著促进了经济增长。模型（4）中进一步考察教育非现金总收入的滞后期是否对经济增长有影响，结果发现，教育非现金总收入的当期、滞后一期和滞后二期都对经济增长有显著的影响作用，可以使 $\ln pgdp$ 分别提高 0.2037%、0.0899% 和 0.1129%，但是会发现 $dind$ 和 $dopw$ 在模型（4）中都显著降低了 $\ln pgdp$ 的数值，即对经济增长的作用是负的，说明这两个指标目前在我国并没有起到显著的促进作用，这与我国目前所处的经济发展阶段有关系。目前，我国的工业化发展正处于由旧的粗放型发展模式向新的节约型、更有效率、更高级的发展模式的转变过程，产业结构也正处于结构调整优化之中，故工业化发展目前对经济增长可能显现不出显著的促进作用，而在外贸交易方面，由于美国对我国的限制打压，导致我国目前的

对外贸易额持续下滑,也影响了我国经济增长的持续高速发展。

表 16-2 中的模型(5)和模型(6)分别列出了教育非现金财政收入对经济增长的影响,根据 F 统计量和豪斯曼检验结果,发现用随机效应比较好,因篇幅限制,这里只列出我们选择的比较合适的随机效应模型的结果。模型(5)显示了教育非现金财政收入对经济增长的影响是比较显著的,其结果与模型(3)非常接近,只是数值上稍微小于模型(3)中的系数,主要是因为教育非现金财政收入是总收入的一部分,比总收入的数值小,故其对经济增长影响系数也小一些,但其影响的显著性与方向都是一致的,这也说明教育非现金总收入与教育非现金财政收入的作用是一致的,其结果也具有一定的稳健可靠性。模型(6)进一步检验了教育非现金财政收入对经济增长滞后效应,发现教育非现金财政收入的当期与滞后一期对经济增长的促进作用都是非常显著的,其影响系数分别为 0.1924、0.2200,其他控制变量的影响作用与模型(3)、模型(4)、模型(5)都比较接近,不再赘述。

表 16-2 教育非现金收入对经济增长的影响

变量	教育非现金总收入				教育非现金财政收入	
	混合回归 (1)	固定效应 (2)	随机效应 (3)	随机效应 (4)	随机效应 (5)	随机效应 (6)
非现金收入	0.5168*** (9.68)	0.4307*** (4.40)	0.4196*** (4.44)	0.2037*** (3.51)	0.4146*** (4.88)	0.1924*** (2.77)
非现金收入滞后一期				0.0899*** (2.94)		0.2200*** (4.91)
非现金收入滞后二期				0.1129*** (2.74)		
$pcap$	-0.3914** (-2.55)	-0.1534 (-1.05)	-0.1821 (-1.16)	-0.1837 (-1.25)	-0.1595 (-1.03)	-0.1721 (-1.14)
$lara$	1.7399*** (7.80)	0.8960 (1.02)	0.9162 (1.10)	0.7491 (0.96)	1.0018 (1.28)	0.8825 (1.16)
$dind$	0.0499 (0.10)	-0.5391 (-1.01)	-0.4689 (-0.8)	-0.8542* (-1.67)	-0.5027 (-0.91)	-0.7438 (-1.44)
$dopw$	-0.1633** (-2.02)	-0.2572** (-2.55)	-0.1927** (-2.39)	-0.2630*** (-2.74)	-0.1528* (-1.73)	-0.1733* (-1.74)
$urbr$	2.4836*** (9.44)	1.3116* (1.91)	1.6425** (2.48)	2.0231** (2.47)	1.6664*** (2.78)	1.7727*** (2.65)

续表

变量	教育非现金总收入				教育非现金财政收入	
	混合回归（1）	固定效应（2）	随机效应（3）	随机效应（4）	随机效应（5）	随机效应（6）
sch	0.0331 (0.21)	1.0246*** (5.17)	0.9572*** (4.53)	0.8553*** (3.73)	0.7118*** (3.32)	0.6909*** (3.26)
raild	2.9383*** (3.31)	−1.2170 (−0.62)	−0.7478 (−0.39)	−1.0381 (−0.57)	−0.8120 (−0.41)	−1.0902 (−0.54)
_cons	4.3310*** (19.19)	5.8199*** (19.38)	5.7033*** (18.26)	5.9673*** (20.73)	5.7959*** (19.70)	5.9850*** (20.82)
N	558	558	558	496	558	527
F	364.04***	221.03***				
Wald chi^2 (11)			1595.05***	2720.35***	1951.41***	2671.94***
R^2	0.7093	0.8689	0.8685	0.8641	0.8690	0.8675
F-test	80.40***					
Hausman-test	10.86					

注：***、**、*分别表示显著性水平为1%、5%、10%。

三、卫生非现金收入对经济增长的影响

根据前文的分析，卫生非现金收入又分为卫生非现金总收入、卫生非现金财政收入和卫生非现金社会收入，同样卫生非现金社会收入对经济增长的作用也不显著。因此，本部分只显示卫生非现金总收入（lnpmtph）和卫生非现金财政收入（lnpfhc）对经济增长的检验结果。

（一）变量的检验

根据第十三章中变量的检验结果，各变量是平稳变量，并且不存在多重共线性，同样由于解释变量发生了变化，故变量需要重新进行内生性检验，采用的方法也同第十三章，具体检验结果见表16-3。根据表16-3的结果，在以 lnpmtph 为解释变量的模型中，*dind* 和 *dopw* 存在内生性，对存在内生性的变量，处理方法同第十三章，求出两阶段最小二乘法中第一阶段计算的 *dind* 和 *dopw* 拟合值作为其工具变量，在以后的模型中使用。而在以 lnpfhc 为解释变量的模型中不存在内生性变量。

表 16-3　面板数据变量的内生性检验

原假设		H_0：解释变量为外生的			
被解释变量		经济增长（lnpgdp）			
变量	工具变量	F (1, 514)	Chi-sq (1)	F (1, 514)	Chi-sq (1)
$lnpmtph_{it}$	$lnpmtph_{it-1}$	0.7427	0.7365		
$lnpfhc_{it}$	$lnpfhc_{it-1}$			0.7165	0.7098
$pcap_{it}$	$pcap_{it-1}$	0.8705	0.8637	0.9383	0.9368
$lara_{it}$	$lara_{it-1}$	0.2535	0.2426	0.1879	0.1780
$dind_{it}$	$dind_{it-1}$	0.0731	0.0672	0.1969	0.1868
$dopw_{it}$	$dopw_{it-1}$	0.1011	0.0939	0.4880	0.4774
$urbr_{it}$	$urbr_{it-1}$	0.7678	0.7622	0.7127	0.7059
sch_{it}	sch_{it-1}	0.4168	0.4056	0.7426	0.7364
$raild_{it}$	$raild_{it-1}$	0.6674	0.6596	0.8578	0.8543

注：表中的 F 统计量为吴-豪斯曼 F 检验、卡方（Chi-sq）统计量为杜宾-吴-豪斯曼卡方检验，表中的数据分别为统计量的 P 值（P-value）。

（二）卫生非现金收入对经济增长的影响

表 16-4 中列出了卫生非现金总收入和卫生非现金财政收入对经济增长的面板数据模型检验结果。模型（1）、模型（2）、模型（3）是卫生非现金总收入对经济增长的估计结果，根据 F 统计量值和豪斯曼检验值，判断选择用随机效应模型比较好。根据模型（3）的结果，lnpmtph 对经济增长的影响存在显著的提高作用，当 lnpmtph 提高 1% 时，lnpgdp 将会提高 0.3695%，而其他控制变量 lara、urbr 都是显著地提高了人均 GDP 的，也就是说当劳动参与率和城市化比率每提高 1% 时，人均 GDP 将会分别提高 0.9929% 和 2.0129%。dind 显著减少了人均 GDP，对经济增长的作用是负向的。

在卫生非现金财政收入对经济增长的模型中，同样根据 F 统计量和豪斯曼检验的结果，最终选择固定效应模型比较好，模型（5）显示了计算的结果，发现 lnpmtph 对经济增长有显著的促进作用。在 1% 的水平下，当卫生非现金财政收入提高 1% 时，人均 GDP 将会增加 0.4146%，lara、sch 和 urbr 都显著提高了经济增长的水平，而 dind 却显著降低了人均 GDP，减缓了经济增长的速度。另外，模型（6）在模型（5）的基础上加入了非现金财政收入（lnpfhc）的滞后项，检验 lnpfhc 的滞后期对经济增长的作用，发现 lnpfhc 的当期值、滞后一期和滞后二期值对经济增长都有显著的促进作用。

表 16-4 卫生非现金收入对经济增长的作用

变量	卫生非现金总收入			卫生非现金财政收入	
	混合回归(1)	固定效应(2)	随机效应(3)	固定效应(5)	固定效应(6)
非现金收入	0.4419** (2.00)	0.3992*** (7.17)	0.3695*** (7.01)	0.4146*** (4.81)	0.2165** (242)
非现金收入滞后一期					0.1121*** (2.98)
非现金收入滞后二期					0.1384** (2.53)
$pcap$	-1.1152*** (-2.73)	-0.0650 (-0.59)	-0.1004 (-0.85)	-0.1060 (-1.06)	-0.0161 (-0.15)
$lara$	1.5837*** (3.71)	0.9591*** (2.80)	0.9929*** (2.97)	0.9807** (2.69)	0.4978* (2.05)
$dind$	1.1227*** (6.03)	-1.5343*** (-4.39)	-1.4475*** (-3.7)	-1.4716*** (-4.61)	-1.3457*** (-4.28)
$dopw$	-0.8935*** (-3.03)	-0.0234 (-0.03)	0.0044 (0.06)	-0.0811 (-0.85)	-0.1248* (-1.98)
$urbr$	2.8495*** (4.90)	1.5972** (2.29)	2.0129*** (3.37)	2.0489*** (3.74)	1.1120** (2.54)
sch	-0.4805 (-1.46)	0.1263 (0.38)	0.0543 (0.18)	0.2649*** (0.66)	0.0943 (0.34)
$raild$	2.5339 (0.98)	-0.9513 (-0.36)	-0.1193 (-0.05)	0.3357 (0.21)	-2.0733 (-0.73)
_cons	5.4174*** (6.03)	6.6426*** (26.43)	6.6038*** (25.58)	6.5136*** (221.74)	7.0515*** (16.90)
N	248	248	248	248	186
F	49.25***	221.03***		73.68***	51.72***
Wald chi^2 (11)			1595.05***		
R^2	0.5291	0.8689	0.8685	0.8418	0.8159
F-test			506.12***		
Hausman-test			13.81		

注：***、**、*分别表示显著性水平为1%、5%、10%。

四、教育卫生非现金总收入对经济增长的影响

教育非现金收入和卫生非现金收入中均含有政府财政转移支付部分，也含有社会其他机构或个人的转移部分，因此，本部分将分别考察教育和卫生非现金收入加总得到的教育卫生非现金总收入（lnpjiaowei）以及公共财政对居民转移的教育卫生非现金财政收入（lnpcjiaowei）对经济增长的总体效应。将财政非现金收入单列出来考察，有助于考察我国财政政策的具体实施结果，进一步为相关财政政策的调整提供政策启示。

（一）变量的检验

由于居民的卫生非现金收入数据从 2009 年才有，因此本部分以 2009—2017 年的教育、卫生非现金收入和非现金财政收入的加总数据为基础进行分析。根据第十三章中变量的检验结果，各变量是平稳变量，并且不存在多重共线性，同样由于解释变量发生了变化，故变量需要重新进行内生性检验，采用的方法也同第十三章，具体检验结果见表 16-5。根据表 16-5 的结果，发现 pcap 和 dopw 存在内生性，处理方法同第十三章，分别求出两阶段最小二乘法中第一阶段计算的 pcap 和 dopw 拟合值 pcaphat 和 dopwhat 作为其工具变量，在以后的模型中使用。

表 16-5　面板数据变量的内生性检验

原假设		H_0：解释变量为外生的			
被解释变量		经济增长（$\ln pgdp$）			
变量	工具变量	F (1, 180)	Chi-sq (1)	F (1, 180)	Chi-sq (1)
$\ln pjiaowei_{it}$	$\ln pjiaowei_{it-1}$	0.6958	0.6860		
$\ln pcjiaowei_{it}$	$\ln pcjiaowei_{it-1}$			0.7868	0.7797
$pcap_{it}$	$pcap_{it-1}$	0.0392	0.0340	0.0387	0.0335
$lara_{it}$	$lara_{it-1}$	0.2153	0.2010	0.2345	0.2198
$dind_{it}$	$dind_{it-1}$	0.2760	0.2607	0.2199	0.2054
$dopw_{it}$	$dopw_{it-1}$	0.0548	0.0481	0.0999	0.0900
$urbr_{it}$	$urbr_{it-1}$	0.6009	0.5886	0.7154	0.7062
sch_{it}	sch_{it-1}	0.6760	0.6656	0.5594	0.5462

续表

原假设		H_0：解释变量为外生的			
被解释变量		经济增长（ln$pgdp$）			
变量	工具变量	F (1, 180)	Chi-sq (1)	F (1, 180)	Chi-sq (1)
$raild_{it}$	$raild_{it-1}$	0.6687	0.6581	0.6440	0.6328
ln$ssem_{it}$	ln$ssem_{it-1}$	0.1691	0.1561	0.1472	0.1350
$urow_{it}$	$urow_{it-1}$	0.8603	0.8555	0.9432	0.9413

注：表中的 F 统计量为吴-豪斯曼 F 检验、卡方（Chi-sq）统计量为杜宾-吴-豪斯曼卡方检验，表中的数据分别为统计量的 P 值（P-value）。

（二）教育卫生非现金总收入对经济增长的影响

表 16-6 中列出了教育卫生非现金财政总收入与教育卫生非现金总收入对经济增长的面板数据模型检验结果。模型（1）、模型（2）、模型（3）是教育卫生非现金财政收入对经济增长的估计结果，根据 F 统计量值和豪斯曼检验值，判断选择用随机效应模型比较好。根据模型（3）的结果，教育卫生非现金财政收入对经济增长的影响在 1% 的水平下存在显著的提高作用，当教育卫生非现金财政收入提高 1% 时，ln$pgdp$ 将会提高 0.2346%，而其他控制变量固定资产投资（$pcap$）、对外开放程度（$dopw$）和城市化比率（$urbr$）都显著地促进了经济的增长。工业化发展程度（$dind$）却是在 1% 的水平下抑制了经济的增长，这里的产业结构是第三产业的占比，说明第三产业的过快发展是不利于经济增长的，并且说明我国整体还处于工业化较低的发展阶段，各方面的综合发展水平相对较低，在这种情况下大力发展第三产业起不到拉动经济增长的作用。

表 16-6 教育卫生非现金收入对经济增长的影响

变量	经济增长（lngdp）			经济增长（lngdp）		
	混合回归(1)	固定效应(2)	随机效应(3)	混合回归(4)	固定效应(5)	随机效应(6)
ln$pcjiaowei$	0.7352*** (0.2206)	0.2451*** (0.0631)	0.2346*** (0.0631)			
ln$pjiaowei$				0.9622*** (0.2141)	0.2701*** (0.0690)	0.2567*** (0.0687)

续表

变量	经济增长（lngdp）			经济增长（lngdp）		
	混合回归(1)	固定效应(2)	随机效应(3)	混合回归(4)	固定效应(5)	随机效应(6)
$pcaphat$	0.9246 (0.6629)	0.5155*** (0.1347)	0.4707*** (0.1346)	0.6833 (0.6207)	0.6088*** (0.1202)	0.5584*** (0.1199)
$lara$	0.7669 (0.8799)	0.0512 (0.2291)	0.1659 (0.2256)	0.8335 (0.7832)	0.0941 (0.2299)	0.2082 (0.2269)
$dind$	-4.0644*** (0.8799)	-1.1557*** (0.1671)	-1.2433*** (0.1657)	-4.4407*** (0.8308)	-1.1337*** (0.1655)	-1.2249*** (0.1642)
$dopwhat$	3.1287*** (0.9521)	0.2439 (0.1595)	0.3379** (0.1566)	2.8108*** (0.9360)	0.2429 (0.1594)	0.3417** (0.1565)
$urbr$	-3.3683* (1.7804)	1.4388*** (0.3848)	1.7595*** (0.3603)	-3.3157* (1.7397)	1.2764*** (0.4024)	1.6249*** (0.3756)
sch	-0.4490 (0.3800)	0.1514 (0.1643)	0.0947 (0.1632)	-0.4871 (0.3571)	0.1374 (0.1640)	0.0768 (0.1629)
$raild$	27.7169*** (6.9514)	1.2516 (2.0486)	2.8515 (1.9353)	26.6737*** (6.7293)	2.3978 (2.0052)	3.9734** (1.9026)
$lnssem$	0.1808 (0.1938)	0.0807** (0.0377)	0.0654* (0.0376)	0.1106 (0.1903)	0.0558 (0.0398)	0.0416 (0.0398)
$urow$	1.4809*** (0.4550)	0.1750 (0.1424)	0.2635* (0.1388)	1.2965*** (0.4480)	0.0479 (0.1457)	0.1491 (0.1412)
$\_cons$	4.01870*** (1.0750)	6.89096*** (0.2926)	6.8469*** (0.3110)	2.9694*** (1.0989)	6.7688*** (0.3165)	6.7323*** (0.3341)
N	192	192	192	192	192	192
F	26.78***	221.03***		28.90***	552.21***	
Wald chi^2 (10)			1421.03***			1421.05***
R^2	0.5967	0.4395	0.5102	0.6149	0.4395	0.5194
调整 R^2	0.5744			0.5936		
F-test		552.12***			552.21***	
Hausman-test		14.52			14.78	

注：***、**、*分别表示显著性水平为1%、5%、10%。

表16-6中的模型（4）、模型（5）、模型（6）分别显示了教育卫生非现金总收入对经济增长模型的回归结果，根据F值的结果，选择固定效应模型比较好。另外，根据豪斯曼的检验结果，发现选择随机效应模型比较好，因

此这里以随机效应模型（6）为基础进行分析。结果显示，教育卫生非现金总收入对经济增长在1%的水平下有显著的拉动作用，当教育卫生非现金总收入增长1%时，将拉动经济增长0.2567%，说明国家对居民的福利转移在一定程度上也可以促进经济的增长。其他控制变量——固定资产投资、对外开放程度、城市化比率、铁路密度等都对经济增长有显著的促进作用，而工业化发展程度水平则在1%的水平下显著地抑制了经济的增长。

五、教育卫生住房非现金总收入对经济增长的影响

本部分考察教育卫生住房非现金总收入对经济增长的影响，主要考察这三类非现金收入中由政府财政支出的部分，对国家财政政策的调整也有重要的现实意义。本部分采用的解释变量是教育卫生住房非现金财政总收入（ln-sanlei），用教育、卫生和住房非现金财政收入的总和表示，其他控制变量的含义同第十三章，因变量仍然用人均GDP的对数（lnpgdp）表示。

（一）变量的检验

由于居民的住房非现金收入数据最早从2011年才开始公布，因此本部分以2011—2017年的教育、卫生和住房非现金收入的加总数据为基础进行分析。根据第十三章中变量的检验结果，各变量是平稳变量，并且不存在多重共线性，同样由于解释变量发生了变化，故变量需要重新进行内生性检验，采用的方法也同第十三章，具体检验结果见表16-7。根据表16-7的结果，发现 pcap 和 dopw 存在内生性，处理方法同第十三章，分别求出两阶段最小二乘法中第一阶段计算的 pcap 和 dopw 拟合值 pcaphat 和 dopwhat 作为其工具变量，在后文的面板数据回归模型中使用。

表16-7　内生性检验

原假设		H_0：解释变量为外生的	
被解释变量		经济增长（ln$pgdp$）	
变量	工具变量	$F(1, 132)$	Chi-sq(1)
ln$sanlei_{it}$	ln$sanlei_{it-1}$	0.5879	0.5709
$pcap_{it}$	$pcap_{it-1}$	0.0101	0.0079
$lara_{it}$	$lara_{it-1}$	0.2806	0.2599

续表

原假设		H_0：解释变量为外生的	
被解释变量		经济增长（$\ln pgdp$）	
变量	工具变量	F (1, 132)	Chi-sq (1)
$dind_{it}$	$dind_{it-1}$	0.4616	0.4415
$dopw_{it}$	$dopw_{it-1}$	0.4413	0.4209
$urbr_{it}$	$urbr_{it-1}$	0.9496	0.9472
sch_{it}	sch_{it-1}	0.9709	0.9695
$raild_{it}$	$raild_{it-1}$	0.5849	0.5678
$\ln ssem_{it}$	$\ln ssem_{it-1}$	0.0794	0.0677
$urow_{it}$	$urow_{it-1}$	0.4280	0.4074

注：表中的 F 统计量为吴-豪斯曼 F 检验、卡方 (Chi-sq) 统计量为杜宾-吴-豪斯曼卡方检验，表中的数据分别为统计量的 P 值 (P-value)。

（二）非现金财政总收入对经济增长的影响

表 16-8 显示了非现金财政总收入对经济增长的检验结果。首先根据 F 检验的结果显示，拒绝原假设，说明选择个体效应模型比较好，又根据豪斯曼的检验结果，选择随机效应模型比较好，因此，下面我们以模型（3）为基础进行分析。模型（3）显示，居民的教育卫生住房非现金财政总收入在 10% 的水平下对经济增长有显著的促进作用，由于单独分析各类非现金收入对经济增长的作用时，住房非现金收入的作用是不显著的，将其加入教育卫生非现金收入后，导致其对经济增长的显著性降低。非现金总收入提高 1% 使经济增长提高 0.1299%。另外，其他控制变量——固定资本投资和工业化发展程度都在一定程度上显著地抑制了经济的增长，看来我国长期以来通过提高固定资产投资带动经济增长的作用是不可行的，过快地发展第三产业也不利于经济增长；城市化比率的提高和对低收入群体生活保障水平的补贴提高，有助于促进经济的增长。城市化比率的提高以及对低收入群体提供较多的转移支付以及就业指导等帮助，都可以在一定程度上提高低收入群体的收入水平，提高其消费能力，进一步加快国内生产的循环流通，故可以提高经济增长的水平。

表16-8 非现金总收入对经济增长的检验结果

变量	经济增长		
	混合回归 （1）	固定效应 （2）	随机效应 （3）
lnsanlei	0.6504 （0.6648）	0.1318* （0.0792）	0.1299* （0.0767）
pcaphat	-2.7691** （1.3011）	-0.3387** （0.1707）	-0.3784** （0.1660）
lara	2.5409** （1.1679）	0.2550 （0.2584）	0.2606 （0.2541）
dind	-7.4913*** （1.7776）	-1.6593*** （0.2385）	-1.7151*** （0.2340）
dopw	-0.5105 （0.4398）	-0.1200 （0.0769）	-0.1178 （0.0742）
urbr	1.9532** （0.9552）	1.8631*** （0.4662）	1.9710*** （0.4251）
sch	-0.6179 （0.4730）	0.2161 （0.1807）	0.1764 （0.1754）
raild	3.4803 （5.3902）	1.6238 （2.2288）	2.1667 （2.1172）
lnssemhat	1.2456 （0.9860）	0.3479*** （0.1001）	0.3529*** （0.0987）
urow	-0.1455 （0.9956）	0.1698 （0.1404）	0.1971 （0.1372）
_cons	0.0181 （2.2617）	6.4839*** （0.4490）	6.4585*** （0.4417）
N	144	144	144
F	26.78***	63.68***	
Wald chi^2（10）			666.94***
R^2	0.5886	0.5071	0.5075
调整 R^2	0.5577		
F-test	666.70***		
Hausman-test	7.61		

注：***、**、*分别表示显著性水平为1%、5%、10%。

六、本章小结

本章利用 2000—2017 年的数据,选取我国 31 个省、自治区、直辖市的面板数据,分别检验了教育、卫生、教育卫生和教育卫生住房非现金收入对我国经济增长的影响作用。结果显示:

(1) 在检验教育非现金收入对经济增长的影响中,选用随机效应模型比较合适,教育非现金总收入和教育非现金财政收入的当期值及其滞后期对经济增长的作用都非常显著;另外,城市化比率和受教育比率的提高显著促进了经济增长,对外开放程度和工业化发展程度的提高却显著抑制了经济增长。

(2) 在检验卫生非现金总收入对经济增长的过程中,选择随机效应模型比较合适,卫生非现金总收入对经济增长的促进作用是非常显著的;在检验卫生非现金财政收入对经济增长的作用时,选用固定效应模型比较合适,发现卫生非现金财政收入及其滞后期对经济增长的作用也都非常显著。其他变量如劳动参与率和城市化比率的提高,有助于促进经济增长,而工业化发展程度却显著抑制了经济增长。

(3) 根据进一步考察的教育卫生非现金总收入和财政总收入对经济增长的影响,发现两者都能显著促进经济的增长;在其他控制变量中,固定资产投资、对外开放程度、城市化比率等都对经济增长有显著的促进作用,而工业化发展程度则显著地抑制了经济的增长。

(4) 根据教育、卫生和住房三类非现金财政收入的总和数据考察了政府提供给居民的三类非现金总收入对经济增长的作用,发现其在 1% 的水平下显著;另外,在控制变量中,固定资本投资和工业化发展程度都抑制了经济的增长,而城市化水平和社会保障与就业水平的提高则有助于促进经济增长。

总的来说,从分类非现金收入即教育、卫生非现金收入对经济增长的作用来看,其对经济增长的作用不仅当期而且其滞后期都是非常显著的,可见提高居民的教育、卫生非现金收入水平是可以促进经济增长的,也进一步证明检验了本书的理论分析基础。从总效应来看,教育卫生非现金总收入以及财政收入对经济增长的作用也都是显著的,教育卫生住房非现金财政总收入在 1% 的水平下也显著促进了经济的增长,故非现金收入的提高有助于促进经济增长。

另外,在控制变量方面,城市化比率的提高有助于经济增长,可以采取措施促进城市化的发展，而目前的工业化发展程度主要是指第三产业的发展，不利于经济的增长，主要是因我国整体水平还相对比较落后，没有发展到产业化的高级阶段，目前还是要以第二产业的结构调整、优化为主。固定资产投资的提高也不利于经济增长，应该调整固定资产投资的方向，使之向更有利于产业结构的调整优化方向发展，这样才能进一步提高我国的经济增长水平。

第十七章
结论、建议及展望

收入分配问题是涉及国计民生的一个重大问题，对收入分配的准确测度直接关系到对居民实际生活、福利状况水平的评估，其对国家相关政策的制定、实施也具有重要的参考意义。目前我国收入分配问题的研究虽然取得一定的成果，但仍然存在进一步研究的空间。随着国家对居民财政转移支出的增加，尤其是教育、医疗等惠民性项目支持力度的加大，居民获得的实物福利也越来越多，这部分福利也提高了居民的生活水平，其实从另一个方面考虑的话，也是变相地提高了居民的收入。因此，对居民生活水平的测度，或者是对其收入分配的测度，就不能仅包括已有概念中的现金收入，而应该拓展其测度范围，将其获得的非现金收入也纳入其中，用包含现金和非现金收入的总收入来衡量。由于非现金收入的种类繁多且琐碎，其数据的准确统计非常困难，国际上也仅是对一些主要的非现金收入进行测度分析，但仍然存在较多的问题，国内在这方面的研究更是稀缺。

一、研究结论

本书在参考借鉴国内外相关研究成果的基础上，结合我国的实际情况，对我国居民获得的主要非现金收入进行尝试性的测度分析，主要选择对居民影响较大的公共教育、公共卫生和住房非现金收入等，并进一步分析其对家庭福利、收入差距、经济增长等的影响作用。尝试为我国非现金收入的测度方法提供有益的参考，进一步评估我国公共政策对缩小收入差距的影响作用。本书的内容主要分为五部分：第一部分提出了本书的相关基本概念与理论分析基础；第二部分从宏观角度分析了公共教育、公共卫生和住房非现金收入在我国不同区域的分布及差异情况；第三部分详细测度了不同类型的居民非现金收入并与宏观数据相结合，测度了其对居民福利的影响作用；第四部分从宏观角度分析了居民的非现金收入对收入差距的影响作用；第五部分从宏观角度分析了非现金收入对我国经济增长的作用。本书的主要结论如下：

（1）第一部分首先提出了非现金收入影响经济福利分配和经济发展的理论分析基础，主要可以从其对家庭收入分配、家庭消费、经济增长等几个方面进行理论分析，这是本书进行分析的理论基础。非现金收入由于其包含内容的复杂性以及数据来源的限制，虽然已经对其进行了不少的研究，但仍然存在较多的问题。另外，家庭等价尺度是在测度过程中被广泛运用的一个概念，在福利测度及贫困问题研究过程中其具体选择对研究结果有较大的影响。

（2）第二部分根据公共教育、卫生和住房三种主要的人均非现金收入数据分析了其分布和演进情况。

首先，人均公共教育非现金收入的分布及演进情况。从分布来看，我国公共教育非现金收入不论是总体还是各区间都呈现增长趋势，占财政支出的比重虽呈现下降趋势，但在全国GDP中的占比却是逐年增加的。从区域差异来看，公共教育非现金收入的总体差异呈现缩小趋势：东部地区的区域内差异最大，西部地区差异最小，中、西部的区域内差异变化不太明显且相对较为稳定。东、西部的区域间差异最大，其次是东、中部的区域间差异，最小的是中、西部的区域间差异，但东、中部和东、西部的区域间差异呈现明显的降低趋势。从其对总体差异的贡献率来看，地区间差异的贡献最大。从公共教育非现金收入的动态演进情况来看，总体上，地区之间的人均公共教育非现金收入是逐步提高的，区域间差异变化明显。从各区域的动态演进来看，高水平区域相对减少，中等水平区域扩大，低水平区域依然存在，高低区域之间的差异呈现扩大趋势。

其次，公共卫生非现金收入的分布与演进情况。总体上，我国公共卫生非现金收入呈现增长趋势，公共卫生非现金收入在国家财政支出和GDP中的比例逐年增长，在卫生总费用中的比例近年来稍微有些降低。从区域分布来看，西部地区的人均公共卫生非现金收入最高，中部地区最低。从区域差异来看，总体上呈现先减小后增加的趋势，总体差异与区域内差异变化趋势一致，区域内差异对总体差异的贡献率较大，达到70%以上。从区域演变情况来看，公共卫生非现金收入较高的区域逐渐减少，中等区域增加，最低等区域有扩大趋势。其中，中部的区域差异最小，东部和西部区域差异较大。从公共卫生非现金收入和人口的匹配情况来看，除了安徽、重庆、贵州3个省份接近完全匹配外，其他区域都不匹配。

再次，公共住房非现金收入的分布及演进情况。总体来看，我国公共住房非现金收入呈增长趋势，在财政支出和 GDP 中的比重也基本比较稳定。从人均住房非现金收入来看，西部区域最高。从我国公共住房非现金收入的区域差异情况来看，区域差异总体上呈降低趋势，东部和西部区域呈下降趋势，东部区域差异最大；区域间差异也都呈现下降趋势，但东—西部地区之间的差异最大，最小的是中—西部地区之间的差异，区域间差异对总差异的贡献率最大，区域内差异对总差异的贡献率较小。从区域演变情况来看，2015 年与 2019 年的分布形态非常接近，无显著变化，但是公共住房保障支出比 2011 年增加了，东部地区的支出呈增长趋势，中西部地区在考察期内呈先增长后减小的趋势。

最后，根据公共教育、卫生和住房三类非现金收入的加总数据，从总体上考察了居民非现金总收入的总体及各区域的分布差异以及动态演进情况。总体上居民的非现金总收入呈递增趋势，东部地区最高，中部地区最少，区域分布差异呈缩小趋势，除了中部区域的高水平区域增加之外，其他区域都是高水平区域减小，低水平区域有增多趋势，高低水平之间的差距有所减小。

总的来看，我国居民的非现金收入是呈增长趋势的，区域差异虽然较为明显，但也呈缩小趋势，说明我国的非现金收入在区域分布上还是侧重低收入群体，以及经济比较落后的地区，但低水平区域依然相对较多。鉴于目前依然存在较大的收入差距，政府应当进一步从政策或财政支出方面加大对低水平区域、低收入群体的支持力度，提高其整体福利获得水平，这才是促进各区域的长期均衡发展的关键。

（3）第三部分主要研究公共教育、公共卫生和住房非现金收入对家庭福利的影响。从公共教育非现金收入的研究来看，教育非现金收入明显提高了低收入阶层的总收入，且提高比例远大于高收入阶层；中小学阶段的非现金福利作用比较大，使低收入居民的收入提高得较多；而在非义务教育阶段，教育非现金收入的调节作用从大到小依次是大学、高中和幼儿园。虽然高收入阶层获得了较多的高等教育非现金收入，但目前高等教育的非现金收入并没有显现出拉大收入差距的明显趋势，反而是较多地缩小了收入差距。另外，由于教育能给家庭收入带来良性循环作用，故缩小收入差距的一个重要措施，就是如何使低收入阶层享受更多的教育福利，尤其是高等教育福利，以获得更多的教育外部性，进入教育产生的良性循环圈之中。教育所产生的收入差距目前更多地应该体现在高中和大学阶段。我国的公共教育财政支出与其他发达国家相比还是有一定的差距。根据我国各阶段教育非现金收入缩小收入差距的作用，发现我国的教育非现金支出应该还有继续扩大的空间，应该继续扩大对高中教育的支出，甚至可以将其纳入义务教育范围，提高其升学比例，进一步提高全民的受教育水平，尤其是低收入家庭。另外，高等教育的公共支出还处于缩小收入差距的边界之内，因此应继续加大支持力度，使之在更大程度上缩小收入差距。

从公共卫生非现金收入对家庭的消费福利来看，公共卫生非现金收入提高了各阶层家庭的消费水平，尤其是对低消费阶层的初始消费提高比例更大，同时也有效地减小了家庭的消费不平等。对户主为45岁及以上家庭的影响作用较大，较多地提高了各阶层的消费水平，较大程度上减小了消费不平等；尤其是对含有60岁及以上居民的家庭影响作用更大，使其消费提高的比例更明显。总的来看，我国政府的公共卫生支出提高了低消费家庭的消费水平，更有利于老年人消费水平的改善。从不同年龄段居民享用的公共卫生非现金收入来看，除5岁以下儿童享有的公共卫生非现金收入对其初始消费的影响较大外，其他不同年龄段居民享有的公共卫生非现金收入使其初始消费提高的比例随着年龄的增大而提高。公共卫生非现金收入在各阶层的分布，随着消费阶层的提高而享有的公共卫生非现金福利越多；但户主为45岁及以上的家庭享有的公共卫生非现金收入与消费阶层呈"U"形。总的来看，公共卫生非现金收入的最大受益者是低消费阶层和老年人群体，在一定程度上减小了消费的不平等。

从住房非现金收入对家庭收入的影响来看，住房非现金收入提高了所有家庭的初始收入水平，无房贷自有住房家庭的初始收入是最低的，但从住房非现金收入中获得的收益是最高的，而有房贷自有住房家庭的初始收入是最高的，但从住房非现金收入中获得的收益是最少的。从总份额上来看，住房非现金收入在一定程度上缩小了高低收入群体的收入差距，但是从人均收入来看却拉大了高低收入家庭之间的收入差距。从对家庭收入不平等的影响来看，住房非现金收入通过调节低收入和高收入的收入水平，扩大了收入差距，其中对有房贷自有住房家庭、3人无孩家庭、户主为60岁及以下家庭、户主为本科学历家庭的影响比较大，使其贫困率提高得也较多，主要是这类家庭的还贷款负担、扶养老人或小孩的负担比较重，收入波动性较大，住房非现金收入的差异也可能会比较大，这就导致住房非现金收入在一定程度上会进一步拉大其家庭的收入差距，提高了居民的贫困程度。总的来看，住房非现金收入在提高了居民初始收入的同时，扩大了收入不平等状况，因此，在住房方面，国家还需设计更为合理、有效的住房保障政策或其他的购房政策等，以减弱住房非现金收入对居民收入差距扩大的作用，以期能进一步在住房方面更好地调节居民的生活福利水平，促进居民的收入分配均衡。

另外，根据教育、卫生和住房非现金总收入的数据进行了分析，这三类非现金收入都在一定程度上提高了居民的初始收入，教育卫生非现金总收入对低收入阶层转移得较多，而教育卫生住房非现金总收入对高收入阶层的影响较大，主要是住房非现金收入的影响远大于教育和卫生的。从对收入差距的影响来看，教育卫生非现金总收入缩小了家庭之间的收入差距，教育卫生住房非现金总收入则扩大了家庭的收入不平等。从对收入差距的改变来看，教育卫生非现金总收入提高了非老年无孩子家庭的收入差距，而对其他家庭的收入差距都起到一定的减小作用。教育卫生住房非现金总收入减小了老年无孩子家庭的收入差距，却提高了其他家庭的收入差距。从对城乡家庭收入的影响来看，教育卫生非现金总收入缩小了各类家庭的收入差距，使乡村家庭的收入差距缩小得最多。教育卫生住房非现金总收入缩小了乡村居民的收入差距，但是却在较大程度上扩大了城市居民的收入差距。总的来看，教育卫生非现金总收入由于主要是由政府财政支持的，对家庭收入起到了一定的调节再分配作用，缩小了各类家庭之间的收入差距。而住房非现金收入由于国家财政支持的力度较小，其价值主要是属于家庭的固有财产的比例较高，因此，当将住房非现金收入也加入家庭初始收入后，反而提高了家庭收入的不平等程度，尤其是使高收入阶层的家庭获益更高。因此，政府在接下来的政策制定过程中，应考虑住房对家庭收入的影响，进一步考虑公共财政支出在住房方面应起的调节作用。

（4）第四部分从宏观视角分析了公共教育、卫生和住房非现金收入对收入差距的影响。从教育非现金收入对收入差距的影响来看，教育非现金收入对城乡收入差距的线性作用比较显著，缩小了收入差距，而对区域收入差距的线性作用不显著。教育非现金收入对收入差距的非线性作用显著，对收入差距存在门限作用，在大于门限值的区域更大程度上显著缩小了收入差距。另外，在不同的模型中，控制变量的作用也是不一样的，要区别对待。从公共卫生非现金收入对收入差距的作用来看，卫生非现金总收入和非现金财政收入对城乡收入差距存在显著的滞后作用和非线性作用，而卫生非现金社会收入对城乡收入差距存在显著的非线性作用；卫生非现金总收入对区域收入差距作用不显著，卫生非现金财政收入对区域收入差距的缩小作用也仅在10%的水平下显著，而卫生非现金社会收入是在1%的水平下显著存在扩大收入差距作用的。从公共住房非现金收入对收入差距的影响来看，公共住房非现金收入对城乡收入差距都没有显著的影响，对区域收入差距存在显著的滞后作用和非线性作用，其值为正值，说明提高公共住房非现金收入是不利于缩小收入差距的。

另外，根据教育卫生非现金总收入和教育卫生住房非现金总收入对城乡收入差距和区域收入差距的影响作用分析，教育卫生非现金总收入对城乡收入差距和区域收入差距都没有显著的影响作用，教育卫生非现金财政总收入和教育卫生住房非现金财政收入也都对城乡收入差距没有显著影响，但是却显著地缩小了区域收入差距。可以看出，我国财政政策长期以来在调节城乡收入差距方面仍比较缺失，对乡村居民的福利转移相对还是较小，导致通过教育、卫生和住房等方面的财政政策并没有显著缩小城乡收入差距。从其对区域收入差距的调节来看，虽然教育卫生住房非现金财政收入在一定程度上缩小了区域间的收入差距，但是缩小的幅度还是比较小。因此，我国的财政转移支付政策仍需进一步改革调整，尤其是涉及居民福利的相关政策，应该加大对乡村地区以及落后地区居民的福利转移结构和规模，进一步提高低收入群体的福利收入，促进其生活水平的提高，以期最终达到社会更加和谐发展的目的。

（5）第五部分主要分析了公共教育、卫生、教育卫生、教育卫生住房非现金收入对经济增长的影响作用。结果显示：教育非现金总收入和教育非现金财政收入的当期值和滞后期对经济增长的作用都非常显著；另外，城市化比率和受教育水平的提高显著提高了经济增长，对外开放程度和工业化发展程度的提高却显著抑制了经济增长。卫生非现金总收入对经济增长的促进作用是非常显著的，卫生非现金财政收入及其滞后期对经济增长的作用也都非常显著。除此之外，还有其他一些控制变量的影响，如劳动参与率和城市化比率的提高，有助于促进经济增长，而工业化发展程度却显著抑制了经济增长等。另外，从总量来看，教育卫生非现金总收入和财政总收入都能显著促进经济的增长；教育卫生住房非现金财政总收入对经济增长的影响也比较显著。总的来看，不管是单独考察教育、卫生非现金收入还是综合考察教育卫生住房非现金收入，其对经济增长的作用都是比较显著的，可见，提高居民的教育和卫生非现金收入水平是可以促进经济增长的，也进一步证明检验了我们的理论分析基础，即非现金收入的提高有助于促进经济增长。

二、政策建议

根据以上的研究结论，本书提出以下政策建议：

（1）根据非现金收入分布的不均衡性，目前非现金收入高水平区域虽有所减少，中等区域有增加趋势，但高低水平区域的收入差距没有实质性的减小，因此，政府的公共财政支出应该继续侧重向经济较为落后的中西部区域倾斜，加大财政支持力度：一方面提高其非现金收入水平；另一方面，还要在政策上制定切实可行的促进经济发展的相关政策，经济发展才能带动本地区居民收入的提高，尤其是提供给低收入群体就业的机会，提高其就业的能力，使之更好地依据自身能力创造价值，提高收入水平，改善生活。经济发展也能进一步提高本地区的财政收入，更好地为居民提供各种福利措施，调节其生活福利水平。

（2）教育非现金收入明显提高了低收入阶层的总收入，但中小学阶段的教育非现金收入对低收入阶层的影响最大，因此，通过进一步提高中小学义务教育的财政补贴，可以更多地使低收入阶层获益。另外，大学阶段的非现金收入实际上更多地减小了收入差距，因此，可以通过特殊政策，支持、辅助低收入阶层的学生更多地接受大学教育，获得更多的非现金收入以及教育的外部性，提高低收入阶层的福利水平，改善其收入不平等状况。

（3）卫生非现金收入虽然减小了居民之间的消费差异，其最大受益者是低消费阶层和老年群体，但也存在消费阶层越高其享用的福利越高的现象；另外，由于其整体上的人均数额太小，对居民消费差异的影响也非常有限。因此，一方面应该提高其支出额度，另一方面应该制定更为详细的医疗卫生保险政策，使其受益群体更多地向贫困、低收入家庭倾斜。

（4）目前的公共住房保障政策更倾向于城市低收入群体，实际上能享受这种福利的人群也不一定是真正的需要者，往往受各种条件的限制，真正需要的居民难以享受这部分福利，故住房非现金收入扩大了家庭之间的收入差距；另外，根据本书的方法计算得到住房非现金收入也显著扩大了居民的收入不平等。因此，如何调整住房对居民福利的影响确实是我们面临的最大难题之一，一方面通过政府的财政住房政策调整居民的住房福利，使真正需要住房的居民能有房可住；另一方面也要通过住房市场的价格来调整居民的住房福利，调整其住房非现金收入，这样才能更好地调整居民的生活福利水平。

（5）总的来看，教育卫生非现金收入在一定程度上缩小了居民的收入差距，因此要继续向低收入群体尤其是西部地区、乡村地区加大公共教育和公共卫生的转移支出力度，提高这些群体的非现金收入，调节其家庭福利水平。而住房非现金收入由于其在非现金总收入中所占的比重较大，将其加入教育卫生非现金总收入中后，最终的教育卫生住房非现金收入对居民的调节力度与住房非现金收入的调节力度一致，扩大了居民的收入差距。因此，住房非现金收入是从非现金收入角度调节居民福利的最主要影响因素，住房问题解决了，居民的福利水平可能就会有较大的改善。

（6）从非现金收入对经济增长的研究结果来看，各类非现金收入的提高对经济增长的影响作用都是显著提高的，因此，非现金收入的提高有利于经济增长。另外，这也是一个循环作用，经济增长的提高也有利于收入的提高，有利于家庭福利的提高，故经济增长仍然是我们要考虑的主要问题，仍然要想尽一切办法提高经济增长的速度与质量，促进社会更加和谐稳定发展。

三、研究展望

非现金收入的估算不仅是对目前家庭收入定义的补充、完善，也对研究收入差距和贫困问题具有重要的现实意义。但是在非现金收入的定义、准确估算等方面还存在较多的问题，仍需要继续进行深入的研究。

（1）本书侧重测度研究，对于理论分析方面仍显得较为薄弱，如对非现金收入对家庭福利、收入差距、经济增长等方面影响的理论机制研究虽然进行了一些分析，但仍不全面且还需进一步深入讨论。另外，对于非现金收入调节家庭福利的具体政策调整分析，可能也稍有欠缺，仍需进一步完善。

（2）非现金收入的种类繁多，若想要全面进行研究，还存在很大的困难，其对家庭福利的影响除了直接影响外，还会有外部性作用，比如公共教育非现金收入不仅提高了家庭的收入，而且也提高了家庭成员的人力资本水平，其对家庭福利的影响不只有当期的直接作用，还有滞后期的影响，甚至存在代际遗传的作用。本书只研究了对家庭福利的直接作用，而对家庭福利的间接作用还需要进一步深入研究。

（3）在测度家庭福利时，利用等价尺度虽然可以较好地匹配非现金收入的供给与需求问题，但是不同家庭中不同个人的需求仍然是有差异的，都用统一的等价尺度进行调节，仍然存在较大缺陷，仍需要采用更贴近实际情况、更准确的测度方法进行研究。

（4）非现金收入的测度方法不同，得出的结论也有较大的差异，目前仍未达成共识，到底哪些方法的测度结果更有效，仍需要进一步检验。

（5）微观数据与宏观数据的匹配问题。宏观数据虽然较容易搜集，但与家庭微观数据相匹配的非现金收入数据却难以准确统计；另外，对于非现金收入的微观详细数据，目前国内虽然有一些调查数据可以使用，但还并未建立与我们的研究完全一致的数据库，有一些需要的数据还是比较缺乏的，应该进一步建立专门研究非现金收入的数据库。

总的来看，尽管对于非现金收入问题的研究存在诸多的困难，但根据已有的不完善的研究结果来看，非现金收入作为居民收入的重要组成部分，对居民收入的调节作用还是比较大的，尤其是对低收入群体和老年人等的作用更大，多数非现金收入在一定程度上都改善了居民的生活水平，缩小了居民的收入差距。

参 考 文 献

[1] Paulus A., Sutherland H., Tsakloglou P. The distributional impact of in-kind public benefits in European countries [J]. Journal of policy analysis and Management, 2010, 29 (2): 243-266.

[2] Aaberge R., Langørgen A. Measuring the benefits from public services: The effects of local government spending on the distribution of income in norway [J]. Review of Income and Wealth, 2010, 52 (1): 61-83.

[3] Allen R. G. D. Expenditure patterns in families of different sizes [C]. Chicago University Press, 1942.

[4] Amartya Sen. Poverty: An ordinal approach to measurement [J]. Econometrica, 1976, 44 (2): 219-231.

[5] Arrow K., Kurz M. Public investment, the rate of return and optimal fiscal policy [M]. Baltimore: Johns Hopkins University Press, 1970.

[6] Atkinson A. B., Cantillon B., Marlier E. and Nolan, B. Social indicators: The EU and social inclusion [M]. Oxford: Oxford University Press, 2002.

[7] Atkinson A. B. and Bourguignon F. Introduction: Income distribution and economics, in A. B. atkinson and F. bourguignon (eds) handbook of income ditribution [M]. Amsterdam and New York: Elsevier, 2000.

[8] Atkinson A. B. and Harrison, A. J. The distribution of personal wealth in britain [M]. London: Cambridge University Press, 1978.

[9] Atkinson A. B., Rainwater M., Smeeding T. Income distribution in OECD countries [J]. OECD, Paris, 1995.

[10] Balcazar C. F., Ceriani L., Olivieri S., et al. Rent-Imputation for welfare measurement: A review of methodologies and empirical findings [J]. The review of income and wealth, 2017: 1-18.

[11] Balli F., Tiezzi S. Equivalence scales, the cost of children and household consumption patterns in Italy [J]. Review of Economics of the Household, 2010,

8 (4): 527-549.

[12] Banks J., Blundell R., Lewbel A. Quadratic engel curves, indirect tax reform and welfare measurement [J]. The Review of Economics and Statistics, 1997 (4): 527-539.

[13] Barten A. P. Family composition, prices and expenditure patterns, in P. E. Hart, G. Mills and J. K. Whittaker, (eds) Econometric Analysis for National Economic Planning [M]. London: Colston Research Society, Butterworth, 1964.

[14] Becker G. S., Chiswick B. R. Education and the distribution of earnings [J]. The American Economic Review, 1966, 56 (1): 358-369.

[15] Bellemare C., Melenberg B., van Soest A. Semi-parametric models for satisfaction with income [J]. Portuguese Economic Journal, 2002 (1): 181-203.

[16] Biewen M., Juhasz A. Direct estimation of equivalence scales and more evidence on independence of base [J]. Oxford Bulletin of Economics and Stats, 2017, 79 (5).

[17] Bishop J. A., Grodner A., Liu H., et al. Subjective poverty equivalence scales for Euro Zone countries [J]. The Journal of Economic Inequality, 2014, 12 (2): 265-278.

[18] Blacklow P. The impact of price movements on real welfare through the PS-QAIDS cost of living index for australia and canada by [J]. Austral Ecology, 2003, 8 (2): 103-111.

[19] Blundell R., Lewbel A. The information content of equivalence scales [J]. Journal of Econometrics, 1991, 50 (1-2): 49-68.

[20] Bollinger C. R., Nicoletti C., Pudney S. Two can live as cheaply as one…but three's a crowd [J]. Institute for Social and Economic Research, University of Essex, 2012 (10).

[21] Brigitte, Buhmann, Lee, et al. Equivalence scales, well-being, inequality, and poverty: Sensitivity estimates across ten countries using the luxembourg income study (lis) database [J]. Review of Income & Wealth, 1988.

[22] Buhmann B., Rainwater L., Schmaus G., et al. Equivalence scales, well-being, inequality, and poverty: Sensitivity estimates across ten countries using the luxembourg income study (LIS) database [J]. Review of Income and Wealth, 1988, 34 (2): 115-142.

[23] Burkhauser R. V., Smeeding T. M., Merz J. Relative inequality and poverty in germany and the united states using alternative equivalence scales [J]. Review of Income and Wealth, 1996, 42 (4): 381-400.

[24] Callan T., Coleman K. Non-cash incomes from publicly provided education: National Report for Ireland [R]. 2007.

[25] Callan T., Keane C. Non-Cash benefits and the distribution of economic welfare [J]. Papers, 2008.

[26] Callan T., Smeeding T., Tsakloglou P. Distributional effects of public education transfers in seven european countries [Z]. IZA Discussion Paper No. 3557. 2008.

[27] Canberra Group. Final report and recommendations [R]. The Canberra Group: Expert Group on Household Income Statistics, Ottawa, 2001.

[28] Carlos, Felipe, Balcázar, et al. Rent-Imputation for welfare measurement: A review of methodologies and empirical findings [J]. The review of income and wealth, 2017: 1-18.

[29] Charlier E. Equivalence scales in an intertemporal setting with an application to former west germany [J]. Review of Income and Wealth, 2002 (48): 99-126.

[30] Chernichovsky D., Meesook O. A. Utilization of health services in indonesia [J]. Social Science & Medicine, 1986, 23 (6): 611-620.

[31] Citro C., Michael R. (Eds.). Measuring poverty: A new approach [M]. Washington: National Academies Press, 1995.

[32] Cooper R. J., McLaren K. An empirically oriented demand system with improved regularity properties [J]. Canadian Journal of Economics, 1992, 25 (3): 652-668.

[33] Coulter F. A., Cowell F. A., Jenkins S. P. Equivalence scale relativities and the extent of inequality and poverty [J]. The Economic Journal, 1992 (102): 1067-1082.

[34] Creedy J., Sleeman C. Adult equivalence scales, inequality and poverty in new zealand [R]. Treasury Working Paper Series, 2004.

[35] D'Ambrosio C., Gigliarano C. The distributional impact of imputed rent in Italy [J]. Accurate Income Measurement for the Assessment of Public Policies working paper (Colchester: University of Essex), 2007.

[36] Dam R. V., Pannecoucke G. I. Housing tenure, housing costs and poverty in flanders (Belgium) [J]. Journal of Housing and the Built Environment, 2003 (18): 1-23.

[37] Dandekar V. M. On measurement of undernutrition [J]. Economic and Political Weekly, 1982 (2): 203-212.

[38] De Ree J., Alessi R., Pradhan M. The price and utility dependence of equivalence scales: Evidence from indonesia [J]. Journal of Public Economics, 2013 (97): 272-281.

[39] Deaton A., Zaidi S. Guidelines for constructing consumption aggregates for welfare analysis [J]. World Bank Living Standards Measurement Study Working Paper, 2002: 135.

[40] Deaton A. S., Muellbauer J. An almost ideal demand system [J]. American Economic Review, 1980, 70 (3): 312-326.

[41] Deaton A. Household surveys, consumption, and the measurement of poverty [J]. Economic Systems Research, 2003, 15 (2): 135-159.

[42] Deaton A., J. Muellbauer. On measuring child costs: With applications to poor countries [J]. Journal of Political Economy, 1986 (94): 720-744.

[43] Donaldson C., Birch S., Gafni A. The distribution problem in economic evaluation: Income and the valuation of costs and consequences of health care programmes [J]. Health Economics, 2002 (11): 55-70.

[44] Donaldson D., Pendakur K. Equivalent-expenditure functions and expenditure-dependent equivalence scales [J]. Journal of Public Economics, 2004 (88): 175-208.

[45] Dudel C., Garbuszus J. M., Ott N., et al. Income dependent equivalence scales, inequality, and poverty [R]. CESifo Working Paper Series, 2015.

[46] Edbert U. Social welfare when needs differ: An axiomatic approach [J]. Economica, 1997, 64 (254): 233-244.

[47] Ekeland I., Heckman J., Nesheim L. Identification and estimation of hedonic models [J]. Journal of Political Economy, 2004 (112): S60-S109.

[48] Engel E. Die libenskosten belgischer arbeiter-familien früher und jetzt [J]. International Statistical Institute Bulletin, 1895 (9): 1-74.

[49] EPAC (Office of the Economic Planning Advisory Council), Aspects of

the Social Wage: A Review of Social Expenditures and Redistribution [J]. Canberra, 1987.

[50] Evandrou M. et al. The distribution of welfare benefits in kind [J]. Fiscal Studies, 1992, 14 (1).

[51] Evandrou M., Falkingham J., Hills J., et al. Welfare benefits in kind and income distribution [J]. Fiscal studies, 1993, 14 (1): 57-76.

[52] Evans P. Government Consumption and Growth [J]. Economic Inquiry, 1997 (35): 209-217.

[53] Fessler P., Rehm M., Tockner L. The impact of housing non-cash income on the household income distribution in austria [J]. Urban Studies, 2016 (53): 2849-2866.

[54] Foster J., Greer J., Thorbecke E. A class of decomposable poverty measures [J]. Econometrica, 1984 (52): 761-762.

[55] Freebairn J., Porter M., Walsh C. Savings and productivity, national priorities project [R]. Centre of Policy Studies, Monash University, Melbourne, 1989.

[56] Frick J. R., et al. Distributional effects of imputed rents in five Euuropean countries [J]. Journal of Housing Economics, 2010 (19): 167-179.

[57] Frick J. R., Grabka M. M. Imputed rent and income inequality: A decomposition analysis for the U. K., west germany, and the USA [J]. The Review of Income and Wealth, 2003, 49 (4): 513-537.

[58] Frick Joachim R., Grabka Markus M., Smeeding Timothy M., et al. Distributional effects of imputed rents in five european countries [J]. Journal of Housing Economics, ISSN 1051-1377, Elsevier, Amsterdam, 2010, 19 (3): 167-179.

[59] Frick R., Grabka, M. Imputed rent and income inequality: A decomposition analysis for great britain, west germany and U. S. [J]. The Review of Income and Wealth, 2003, 49 (4): 513-537.

[60] Garfinkel I., Rainwater L., Smeeding T. M. Welfare state expenditures and the redistribution of well-being: Children, elders and others in comparative perspective [D]. Atlanta GA: Paper presented at the 2004 APPAM conference, 2004.

[61] Garfinkel I., Rainwater L., Smeeding T. M. A Reexamination of Welfare State and Inequality in Rich Nations: How In-Kind Transfers and Indirect Taxes

Change the Story [J]. Journal of Policy Analysis and Management, 2006 (25): 855-919.

[62] Garner T. I., Short K. Accounting for owner-occupied dwelling services: Aggregates and distributions [J]. Journal of Housing Economics, 2009, 18 (3): 233-248.

[63] Gasparini L., Escudero W. S. Implicit rents from own-housing and income distributions: Econometric estimates from greater Buenos Aires [Z]. Journal of Income Distribution 12 (1/2) (Spring-Summer), 2004.

[64] Gini C. Variabilita e mutabilita : Contributo allo studio delle distribuzioni e delle relazioni statistiche [J]. 1912.

[65] Glomm G., Ravikumar B. Public versus private investment in human capital: Endogenous growth and income inequality [J]. Journal of political economy, 1992: 818-834.

[66] Glomm G., Ravikumar B. Public education and income inequality [J]. European Journal of Political Economy, 2003, 19 (2): 289-300.

[67] Hagenaars A., Luxembourg SOOC, Vos K. D., et al. Poverty statistics in the late 1980s: Research based on micro-data [J]. Luxembourg: Eurostat, 1994.

[68] Hagenaars A., de Vos K., Zaidi M. A. Living conditions of the least privileged in the european community [M]. Mimeo, department of Economic Sociology and Psychology, Erasmus University. Rotterdam: Erasmus University, February, 1994.

[69] Hagenaars A., de Vos K., Zaidi M. A. Poverty statistics in the late 1980s: Research based on micro-data [M]. Luxembourg: Office for Official Publications of the European Communities, 1994.

[70] Hamilton C. Increased child labour-An external diseconomy of rural employment creation for adults [J]. Asian Economies, 1975 (12).

[71] Hansen B. E. Inference When A Nuisance Parameter is Not Identified under the Null Hypothesis [J]. Journal of Econometrics, 1996, 64 (2): 413-430.

[72] Harding A. The impact of health, education and housing outlays upon Income distribution in australia in the 1990s [J]. Australian Economic Review, 2010, 28 (3): 71-86.

[73] Harding A., Lloyd R., Warren N. Moving beyond traditional cash

measures of economic well-being: Including indirect benefits and indirect taxes [D]. Canberra: National Centre For Social and Economic Modelling, Discussion Paper No. 61, 2006.

[74] Harding A. Who Benefits? The Australian welfare state and redistribution [R]. SWRC Reports and Proceedings No. 45, Social Welfare Research Centre, University of New South Wales, Sydney, 1984.

[75] Haughton J., Khandker S. R. Handbook on poverty and inequality [M]. Washington, DC: The World Bank, 2009.

[76] Huat, Beng C. Public housing residents as clients of the state [J]. Housing Studies, 2000, 15 (1): 45-60.

[77] Hunter B. H., Kennedy S., Biddle N. Indigenous and other australian poverty: Revisiting the importance of equivalence scales [J]. The Economic Record, 2004, 80 (251): 411-422.

[78] International Labour Organisation (ILO). Resolution 1: Resolution concerning household income and expenditure statistics, adopted at the 17th international conference of labour statisticians [N]. Geneva: ILO, 2004.

[79] Jones A., O'Donnell O. Equivalence scales and the costs of disability [J]. Journal of Public Economics, 1995 (56): 273-289.

[80] Kakwani N. Income inequality and poverty [M]. New York: Oxford University Press, 1980.

[81] Kapteyn A., van Praag B. A new approach to the construction of equivalence scales [J]. European Economic Review, 1976 (7): 313-335.

[82] Kevin Sylwester. A Model of public education and income inequality with a subsistencee constraint [J]. Southen Economic Journal, 2002 (1): 144-158.

[83] Klavus J., Hakkinen U. Health care and income distribution in finland [J]. Health Policy, 1996, 38 (1): 31-43.

[84] Klavus J. Health care and economic well-being: Estimating equivalence scales for public health care utilization [J]. Health Economics, 1999, 8 (7): 6-13.

[85] Koulovatianos C., et al. On the income dependence of equivalence scales [J]. Journal of Public Economics, 2005 (89): 967-996.

[86] Krueger A. Q. Factor endowments and per capital income differences

among countries [J]. Economic Journal, 1968 (78): 641-659.

[87] Kuznets, Simon. Demographic aspects of the size distribution of income: An exploratory essay [J]. Economic Development and Cultural Change, 1976, 25 (1): 1-94.

[88] Lancaster G., Ray R., Valenzuela M. R. A Cross–Country study of equivalence scales and expenditure inequality on Unit record household budget data [J]. Review of Income and Wealth, 1999, 45 (4): 455-482.

[89] Landau, Daniel. Government and economic growth in the less developed countries: An empirical study for 1960–1980 economic development and cultural change [M]. Chicago: University of Chicago Press, 1986 (351): 35-75.

[90] Lanjouw P. Constructing a consumption aggregate for the purpose of welfare analysis: Principles, issues and recommendations arising from the case of brazil [J]. Paper prepared for the OECD/ Univeristy of Maryland Conference entitled "Measuring Poverty, Income Inequality and Social Exclusion: Lessons from Europe," Paris, 2009.

[91] Lerman D., Lerman R. Imputed income from owner-occupied housing and income inequality [J]. Urban Studies, 1986 (23): 323-331.

[92] Lewbel A., Pendakur K. Estimation of collective household models with engel curves [J]. Journal of Econometrics, 2008, 147 (2): 350-358.

[93] Lloyd–Ellis, Huw. Public education, occupational choice, and the Growth- Inequality relationship [J]. International Economic Review, 2000, 41 (1): 171-201.

[94] Lluch C. The extended linear expenditure system [J]. European Economic Review, 1973, 4 (1): 21-31.

[95] Lui H. K. The redistributive effect of public housing in Hong Kong [J]. Urban Studies, 2006 (44): 1937-1952.

[96] Maria Evandrou, Falkingham Jane, John Hills, et al. Welfare Benefits in Kind and Income Distribution [J]. Fiscal Studies, 1993, 14 (1): 57-76.

[97] Meenakshi J., Ray R. Impact of household size and family composition on poverty in rural India [J]. Journal of Policy Modeling, 2002 (24): 539-559.

[98] Meulemans B., Cantillon B. De geriusloze kering: De nivellering van de intergenerationele welvaartsverschillen (levelling of intergenerational inequality)

[J]. Economisch en Social Tijschrift, 1993 (3): 421-448.

[99] Mincer J. schooling Experience and Earnings [R]. National Bureau of Economic Research, 1974.

[100] Muellbauer J. Identification and Consumer Unit Scales [J]. Econometrica, 1975 (4).

[101] Muellbauer J. Testing the barten model of household composition effects and the cost of children [J]. Economic Journal, 1977 (87): 460-487.

[102] Naito K. Two-sided intergenerational transfer policy and economic development: A politico-economic approach [J]. Journal of Economic Dynamics and Control, 2012, 36 (9): 1340-1348.

[103] O'Higgins M. The distributive effects of public expenditure and taxation: An agnostic view of the CSO analyses [J]. Review of Income and Wealth, 1981, 27 (3).

[104] Olsen E. O., Barton D. M. The benefits and costs of public housing in New York City [J]. Journal of Public Economics, 1983, 20 (3): 299-332.

[105] Onrubia J., Rodado M. C., Ayala L. How do services of owner-occupied housing affect income inequality and redistribution [J]. Journal of Housing Economics, 2009, 18 (3): 224-232.

[106] Organization for Economic Cooperation and Development (OECD). OECD framework for statistics on the distribution of household income [M]. Paris: Consumption and Wealth, 2013.

[107] Paulus A., Sutherland H., Tsakloglou P. The Distributional Impact of in Kind Public Benefits Ineuropean Countries [D]. IZA discussion paper series, 2009 (9).

[108] Perotti Roberto. Political equilibrium, income distribution, and growth [J]. Review of Economic Studies, 1993 (60): 755-776.

[109] Phipps S. Health outcomes for CHILDREN in canfrrada, england, norway and the united states [J]. Social Indicators Research, 2007, 80 (1): 179-221.

[110] Phipps S. Measuring poverty among canadian households: Sensitivity to measure and scale [J]. The Journal of Human Resources, 1993, 28 (1): 162-184.

[111] Pollak R. A. and Wales, Terence J. Welfare comparisons and equivalence

scales [J]. American Economic Review, 1979, 69 (2): 216-221.

[112] Praag B. M. S. van, Frijters P. and Ferrer-i-Carbonell A. The Anatomy of Subjective Well-being [J]. Journal of Economic Behavior and Organization, 2003 (51): 29-49.

[113] Prais S. J. The Estimation of equivalent-adult scales from family budgets [J]. Economic Journal, 1953, 63 (252): 791-810.

[114] Prais S. J., Houthakker H. S. The analysis of family budgets [M]. Cambridge: Cambridge University Press, 1955.

[115] Radner D B. Noncash income, equivalence scales, and the measurement of economic well-being [J]. Review of Income & Wealth, 2010, 43 (1): 71-88.

[116] Rainwater L., Smeeding T. Comparing living standards across nations: Real incomes at the top, the bottom and the middle [R]. LIS Working papers, 2002.

[117] Ramanjini, Gayithri K. Who benefits from higher education expenditure? Evidence from recent household survey of India [R]. Working Papers, 2019.

[118] Raskall P., Urquhart R. Inequality, Living standards and the social wage during the 1980s [J]. Study of Social and Economic Inequalities Monograph No. 3, 1994.

[119] Rati Ram. Government size and economic growth: A new framework and some evidence from cross-section and time-series data [J]. The American Economic Review, 1986, 76 (1): 191-203.

[120] Ravallion M. On testing the scale sensitivity of poverty measures [J]. Economic Letters, 2015 (137): 88-90.

[121] Ray R. Measuring the costs of children: an alternative approach [J]. Journal of Public Economics, 1983 (22): 89-102.

[122] Rolf Aaberge, Audun Langørgen, Petter Y. Lindgren. Accounting for public In-kind transfers in comparisons of income inequality between the nordic Countries [J]. Nordic Economic Policy Review, 2018 (1): 175-212.

[123] Rosen S. Hedonic prices and implicit markets [J]. Journal of Political Economy, 1974 (82): 34-55.

[124] Rottman D., Reidy M. Redistribution through social expenditure in the republic of ireland [R]. NESC Report No. 85, 1988.

[125] Ruggeri G. C., Wart D. V., Howard R. The redistributional impact

of government spending in canada [J]. Public Finance = Finances Publiques, 1994, 49 (2): 212-243.

[126] Samanta S. K. , Cerf J. G. Income distribution and the effectiveness of fiscal policy: Evidence from some transitional economies [J]. Journal of Economics and Business, 2009, 3 (1): 29-45.

[127] Saunders P . Rising on the tasman tide: Income inequality in australia and new zealand in the 1980s [J]. Discussion Papers, 1994, 74 (1): 1173-1182.

[128] Saunders P. , Siminski P. Home ownership and inequality: Imputed rent and income distribution in Australia [J]. Economic Papers, 2005, 24 (4): 346-367.

[129] Saunders P. , Smeeding T. M. , Coder J. , et al. Noncash income, living standards, inequality and poverty: Evidence from the luxembourg income study [J]. Discussion Papers, 1992.

[130] Schultz T. W. Capital formation by eeducation [J]. Journal of Political Economy, 1960, 68 (9): 571-583.

[131] Schwarze J. Using panel data on income satisfaction to estimate equivalence scale elasticity [J]. Review of Income and Wealth, 2003 (3): 359-372.

[132] Sefton T . Recent changes in the distribution of the social wage [J]. Centre for Analysis of Social Exclusion. 2002, (1): 62.

[133] Short K. , Garner T. , Johnson D. , et al. Experimental poverty measures: 1990 to 1997 [M]. Washington, DC: U. S. Government Printing Office, 1999.

[134] Smeeding T. Real standards of living and public support for children: A cross-national comparison [J]. LIS working papers, 2002, 68 (8): 145-149.

[135] Smeeding T. M. , Saunders P. , Coder J. et al. Poverty, inequality, and family living standards impacts across seven nations: The effect of noncash subsidies for health, education and housing [J]. Review of Income and Wealth, 1993, 3 (39): 229-256.

[136] Smeeding T. M. , Weinberg D. H. Toward a uniform definition of household income [J]. The Review of Income and Wealth, 2001, 47 (1): 1-24.

[137] Smeeding T. M. The antipoverty effectiveness of in-kind transfers [J]. Journal of Human Resources, 1977 (12): 360-378.

[138] Steckmest E. Noncash benefits and income distribution [R]. LIS

Working papers, 1996.

[139] Streak J. C., Yu D., Van der Berg S. Measuring child poverty in south africa: Sensitivity to the choice of equivalence scale and an updated profile [J]. Social Indicators Research, 2009 (94): 183-201.

[140] Su X. The allocation of public funds in a hierarchical educational system [J]. Journal of Economic Dynamics and Control, 2004, 28 (12): 2485-2510.

[141] Sukhatme P. V. Assessment of adequacy of diets at different income levels, Economic and Political Weekly [J]. Special Number, 1978: 13-73.

[142] Theil H. Economics and Informtation Theory [M]. Amsterdam: North Holland Publishing Company, 1967.

[143] Travers P., Richardson S. Living Decently: Material well-being in australia [M]. Melbourne: Oxford University Press, 1993.

[144] Tsakloglou P., Antoninis M. Who benefits from public education in greece? Evidence and policy implications [J]. Education Economics, 2001, 9 (2): 197-222.

[145] Tsakloglou P., Antoninis M. On the distributional impact of public education: Evidence from greece [J]. Economics of Education Review, 1999 (18): 439-452.

[146] Tsakloglou P. Distributional effects of home production and fringe benefits [R]. AIM-AP report, University of Essex, 2009.

[147] Ulman, Pawe. Equivalence scale in terms of polish households' source of income [J]. Folia Oeconomica Stetinensia, 2012, 10 (2): 113-127.

[148] United Nations (UN). Provisional guidelines on statistics of the distribution of income, consumption and accumulation of households [Z]. Studies in Methods, Series M, No. 61. New York: United Nations, 1977.

[149] Van de Walle D., Nead K. (eds). Public spending and the poor: Theory and evidence [M]. Baltimore and London: Johns Hopkins University Press, 1995.

[150] Van Ginneken W. Generating internationally comparable income distribution data: Evidence from the federal republic of germany (1974), mexico (1968) and the united kingdom (1979) [J]. The Review of Income and Wealth, 1982 (28): 365-379.

[151] Verbist G., Lefebure S. The distributional impact of health care services in Belgium [J]. AIM‐AP national report on the distribution effects of public health care services in Belgium, mimeo, Centre for Social Policy Herman Deeleck, University of Antwerp, 2007.

[152] Whiteford P. and Kennedy S. Income and living standards of older people [R]. Research Paper No. 34, Department of Social Security, HMSO, London, 1995.

[153] Wilson D. Where the Dollars Go [R]. Commonwealth Department of Health, Housing, Local Government and Community Services, ResearchAdvisory Committee Monograph Series No. 1, AGPS, Canberra, 1993.

[154] Wolff E. N. Wealth holdings and poverty status in the U. S. [J]. The Review of Income and Wealth, 1990, 36 (2): 143-165.

[155] Yates J. Imputed rent and income distribution [J]. The Review of Income and Wealth, 1994, 40 (1): 43-66.

[156] Yong T. The macro impacts of public resold dwellings on private housing prices in singapore [J]. Review of Urban and Regional Development Studies, 2010 (15).

[157] Zhang J. Optimal public investments in education, and endogenous growth [J]. Scandinavian Journal of Economics, 1996 (98): 387-401.

[158] 安体富, 任强. 公共服务均等化理论、问题与对策 [J]. 财贸经济, 2007 (8): 48-53.

[159] 曾红颖. 我国基本公共服务均等化标准体系及转移支付效果评价 [J]. 经济研究, 2012 (6): 20-32.

[160] 陈安平, 杜金沛. 中国的财政支出与城乡收入差距 [J]. 统计研究, 2010 (11): 34-39.

[161] 陈昌盛. 基本公共服务均等化: 中国行动路线图 [J]. 财会研究, 2008 (2): 15-16.

[162] 邓宗兵, 吴朝影, 封永刚, 等. 中国区域公共服务供给效率评价与差异性分析 [J]. 经济地理, 2014 (5): 57-64.

[163] 丁忠民, 玉国华. 社会保障、公共教育支出对居民收入的门槛效应研究 [J]. 西南大学学报 (社会科学版), 2017 (7): 55-64.

[164] 韩秀兰, 张楠. 家庭等价规模与收入贫困的精准识别 [J]. 统计与信息论坛, 2019 (6): 115-121.

［165］胡学锋，曾静雯．非市场教育服务产出的核算方法探讨［J］．统计与决策，2010（18）：10-12．

［166］黄小平，方齐云．中国财政对医疗卫生支持的区域差异：基于泰尔指数的角度［J］．财政研究，2008（4）：41-45．

［167］黄智淋，董志勇．我国金融发展与经济增长的非线性关系研究：来自动态面板数据门限模型的经验证据［J］．金融研究，2013（7）：74-86．

［168］黄祖辉，王敏，万广华．我国居民收入不平等问题：基于转移性收入角度的分析［J］．管理世界，2003（3）：70-75．

［169］蒋萍．政府部门非市场服务产出核算的有关问题［J］．统计研究，2001（5）：9-16．

［170］蒋萍，金钰，等．非市场服务产出核算［M］．北京：中国统计出版社，2005．

［171］姜文昱．非市场教育服务产出核算探讨：基于英国产出核算的启示［J］．统计与决策，2019，35（17）：18-21．

［172］解烜，莫旋．等价尺度及其应用研究［J］．统计与信息论坛，2006（2）：103-107．

［173］金青青，卢亦愚，冯燕，等．卫生资源配置公平性的基尼系数分析［J］．浙江预防医学，2012，24（2）：4-7．

［174］金钰．非市场服务产出核算研究［D］．大连：东北财经大学，2002．

［175］靳卫东，何丽．我国公共人力资本投资的收入分配效应研究［J］．财经论丛，2010（1）：25-30．

［176］康远志．中国居民自有住房虚拟租金的一个估算［J］．统计与信息论坛，2014，29（5）：15-19．

［177］寇铁军，金双华．财政支出规模、结构与社会公平关系的研究［J］．上海财经大学学报，2002（12）：17-23．

［178］蓝相洁．公共卫生服务差距、收敛性与动态控制研究：基于泰尔指数双维度的实证考察［J］．财贸研究，2014（1）：99-106．

［179］雷根强，蔡翔．初次分配扭曲、财政支出城市偏向与城乡收入差距：来自中国省级面板数据的经验证据［J］．数量经济技术经济研究，2012（3）：76-89．

［180］李洁．GDP核算中自有住房服务虚拟计算的中日比较［J］．统计

研究，2013，30（11）：11-19.

［181］李强谊，钟水映．我国财政医疗卫生支出的空间差异及分布动态演进［J］．财经论丛，2016（10）：19-68.

［182］李祥，高波，王维娜．公共服务资本化与房价租金背离：基于南京市微观数据的实证研究［J］．经济评论，2012（5）：78-88.

［183］李祥云，张建顺，陈珊．公共教育支出降低了居民收入分配不平等吗？——基于省级面板数据的经验研究［J］．云南财经大学学报，2018（8）：3-13.

［184］林长云，衣保中．我国政府卫生资金投入空间分布及公平性研究［J］．中国卫生经济，2019，38（5）：23-26.

［185］刘湖，于跃，张家平．教育消费结构、收入差距与经济增长［J］．陕西师范大学学报（哲学社会科学版），2019（3）：93-104.

［186］刘乐山，何炼成．公共产品供给的差异：城乡居民收入差距扩大的一个原因解析［J］．人文杂志，2005（1）：129-133.

［187］刘娜，颜璐．等价尺度福利比较的模型发展与经验应用［J］．消费经济，2020，36（4）：85-95.

［188］刘伟，王娇．地方公共支出结构对城乡收入差距影响的传导机制与实证研究［J］．财政理论研究，2015（6）：56-64.

［189］刘渝琳，陈玲．教育投入与社会保障对城乡收入差距的联合影响［J］．人口学刊，2012（2）：10-20.

［190］刘穷志．公共支出归宿：中国政府公共服务落实到贫困人口手中了吗［J］．管理世界，2007（4）：60-67.

［191］娄峥嵘．我国公共服务财政支出效率研究［D］．徐州：中国矿业大学，2008.

［192］罗良清．非市场服务产出核算问题研究［M］．北京：中国统计出版社，2003.

［193］罗良清，王秀华．非市场服务产出核算的一般原则［J］．江西财经大学学报，2001（4）：16-22.

［194］罗万纯．中国农村生活环境公共服务供给效果及其影响因素：基于农户视角［J］．中国农村经济，2014（11）：65-72.

［195］梅业琴，崔怡．医疗卫生支出的社会福利效应研究：基于省级面板数据的实证分析［J］．当代经济，2017，34（12）：110-111.

[196] 莫亚琳,张超. 改革开放以来我国财政支出对收入分配影响的研究: 基于城乡二元结构模型与面板数据分析 [J]. 经济体制改革, 2010 (6): 122-126.

[197] 邱伟华. 公共教育、社会保障与收入分布 [J]. 财经科学, 2009 (10): 83-92.

[198] 冉光, 唐文. 财政支出结构与城乡居民收入差距的实证分析 [J]. 统计观察, 2007 (8): 75-77.

[199] 邵挺, 袁志刚. 土地供应量、地方公共品供给与住宅价格水平: 基于 Tiebout 效应的一项扩展研究 [J]. 南开经济研究, 2010 (3): 3-19.

[200] 宋潇君, 马晓冬, 朱传耿, 等. 江苏省农村公共服务水平的区域差异分析 [J]. 经济地理, 2012, 32 (12): 133-139.

[201] 孙菊. 我国公共卫生支出的发展效应分析 [J]. 中国软科学, 2003 (11): 22-26.

[202] 田艳芳. 个人和公共卫生支出对城乡收入差距的影响 [J]. 卫生经济研究, 2014 (3): 28-34.

[203] 万相昱. 中国净等价收入规模的测算方法及应用 [J]. 数量经济技术经济研究, 2015 (11): 119-132.

[204] 汪利锬. 我国参与式公共服务供给模式研究: 理论模型与经验证据 [J]. 财经研究, 2011 (5): 15-24.

[205] 王晓洁. 中国公共卫生支出均等化水平的实证分析: 基于地区差别视角的量化分析 [J]. 财贸经济, 2009 (2): 46-49.

[206] 王晓鲁, 樊纲. 中国收入差距的走势和影响因素分析 [J]. 经济研究, 2005 (10): 24-36.

[207] 王志平. 基于虚拟处理的我国居民收入与消费统计再认识 [J]. 上海行政学院学报, 2017, 18 (3): 46-55.

[208] 王志章, 韩佳丽. 农业转移人口市民化的公共服务成本测算及分摊机制研究 [J]. 中国软科学, 2015 (10): 101-110.

[209] 吴强. 公共教育财政投入对居民教育支出的影响分析——以湖北省城镇居民为例 [J]. 教育研究, 2011 (1): 55-61.

[210] 希克斯. 价值与资本 [M]. 北京: 商务印书馆, 1962.

[211] 徐俊武. 公共教育支出、收入不平等与共享式增长 [J]. 湖北大学学报 (哲学社会科学版), 2011 (3): 107-111.

［212］颜建军，徐雷，谭伊舒．我国公共卫生支出水平的空间格局及动态演变［J］．经济地理，2017，37（10）：82-91．

［213］杨娟，赖德胜，邱牧远．如何通过教育缓解收入不平等［J］．经济研究，2015（9）：86-99．

［214］杨晓妹．财政政策就业效应研究［D］．成都：西南财经大学，2014．

［215］张钢，段澂．我国地方财政支出结构与地方经济增长关系的实证研究［J］．浙江大学学报（人文社会科学版），2006（3）：88-94．

［216］张小芳，潘欣欣，陈习定，等．教育公共支出与收入不平等：基于结构门槛回归模型的实证研究［J］．宏观经济研究，2020（1）：164-175．

［217］赵海利．政府卫生资源分配的公平性：基于BIA方法的经验研究［J］．经济研究参考，2014（49）：29-40．

［218］赵锐．基于主观福利评价思路估计中国家户等价规模：一种准确比较家户生活水准的应用工具［J］．经济评论，2016，199（3）：72-85．

［219］周京奎．政府公共资本品供给对住宅价格的影响效应研究：来自天津市内六区的调查证据［J］．经济评论，2008（5）：50-58．

［220］周清杰．我国自有住房服务虚拟租金估算方法的优化：来自美国经验的启示［J］．宏观经济研究，2012（6）：31-37．

［221］踪家峰，刘岗，贺妮．中国财政支出资本化与房地产价格［J］．财经科学，2010（11）：57-64．